『詳説世界史』（世探704）準拠

詳説世界史
ノート編集部
編

山川出版社

まえがき

グローバル化が進んだ近現代の世界では、様々な国や地域で政治・経済・社会の仕組みや価値観を共有する動きが進みましたが、もたらされた現実は、平和で安定した世界というよりも、むしろ多元化・多様化の拡大した世界のようにみえます。すでに歴史総合の学習によって近現代の一体化への歴史を学んできたみなさんは、その身に付けた学力を基に、世界の歴史の大きな枠組みと展開を理解するとともに、文字通り、現代の世界の課題を「探究」してほしいと思います。

世界史探究教科書『詳説世界史』(世探704)は充実した本文に加え、内容に沿った問いかけや、探究活動に取り組みやすい様々な図版、豊富な史料が取り上げられており、みなさんの歴史の見方や考え方を多面的に深める助けとなるはずです。このノートは、『詳説世界史』に準拠し、その構成・本文に沿って世界史がわかりやすく学習できるように編集されています。また従来よりも図解整理を多く取り入れ、豊富な図版や史資料もできる限り「問い」を加えながら盛り込んであります。本書は自主的な学習に用いても、授業と並行して使用しても、みなさんの学力の定着に役立つはずです。

このノートを積極的に活用し、世界史の理解と興味をより深めてくれることを期待しています。

詳説世界史ノート編集部

『詳説世界史ノート』の使い方

① このノートは山川出版社の世界史探究教科書『詳説世界史』(世探704)に準拠しており、教科書の構成(章・節・小見出し)・本文の流れに忠実に沿ってつくられています。

② 各節や小見出しの内容を学ぶための視点を、節の冒頭や小見出しに付した「問い」で示しています。空欄を埋めながら、章の「問い」に対応する内容をメモして歴史を探究してみましょう。

③ ノート部分の内容は、注も含めた教科書本文の記述を系統的に整理し、重要事項を空欄にしています。また、教科書で注にあたる部分は文字を小さくしています。解答は本文両脇の解答欄に記入する書き込み式ですので、解答の確認や復習をスムーズにおこなうことができます。解答欄の通し番号は原則各節ごとについています。

④ 随所に教科書の図版・史資料を豊富に盛り込み、読み解きや論述のポイントにもなる「問い」を設けています。

⑤ 教科書の地図をベースにした問題を随所に盛り込み、大学受験も想定して地理的知識の確認もできるようにしています。

⑥ 各章の最後には、「まとめ」を設けています。その章の内容をふりかえり、考察したうえで、文章にして表現してみましょう。

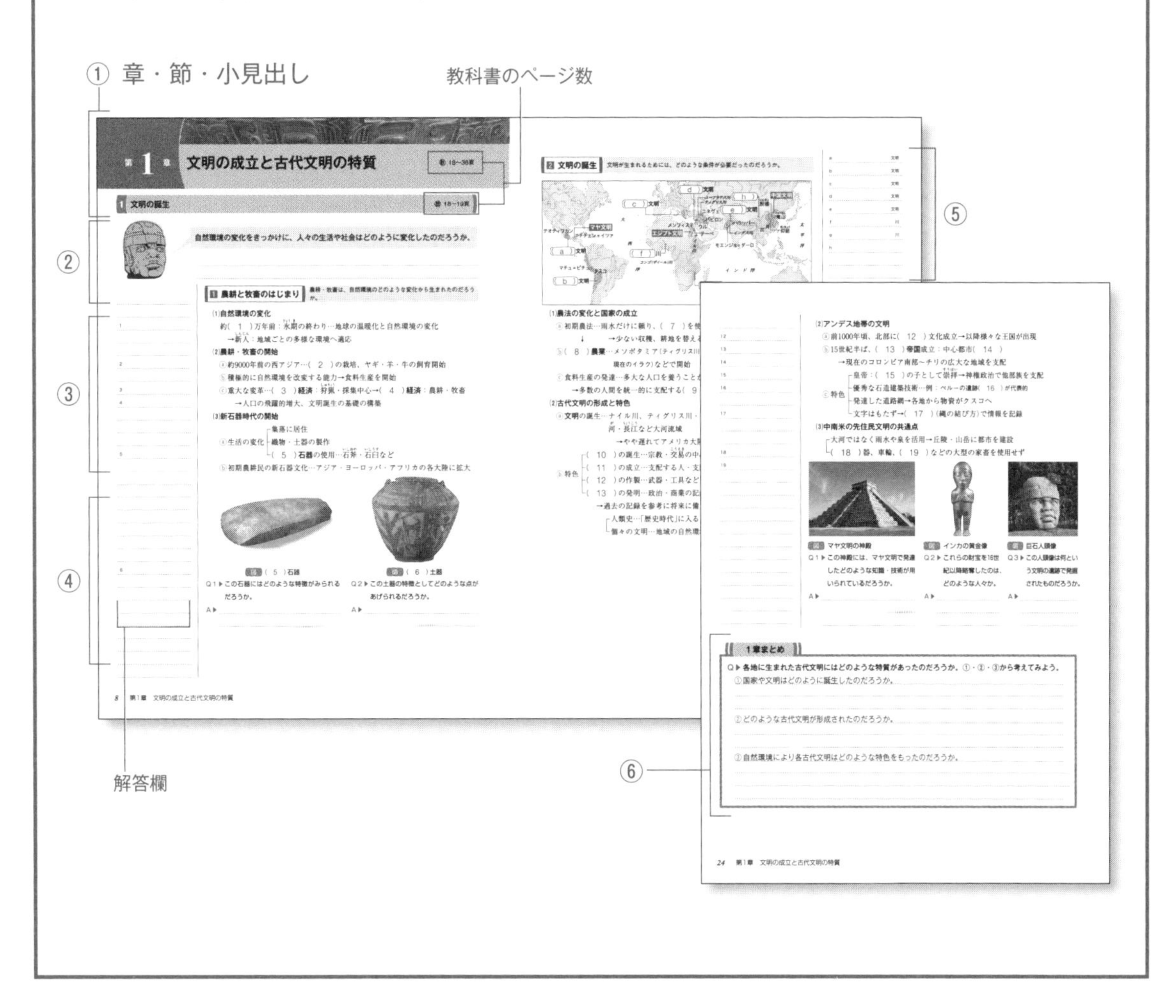

目　次

世界史への
まなざし

地球環境からみる人類の歴史

㊝ 4～7頁

1 自然環境と人類の進化

㊝ 4～7頁

人類の誕生を地球46億年の歴史のなかに位置づけたら、どのようなことがわかるだろうか。

1 自然環境と人類の関わり

⑴地球の誕生

（ 1 ）億年前→人類の出現まで途方もない年月が経過

⑵自然環境の影響

人類が狩猟・採集、農業に依存する時代

→自然環境の圧倒的な影響力
- 自然災害：（ 2 ）変動、火山噴火・地震
- 疫病（感染症）の流行

⑶自然環境への適応・克服

- 自然環境への適応…知能の発達→きびしい自然条件の克服
- 近年の科学技術の発達→宇宙開発・遺伝子操作

2 人類の進化

⑴先史時代

先史時代…人類史の99％以上を占める無文字時代

⟷歴史時代…文字を発明し、歴史に記録を残す時代

人類の最大の特徴：**直立二足歩行**

⑵人類の誕生と進化の過程

ⓐ**猿人**…アフリカで出現（約700万年前）
- （ 3 ）：現在確認される最古の人類…2001年チャドで発見
- アウストラロピテクス

道具：簡単な（ 4 ）**石器**（礫石器）を使用

ⓑ**原人**…ホモ＝ハビリス・ホモ＝エレクトゥス（約240万年前）
- 代表的なホモ＝エレクトゥス…ジャワ原人・（ 5 ）原人など
- （ 6 ）などの改良された打製石器、（ 7 ）の使用
- 狩猟・採集生活を営む→氷期のきびしい環境を生き抜く

ⓒ**旧人**…（ 8 ）人が代表的
- ヨーロッパに分布（約60万年前）
- 現代の人類とかわらない脳容積

- （ 9 ）の埋葬…精神文化の発達
- （ 10 ）石器の使用・毛皮の衣服…氷期に適応した生活

→新人と共存後、約３万年前に絶滅

1
2
3
4
5
6
7
8
9
10

ⓓ**新人**…アフリカに出現(約20万年前)：現生人類(ホモ＝サピエンス)に属す

ヨーロッパ：(　11　)人・中国：周口店上洞人が代表的

→アフリカからアメリカ大陸を含むほぼ全世界に移動

┌剝片石器の製作技術の進歩──┐
└骨や角で製作された(　12　)の使用┘→生活の安定

洞穴絵画…フランス：(　13　)が代表的

ⓔ(　14　)**時代**…人類が打製石器をもちいて狩猟・採集を営んだ時代

3 人類と言語

人類…居住した地域に適応→多様な言語・慣習、皮膚や髪など身体的特徴の差異

ⓐ(　15　)…人類を身体的特徴で分類した集団

┌白色人種・黄色人種・黒色人種に分ける
└19世紀以来、身体的特徴を優劣と結びつける考えとともに欧米で興隆

→現生人類は１種に属し、分類・優劣に科学的根拠なし→現在は否定

ⓑ(　16　)…言語・宗教・習慣などの文化的特徴によって分けられた集団

ⓒ(　17　)…共通の言語から派生した同系統の言語グループ

4 世界史の転換点と自然環境の変化

気温の上昇…人類の活動が活発化→巨大な帝国・広大な交易圏の成立を促す

ⓐ北半球の(　18　)化：紀元前２世紀〜紀元２世紀

ローマ帝国：繁栄、漢帝国：支配を拡大

アルプス以北：耕作地拡大→ヨーロッパのほぼ全域で地中海式農業

ⓑ世界諸地域の(　19　)化：14世紀頃〜19世紀

14世紀 ┌ヨーロッパ…「大飢饉」による飢餓┐　┌人口減少
　　　 └東アジア…元朝期の大水害───┘→└戦争による社会不安

ⓒ克服と近代化…ヨーロッパで近代科学が誕生→ ┌(　20　)革命：食料増産
└産業革命の勃興

ⓓ自然災害の脅威(地震・津波・火山噴火)

┌ヴェスヴィオ火山の火砕流〈１世紀(　21　)壊滅〉、クレタ島地震〈４世紀〉
└火山噴火(1783年、アイスランドのラキ山・日本の浅間山)

→冷夏と凶作→天明の飢饉・フランス革命に影響

ⓔヨーロッパで大流行した(　22　)(14世紀)

┌一因：モンゴル帝国成立によるユーラシア大陸の東西交流の活発化
└結果：寒冷化の影響が加わる→中世ヨーロッパの支配体制が衰退

ⓕ世界で大流行した(　23　)(1918〜20)

感染拡大理由…第一次世界大戦による兵士の大規模な大陸間移動

11
12
13
14
15
16
17
18
19
20
21
22
23

世界史へのまなざしまとめ

Q ▶現在、人類を様々な試練にさらしている地球環境の危機には、どのようなものがあるだろうか。

第1章 文明の成立と古代文明の特質

㊖ 18〜36頁

1 文明の誕生

㊖ 18〜19頁

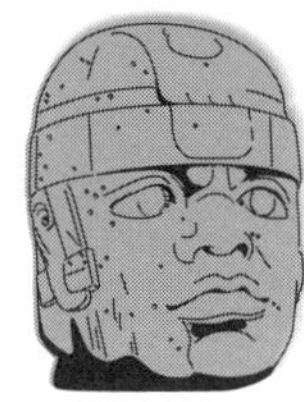

自然環境の変化をきっかけに、人々の生活や社会はどのように変化したのだろうか。

1 農耕と牧畜のはじまり

農耕・牧畜は、自然環境のどのような変化から生まれたのだろうか。

(1)自然環境の変化

約(　1　)万年前：氷期の終わり…地球の温暖化と自然環境の変化

→新人：地域ごとの多様な環境へ適応

(2)農耕・牧畜の開始

ⓐ約9000年前の西アジア…(　2　)の栽培、ヤギ・羊・牛の飼育開始

ⓑ積極的に自然環境を改変する能力→食料生産を開始

ⓒ重大な変革…(　3　)**経済**：狩猟・採集中心→(　4　)**経済**：農耕・牧畜

→人口の飛躍的増大、文明誕生の基礎の構築

(3)新石器時代の開始

ⓐ生活の変化
- 集落に居住
- 織物・土器の製作
- (　5　)**石器**の使用…石斧・石臼など

ⓑ初期農耕民の新石器文化…アジア・ヨーロッパ・アフリカの各大陸に拡大

図 (　5　)石器

Q1 ▶ この石器にはどのような特徴がみられるだろうか。

A ▶

図 (　6　)土器

Q2 ▶ この土器の特徴としてどのような点があげられるだろうか。

A ▶

1

2

3

4

5

6

2 文明の誕生

文明が生まれるためには、どのような条件が必要だったのだろうか。

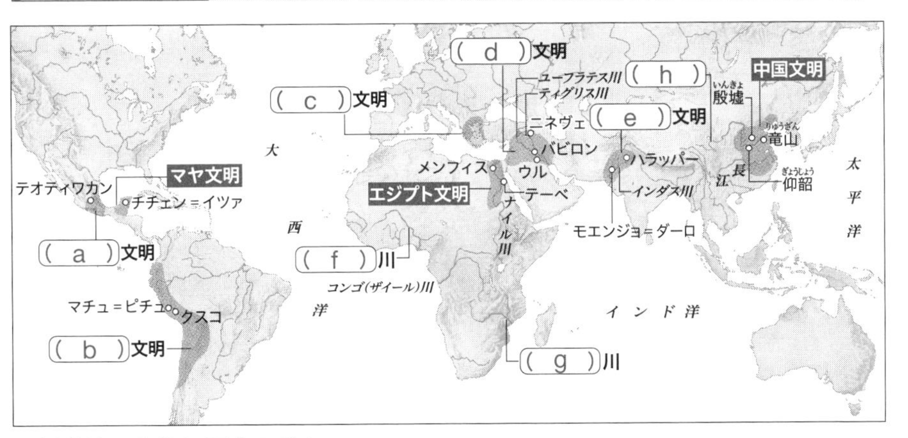

(1)農法の変化と国家の成立

ⓐ初期農法…雨水だけに頼り、(　7　)を使用せず

↓　　　→少ない収穫、耕地を替える必要性

ⓑ(　8　)**農業**…メソポタミア(ティグリス川・ユーフラテス川に挟まれた地域／ほぼ現在のイラク)などで開始

ⓒ食料生産の発達…多大な人口を養うことが可能に

→多数の人間を統一的に支配する(　9　)の仕組みが誕生

(2)古代文明の形成と特色

ⓐ**文明**の誕生…ナイル川、ティグリス川・ユーフラテス川、インダス川、黄河・長江など大河流域

→やや遅れてアメリカ大陸にも独自の文明が形成

ⓑ特色
- (　10　)の誕生…宗教・交易の中心
- (　11　)の成立…支配する人・支配される人のあいだに差異
- (　12　)の作製…武器・工具など
- (　13　)の発明…政治・商業の記録を残す必要性

→過去の記録を参考に将来に備え、複雑で抽象的な思考が可能に
- 人類史…「歴史時代」に入る
- 個々の文明…地域の自然環境によって様々な特色

a　文明
b　文明
c　文明
d　文明
e　文明
f　川
g　川
h
7
8
9
10
11
12
13

2 古代オリエント文明とその周辺

教 20〜28頁

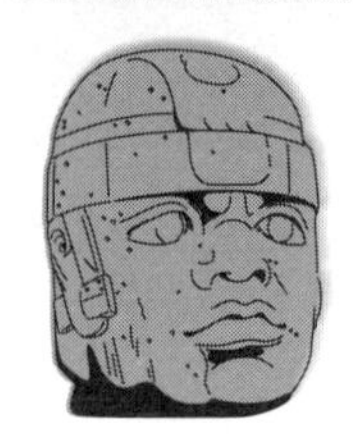

古代オリエント文明は、世界の歴史にどのような影響を与えたのだろうか。

1 オリエントの風土と人々

オリエントの風土は、その文明の特質とどのような関係にあるのだろうか。

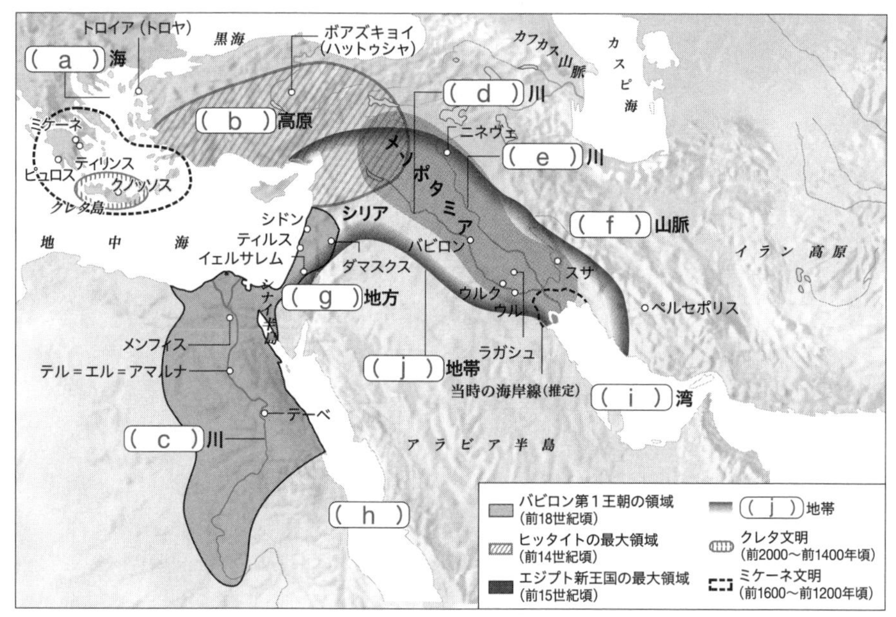

a 海
b 高原
c 川
d 川
e 川
f 山脈
g 地方
h
i 湾
j 地帯

(1)オリエント：（ 1 ）からみた「日ののぼるところ、東方」の意味
…西アジアからエジプトにかけての地域の呼称

(2)自然条件と生産活動

ⓐ少雨、乾燥・高温（秋〜冬の雨季以外）…砂漠・草原・岩山の地域が多い
→ 遊牧生活…羊・（ 2 ）の飼育
　 平野・オアシスの農業…小麦・大麦・豆類・オリーヴ・（ 3 ）

ⓑティグリス川・ユーフラテス川、ナイル川などの大河流域
…定期的な増水を利用：（ 4 ）農業→高度な文明が発達

(3)各地域の特色

ⓐ（ 5 ）：ティグリス川・ユーフラテス川流域→周辺からセム語系・インド＝ヨーロッパ語系の遊牧民が富を求めて移住→興亡を繰り返す

ⓑ（ 6 ）：砂漠と海に囲まれた地形…ナイル川のめぐみを享受
→エジプト語系の人々…長期にわたる高度で安定した文明

ⓒ（ 7 ）・パレスチナ地方：（ 5 ）・（ 6 ）両地方を結ぶ位置
→ メソポタミアと「（ 8 ）地帯」を形成…小麦・（ 9 ）栽培
　 （ 10 ）語系の人々…地中海・内陸交易で活躍

1
2
3
4
5
6
7
8
9
10

(4)オリエントの社会・文化の特色

大河を利用した治水(ちすい)・灌漑(かんがい)…宗教の権威による強力な(11)**政治**

→独自の信仰生活と文化の誕生

(5)地中海地域の特色

ⓐ**地中海**の役割…オリエントの西方に位置：重要な交通路

→周辺に１つの文化的なまとまりを形成

ⓑ風土と生業

┌沿岸部…都市を中心に文明が発達

├山がちな陸地…夏：暑く乾燥、冬：少量の降雨

→┌大河・肥沃な大平野にめぐまれず

　└土壌：やせた(12)質

└生業…エジプト・黒海(こっかい)沿岸などを除き、(13)栽培(オリーヴ・ブドウ)・牧畜(ヤギ・羊)に適する

2 シュメール人の都市国家

都市国家に富や権力が集まったのはなぜだろうか。

(1)メソポタミア南部(灌漑(かんがい)農業発達)の動向

┌前3500年頃～、人口の急激な増加…(14)を中心に大村落成立

→(15)の発明・金属器(銅器・青銅器(せいどうき))の普及

└前3000年頃、大村落が都市へと発展

(2)(16)人(民族系統不明)の興亡

ⓐ(17)…前2700年頃までに(18)・ウルクなど、数多く形成

ⓑ王を中心に神官・役人・戦士が都市の神をまつる

→政治・経済・軍事の実権を握り人々を支配…(19)社会の成立

ⓒ都市国家の支配層…富の集中

→シュメール文化の繁栄：壮大な神殿・宮殿・王墓(おうぼ)の建設

ⓓ前24世紀、セム語系の(20)**人**がシュメール都市国家を征服

3 メソポタミアの統一と周辺地域

メソポタミア文明が今日に残した文化遺産には、何があるだろうか。

(1)アッカド人の国家

メソポタミア南部の都市国家をはじめて統一→前22世紀に国家崩壊

(2)バビロン第１王朝

ⓐセム語系の(21)人が建国→周辺諸民族に影響

ⓑ(22)**王**の時代…全メソポタミア支配

┌首都バビロンで神の代理として政治をとりおこなう

├運河の大工事→治水・灌漑を推進

└(22)**法典**…法にもとづく強力な統治の確立

└─刑法┌(23)**法**の原則：「目には目を、歯には歯を」

　　　　└被害者の(24)により異なる刑罰

史料 ハンムラビ法典(抜粋)

1．人が他人を殺人の罪で告訴し、その罪を立証できなかったなら、告訴人は殺されなければならない。

11

12

13

14

15

16

17

18

19

20

21

22

23

24

195. 息子がその父親を殴ったならば、彼は自分の腕を切り落とさなければならない。
196. 他人の目をつぶしたならば、自分の目をつぶさなければならない。
199. 他人の奴隷の目をつぶしたり、他人の奴隷の骨を折ったならば、奴隷の値段の半額を支払わなければならない。 （中田一郎訳『ハンムラビ「法典」』、一部改変）

Q１▶これらの条文からは、どのような原則が見出せるだろうか。また、被害者の身分によって刑罰に違いがあるのはなぜだろうか。

A▶

(3)周辺諸民族の動き

ⓐ（ 25 ）人（インド＝ヨーロッパ語系）

- 前17世紀半ば頃、（ 26 ）高原に強力な国家を建設
- （ 27 ）器の使用
  - メソポタミア遠征→バビロン第１王朝を滅ぼす
  - シリア進出→エジプトと戦う

図 （ 25 ）の戦車

Q２▶（ 25 ）人の戦車の優れた点はどのようなところだろうか。

A▶

ⓑ（ 28 ）人…ザグロス山脈方面から南メソポタミアに侵入
→バビロン第１王朝滅亡後のバビロニアを支配

ⓒ（ 29 ）王国…北メソポタミアからシリアに領土を拡大、強大な国力を保持
→のちヒッタイトに服属

ⓓ前15〜前14世紀以降のオリエント…諸国家が並立する複雑な政治状況

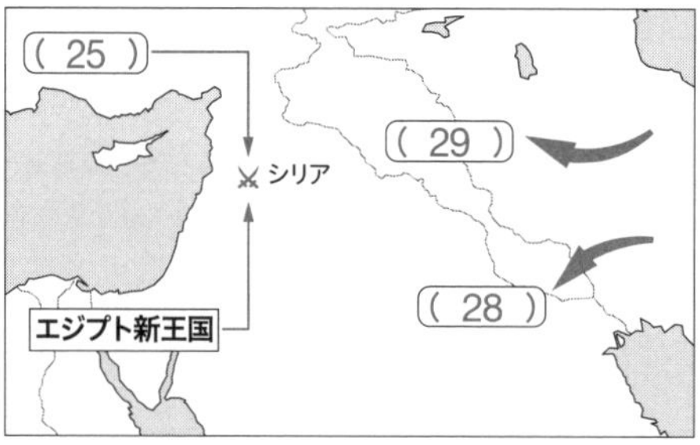

図 （ 31 ）文字

(4)メソポタミアの文化

ⓐ宗教：（ 30 ）教…支配民族の交替ごとに最高神もかわる

ⓑ文字：（ 31 ）文字…シュメール人創始、（ 32 ）に刻まれて使用
→言語の違いをこえて多くの民族に普及
※イギリスの（ 33 ）らにより解読の手がかりが示される

ⓒ天文・暦法（れきほう）・数学・農学など実用的学問の発達

- （ 34 ）進法
- （ 35 ）暦の使用→閏月（うるうづき）の設置による（ 36 ）暦の誕生

＊おおむね19年に７回の割合で設定して誤差を補正

25
26
27
28
29
30
31
32
33
34
35
36

4 エジプトの統一国家

エジプト王国が長期にわたって安定した支配を続けられたのは、なぜだろうか。

(1)統一的支配の確立

ⓐ豊かな農業…ナイル川の増減水を利用

- ナイル川は毎年7～10月に増水・氾濫して、上流から沃土(よくど)を運ぶ
- 「エジプトはナイルのたまもの」…ギリシアの歴史家(37)の言葉

ⓑナイル川の治水…共同労働と統率のための強力な指導者の必要性

→全国を統一的に支配する仕組みが発達

(2)王朝の成立と交替

ⓐ前3000年頃、(38)(王)による統一国家形成…長期に国内統一を維持

ⓑ約30の王朝が交替…3時代の繁栄期

前3000年		前2000年		前1000年
古王国 前27世紀頃～前22世紀頃		中王国 前21世紀頃～前18世紀頃	新王国 前16世紀～前11世紀	ヌビア人 クシュ王国
		遊牧民(39)の流入		↑アッシリアの征服

- 古王国:(40)(ナイル下流域)中心
  …クフ王らが巨大な(41)を建設
  →絶大な王の権力を誇示
- 中王国:(42)(上エジプト)中心
  →末期に(39)が流入:国内一時混乱
- 新王国:(42)中心
  …前16世紀成立、(39)を撃退
  →(43)へ進出

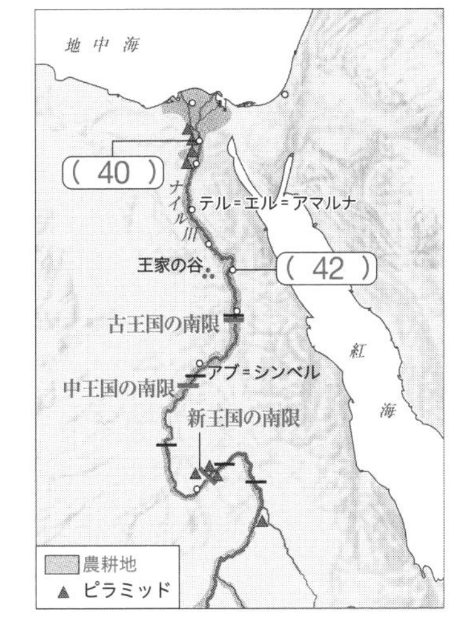

ⓒ(44)の信仰改革(前14世紀)

- 従来の多神教(たしんきょう)を禁止
  →(45)一神の信仰→死後撤廃
- (46)(中部エジプト)へ遷都
  …写実的な**アマルナ美術**の開花

(3)宗教

ⓐ太陽神(47)を中心とする多神教

→新王国時代:(48)=ラー信仰が興隆(テーベの守護神(48)と結合)

ⓑ霊魂不滅の信仰…ミイラ・「(49)」を作成→来世に行った死者の幸福を祈る

(4)文化

ⓐエジプト文字
- (50)…碑文(ひぶん)・墓室(ぼしつ)・石棺(せっかん)などに刻まれた象形(しょうけい)文字
- 民用(みんよう)文字(デモティック)…(51)(一種の紙)に書かれる

ⓑ測地術…ギリシアの(52)学の基となる

ⓒ**太陽暦**…ローマで採用:(53)暦

37
38
39
40
41
42
43
44
45
46
47
48
49
50
51
52
53

54

55

56

57
58

59
60
61

62
63
64
65

66

67
68
69
70

図 (54)

図 「死者の書」

Q１▶ナポレオンの遠征中に発見された左の碑文は(54)と呼ばれ、フランスの(55)がヒエログリフを解読する手がかりとなった。

Q２▶右は、椅子に座る冥界(めいかい)の王(56)が死者に最後の審判をくだしている場面が描かれた「死者の書」。

5 東地中海の諸民族

シリア・パレスチナ地方で多くの民族が興亡を繰り返したのは、なぜだろうか。

⑴シリア・パレスチナ地方

ⓐ海陸交通の要地…エジプトとメソポタミアを結ぶ通路、地中海への出入り口

ⓑ活動した諸民族

┌前1500年頃〜、セム語系(57)人が交易で活躍
└前13世紀頃、ギリシア・エーゲ海方面から「(58)」が進出

→エジプト・ヒッタイトの勢力後退

→セム語系民族(アラム人・フェニキア人・ヘブライ人)の活動が活発化

⑵(59)人

ⓐ前1200年頃〜、シリアの(60)を中心に内陸都市を結ぶ中継貿易で活躍

ⓑアラム語…(61)語として普及

ⓒアラム文字…楔形(くさびがた)文字にかわりオリエントで広く使用→東方に多くの派生文字

※派生文字例…ヘブライ文字・シリア文字・アラビア文字・ソグド文字・ウイグル文字・モンゴル文字・満洲(まんしゅう)文字など

⑶(62)人

ⓐ東地中海に面した**シドン**・(63)などを拠点に地中海交易独占

→北アフリカの(64)など、多くの植民都市建設

ⓑフェニキア文字…カナーン人の表音文字から作成→(65)の起源へ

※フェニキア文字…ギリシア文字を経てラテン文字(ローマ字)・キリル文字に継承

⑷(66)人(イスラエル人・ユダヤ人)

ⓐ遊牧民→前1500年頃、パレスチナ定住…一部はエジプト移住

ⓑ移住民へのエジプト新王国の圧政

→前13世紀頃、指導者(67)のもとでパレスチナへ脱出：「(68)」

ⓒパレスチナに統一王国を建国…前10世紀頃に繁栄→のち南北分裂

┌北…(69)王国→アッシリアにより滅亡(前722)
└南…(70)王国→新バビロニアが征服(前586)

→多数の住民がバビロンにつれ去られる：（ 71 ）

※ヘブライ人の歴史…『旧約聖書』の記述にもとづく

→約50年後、バビロンから帰国。イェルサレムに（ 72 ）の神殿再興

…（ 73 ）**教**確立→のちキリスト教の母体

ⓒ信仰の特色
- 唯一神(ゆいいつしん)ヤハウェへの強固な信仰
- 選民思想…神から特別な恩恵を与えられているとする考え方
- 救世主（ 74 ）の出現を待望

ⓓ『（ 75 ）』
- ユダヤ教の教典
- ヨーロッパ人の思想・芸術活動の大きな源泉

6 エーゲ文明

クレタ文明とミケーネ文明のあいだには、どのような性格の違いがあったのだろうか。

(1)エーゲ文明

ⓐギリシアの東地中海沿岸にオリエントの影響のもとに誕生

→ヨーロッパで初の（ 76 ）器文明

ⓑ代表例…（ 77 ）**文明**・（ 78 ）**文明**

(2)クレタ文明

ⓐ前2000年頃〜、クレタ島で開花…イギリス人（ 79 ）が発掘

→壮大で複雑な宮殿建築：（ 80 ）宮殿が代表的

…宗教的権威を背景に巨大な権力を掌握した王の住居

ⓑ文明を築いた人々…民族系統不明

→
- 外部勢力への警戒心薄い…宮殿に（ 81 ）をもたず
- 文字…線文字A：未解読

図 クノッソス宮殿の壁画

Q▶この壁画から、クレタ文明の特色としてどのようなことが推測できるだろうか。

A▶

(3)ミケーネ文明

ⓐ前16世紀〜、ミケーネ・（ 82 ）・ピュロスなどで繁栄…ドイツ人（ 83 ）が発掘
- 前2000年頃に北方から移住したギリシア人（インド＝ヨーロッパ語系）の文明
- クレタ文明・オリエントの影響

ⓑ巨石(きょせき)を用いた（ 84 ）王宮を中心とした小王国…戦闘的・軍事に関心

→勢力の拡大・波及
- 前15世紀、クレタ島に侵入して支配下におく
- アナトリアの（ 85 ）にまでおよぶ

ⓒミケーネ文明の支配形態
- 形態：各小王国の王が役人組織を使って地方の村々から農産物・家畜・武器などの手工業製品を王宮に集積→需要に応じて再び各地に分配
- 解明：粘土板(ねんどばん)に残された（ 86 ）文書の解読による

→（ 86 ）文書：イギリスの（ 87 ）らが解読

71
72
73
74
75
76
77
78
79
80
81
82
83
84
85
86
87

88
89
90
91
92
93
94
95
96 王国
97
98

⑷ミケーネ文明の滅亡

ⓐ前1200年頃、突然の破壊・滅亡…明確な事情は不明

ⓑ原因：王宮による支配体制の行き詰まり、気候変動、外部勢力の侵入など

※同時期、東地中海一帯を襲った系統不明の「海の民」説もある

7 オリエントの統一と分裂

アッシリアがオリエントをはじめて統一することができたのは、なぜだろうか。

⑴(　88　)王国

ⓐ成立…前２千年紀初め、北メソポタミアにおこり中継貿易で繁栄

→前15世紀、一時的に(　89　)王国に服属

ⓑ興隆…独立回復後、前７世紀前半に鉄製の武器・戦車・騎兵隊を駆使して全オリエント征服：都(　90　)

ⓒアッシリア王：強大な専制君主…政治・軍事・宗教などを統括

国内を州にわけて(　91　)制を整備
各地に総督をおいて統治
→重税と圧政：服属民の反抗

⑵４王国分立とナイル川流域の動向

ⓐ前612年、アッシリア王国崩壊→(　92　)・(　93　)・(　94　)・エジプトの４王国が分立

※(　92　)において世界初の金と銀の合金による(　95　)がつくられる

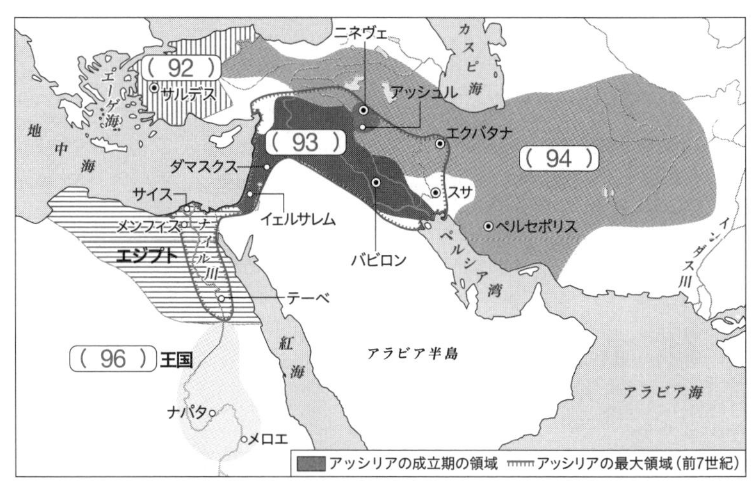

ⓑナイル川流域の動向

(　96　)**王国**…ナイル川上流に成立

エジプト新王国の滅亡(前11世紀)後、前８世紀にエジプトへ進出

→(　97　)遷都
- 製鉄と商業によって繁栄
- (　97　)文字(未解読)を使用

４世紀、エチオピアの(　98　)王国により滅亡

図 金属貨幣の誕生

Q▶金属貨幣の使用により商取引のどのような点が便利になったのだろうか。

A▶

3 南アジアの古代文明

㊬ 28～30頁

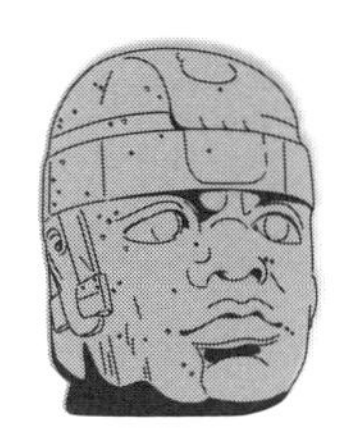

南アジアの古代文明は、世界の歴史にどのような影響を与えたのだろうか。

1 南アジアの風土と人々

どのような地理的環境が、南アジアの多様性を生み出したのだろうか。

(1)南アジアの風土

ⓐ地域…ヒマラヤ～デカン高原～インド洋の島々に至る多様な地域

ⓑ気候…(1)の影響：雨季と乾季の差が明確

- 北部：夏・冬で激しい寒暖差
- 南部：年間を通じて高温

ⓒ生業（せいぎょう）…農業：季節風による雨を活用
→稲・ヒエ・アワや乾季の(2)栽培、(3)や羊などの飼育

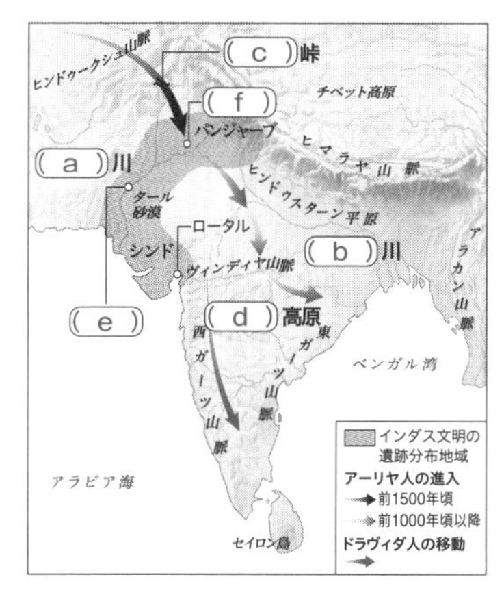

(2)住民

アーリヤ系・(4)系に分類…進入した異民族も完全に同化されず
→南アジア社会：多様な民族・言語・宗教が共存する独自の世界を形成

2 インダス文明

南アジア最古の文明が栄えたのは、どのような場所だったのだろうか。

(1)インダス文明の成立…ドラヴィダ系とされる南アジア最古の文明

ⓐ前2600年頃～、青銅器時代の都市文明

- 南アジア西北部の広範囲に分布…代表的遺跡：(5)・(6)
- すぐれた都市計画…(7)場・穀物倉（こくもつぐら）を備えた煉瓦（れんが）造りの遺跡

＊都市遺跡の最初の発掘例から(6)文明とも呼ばれる

ⓑ発掘品
- (5)出土の印章（いんしょう）…刻まれた文字：(8)文字(未解読)
- ろくろで制作された彩文土器（さいもんどき）

図 モエンジョ＝ダーロ出土の印章

Q▶この文明の特色を印章のモチーフから考えてみよう。

A▶

(2)インダス文明の性格と衰退

- 南アジア文明の源流…(9)教の主神シヴァの原型や牛の像なども出土
- 前1800年頃までに衰退　※原因は不明(洪水説・環境破壊説・塩害説など)

a　川
b　川
c　峠
d　高原
e
f
1
2
3
4
5
6
7
8
9

3 アーリヤ人の進入とガンジス川流域への移動

アーリヤ人の進入は、南アジアにどのような変化をもたらしたのだろうか。

(1)（　10　）人の進入と移動

ⓐ（　10　）人…インド＝ヨーロッパ語系の牧畜民

前1500年頃、中央アジアから（　11　）地方に進入開始

┌部族単位で活動…富や地位の大きな差なし
└雷や火などの（　12　）を崇拝→様々な祭祀をとりおこなう

→┌宗教的な知識をおさめたインド最古の文献群：（　13　）
　└賛歌集『（　14　）』…当時の多神教的世界観がわかる文献

※ヴェーダ時代…各種ヴェーダが編まれた前1500年～前600年頃までの時代

ⓑアーリヤ人の（　15　）川流域への移動

前1000年頃以降、より肥沃な（　15　）川上流域へ移動開始

┌道具…森林開墾に適した（　16　）器・牛に牽かせる（　16　）の刃先をつけた木製の犂
└穀物…（　17　）の栽培開始

(2)ヴァルナとカースト

ⓐ階層の成立…アーリヤ人は先住民から農耕技術を学び、定住農耕社会を形成

┌生産の余裕…王侯・武士・司祭など生産に従事しない階層が誕生
└祭式の体系化…王が支配の正統性を示すため祭祀を主導→強大な権力

ⓑ（　18　）**制**の成立…身分的上下観念

※（　18　）：「色」の意味…アーリヤ人と先住民のあいだの皮膚の色の差異から

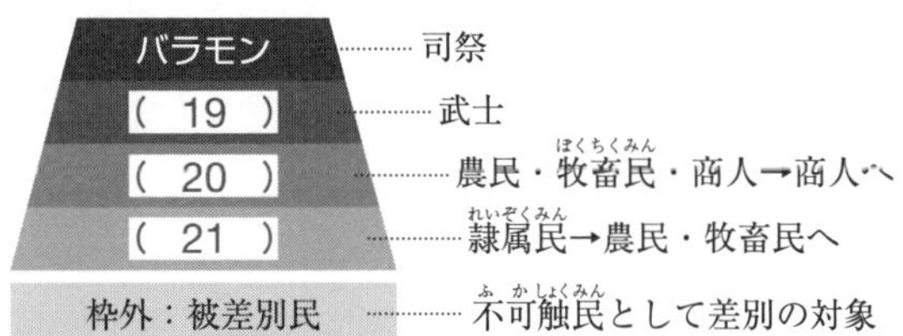

ⓒ（　22　）**教**…バラモンがつかさどり、みずからを最高の身分と定める宗教
　→複雑な祭祀の正確な実施が、神々から恩恵を受けるために必要と主張

ⓓ（　23　）**集団**（「生まれ」の意味）の誕生

┌特定の信仰・職業との結びつき
│　→他集団との結婚・食事などの制限によって結合をはかる
└ヴァルナ制と結びつき、たがいに上下関係を主張

ⓔヴァルナ制と多様なジャーティの主張とが組み合わさった社会制度
　→南アジア社会の基層へ…のちに（　24　）**制度**として展開

※（　24　）：ポルトガル語で「血統」を意味するカスタに由来

10
11
12
13
14
15
16
17
18
19
20
21
22
23
24

4 中国の古代文明

㊙ 30〜34頁

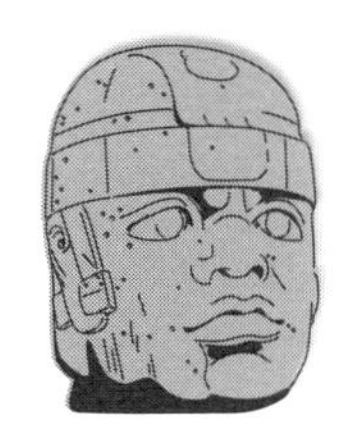

東アジア各地には、自然環境に根ざす多様な地域的特徴が生まれた。これらはどのように結びついていったのだろうか。

1 東アジアの風土と人々

東アジアには、気候の異なる地域がどのように混在しているのだろうか。

(1)**東アジア地域と風土・生業**

ⓐ地域…ユーラシア大陸東部(長江・黄河流域の農耕地帯中心)と沿海の諸島

ⓑ風土・生業
- **長江流域**〜ベトナム北部、朝鮮半島南部・日本列島
  …季節風(モンスーン)による湿潤気候→(1)中心
- **黄河流域**…比較的少ない降水量→(2)中心
- 中国東北地方・朝鮮半島北部…冷涼な森林地帯→狩猟・採集

(2)**隣接地域**
- モンゴル高原・チベット高原…草原が広がる(3)地帯
- タリム盆地の砂漠…オアシスにおける(4)農業

※タリム盆地以西の中央アジア…中国からみて西側→「(5)」の呼称

(3)**東アジア・隣接地域の自然環境・生業の多様性**
- 各地に様々な先史文化を生み出す
- 人々の移動・交流を推進

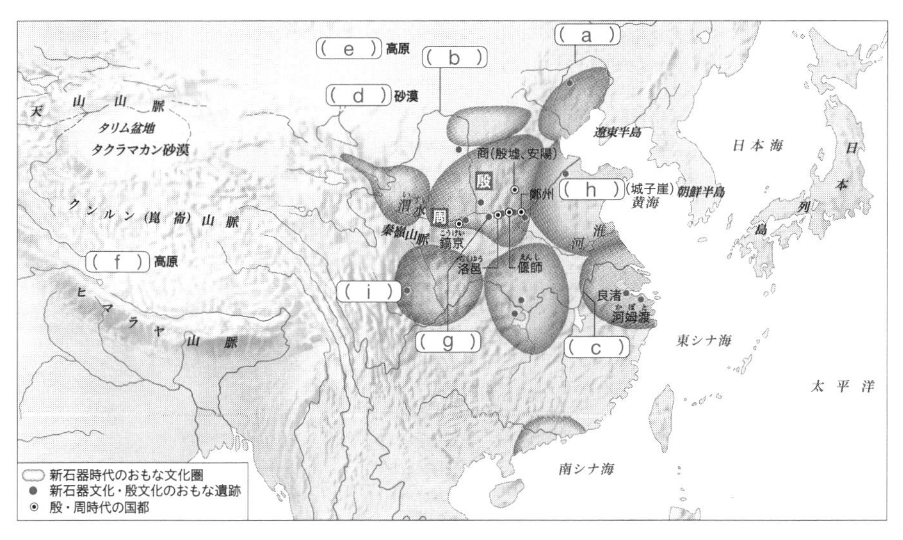

※多様な先史文化の交流
- (a)流域(紅山文化)の竜形玉器→殷に伝播：中国の竜を尊ぶ文化の源
- (c)下流域(良渚文化)の祭祀用の玉器(琮)→殷で盛んに模倣
- 四川盆地〈(i)文化〉…殷の技術的影響：独特のデザインの青銅器製作・琮も受容

1
2
3
4
5

a〜c：川、g〜i：遺跡
a
b
c
d 砂漠
e 高原
f 高原
g
h
i

2 中華文明の発生

東アジア各地の気候の違いは、生業にどのような影響を与えたのだろうか。

(1)農耕文明の始まり

ⓐ前6000年頃までに農耕開始
- 黄河流域…(　6　)などの**雑穀**
- 長江流域…(　7　)を栽培

ⓑ前5千年紀…地域独自の農耕文化が成立
- 黄河中流域…(　8　)**文化**の開花：(　9　)が特徴
- 長江流域…人工的な施設をもつ水田の出現
- 東北地方の遼河流域…狩猟・採集、雑穀の栽培

(2)地域間の交流の活発化と社会の変化

ⓐ前3千年紀…地域間のヒト・モノの移動が活発化
→
- 黄河流域に西方から(　10　)・羊が伝播
- 黄河中・下流域…(　11　)**文化**の拡大：(　12　)が特徴
　→長江上流域の(　13　)盆地でも大規模な集落形成

ⓑ交流の活発化にともなう集団間の抗争
→
- 集落のまわりに土壁(つちかべ)をめぐらした城郭(じょうかく)の建設
- 複数の集落の連合体をたばねる首長の出現

3 殷・周王朝

殷と周の支配形態は、どのように異なっていたのだろうか。

(1)生業の多様化

前2千年紀…地域の自然環境に合わせて生業が多様化
→
- 黄河上流域…(　14　)の拡大
- 長江流域…稲作への依存が強まる

(2)(　15　)(前16世紀頃〜前11世紀頃)

ⓐ王朝の誕生…黄河中流域(交通の要地)で政治権力の集中が進展
王都の遺跡：(　16　)…西域(さいいき)産素材の玉器・南方の海のタカラガイ出土
→広域的な交易(こうえき)ネットワークの中心にあったことを示唆
※伝説：(　15　)王朝の前に(　17　)王朝が存在(未確定)
※王朝末期の人々はみずからの邑(ゆう)を商(しょう)と称する→中国では殷を商と呼称

ⓑ宗教的権威による支配…豊かな経済力を背景に盛大な祭祀(さいし)を実施
→多くの(　18　)が従属
※(　18　)…同族意識に支えられた氏族集団を中心とした城郭都市

ⓒ文化
- 複雑な文様をもつ(　19　)**器**：酒器・食器→祭祀に使用
- 神意の占いによる国事の決定→記録した(　20　)**文字**：漢字の原形

図 殷・周時代の青銅器

Q▶この器に表現された複雑な文様は何のために刻まれたのだろうか。王朝の性格から考えてみよう。

A▶

(3)(　21　)(前11世紀頃〜前256)

ⓐ西方の渭水流域におこる…前11世紀頃、殷を滅ぼして華北を支配

　理念：武力より(　22　)を重視→(　22　)の高い者が**天**の命令で支配者に

　　※中国における政権交代…(　23　)：「天子の姓が易り天命が革まる」

ⓑ周の統治体制…(　24　)制の確立

┌一族や功臣などに(　25　)(領地)と人民を与える

│　→**諸侯**として国を建てさせる

└王や諸侯の家臣：卿・(　26　)・士…地位と(　25　)を授与

　　→氏族集団のまとまりや各地の社会・文化の多様性を保持

ⓒ周の社会秩序…氏族集団を基礎

┌親族関係にもとづいた規範：(　27　)の重視

└服従の証…諸侯が周王に各地の特産品をおさめる

　　→社会の上下関係を律する行動規範：(　28　)と総称

　　　…今日まで東アジアの社会に強い影響

4 春秋・戦国時代

春秋時代と戦国時代の秩序の違いは、どこにあるだろうか。

(1)周の東遷

前8世紀、王都を(　29　)から東方の(　30　)(現：洛陽)に移す

　…周の威光衰退→諸侯が競い合う時代へ

(2)(　31　)時代　※孔子の編んだとされる歴史書『(　31　)』に由来

(　32　)(武力で他国を威圧した有力諸侯)が盟主として周王を支え、秩序維持

　…小国の併合・大国の分裂→前5世紀後半、諸国間の秩序喪失

　　　　　　　　　　　　→諸侯は王を自称…激しい抗争へ

(3)(　33　)時代　※この時代の遊説者の策謀について記した『戦国策』に由来

ⓐ各地で社会・文化の特徴を反映した個性ある国づくり

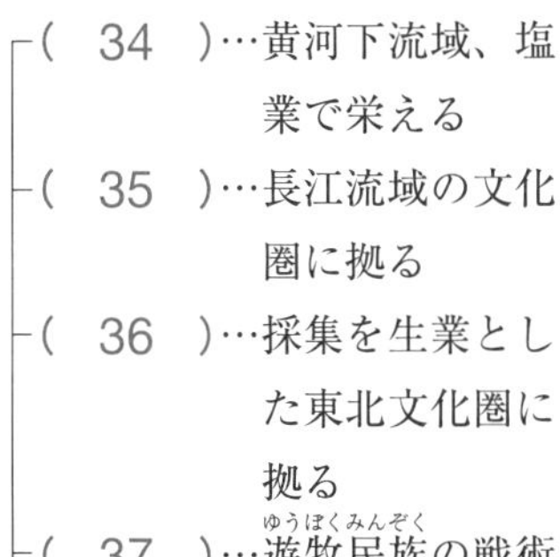

┌(　34　)…黄河下流域、塩業で栄える

├(　35　)…長江流域の文化圏に拠る

├(　36　)…採集を生業とした東北文化圏に拠る

├(　37　)…遊牧民族の戦術を取り込む

└(　38　)…西方の牧畜地域をおさえる

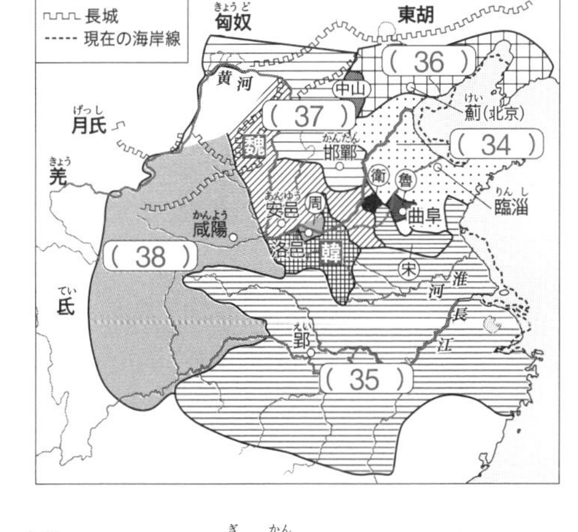

→「(　39　)」…有力な7国の呼称(上記5カ国に魏・韓を合わせた7国)

ⓑ共通する政策┌官僚を地方へ派遣→中央との関係を強化
　　　　　　　└法制度の整備

(4)「中国」意識の確立

┌(　40　)の諸侯がおさめた範囲：「中国」とみなす考え方が出現

21
22
23
24
25
26
27
28
29
30
31
32
33
34
35
36
37
38
39
40

→1つの文明圏としてのまとまりが生まれる

「中国」意識…みずからを文化の中心とする

→生活習慣の異なる他者を「夷狄(いてき)」とさげすむ(　41　)**思想**と結合

5 春秋・戦国時代の社会と文化

鉄器の普及は、戦国時代の社会にどのような影響を与えたのだろうか。

(1)社会経済の変革

ⓐ(　42　)**器**の普及による社会変化…春秋時代に出現、戦国時代に拡大

- (　42　)製農具の使用、犂(すき)を牛に牽(ひ)かせる(　43　)の開始
- 森林伐採の効率化→農地の増加、木材の供給(建材・工業原料・燃料)

ⓑ文字の記録…木や竹を細長く裁断した(　44　)・竹簡(ちくかん)

→文書による命令・情報の伝達が容易に

ⓒ乱開発による森林面積の減少→華北の気候は(　45　)化に向かう

ⓓ農業生産力の向上…氏族集団にもとづかない統治が進展

→
- 氏族の解体
- 一夫婦を中心とする小家族：生産や課税・徴兵の単位である「(　46　)」として重視

ⓔ(　47　)**貨幣(かへい)**の普及…農業・手工業の発展

→商取引の仲立ちに必要→大商人も出現

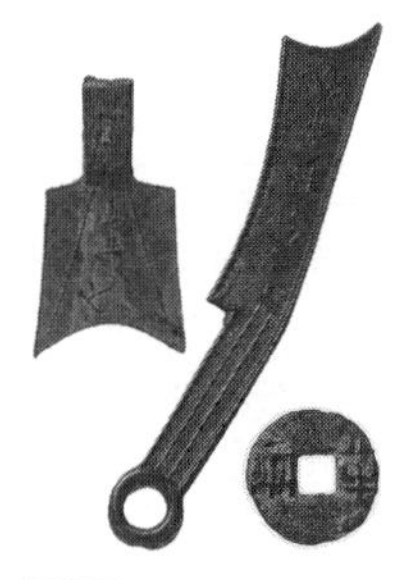

図 (　47　)貨幣

Q▶貨幣が様々な形をしているのはなぜだろうか。また、これらの貨幣が各国で同じように通用した理由は何だろうか。

A▶

(2)諸子百家(しょしひゃっか)の思想

ⓐ個人の能力を重視する風潮→多様な学派の誕生：(　48　)と総称

…思想・技能を生かして社会的評価を得ようとする人々の活躍

ⓑ学派と思想家

学派	始祖・主張など
儒家(じゅか)	祖：春秋時代の(　49　)…周代の徳による統治を理想 →礼の実践を通して親子・兄弟の肉親愛を社会秩序に拡大 ※戦国時代に継承…(　50　)：性善説(せいぜんせつ)、(　51　)：性悪説(せいあくせつ)
法家	現実主義に立ち、君主の権力を背景にした法の徹底を掲げる 例：秦に仕えた(　52　)や李斯(りし)　※戦国時代(韓)の(　53　)
墨家	祖：(　54　)…血縁をこえた人類愛や家柄によらない実力主義を主張
道家	人為を否定して天の道に従うこと(無為自然(むいしぜん))を主張 …(　55　)・荘子(そうし)の考え→(　56　)の政治思想に影響 ※(　56　)の政治思想…君主の公平・無欲さが社会の安定につながるとする考え方
兵家(へいか)	兵法・戦略を説く　例：孫子(そんし)・呉子(ごし)
(　57　)	外交策を講じる　例：蘇秦(そしん)(合従(がっしょう))・張儀(ちょうぎ)(連衡(れんこう))
(　58　)	天文・暦と人間・社会の関連を説く　例：鄒衍(すうえん)(五行説(ごぎょう))

41
42
43
44
45
46
47
48
49
50
51
52
53
54
55
56
57
58

5 南北アメリカ文明

教 35～36頁

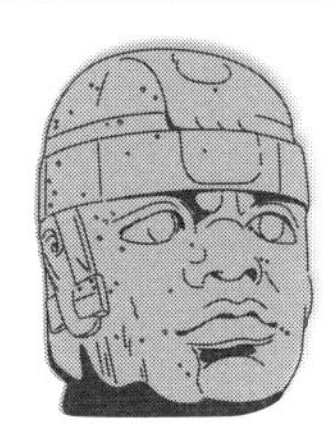

南北アメリカ文明がもつ、ほかの古代文明と異なる特徴は何だろうか。

1 南北アメリカの風土と先住民

北米と中南米の先住民社会には、どのような共通点と相違点があったのだろうか。

(1)先住民の渡来と定着

ⓐ氷期：ベーリング海峡がアジアと地続きの時期

ⓑ(　1　)系と思われる先住民の渡来（とらい）・定着

※のちヨーロッパ人から「(　2　)」の呼称

→地域環境に適応した文化・文明が発展

(2)北米・中南米の環境と先住民の文化・文明

ⓐ北米地域…温暖な気候・広大な平原

→(　3　)・採集中心の文化、人口希薄

→高度な文明は発達せず

ⓑ中南米地域…熱帯雨林気候に属する赤道付近をはさみ、南北に乾燥地帯

→前２千年紀～、農耕文化発展

┌メキシコ南部・中米…(　4　)主食
└南アメリカのアンデス地帯…(　4　)に加えて(　5　)も主食

→都市を中心とする先住民の文明成立

ⓒ先住民文明の展開

┌独自の発展…ユーラシア大陸の諸文明とは関わりをもたず
└16世紀に進出してきたヨーロッパ人によって征服・滅亡

ベーリング海
ロッキー山脈
ミシシッピ川
アパラチア山脈
大西洋
(　a　)高原
メキシコ湾
テオティワカン
テノチティトラン
オルメカ文明
チチェン＝イツァ
(　c　)王国
カリブ海
西インド諸島
(　b　)半島
(　d　)文明
アマゾン川
チャンチャン
チャビン
マチュ＝ピチュ
(　e　)山脈
(　g　)
(　f　)帝国
太平洋
ラプラタ川
○おもな遺跡

2 中南米の先住民文明

中南米にはどのような先住民文明が栄え、また、どのような支配体制が築かれたのだろうか。

(1)メキシコ南部と中央アメリカの文明

ⓐ(　6　)文明…前1200年頃までに成立

→この地域の先住民文明の原型

ⓑユカタン半島…(　7　)**文明**：４世紀頃～９世紀に繁栄期

┌ピラミッド状の建築物、(　8　)進法の数表記
└精密な暦法（れきほう）、(　7　)文字の使用

ⓒメキシコ南部┌(　9　)文明(前１世紀～後６世紀)
　　　　　　　└(　10　)**文明**(14～16世紀)：(　10　)王国中心

┌ピラミッド状の神殿、絵文字の使用
├道路網で各地と結ばれた巨大都市：首都(　11　)
└複雑な身分制度

a 高原
b 半島
c 王国
d 文明
e 山脈
f 帝国
g
1
2
3
4
5
6
7
8
9
10
11

12
13
14
15
16
17
18
19

(2)アンデス地帯の文明

ⓐ前1000年頃、北部に(12)文化成立→以降様々な王国が出現

ⓑ15世紀半ば、(13)**帝国**成立：中心都市(14)

→現在のコロンビア南部〜チリの広大な地域を支配

ⓒ特色
- 皇帝：(15)の子として崇拝(すうはい)→神権政治で他部族を支配
- 優秀な石造建築技術…例：ペルーの遺跡(16)が代表的
- 発達した道路網→各地から物資がクスコへ
- 文字はもたず→(17)(縄の結び方)で情報を記録

(3)中南米の先住民文明の共通点

- 大河ではなく雨水や泉を活用→丘陵・山岳に都市を建設
- (18)器、車輪、(19)などの大型の家畜を使用せず

図 マヤ文明の神殿

Q１▶この神殿には、マヤ文明で発達したどのような知識・技術が用いられているだろうか。

A▶

図 インカの黄金像

Q２▶これらの財宝を16世紀以降略奪したのは、どのような人々か。

A▶

図 巨石人頭像

Q３▶この人頭像は何という文明の遺跡で発掘されたものだろうか。

A▶

1章まとめ

Q▶**各地に生まれた古代文明にはどのような特質があったのだろうか。①・②・③から考えてみよう。**

①国家や文明はどのように誕生したのだろうか。

②どのような古代文明が形成されたのだろうか。

③自然環境により各古代文明はどのような特色をもったのだろうか。

第2章 中央ユーラシアと東アジア世界

㊙ 37〜53頁

1 中央ユーラシア——草原とオアシスの世界

㊙ 37〜40頁

中央ユーラシアの人々の動向は、世界の歴史にどのような影響を与えたのだろうか。

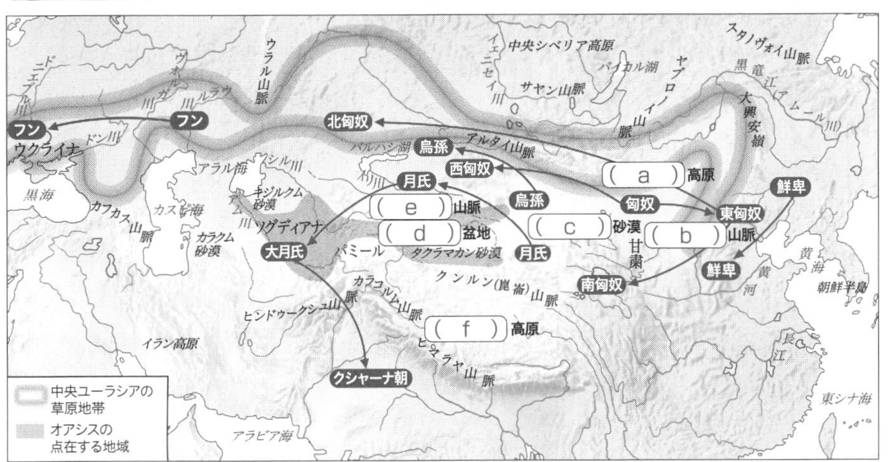

a 高原
b 山脈
c 砂漠
d 盆地
e 山脈
f 高原

1 中央ユーラシアの風土

中央ユーラシアの風土に適応して、人々はどのような生活を営むようになったのだろうか。

(1)**地勢概観**—パミールの大山脈が季節風(モンスーン)を遮断
→乾燥し、寒暖の差が大きい大陸性気候
東西：(1)高原〜黒海北岸…広大な草原
南：複数の砂漠と雪解け水を水源とする(2)が点在

(2)**住民**…草原の遊牧民・(2)の定住民
→周辺の諸勢力と様々な関係…世界史の展開に大きな役割

1
2

2 遊牧民の社会と国家

騎馬遊牧民は、なぜ強大な国家を築くことができたのだろうか。

(1)**遊牧民の生活**
ⓐ遊牧・狩猟生活…草・水を求めて季節的に移動
ⓑ羊・ヤギ・牛・馬・ラクダなどの(3)…衣・食・住を満たす主要な財産
食料…(4)製品・肉類　衣服…毛皮中心
住居…木製骨組みをフェルトでおおう組み立て式→移動に適合

(2)**騎馬遊牧民と遊牧国家**
ⓐ**騎馬遊牧民**の登場…前9世紀〜前8世紀頃、青銅製の馬具・武器を使用
馬上からの射弓技術…機動性にすぐれた軍事力→(5)製武器で向上
ⓑ(6)**国家**の形成…血縁的な氏族・部族集団にまとまって活動
→統率力のある君主のもとで部族連合を組織

3
4
5
6

ⓒ君主…忠実な親衛隊・（　7　）法で編成された軍団を統率

→略奪・征服活動を進め大勢力形成→統率の崩壊…部族連合の再編

ⓓユーラシア東西交易・文化交流への貢献…「（　8　）」と呼ばれるルート利用

3 スキタイと匈奴

遊牧国家の興亡は、ユーラシア大陸の東西にどのような変動をもたらしたのだろうか。

(1)（　9　）…文献上の最初の遊牧国家

ⓐ前7世紀頃、（　10　）北岸の草原地帯を支配

┌古代オリエント地域…アッシリアなどへの軍事活動
└（　10　）北岸…ギリシア人植民市との交流

図 スキタイ美術

Q1▶スキタイ美術の造形にはどのような特徴があるだろうか。

A▶

ⓑ中央ユーラシア東部…前3世紀後半以降、騎馬遊牧民の統合進む

┌（　11　）…タリム盆地東部
└（　12　）…モンゴル高原

(2)**匈奴**…単于と呼ばれる君主のもとで強力な遊牧国家建設

ⓐ（　13　）（位前209〜前174）の隆盛

┌西：月氏攻撃→中央アジアのオアシス地域を支配
└東：成立まもない（　14　）王朝を圧迫

ⓑ匈奴の変遷

匈奴
西匈奴
分裂（前1世紀半ば）
東匈奴
滅亡
西遷
北匈奴
分裂（後1世紀半ば）
南匈奴
和睦
服属
（　14　）
（　15　）
中国王朝

史料 漢代の歴史家、司馬遷の描いた匈奴の姿（『史記』匈奴列伝より）

彼等は牧草をさがしもとめて畜類を牧するために転移する。その家畜で多いものは馬・牛・羊であり……水と草とをもとめて転々と移動し、城郭や常住地、耕田の作業はない。……文書はなく、言語を以て〔相互に〕約束をする。小児もよく羊に騎り、弓をひいて鳥・鼠を射ることができる……士はみな力強く弓を引くことができ、すべて甲冑をつけた騎士となる。その風俗は、平和の時は家畜にしたがって移動し、鳥や獣を射猟して生業とするので、一旦急変あるときは、人々は攻戦になれており、侵掠攻伐をする。……勝つと見れば進み、不利と見れば退き、遁走を恥としない。（内田吟風・田村実造他訳注『騎馬民族史1　正史北狄伝』）

Q2▶史料では、匈奴の特徴としてどのような点があげられているだろうか。また、中国と価値観が異なると思われる点はどこだろうか。

A▶

(3)大変動の幕開け

紀元後3世紀、中央ユーラシア東西で遊牧民の活動が活発化

┌東部…(　16　)など「五胡」の華北進出
│　→遊牧民と定住民が混交し、多様な政権樹立…「五胡(　17　)」
└西部…(　18　)**人**の大規模な西進→(　19　)人の大移動を促進

4 オアシス民の社会と経済

オアシス民は、遊牧民とどのような関係をもっていたのだろうか。

(1)中央アジアのオアシス

ⓐ古来からの定住民の生活…雪解け水による河川、地下水の利用

ⓑ構造 ┌市街地…防衛施設をそなえ、市場や寺院をもつ
　　　 └周辺の農村部…灌漑による集約農業を営む

　→独立した生活・経済圏、手工業生産・(　20　)**交易**の拠点

(2)オアシス都市の所在地

パミール ┌東部…(　21　)**盆地**周縁部
　　　　 └西部…ソグディアナ・フェルガナ

→ラクダの隊商がユーラシアの東西を往来：「(　22　)」を形成

…「草原の道」と合わせて「絹の道」(「シルク＝ロード」)の呼称

(3)オアシス都市の支配権

ⓐオアシス都市…連合した大国家は形成せず

　→周辺の大規模国家の支配下に入る

ⓑ遊牧国家…オアシス都市の資源、東西交易の利益を重要視

　→西域のオアシス都市の支配権をめぐり、(　23　)は漢と争奪戦を繰り広げる

(4)オアシス民と遊牧国家

(　24　)的関係…遊牧国家による略奪・支配の一方的な関係ではない

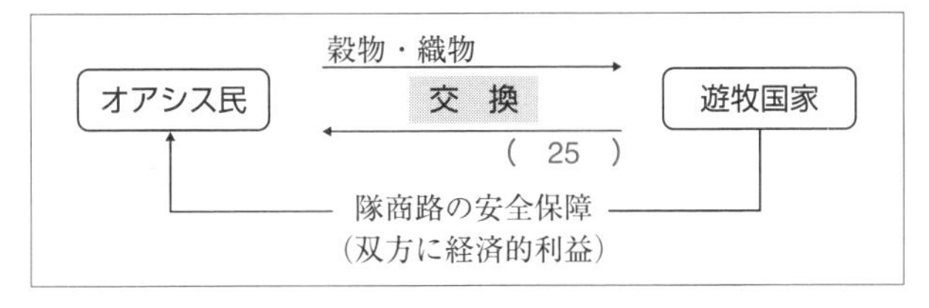

16
17
18
19
20
21
22
23
24
25

2 秦・漢帝国

㊐ 40～44頁

秦・漢の時代に、地域間の結びつきはどのように変化したのだろうか。

1 「皇帝」の出現
新たに現れた「皇帝」は、それまでの「王」とどのように異なるのだろうか。

(1)秦の統一

ⓐ秦(「戦国の七雄」の一国)…前4世紀、政治制度や技術の刷新で強大化

→東方諸国の対応（防衛策）
- 合従策：共同で秦に対抗する（ 1 ）の策
- 連衡策：個別に秦と同盟する（ 2 ）の策

ⓑ秦王政の征服(前221)→新たな君主の称号「皇帝」〈（ 3 ）〉

(2)始皇帝の統一事業と遠征

ⓐ（ 4 ）**制**の全国施行…国内を郡・県に分けて官僚を派遣

ⓑ（ 5 ）・文字の統一

ⓒ思想統制…（ 6 ）：実用書以外の書物の焼却と学者の弾圧

ⓓ遠征…北方：（ 7 ）の修築→匈奴と抗戦、南方：華南進出

(3)秦の滅亡

ⓐあいつぐ軍事行動、土木工事の負担に人々が苦しむ

→始皇帝の死後、東方各地で反乱が続発→滅亡

※農民反乱：（ 8 ）の乱…「王侯将相いずくんぞ種(家柄)あらんや」

ⓑ農民出身の**劉邦**、楚の名門出身の（ 9 ）を破る

→劉邦、皇帝に即位(**高祖**)…（ 10 ）王朝創建(**前漢**)

2 漢代の政治
漢の支配体制は、どのように変化していったのだろうか。

(1)漢の統一

ⓐ高祖
- 新都（ 11 ）(現在の西安)を咸陽(秦の都)付近に建設
- （ 12 ）制と（ 13 ）制の併用(郡国制)
  - 統一以前の秦の領域→（ 12 ）制による直接支配
  - 東方諸国の領域→（ 13 ）制により功臣や一族を王に任じる
- 対匈奴…（ 14 ）のもとで強大化した匈奴に屈服→和平

ⓑ高祖の死後…皇帝と諸王の対立激化→（ 15 ）**の乱**(前154)に発展

→皇帝側の勝利…諸王国の統治に干渉

(2)武帝の集権的政治(位前141～前87)

ⓐ対外戦争
- 匈奴撃退…張騫の（ 16 ）派遣→中央アジアの交通路掌握
  →タリム盆地一帯に勢力拡大
- （ 17 ）**国**を滅ぼす→広東・広西・ベトナム北部に勢力拡大
- 衛氏朝鮮を滅ぼす→（ 18 ）などの郡を設置

ⓑ国内統治
- （ 19 ）…地方長官の推薦で官吏を選任する人事制度

1
2
3
4
5
6
7
8
9
10
11
12
13
14
15
16
17
18
19

└中央集権体制…諸王国に官吏派遣→監察官による監視

ⓒ経済政策
- ┌(20)・(21)**の専売**
- └物価調整策
  - ┌(22)…特産品を国家が他地方に輸送→物価を均一化
  - └(23)…貯蔵した産物の売買→物価水準を調整

ⓓ集権的政策の推進…外征(対匈奴)による社会不安、財政難への対応

ⓔ儒学の興隆…行き過ぎた集権政策への批判→地域性に配慮した政治の要求

(3)前漢の変容と新の興亡

ⓐ外戚の(24)…漢の皇帝を廃して(25)を建国

→儒学の理想に基づく新体制構築〈歴代王朝：(24)整備の儀式を継承〉

※新体制の理想…周の封建制が模範。天に仕える皇帝がその徳で多様な地域を統合

ⓑ新の滅亡
- ┌さらに踏み込んだ改革の推進→反発
- └匈奴との抗争、(26)**の乱**(18〜27)などの反乱

(4)後漢の再統一と衰亡

ⓐ漢の復興(**後漢**)…豪族を率いた(27)が即位(**光武帝**)

→(28)遷都、前漢末の体制継承

ⓑ皇帝側近
- ┌外戚…皇后の親族
- └(29)…後宮に仕える去勢された男性

┘→対立激化

→(29)による官僚・学者に対する弾圧：(30)の禁

ⓒ(31)**の乱**(2世紀末)：宗教結社太平道の反乱

…各地に軍事政権が割拠→後漢の滅亡(220)

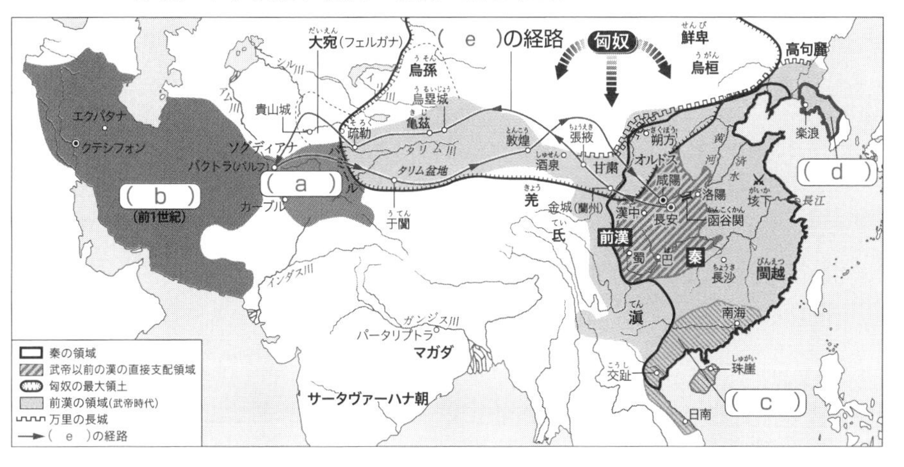

史料 『塩鉄論』禁耕

そもそも秦・楚・燕・斉では、土地の肥沃さや硬さが異なります。農具の大きさや形状も地域ごとに違い、それぞれ適したものがあるのです。ところが国家が鉄器の製造を一手に握り、規格を統一してしまったので、鉄製農具は使いにくくなり、農民も不便を強いられることになりました。おかげで農民は耕作に疲れ、土地は荒れ放題となって、みな困窮しております。

図 牛耕図

Q▶『塩鉄論』禁耕の主張と左の「牛耕図」にはどのような関係が読み取れるだろうか。鉄の専売のもつ意味とともに考えてみよう。

20
21
22
23
24
25
26
27
28
29
30
31
a
b
c
d
e　　　の経路

A▶

3 漢代の社会と文化

統一国家の出現は、社会や文化にどのような影響を与えたのだろうか。

(1)農民の困窮と豪族の台頭

ⓐ社会の基本単位：小家族による戸…華北中心に鉄製農具・牛耕の普及

→┌自然災害・労役の負担による困窮
　└土地を買い集めた(32)の奴隷や小作人となる人々が増加

ⓑ国家による大土地所有制限…効果あがらず

→(32)勢力：儒学を学んで官僚として国政進出

(2)儒学の影響力増大

ⓐ漢代初期…秦代の法家→(33)の政治思想の重視へ

ⓑ武帝時代…(34)の活躍→**儒学**の影響力高まる

→┌国家の学問としての地位確立
　└経典の整理が進展(「五経」)

※「五経」…当時重視された『(35)』『書経』『詩経』『礼記』『春秋』

ⓒ(36)**学**の興隆…経典の字句解釈

→後漢時代、(37)らにより発展：郷挙里選による儒学重視が背景

(3)統一国家を支える思想や技術の登場

ⓐ歴史書┌(38)…『史記』：伝説の時代から武帝の治世にいたる歴史
　　　　└(39)…『漢書』：前漢の歴史

※(40)…王・皇帝の年代記(本紀)と臣下の伝記(列伝)で構成

※歴史記述の形式→『史記』で基本がつくられ、『漢書』で定着

←→年代順に記録する形式：編年体

ⓑ官吏の業務に必要な学問…数学、公的な暦を作成する(41)学の研究

ⓒ(42)の改良…記録用の素材

ⓓ文学┌(43)…華北の古い詩歌を集め、儒学の経典の1つとして重視
　　　└(44)…長江流域の戦国時代以来の詩歌を編纂

(4)中国の国家像と国際交流

ⓐ儒学にもとづく国家体制(前漢末に定着)…中国の理想的国家像

→「漢族」「漢語」「漢字」の表現…漢王朝の歴史的な影響力の象徴

ⓑ外部世界との交流

┌中央アジア…前漢：**張騫**の派遣、後漢：(45)の活動
├インド…(46)の伝来
└大秦王安敦の使節…2世紀半ば、海路で日南郡に到達
　　└ローマ皇帝(47)とされる

ⓒ冊封体制の原型の成立…理念：皇帝を中心に多様な地域が統合

→近隣地域の首長を臣下として封建

例：光武帝…倭人(日本人)を封建→「漢委奴国王」の(48)を授与

32
33
34
35
36
37
38
39
40
41
42
43
44
45
46
47
48

3 中国の動乱と変容　教 44～47頁

魏晋南北朝時代の社会には、どのような特徴があったのだろうか。

1 動乱の時代　遊牧民族の動きは、魏晋南北朝の動乱とどのように関係していたのだろうか。

(1)三国時代

ⓐ後漢滅亡後（3世紀前半）…3つの国が近隣異民族を引き入れて抗争

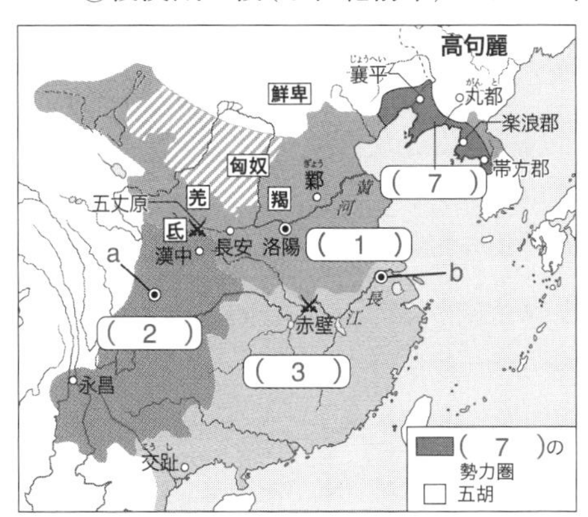

［華北］　［四川］　［長江下流域］

（ 1 ）　（ 2 ）　（ 3 ）

(220～265)　(221～263)　(222～280)

（ 4 ）

(265～316)

ⓑ（ 4 ）の中国統一

…（ 1 ）の将軍（ 5 ）（武帝）が帝位を奪って建国→皇帝一族の抗争：（ 6 ）の乱（290～306）で混乱

※（ 7 ）政権…遼東に成立

→朝鮮に帯方郡を設置

(2)五胡の蜂起と晋の興亡

ⓐ華北に移住した遊牧諸民族：（ 8 ）（一般に匈奴・羯・鮮卑・氐・羌）

→4世紀初め、蜂起して洛陽・長安攻略→晋滅亡

ⓑ晋の皇族（ 9 ）、江南（長江下流域）に逃れる

→晋を復興＝**東晋**（都：（ 10 ）〈現在の南京〉）

(3)南北朝

ⓐ華北…（ 11 ）の興亡

→ ┌**北魏**：5世紀前半、鮮卑の（ 12 ）**氏**が建国→華北統一
　 └モンゴル高原：鮮卑南下後、遊牧国家（ 13 ）が強大化

ⓑ北魏：**孝文帝**（位471～499）の統治

┌北：（ 13 ）に対抗、南：農耕民社会の安定に努力
│→平城（現在の大同）から（ 14 ）へ遷都
└制度・習俗を中国的なものに改変

→反発した人々が（ 15 ）の乱（523～530）→分裂・滅亡（6世紀前半）

ⓒ南北朝の動乱

┌華北…北魏の東西分裂：東魏→北斉、西魏→北周
│→（ 16 ）（モンゴル高原で台頭）と結んだ北周が華北統一
│※（ 17 ）…北魏以後の華北の5王朝の総称
└江南…北方との軍事的緊張を背景に、東晋で武将が台頭

1
2
3
4
5
6
7
a
b
8
9
10
11
12
13
14
15
16
17

18
19
20
a
b
c
d
e
21
22
23
24
25
26
27
28
29
30
31
32
33
34

→帝位を奪取…宋(そう)・斉・梁(りょう)・陳(ちん)の興亡

※(　18　)…宋以後の4王朝の総称

※(　19　)…建康(けんこう)(建業(けんぎょう))に都をおいた呉・東晋と南朝の4王朝の総称

ⓓ(　20　)**時代**…三国時代から南朝・北朝までの動乱期の総称

図　北魏初期の祭天遺跡

Q▶図は北魏でつくられた中国式の祭壇である。この遺跡にはどのような特徴があるだろうか。

A▶

2 魏晋南北朝の社会と文化

この時代に仏教や道教が力をもつようになったのは、なぜだろうか。

(1)豪族の台頭と社会の変化

ⓐ社会秩序の混乱→豪族：村落自衛の中心へ

…戦乱で土地を失った多くの農民を勢力下におく→(　21　)を経営

ⓑ官吏(かんり)登用制度…三国の魏、(　22　)を開始

- 内容：官位を9等級にわけ、地方におかれた中正官(ちゅうせいかん)が人材を推薦
- 影響：有力豪族が高級官職を独占

→全国的な家柄の序列の固定化…形成された名門：(　23　)

ⓒ土地政策…貴族の台頭に対抗

- 北魏の(　24　)**制**…国家が農民に土地を分配
- 小家族を基本とする社会の回復をめざす⟷効果は限定的

ⓓ大規模な移住…戦乱の激しい華北から長江中・下流域へ

→貴族のもとで(　25　)の開発が進展

(2)仏教・道教の影響

ⓐ漢王朝の滅亡…伝統的(儒教的)権威の衰退

→(　26　)の流行…世俗を超越した自由な議論(←道家(どうか)思想・仏教の影響)

ⓑ仏教
- 4世紀以降、西方からの人・文化の到来を背景に普及
- 西域(さいいき)僧の活躍…(　27　)：華北での布教、(　28　)：仏典の翻訳
- (　29　)…直接中国からインドにおもむく→旅行記『(　30　)』
- 華北…**石窟(せっくつ)寺院**造営
  - (　31　)：西端のオアシス都市(甘粛(かんしゅく)省)
  - (　32　)：ガンダーラ・グプタ両様式の影響

ⓒ道教
- 古来からの民間信仰・(　33　)思想(仙人や不老不死を信じる思想)
  →道家の説を取り入れて成立
- (　34　)…教団を創始→仏教に対抗して勢力拡大

ⓓ南朝…仏教・道教→儒学と並ぶ貴族の重要な教養へ

⑶江南の変化と文化

ⓐ華北から江南に逃れた貴族…南方の自然・田園に美を見出す
　→文学・美術の題材へ…代表：詩人(　35　)

ⓑ文体…四六駢儷体(対句を多用した技巧的文体)が主流
　→『(　36　)』：南朝で古今の名文を編纂

ⓒ芸術
- 絵画…(　37　)(「女史箴図」)
- 書…(　38　)(←後世まで尊ばれる)

図 (　37　)「女史箴図」

3 朝鮮・日本の国家形成

この時代の中国の情勢は、朝鮮半島や日本の国家形成にどのような影響を与えたのだろうか。

⑴中国文化圏の拡大

後漢末～魏晋南北朝の戦乱…人々が華北から周辺地域へ→中国文化圏の拡大
- 江南…(　39　)的な文化の開花
- 人や文化が朝鮮半島・日本へ…新国家形成に影響

⑵朝鮮

ⓐ朝鮮半島北部：(　40　)(前1世紀頃～668)
　…中国東北地方南部に成立
　　→4世紀初め、朝鮮半島北部進出

ⓑ朝鮮半島南部
- 東：(　41　)(4世紀半ば～935)
- 西：(　42　)(4世紀半ば～660)
- 南端：(　43　)諸国

※朝鮮史上の「(　44　)時代」…高句麗・新羅・百済の並立期

ⓒ3国の戦乱…朝鮮半島から日本へ人や文化が流入
　※(　45　)…朝鮮半島や中国から日本に移り住んだ人々
　　→日本に先進的な技術や文化を伝える

⑶日本…古代国家の形成

ⓐ3世紀、小国分立→(　46　)の女王卑弥呼、三国の魏に**朝貢**使節派遣

ⓑ4世紀、(　47　)政権による統一が進展

ⓒ5世紀、(　48　)**国**(日本)の王、中国南朝に遣使〈(　48　)の五王〉

⑷朝貢関係

ⓐ(　49　)…近隣諸国が中国の皇帝に定期的に使者を送って貢物をすること
　→皇帝が返礼品を付与…外交関係の確認、実質的な交易の役割

ⓑ
- 朝鮮半島諸国・日本…中国王朝の権威による自勢力の拡大が狙い
　　→(　49　)使節の派遣
- 中国諸王朝…南朝・北朝、北朝・遊牧諸民族間の対抗関係での優位が狙い
　　→近隣勢力へ(　50　)・称号授与…自国の影響下に取り込む

※「(　51　)体制」…中国王朝を中心とした理念上の秩序

4 東アジア文化圏の形成

㊂ 47〜53頁

唐の影響力は、中央ユーラシアと東アジアで比較すると、どのように異なっていたのだろうか。

1 隋から唐へ

唐の勢力圏は、どのような広がりをもっていたのだろうか。

(1)隋の統一と滅亡

ⓐ(　1　)(楊堅)：北周の武将…**隋**を建国(581)

→南朝を滅ぼして南北統一

- 対遊牧諸民族…対抗していた(　2　)を東西に分裂させる
- 体制整備
  - 南北両王朝の諸制度を統合
  - 九品中正廃止→(　3　)：儒学の試験により官吏を選出
  - 開発の進む江南と華北を結びつける(　4　)の建設

ⓑ第2代(　5　)
- (　4　)の整備…南北の交通が容易に
  - →工事に従事した民衆の疲弊
- (　6　)遠征失敗→各地で反乱→隋の滅亡

(2)唐の建国

ⓐ(　7　)(高祖)：隋の武将…隋を滅ぼして**唐**を建国(618)　都：(　8　)

※隋・唐の連続性…(　9　)国家：鮮卑の(　9　)氏の流れをくむ

ⓑ統一完成…第2代(　10　)(**太宗**、位626〜649)
- 対立勢力を平定→国内の諸制度整備
- 東突厥を破る→遊牧諸民族は唐支配を受容

…太宗を天から権力を授かった可汗とみなす(「天可汗」)

ⓒ勢力圏拡大…第3代高宗
- 西：西突厥を服属→西域のオアシス諸都市に進出
- 東：(　11　)と結ぶ…百済・高句麗を滅ぼす

ⓓ異民族統治
- 支配下に入れた諸民族に自治を認める：(　12　)政策
- 各方面に設置した(　13　)が監督

2 唐代初期の制度と文化

唐代初期の社会には、どのような特徴があったのだろうか。

(1)唐の統治制度

ⓐ(　14　)国家…**律**(刑罰)・**令**(行政の仕組み)に従った整然とした統治制度

ⓑ中央官制
- **三省**
  - (　15　)省…皇帝の命令の草案作成
  - (　16　)省…皇帝の命令の審議
  - (　17　)省…皇帝の命令の執行、(　18　)が所属
    - (　18　)
      - 吏部(官吏任用)・戸部(財政)・礼部(祭祀)
      - 兵部(軍事)・刑部(司法)・工部(土木)
- (　19　)…行政監察

1
2
3
4
5
6
7
8
9
10
11
12
13
14
15
16
17
18
19

ⓒ地方行政組織…(20)制　※「郡」の存在意義縮小が背景

(2)土地・税制度

┌土地制度：(21)制…北朝から継承、成年男性に土地を均等配分
└税制：(22)…小家族単位、穀物(租)・布(調)の納入、労役への従事(庸)

(3)都・長安の繁栄

ⓐ広大な支配領域…諸国の使節・留学生・商人が長安に集まる

ⓑ寺院の建設…仏教・道教、(23)(ネストリウス派キリスト教)・(24)(ゾロアスター教)・マニ教の各寺院

(4)海外との交流拡大

ⓐ海路来訪するムスリム商人の増加…**揚州**・(25)などの港町発展

ⓑ有能な外国人を官僚として採用

※(26)：8世紀、日本から留学…安南節度使など高官を歴任

ⓒ(27)人…軍事・経済など多方面で活躍

ⓓ国際的文化の開花…衣服・食品など西方の文化が中国社会に浸透

(5)仏教の興隆…権力者の保護を受けて繁栄

ⓐ(28)(旅行の記録『大唐西域記』)・**義浄**…インドから仏典を持ち帰る

ⓑ中国独特の宗派形成…浄土宗・(29)の普及

(6)文化

ⓐ儒学…科挙の導入で興隆、訓詁学の重視→(30)らが『五経正義』編纂

ⓑ文学…(31)・(32)らの詩人が独創性あふれる名作を生み出す

史料　『旧唐書』輿服志

〔玄宗の〕開元年間(713～741年)のはじめ、陛下のお出ましにお供して馬に乗る女官たちは、全員が西域の帽子をかぶり、化粧して整えた顔をあらわにして、目隠しの類を用いることはなかった。下々の者も身分を問わず、こぞってこれをまねたものである。……宮中では西域の楽曲がとくに好まれ、やんごとなきお方々の召し上がり物もすっかり西域の食品ばかりで、男も女もみな西域の衣服をまとうありさまであった。

図　唐三彩

Q▶史料からどのようなことが読み取れるだろうか。図を参考にして、唐の風俗や社会の変容を考えてみよう。

A▶

3 唐と近隣諸国

近隣諸国は、唐の制度や文化からどのような影響を受けたのだろうか。

(1)東アジア文化圏の形成

唐の文化…外交関係を介して近隣諸国に波及
→唐を中心とする「(33)**圏**」の形成

(2)チベット…7世紀、(34)が(35)(7～9世紀)を建設

→唐制度の受容・インドの影響 ┌チベット文字作成 └(36)を創始

20
21
22
23
24
25
26
27
28
29
30
31
32
33
34
35
36

37

38

39
40
41

42

43

44
45
46

47

a
b
c
d

48

(3)**雲南**(うんなん)…８世紀半ば、(　37　)(？～902)が勢力拡大

→仏教を重視、漢字など唐文化を受容

(4)**朝鮮半島**

ⓐ(　38　)が唐と結んで百済・高句麗を滅ぼす→唐・(　38　)の対立へ

→(　38　)が唐を追い払い、半島支配確立

※日本の百済援軍：663年、(　39　)の戦いで唐・(　38　)に大敗

ⓑ新羅
- 唐の官僚制を受容⟷運用の基盤…(　40　)制：血縁的身分制度
- 仏教保護…首都(　41　)(慶州(けいしゅう))を中心に仏教文化繁栄

(5)**中国東北地方～朝鮮半島北部**

(　42　)(698～926)
- 高句麗滅亡後、中国東北地方～朝鮮半島北部を支配
- 唐の諸制度を積極的に導入→日本とも通交

(6)**日本**

ⓐ遣隋使(けんずいし)・(　43　)派遣…中国文化を摂取

ⓑ大化改新(たいかのかいしん)(７世紀半ば)→律令にもとづく国家体制へ
- 長安を模倣した都城計画…都(　44　)→平安京(へいあんきょう)
- 「日本」(国号)・「(　45　)」の称号を正式に制定
- (　46　)法…均田制(きんでんせい)を模倣した土地分配制度
- 銅銭(どうせん)発行…中国と同型の円形・方孔(ほうこう)

ⓒ遣唐使…仏典、イラン・インドなどの工芸品を持ち帰る

→(　47　)**文化**…国際的な唐文化の影響で開花

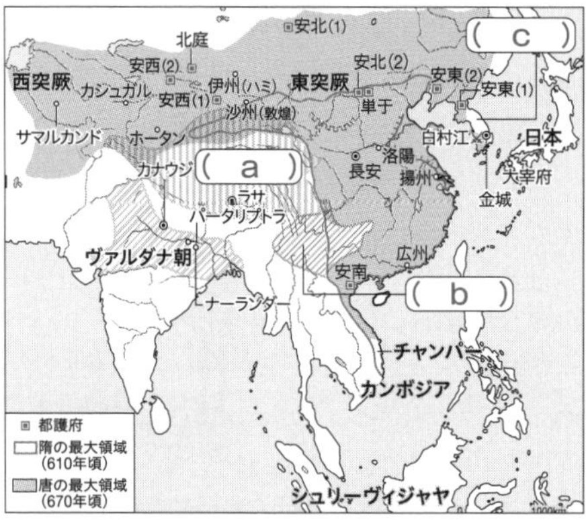

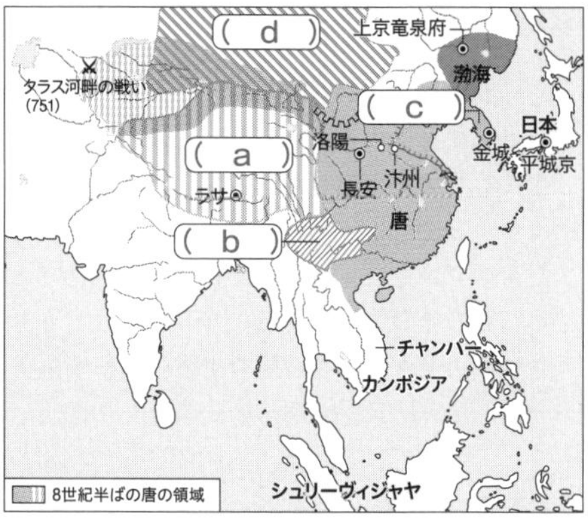

Q▶７世紀(左)から８世紀半ば(右)にかけて、唐の領域はどのように変化したのだろうか。２つの地図を見比べて考えてみよう。

A▶

4 唐の変容と五代

安史(あんし)の乱の前後では、唐の制度や社会にどのような違いがあるだろうか。

(1)**唐の統治体制と諸制度の限界**

ⓐ整然とした統治体制…実現・維持に多くの困難

→
- 土地配分…全国で一律は不可能
- 兵役(へいえき)…一部の州の農民のみ※(　48　)制…隋・唐初期、おもに長安・洛陽(らくよう)周辺で兵士を徴発し都や辺境の守備にあてる制度

ⓑ諸制度の不均衡…格差を生み出す

→┌土地を捨てて逃亡する農民が多出
　└貴族を中心とする高位の官僚…大土地所有を認められる

→隷属的な農民に耕作させる（　49　）経営が経済的基盤

⑵則天武后（そくてんぶこう）と安史の乱

ⓐ７世紀末、（　50　）（高宗の皇后）即位　※国号：（　51　）に改める

科挙官僚重用→政治の担い手が貴族から科挙官僚へ変化

ⓑ８世紀初め、皇帝（　52　）が体制の立て直しをはかる

┌（　53　）制の採用…傭兵（ようへい）を利用し、農民からの徴兵廃止
└（　54　）の活用…辺境においた（　53　）制による軍団を指揮させる

ⓒ（　55　）**の乱**（755〜763）…強大化した節度使（せつどし）の蜂起：（　56　）・史思明（ししめい）が中心

┌動乱による唐の危機→（　57　）の援軍で鎮圧
└影響：唐の国家・社会の変容…中央政府の支配範囲縮小

└節度使の自立…内地にもおかれた節度使が行政・財政権を掌握

→軍閥化：（　58　）の呼称

⑶唐の変質と滅亡

ⓐ財政再建…新税制により国力を保持

新税制
┌（　59　）法（780）…現在地の資産額に応じて夏・秋２回の課税
│←**麦作の普及**・貧富差の拡大といった社会の状況を反映
└（　60　）の専売

ⓑ三省中心の統治体制の形骸化→支配の不安定化

ⓒ（　61　）**の乱**（875〜884）…塩の密売人（　61　）が蜂起→全国に拡大

ⓓ10世紀初め、節度使（　62　）が唐を滅ぼす

⑷五代十国（ごだいじっこく）と社会の変革

ⓐ朱全忠（しゅぜんちゅう）、唐を滅ぼして（　63　）建国（都：汴州（べんしゅう）〈（　64　）〉）

ⓑ（　65　）┌黄河（こうが）中流域…５王朝（（　63　）・後唐（こうとう）・後晋（こうしん）・後漢（こうかん）・後周（こうしゅう））が交替
　　　　　└他の地域…10余国が興亡

ⓒ社会の変革…則天武后の時代〜五代十国の戦乱

→貴族の衰退→新興の（　66　）**層**が台頭

⑸文化の変化

ⓐ個性的な技法の追求…形式化した貴族趣味から離れる

背景：貴族から地主層への担い手の変化

ⓑ┌山水画（さんすいが）：（　67　）、書道：（　68　）
　├文学：（　69　）…平易な表現
　└古文復興の提唱…（　70　）・**柳宗元**（りゅうそうげん）

→漢代以前の文体に注目…より自由な表現が可能に

大唐西京千福寺多寶佛
塔感應碑文
南陽岑勛撰　朝議郎
判尚書武部員外郎琅
邪顔眞卿書　朝散大

図（　68　）の書

5 突厥とウイグル

中央ユーラシアの遊牧国家は、隋・唐とどのような関係を結んだのだろうか。

⑴突厥の台頭

ⓐ**突厥**（552〜745）…トルコ系、（　71　）による統率

６世紀半ば、モンゴル高原の柔然（じゅうぜん）を倒す→中央ユーラシアに領土を拡大

72
73
74
75
76
77
78
79
80
81
82
83
84
85
86
a
b
c
d
e

┌西方…ササン朝と結んで(　72　)を滅ぼす→ソグディアナを支配
└東方…中国の北朝を威圧→(　73　)**貿易**で莫大な利益

※(　73　)貿易…馬との交換で中国から絹織物を獲得

┌(　71　)が下賜品(かしひん)として絹織物を家臣に与える
└ソグド商人を介して絹織物を西方諸国へ売却→大きな利益

ⓑ突厥固有の信仰…(　74　)信仰を中心とするシャマニズム

→可汗の権威：天に由来するとみなされる

(2)突厥の分裂

ⓐ(　75　)：隋代の東西分裂で成立…内紛・自然災害で弱体化→唐に服属

┌7世紀末…独立回復→絹馬貿易を重視
└8世紀初…ソグディアナ諸都市(←アラブ＝ムスリム軍の攻撃)を軍事支援

ⓑ(　76　)…中央ユーラシア遊牧民で初の独自文字(**突厥碑文**(ひぶん)建立)

※西突厥…東西分裂後、中央アジア方面に本拠地を移した勢力→8世紀初めに滅亡

(3)ウイグルの興亡

ⓐ(　77　)(744～840)：トルコ系…8世紀半ば、東突厥を滅ぼし遊牧諸部族再編

ⓑ唐との関係と遊牧国家の変化

┌(　78　)の乱鎮圧に貢献→絹馬(けんば)貿易などの利益獲得
├草原に都城(とじょう)造営…貿易・統治の拠点、周辺で農耕開始
└ウイグル支配層…西方から伝播した(　79　)教を受容→国教化

ⓒ滅亡…840年、トルコ系の遊牧集団(　80　)の攻撃で四散

→┌東：唐の領内に移住
　└西：天山(てんざん)山脈方面に移住…オアシス地域に定着→都市民・農民へ

※中央ユーラシアのトルコ系遊牧集団の移動活発化→(　81　)朝成立

ⓓ文化活動とその遺産…マニ教・仏教・(　82　)派キリスト教普及

→ウイグル語訳・ウイグル文字の仏教経典(きょうてん)や壁画(へきが)の制作

6 ソグド人

ソグド人は、中央ユーラシアや東アジアにおいてどのような役割を果たしたのだろうか。

(1)(　83　)**人**：イラン系

ⓐ居住地…ソグディアナのオアシス地域

例：(　84　)・(　85　)→個別の都市国家を営む

ⓑ(　86　)交易に従事…遊牧国家の保護

→┌**中央ユーラシア一帯に通商ネットワーク**構築
　└中国に進出・居住…北朝～隋・唐時代

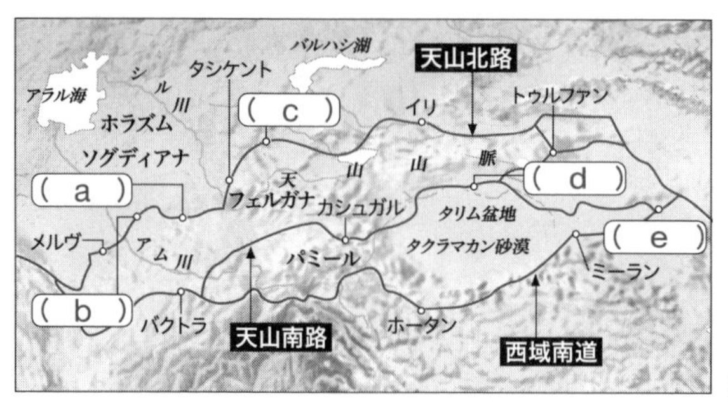

(教 40頁参照)

⑵ソグド人の役割

ⓐ遊牧国家との共生関係

┌交易…遊牧国家に集積された絹織物等の奢侈品（しゃしひん）→（　87　）帝国などと交易
└遊牧国家の外交官の役割も果たす

ⓑ文化交流┌様々な宗教を突厥やウイグルに伝える
　　　　　└（　88　）…ウイグル文字のもととなる
　　　　　　　　　　　→モンゴル文字・満洲（まんしゅう）文字へ継承

ⓒ歴史的役割の終焉…８世紀、アラブ＝ムスリム軍のソグディアナ征服
　→経済・文化的な機能は（　89　）商人が担うようになる

87

88

89

2章まとめ

Q▶中央ユーラシアの人々と中国王朝はどのような関係を築いたのだろうか。①・②から考えてみよう。

①それぞれの社会にはどのような特徴があるだろうか。

②７世紀に両者はどのように統合されたのだろうか。

第3章 南アジア世界と東南アジア世界の展開

㊫ 54～62頁

1 仏教の成立と南アジアの統一国家

㊫ 54～57頁

南アジアで生まれた宗教はどのように展開し、また、社会にどのような影響を与えたのだろうか。

1 都市国家の成長と新しい宗教の展開

仏教やジャイナ教などの新たな宗教に共通する点は何だろうか。

(1)都市国家の台頭と社会の変化

ⓐ城壁で囲まれた都市国家の誕生

…政治・経済の中心：前6世紀頃、ガンジス川上流域から中・下流域へ移動

→都市国家のなかからコーサラ国・(　1　)**国**が有力化

ⓑ都市国家の発展…豊かな農業生産を背景に交易(こうえき)が発展

┌(　2　)(武士)・(　3　)(商人)の勢力伸張

└大きな社会変化のなかで新たな思想や宗教が誕生

(2)新しい思想・宗教の動向

ⓐ(　4　)**哲学**…バラモン教の祭式至上主義から転換

内面の思索を重視→輪廻転生(りんねてんせい)からの脱却：(　5　)を説く

┌梵(ぼん)(ブラフマン)…宇宙の本体

└我(が)(アートマン)…人間存在の本質

→同一性を悟る：(　6　)…一元的世界観

ⓑ**仏教**…開祖：(　7　)(尊称(そんしょう)ブッダ)

┌心の内面から人々の悩みを解くことを重視

└正しいおこないの実践…煩悩(ぼんのう)を捨て去る→解脱(げだつ)へと至る

ⓒ**ジャイナ教**…開祖：(　8　)

解脱のために苦行と(　9　)を強調

ⓓ(　10　)教の変化

┌背景：仏教・ジャイナ教が(　10　)の権威やヴァルナ制を否定

└民間信仰を吸収して信仰の幅を拡大

→ヴェーダの神々にかわって(　11　)神・ヴィシュヌ神が主神となる

(　12　)教の萌芽

2 統一国家の成立

南アジア最初の統一王朝のもとで、仏教はどのように発展したのだろうか。

(1)統一の機運

前4世紀、(　13　)大王の遠征…西北インドに進出・インダス川流域を転戦

→各地にギリシア系政権の誕生→混乱のなかから(　14　)**朝**成立

(2)(　14　)**朝**(前317頃～前180頃)…南アジア初の統一王朝

ⓐ創始者(　15　)**王**…マガダ国のナンダ朝を倒し、(　16　)に首都をおく

1
2
3
4
5
6
7
8
9
10
11
12
13
14
15
16

→インダス川流域のギリシア勢力を一掃→西南インド・デカン地方征服

ⓑ(17)**王**の時代：最盛期

征服活動の多大な犠牲者への悔恨→仏教に帰依(きえ)

┌(18)(法、まもるべき社会倫理)の統治…各地に勅令碑(ちょくれいひ)を設置
└仏典の(19)(編纂)、各地への布教活動

ⓒ王の死→衰退…官僚組織・軍隊の維持による財政難、バラモン階層の反発

3 クシャーナ朝と大乗仏教

クシャーナ朝は、ほかの地域とどのような関係をもっていたのだろうか。

(1)**マウリヤ朝衰退後の混乱**…周辺諸勢力の西北インド進出

┌前２世紀、ギリシア人勢力・イラン系遊牧民の進出
└後１世紀、バクトリア地方→(20)人がインダス川流域進出

(2)**クシャーナ朝**(１～３世紀)

ⓐ(21)**王**(２世紀半ば)：最盛期…中央アジア～ガンジス川中流域支配

ⓑクシャーナ朝の領域：交通路の要衝→活発な国際交易・東西交流

┌(22)**との交易**の隆盛…大量の金がインドに流入
└大量の金貨発行…(23)やギリシア、インドの文字・神々が刻印

ⓒ滅亡(３世紀)…西：ササン朝の侵攻、東：地方勢力の台頭

(3)**仏教の革新運動**(紀元前後)

(24)**信仰**の拡大…出家しないまま修行をおこなう意義を説く

→(25)仏教の成立…自身の悟りよりも人々の救済を重視

┌(25)の自称：「あらゆる人々の大きな乗りもの」の意
│　→旧来の仏教(自身のみの悟りを目的に出家者がきびしい修行)批判…
│　　(26)の呼称
│　　※現在は(26)にかわり、部派仏教の呼称→その１つの(27)は前３世紀にセイロン島、さらに東南アジアの大陸部に勢力拡大
├(28)(ブッダの具体的な像)の誕生…ヘレニズム文化の影響
├クシャーナ朝の保護…仏教美術〈(29)を中心〉とともに各地へ伝播
│　→中央アジア・中国・日本に影響
└(30)の「空(くう)」の思想→仏教思想に多大な影響

図 カニシカ王の像

Q▶この像の人物には、どのような特色があるだろうか。

A▶

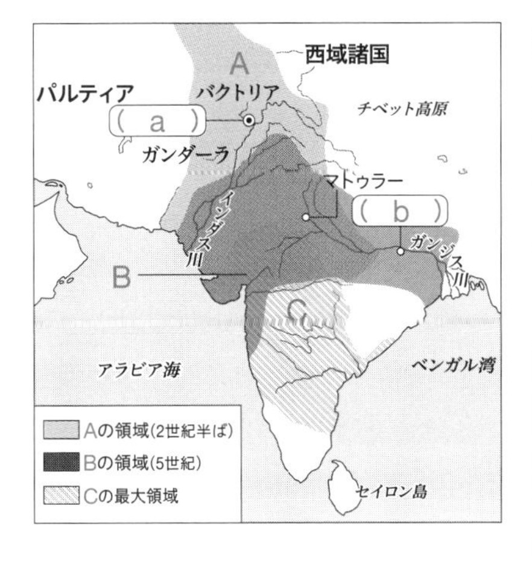

17
18
19
20
21
22
23
24
25
26
27
28
29
30
a
b
A
B
C

31

32

33

34

35

36

37

38

39

4 インド洋交易と南インドの諸王朝

「海の道」の交易において、南インドはどのような役割を担っていたのだろうか。

(1)**南インド**(インド半島南部)**の文化風土**…(31)**系**の人々の居住地域
- 紀元前後〜、(32)語を用いた文芸活動が興隆
- バクティ運動→多くの吟遊(ぎんゆう)詩人が生まれる

(2)**インド洋交易と「海の道」**

ⓐ古くからローマ帝国と交易関係…ローマ貨幣(かへい)が各地で大量に出土

ⓑ西方との交易…ギリシア系商人が活動を開始する１世紀頃から興隆

ⓒ東方の中国と結ぶ航路の開拓
- 背景：ローマ帝国の衰退→東南アジア・中国との交易の重要性増大
- (33)海峡・インドシナ半島南部：航海上の要衝に

→セイロン島・扶南(ふなん)・チャンパー・シュリーヴィジャヤなどが(34)・絹・茶・陶磁器(とうじき)などの交易で繁栄

ⓓ「海の道」の成立…南インド：(35)などの重要商品を産出

地中海〜紅海・ペルシア湾〜アラビア海〜南アジア各地〜東南アジア・中国

(3)(36)**朝**(前１世紀〜後３世紀)

マウリヤ朝の衰退後、デカン高原〜インド洋沿岸で勢力保持
- 仏教・ジャイナ教の興隆
- 北インドから南インドへ多くの(37)をまねく→南北の文化交流進展

(4)(38)**朝**(初期)・**パーンディヤ朝**…インド半島南端の王朝

→サータヴァーハナ朝と同様に(39)などを輸出するインド洋交易を担う

史料『エリュトゥラー海案内記』

> 初めて航海長のヒッパロスが、交易地の位置と海の形状とを勘案して、外海を横断する航法を発見した。それ以来我々のところのエテーシアイ❶の季節に、大洋から局地的に〔いくつかの〕風が吹くが、インド洋では南西風がおこり、〔その風は〕横断航法を最初に発見した人の名に因(ちな)んで〔ヒッパロスと〕呼ばれる。
>
> ❶地中海で夏季に北西の方角から吹く風。　　　　(蔀勇造訳注『エリュトラー海案内記２』)

Q▶史料中の「ヒッパロス」と呼ばれた風は、インド洋交易においてどのような役割を果たしたのだろうか。

A▶

2 インド古典文化とヒンドゥー教の定着

教 58〜59頁

ヒンドゥー教は、どのようにして南アジアの社会に根づいていったのだろうか。

1 グプタ朝とインド古典文化の黄金期

グプタ朝のもとで、宗教や文化はどのように展開したのだろうか。

(1)グプタ朝(320頃〜550頃)

- (1)の治世：最盛期…北インド全域を支配
- (2)的な統治体制…構成：中央部の直轄領、従来の支配者がグプタ朝の臣下として統治する地域、貢納をおこなう周辺の属領

(2)宗教の隆盛とバラモンの復権

ⓐ仏教・ジャイナ教の隆盛…中国(東晋)から(3)が訪印

ⓑバラモンの復権
- バラモンに村落からの租税収入付与
- (4)**語**(バラモンの言葉)の公用語化

(3)(5)教の定着…民間の信仰・慣習を吸収

- 多神教…シヴァ神・(6)神などの神々、特定の教義や聖典なし
- 日々の生活や思考の全体に関わる宗教→現在に至る

(4)古典の完成とサンスクリット文学

- 『(7)』…前2〜後2世紀成立：4ヴァルナの規範・バラモンの特権を強調
- 二大叙事詩の完成　※南アジア・東南アジアの影絵や舞踊などのテーマへ
  - 『(8)』…バラタ族の王位争奪の物語、様々な神話・伝説が挿入
  - 『(9)』…王子ラーマとその妻シーターとの物語
- 戯曲『シャクンタラー』…宮廷詩人(10)作

(5)諸学の発達と経済活動…インド古典文化の黄金期

ⓐ天文学・文法学・数学の発達
- (11)進法による数字表記→イスラーム圏に伝播：自然科学発展の基礎
- (12)**の概念**の成立

ⓑ美術…ガンダーラの影響から脱却→純インド的な(13)**様式**成立

ⓒ都市の経済活動の活発化→多種の貨幣：王の像を描いた金貨・タカラガイ

(6)グプタ朝の衰退とヴァルダナ朝

ⓐ衰退原因
- 遊牧民(14)の進出による交易への打撃
- 地方勢力の台頭

→6世紀半ば滅亡

ⓑ**ヴァルダナ朝**(606〜647)

(15)**王**、北インドを支配→死後衰退

(7)仏教の動向

ⓐ多くの支配者：ヒンドゥー教の熱心な信者…仏教・ジャイナ教も保護

- (16)…ハルシャ王の厚い保護をうけ、(17)**僧院**で学ぶ
  →帰国後『(18)』を著す

1
2
3
4
5
6
7
8
9
10
11
12
13
14
15
16
17
18

19
20
21

22

23

24

25
26

└(19)…7世紀後半の訪印後、帰途に『(20)』を著す

ⓑ仏教の衰退理由┌グプタ朝衰退後の商業活動の不振→商人の支援を失う
└(21)運動の興隆→初期に仏教・ジャイナ教を攻撃

※(21)運動…他宗教への攻撃に加え、シヴァ神やヴィシュヌ神に対する熱烈な信仰、神の愛の強調、歌や踊りをともなった信仰告白などを特徴とする宗教運動

Q▶これらの2つの図(左：ガンダーラの仏像、右：アジャンター石窟の壁画)にみられる美術様式を比べた時、どのような違いがあげられるだろうか。

A▶

2 地方王権の時代

諸勢力が割拠するなか、各地の政権は、何を目的にどのような政策をとったのだろうか。

(1)地方王権：イスラーム勢力の進出以前(8～10世紀)

…統一的な中央政権が存在せず→多数の地方王権からなる時代

(2)北インド

ⓐ(22)(ヒンドゥー諸勢力の総称)が抗争

ⓑ(22)…支配の正当性を誇示→┌巨大なヒンドゥー教寺院の建立
└井戸や貯水池の建設

(3)ベンガル地方

(23)朝(8世紀半ばから12世紀)…ナーランダーを仏教の中心地として復興

→仏教最後の繁栄期…王朝の衰退とともに再び勢力を失う

(4)南インド

(24)**朝**(前3世紀頃～後4世紀頃、9～13世紀)

┌灌漑(かんがい)施設の建設…安定した農業生産
└「海の道」での活発な交易活動→最盛期：10～11世紀

┌(25)島・東南アジアに軍事遠征
└中国の(26)に商人使節を派遣

3 東南アジア世界の形成と展開

教 60〜62頁

東南アジアにおける国家形成には、どのような特徴があるのだろうか。

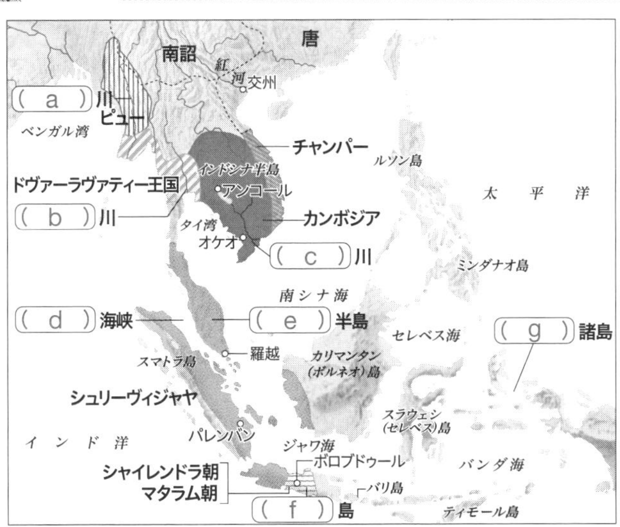

a 川
b 川
c 川
d 海峡
e 半島
f 島
g 諸島

1 東南アジアの風土と人々

東南アジアの風土は、ほかのアジアや日本とどのように異なるのだろうか。

(1)自然条件と文明

ⓐ**大陸部**：(1)半島中心…山地から流れ出る大河がデルタを形成
→様々な言語を話す人々が入り組んで分布

ⓑ**諸島部**：マレー半島〜現在の(2)・フィリピン…河川・海が交通路
→(3)系の諸言語を話す人々が移動

ⓒ気候…大陸部・諸島部ともに高温 ┌熱帯雨林気候(年中雨量多)
└サバナ気候(雨季・乾季に二分)

(2)外部世界との接触

ⓐ(4)など豊かな資源…早くから外部世界と交流
→南アジア・中国、イスラーム諸勢力の影響をうけつつ独自の文明を構築

ⓑ南アジアや東アジアとの海上交易(こうえき)の拡大→多くの(5)が誕生
┌15世紀〜、(6)を中心とする交易活動
→16世紀〜、西欧勢力が進出
└19世紀〜、中国南部・南インドから多数の人々が流入…定住者増加
→外部世界の人々と文化を受容：今日の東南アジア世界が形成

1
2
3
4
5
6

2 南アジア・中国文明の受容と東南アジアの国家形成

東南アジアは、南アジアや中国とどのような関係にあったのだろうか。

(1)大陸部の文化と国家形成

ⓐ(7)器の製作…前2千年紀末〜、ベトナム・タイ東北部中心

7

8
9
10
11
12
13
14
15
16
17
18
19
20
21
22
23
24
25
26
27
28
29
30
31
32
33
34

ⓑ（　8　）**文化**…前４世紀～、ベトナム北部を中心に発展

┌中国の影響→独特の青銅器・（　9　）製農具
└（　10　）…中国南部～東南アジアの広範に分布(交易・文化の広がりを示す)

ⓒ（　11　）(１世紀末～７世紀)

┌南アジア・中国との交流→１世紀末、メコン川下流に建国
└港市（　12　）の遺跡：ローマ貨幣・インドの神像・中国の鏡が出土

ⓓ（　13　）(２世紀末～17世紀)…ベトナム中部にチャム人が建国

(2)「インド化」以降の大陸部

ⓐ「インド化」：４世紀末～５世紀

┌南アジアから船舶が盛んに来航→東南アジアの広範な地域で変化
└（　14　）教・大乗仏教・王権概念・インド神話・（　15　）語、インド式建築様式などを受容→基層文化に影響

ⓑカンボジア

┌６世紀、メコン川中流域に（　16　）人が建国→扶南を滅ぼす
├９世紀以降、都を（　17　）に置く
└12世紀、（　18　）造営…ヒンドゥー教・仏教の影響下、独自の様式・規模

ⓒエーヤワディー(イラワディ)川流域

┌９世紀まで、下流域に（　19　）人の国が存在…ビルマ(ミャンマー)系
└11世紀、中流域に（　20　）**朝**建国(1044～1299)
　┌中流域・中央平原の稲作が経済基盤
　└インドや（　21　）島から上座部仏教を受容

ⓓチャオプラヤ川下流域

７～11世紀、モン人の（　22　）王国が発展→上座部仏教を信仰

ⓔタイ北部

13世紀半ば、（　23　）**朝**建国(13～15世紀)…タイ人最古の王朝
→上座部仏教を信仰

(3)諸島部の国家形成…「インド化」の進展→諸王国の成立

ⓐスマトラ島

７世紀半ば、（　24　）成立(７～８世紀)、中心地：パレンバン

┌海上交易に積極的に参加→唐に朝貢使節を派遣
└唐の僧（　25　）…インド往復の途中滞在：仏教の興隆を記述
　→（　26　）(ザーバジュ、10～14世紀頃)が継承・繁栄

ⓑジャワ島中部

┌（　27　）**朝**成立(８～９世紀)…大乗仏教国：仏教寺院（　28　）建設
│　→その後、ヒンドゥー教勢力が強大化
└（　29　）**朝**成立(732～1222)…ヒンドゥー教国

(4)ベトナム

ⓐ前漢時代～、（　30　）デルタ地帯を中心とする北部地域…中国に服属

ⓑ（　31　）(ダイベト)の成立

┌10世紀末、北宋から独立→11世紀初め、（　32　）**朝**建国(1009～1225)
└13世紀…（　33　）**朝**建国(1225～1400)：漢字を利用したベトナム語（　34　）作成

→両王朝の統治…広域支配とはならず、(35)勢力と対立

ⓒ(35)(2世紀末〜17世紀)

┌ベトナム中・南部で長期にわたって勢力を保持
│　→南アジアの強い影響を受けた寺院群を建設
└インド洋から南シナ海を結ぶ海上交易に参加

図(10)

Q1▶この太鼓の用途は何だろうか。

A▶

図(18)

Q2▶この建造物が建てられた目的は何だろうか。

A▶

図(28)

Q3▶この遺跡はどのような宗教の世界観を表現したものだろうか。

A▶

35

3章まとめ

Q▶南アジアにはどのような宗教が受容されたのだろうか。また東南アジアは外部からどのような影響を受けてその独自性を築いたのだろうか。①・②から考えてみよう。

①南アジアではどのような宗教が定着したのだろうか。

②東南アジアの諸地域に影響を与えた文明は何だろうか。

第4章 西アジアと地中海周辺の国家形成

教 63～84頁

1 イラン諸国家の興亡とイラン文明

教 63～65頁

イラン文明は、世界の歴史にどのような影響を与えたのだろうか。

1 アケメネス朝の興亡

アケメネス朝が広大な領域に中央集権的支配を築くことができたのは、なぜだろうか。

1
2
3
4
5
6
7
8
9
a
b
c
d

(1)アケメネス朝の台頭とオリエント支配

ⓐ**アケメネス朝**(前550～前330)…アッシリア王国崩壊後のオリエントに台頭
前6世紀半ば、イラン人(ペルシア人)の(1)が建国
→メディア・リディア征服→前539年バビロン占領…(2)人解放

ⓑ第3代(3)(位前522～前486)のオリエント統一
…エーゲ海北岸～インダス川に至る大帝国
- 中央集権化の推進…各州に知事〈(4)〉を設置
  →監察官(「王の目」「(5)」)の巡回
- 財政確立…金貨・銀貨の発行、(6)人の交易(こうえき)保護
- 交通網整備
  - 全国の要地を結ぶ国道:「(7)」建設
  - 都(8)を中心に駅伝制を整備
- 服属異民族に寛大な政治

ⓒ前5世紀前半、(9)**戦争**(ギリシアとの戦い)で敗北

ⓓ前330年、アレクサンドロス大王により滅ぼされる

Q▶このレリーフから、アケメネス朝の都の1つである地図中の(a)が建設された目的を考えてみよう。

A▶

黒海　ビザンティオン　(c)　(d)　アテネ　ミレトス　スパルタ　ダマスクス　シドン　ティルス　地中海　サイス　イェルサレム　メンフィス　ナイル川　テーベ　紅海　ニネヴェ　カスピ海　ベヒストゥーン　エクバタナ　パルティア　バビロン　(b)　(a)　ペルシス(ファールス)　ペルシア湾　アラル海　アム川　シル川　ソグディアナ　バクトリア　インダス川

アケメネス朝の成立期の領域　アケメネス朝の最大領域　―(d)

Q▶(d)の国道が建設された理由は何だろうか。

A▶

(2)**アケメネス朝の文化と宗教**…オリエント諸民族の文化を統合

ⓐ(10)文字の創始…楔形文字を表音化

ⓑ**ゾロアスター教**(拝火教(はいか))…イラン人の民族的宗教

善(光明(こうみょう))の神:(11)┐
悪(暗黒)の神:(12)┘→この世は両者の闘争と説く

…(11)の勝利→人間に幸福がもたらされる

※影響・伝播
- ユダヤ教・キリスト教に影響を与えたとされる
- 中国(南北朝・隋唐(ずいとう)時代)へ伝播:(13)の呼称
- インド・イラン起源の(14)神信仰…ゾロアスター教に取り入れられる
  →ローマに伝播し(14)教へ

2 パルティアとササン朝

パルティアとササン朝の繁栄には、どのような要因があったのだろうか。

(1)**ヘレニズム期の西アジア世界**

ⓐアレクサンドロス大王の東方遠征(前334～前324)

エジプト・アケメネス朝征服…インド西北部に至る大帝国建設

→大王の死後、西アジアの領土は(15)**朝**(ギリシア系)が継承

ⓑ前3世紀半ば、アム川上流域のギリシア人独立→(16)を建国

(2)**パルティア**(前248頃～後224)

ⓐ遊牧(ゆうぼく)イラン人の族長(17)

…カスピ海東南部にパルティア〈中国名(18)〉を建国

ⓑ前2世紀半ば、メソポタミア併合

→ティグリス川東岸へ遷都:都(19)

…「絹の道」(「シルク=ロード」)による東西交易で繁栄

(3)**ササン朝**(224～651)

ⓐパルティアを倒して建国→農耕イラン人の国家

ⓑ(20)
- ササン朝建国の祖。クテシフォンに都をおく
- ゾロアスター教を国教化

ⓒ(21):第2代皇帝…中央集権体制の確立
- 西方…シリア侵入→ローマ皇帝(22)を捕虜とする
- 東方…インダス川西岸に至る広大な地域を統合

ⓓ(23)
- 突厥(とっけつ)と同盟→中央ユーラシアの遊牧民(24)を滅ぼす
- 東ローマ帝国(ビザンツ帝国)との戦いを優勢に進める→和平締結

ⓔ7世紀半ば、イスラーム教徒のアラブ人に征服される→651年滅亡

※642年、(25)の戦いでアラブ=ムスリム軍に敗北:事実上の崩壊

→残存勢力が唐に救援要請…唐の中央ユーラシア進出やイラン文化受容の端緒

10
11
12
13
14
15
16
17
18
19
20
21
22
23
24
25

a の来襲
b
c
26
27
28
29
30
31

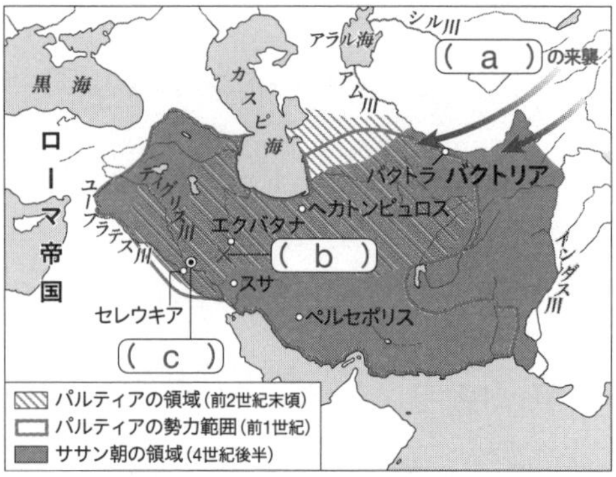

シル川
アラル海
(a)の来襲
黒 海
カスピ海
アム川
ローマ帝国
バクトラ
バクトリア
ティグリス川
ユーフラテス川
ヘカトンピュロス
エクバタナ
(b)
スサ
セレウキア
ペルセポリス
インダス川
(c)
パルティアの領域(前2世紀末頃)
パルティアの勢力範囲(前1世紀)
ササン朝の領域(4世紀後半)

3 イラン文明の特徴

パルティアとササン朝は、東西の文明のあいだでどのような役割を担ったのだろうか。

(1)パルティアの文化

ⓐ初期…(26)文化の強い影響

ⓑ紀元1世紀以降…イラン伝統文化の復活

→ギリシア・イランの神々がともに信仰される、ペルシア語の公用語化

(2)ササン朝の宗教と文化

ⓐゾロアスター教…国教化、教典『(27)』の編集

ⓑ(28)**教**創始…3世紀、ゾロアスター教・仏教・キリスト教を融合

→北アフリカ・中央ユーラシアに拡大→唐代の中国にも伝播

※影響
- キリスト教の教父(きょうふ)(29)…カルタゴ在住の青年期に影響を受ける
- (30)派などキリスト教異端の一部にも影響

ⓒ建築・美術・工芸分野の発達

- 精巧な銀器・ガラス器・毛織物・彩釉陶器(さいゆうとうき)など
- 技術・様式→イスラーム時代へ継承、各地へ伝播
  - 西方…ビザンツ帝国→地中海世界
  - 東方…中国→日本へ:(31)文化に影響

図 ササン朝と法隆寺の「獅子狩」図案

Q▶左右の図にみられる共通のモチーフは何だろうか。また、イランの文物が日本に伝わった例として、正倉院にはどのような美術品が収蔵されているのか調べてみよう。

A▶

2 ギリシア人の都市国家

㊝ 66~74頁

オリエント文明と比べて、ギリシア人の社会にはどのような特徴があったのだろうか。また、それがのちのヨーロッパ近代文明に与えた影響は何だろうか。

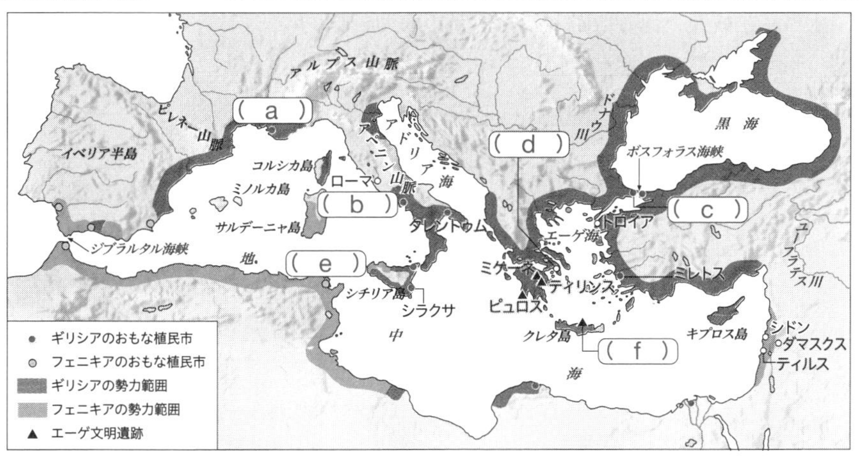

1 ポリスの成立と発展

ポリスは、オリエントの都市国家とどのように異なっていたのだろうか。

(1)地中海とそこで活動した人々

ⓐ地中海沿岸…オリエントの影響を受けながらも独自の都市文明が繁栄

ⓑ(1)**人・古代イタリア人**(インド=ヨーロッパ語系)が大きな役割

…周辺の非インド=ヨーロッパ語系の人々から文化的影響を受ける

(2)暗黒時代とポリスの成立

ⓐミケーネ文明の崩壊→(2)**時代**(初期鉄器時代)と呼ばれる混乱期

…ギリシア本土の混乱→アナトリア西岸・エーゲ海の島々へ移住

※方言による分化…イオニア人・アイオリス人・(3)人

ⓑ**ポリス**…前8世紀、有力貴族の指導で複数の集落が連合

→都市国家を建設

┌(4)(城山)を中心に(5)して成立

└ポリスの成立→社会の安定・暗黒時代の終結

ⓒギリシア人の植民活動…前8世紀半ば~、人口増加

→┌地中海・黒海(こっかい)沿岸に多くの(6)建設

　└先進地域オリエントとの交易(こうえき)活動の活発化

ⓓ(7):フェニキア文字をもとに作製

…商業活動に使用、(8)らの文学の成立もうながす

(3)ギリシア人ポリスの性格

ⓐ政治的側面…独立した(9)、つねに小国が分立

→統一国家を形成せず

a
b
c
d
e
f
1
2
3
4
5
6
7
8
9

10
11
12
13
14
15
16
17
18
19
20
21
22
23
24
25
26

ⓑ文化・社会的側面

共通の言語・神話の共有、(10)のアポロン神の神託
4年に一度開催の(11)の祭典
→同一民族の意識を保持

自分たち：(12)	⇔	異民族：(13)
ギリシア人：「英雄ヘレンの子孫」の意味		「わけのわからない言葉を話すもの」の意味

2 市民と奴隷

ポリスにおいて、人々はどのような生活を営んでいたのだろうか。

(1)市民と奴隷

ⓐ**市民**
貴族…血統を誇る富裕者、高価な武具・(14)を所有する戦士
→前7世紀まで、貴族が政治を独占する貴族政ポリスが一般的
平民…貴族に従属せず→市民同士の関係は(15)が原則

ⓑ**奴隷**…市民に隷属：(16)により市民身分から転落した人、戦争捕虜、海外から輸入された異民族など
→人格認められず、売買の対象となる：市民との身分差大

ポリス	⇔	オリエントなどの都市国家
武器を自費で購入できる農民が戦士となる(17) →戦士として戦うことが市民の第一の義務		神の権威を背景とした王による専制支配

(2)市民とポリス

ⓐポリスの構造…城壁で囲まれた市域(しいき)と周囲の田園からなる

市域
(18)(城山)…市域の中心にあり、砦と神域を兼ねる
→国家祭祀(さいし)の場、公金を保管する国庫の役割
(19)(広場)…市場や集会の会場
→公共生活の中心…役所・裁判所などがおかれる

田園…市民所有の「持ち分地」〈(20)〉→農業を営む

ⓑポリスの意義…市民にとって人間生活の基盤
※(21)の定義：「人間はポリス的動物である」

3 アテネとスパルタ

スパルタがきびしい軍国主義をしいた理由は何だろうか。

(1)(22)(イオニア系)

奴隷制度…(23)所有の奴隷が一般的
総人口(最盛期約25万人)の3分の1：奴隷の大多数が異民族
家内奴隷・農業奴隷、手工業や銀山の採掘にも多数従事

(2)(24)(ドーリア系)

ⓐ国家の概要…1万人たらずのスパルタ市民に多数の被征服民が隷属

スパルタ市民
(25)**(周辺民)**——商工業に従事
(26)——奴隷身分の農民（非ドーリア系）

ⓑ(27)の国制…6世紀半ばまでに完成した特殊な国家体制

┌スパルタ市民団内部の結束維持…(26)の反乱防止
└貴金属(28)の使用禁止、他国との自由往来を禁止する鎖国政策

…きびしい(29)主義的規律に従う生活→ギリシア最強の陸軍国へ

4 民主政への歩み

なぜ貴族政にかわって民主政が発達していったのだろうか。

(1)平民勢力の増大

ⓐ富裕な(30)の武器購入と戦争への参加

┌交易活動の興隆→農産物の売買により富裕化する(30)が出現
└金属の輸入による安価な武器→富裕な(30)が購入・参戦

ⓑ(31)部隊…平民も多数参加して密集隊形〈(32)〉を組む

→┌騎馬(きば)を利用する貴族にかわり軍隊の主力へ
　└国防における平民の役割が増大

ⓒ平民の参政権主張…貴族と対立

→各ポリスにおいて民主政への歩みが始まる

(2)アテネ民主化の過程

ⓐ(33)による法律の成文化(前7世紀)…法による秩序の維持

ⓑ(34)の改革(前6世紀初め)…貴族と平民を調停

┌(35)政治…血統ではなく(35)額によって市民の参政権を定める
└(36)の禁止…負債帳消し、借財を負った市民の奴隷売買を禁止

ⓒ(37)の**僭主政治**(せんしゅ)(前6世紀半ば)

中小(38)の保護…平民層の力を充実させる

※僭主政治…独裁者が平民の支持により非合法に政権奪取→多くのポリスで成立

ⓓ(39)の大改革(前508年～)

┌部族制改革…血縁にもとづく旧来の4部族制→地縁共同体である区(デーモス)を基礎とする(40)部族制へ改変
└(41):僭主の出現を予防

…市民が陶器の破片(オストラコン)に人物名を書いて投票

→全部で6000票以上集まったときに最多得票者を10年間国外に追放

5 ペルシア戦争とアテネ民主政

古代の民主政は、現代の民主主義とどのような点で異なっていたのだろうか。

(1)ペルシア戦争(前500～前449)

ⓐ原因…アケメネス朝(ペルシア)のオリエント支配

→(42)を中心としたギリシア人諸都市が反乱

ⓑ経過

(43)の戦い	前490	アテネ重装歩兵軍、ペルシア軍を撃退
(44)の海戦	前480	アテネ中心のギリシア連合軍が大勝利(←(45)の政策により海軍を拡充)
プラタイアの戦い	前479	ギリシア側の勝利が決定的

27
28
29
30
31
32
33
34
35
36
37
38
39
40
41
42
43
44
45

Q１▶この船が民主政治の普及に影響を与えたのはなぜだろうか。

A▶

ペルシア軍進路　第1回(前492年)　第2回(前490年)　第3回(前480年)　ギリシアの対ペルシア連合　ギリシアの中立地域　ペルシア領および勢力圏

⑵アテネ民主政の完成

ⓐペルシア戦争後のアテネ…(　46　)**同盟**の盟主へ

※(　46　)同盟…エーゲ海沿岸を中心とした諸ポリスが、ペルシアの復讐に備えて結んだ軍事同盟

┌対外…強大な海軍力→同盟諸国に対する支配を強化
└国内…軍艦の漕ぎ手として戦争に参加する(　47　)の発言力向上

ⓑ将軍(　48　)の指導(前５世紀半ば頃)…アテネ民主政が完成

⑶ペリクレス時代のアテネ

ⓐ(　49　)…成年男性市民の全体集会→多数決で国家の政策を決定

ⓑ行政…一般市民から抽選された役人(任期１年)が担当

※(　50　)(民会(みんかい)の選挙で選出される軍事の最高職)など一部を除く

ⓒ裁判┌抽選された多数の陪審員…(　51　)で評決
　　　└役人・政治家の責任…一般市民が告発する(　52　)で追及

ⓓ原則…貧富にかかわらず平等な参政権→多くの一般市民が政治に参加

※参政権：両親ともアテネ人である(　53　)歳以上の男性

⑷民主政治の普及と意義

ⓐアテネ型の民主政治…市民団の政治的平等が徹底

→デロス同盟諸国を中心とした諸ポリスに普及

ⓑ現代民主政治との差違┌奴隷・在留外人・(　54　)…参政権なし
　　　　　　　　　　　└代議制ではなく、市民全員が参加する(　55　)

ⓒ世界史的意義…(　56　)という考え方を世界ではじめて生み出す

※デモクラティア(ギリシア語)：「民衆の支配」…デモクラシー(英語)の語源

史料 ペリクレスの演説(前431年)

各人が何かにすぐれているとみなされれば、みんなと平等の扱いではなく、国事のためどれだけ貢献できるかによって尊重される。さらにまた、たとえ貧しくとも、国家のために何かよい働きができるなら、無名だからといって高い地位への道をさまたげられることはないのだ。

Q２▶ここでペリクレスは自分の立場を聴衆にどのように訴えているだろうか。

A▶

46

47

48

49

50

51

52

53

54

55

56

6 ポリス社会の変容

ギリシアの諸ポリスは、なぜマケドニアに敗れたのだろうか。

(1)**ペロポネソス戦争**(前431〜前404)

ⓐアテネの急速な勢力拡大…スパルタとの対立→(57)**戦争**開始(前431)

ⓑ二陣営にわかれたギリシア人の抗争

┌アテネ…デロス同盟：民主政ポリス中心
└スパルタ…ペロポネソス同盟：(58)政ポリス中心

ⓒ経過…当初アテネが優勢→(59)の流行でペリクレス死去
…政治の混乱、有能な戦争指導者不在
→ペルシアと結んだスパルタに敗北

(2)**ポリスの変容とマケドニアの台頭**

ⓐ覇権の推移…前4世紀半ば、スパルタにかわり(60)が一時主導権掌握
→アテネの勢力回復→ペルシアの介入と有力ポリス間の抗争継続

ⓑポリス社会の変容…戦乱・疫病→市民の人口減少・貧富差の拡大

ⓒマケドニアの台頭…ポリスを形成しなかった北方のギリシア人の一派

┌前4世紀後半、国王(61)のもとで軍事力強化
└前338年、(62)の戦い…テーベ・アテネ連合軍を破る
→(63)同盟(ヘラス同盟)結成
…スパルタを除く全ギリシアのポリスを支配下におく

7 ヘレニズム時代

ヘレニズム時代の世界史的な意義は何だろうか。

(1)**ヘレニズム時代の成立**

ⓐ(64)**大王**の東方遠征…ペルシア討伐(前334出発)

→┌(65)の戦い(前333)…ダレイオス3世を破る→エジプト征服
　└(66)の戦い(前331)…ペルシアを滅ぼす→インド西北部到達

ⓑ東西にまたがる大帝国の構築→大王死後に分裂

大王の急死 → ディアドコイ（後継者）と呼ばれる部下の抗争 →分裂→ (67)朝マケドニア / (68)朝シリア / (69)朝エジプト

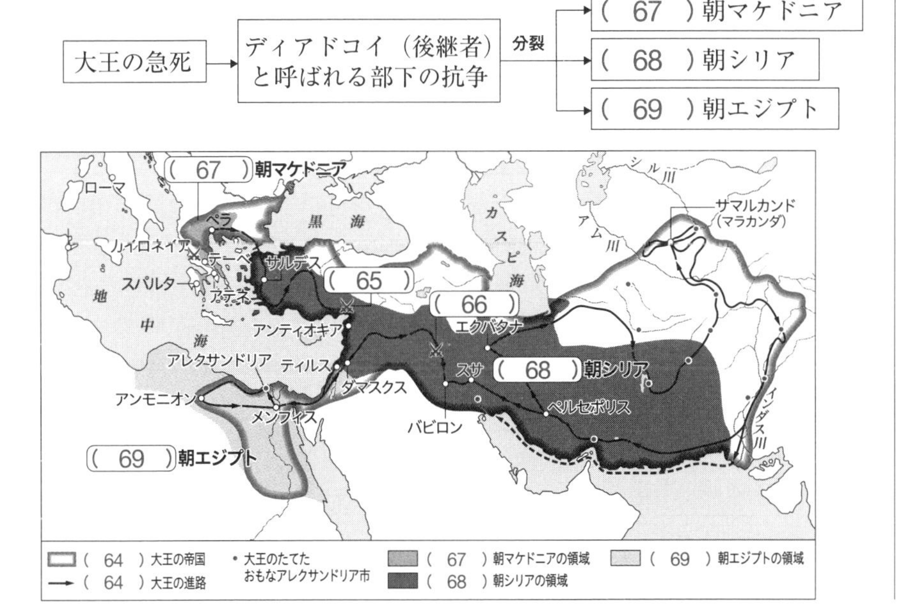

57
58
59
60
61
62
63
64
65
66
67
68
69

70

71

72

73

74

75

76

77

78

79

80

81

82

83

84

85

ⓒ（　70　）**時代**…大王の東方遠征から、プトレマイオス朝エジプトの滅亡（前30年）までの約300年間

⑵都市文明の繁栄

ⓐギリシア風の都市…オリエント・周辺地域に多数建設
→都市を中心にギリシア文化拡大

ⓑエジプトの（　71　）…経済・文化の中心都市として繁栄
→都市を基盤とする生活文化：古代地中海世界に存続

8 ギリシアの生活と文化

ギリシア文明が近代ヨーロッパにもたらした影響は何だろうか。

⑴ギリシア文化の特色

ⓐ明るく合理的で（　72　）中心的な文化
独創的な文化遺産→ヨーロッパ近代文明の模範とされる

ⓑ文化の基盤：市民が対等に議論するポリスの精神風土
┌余暇…政治の議論や体育の訓練に使用
└公私ともバランスよく能力を発揮することを理想とする

⑵ギリシア人の宗教と文学

ⓐ（　73　）**12神**など多神教（たしんきょう）を信仰…神々は人間と同じ姿や感情をもつ

ⓑ叙事詩（じょじし）の成立（前8世紀頃）…神と人間の関わりをうたう
┌（　74　）…『イリアス』『オデュッセイア』
└（　75　）…『神統記』『労働と日々』

ⓒ叙情詩（じょじょうし）…（　76　）（女性詩人）

⑶イオニア自然哲学

自然現象を合理的根拠で説明…前6世紀、イオニア地方の（　77　）中心

（　78　）	イオニア学派の祖。万物の根源を水と主張
（　79　）	「（　79　）の定理」を発見
ヘラクレイトス	「万物は流転する」と主張
（　80　）	原子論をとなえる
ヒッポクラテス	西洋医学の祖

⑷演劇

ⓐ言論の自由を保障した民主政アテネ…前5世紀以降、文化の中心地
→民主政の祭典…悲劇・喜劇のコンテストが開催

ⓑ「三大悲劇詩人」
┌（　81　）…『アガメムノン』
├（　82　）…『オイディプス王』
└（　83　）…『メデイア』

ⓒ喜劇…（　84　）：『女の平和』『女の議会』、政治問題を題材

⑸ソフィストと三大哲学者

ⓐ **ソフィスト**
┌相手をいかに説得するかを教える職業教師
├背景…市民生活における弁論の重要性の高まり
└代表者（　85　）…「万物の尺度は人間」と主張：普遍的真理を否定

ⓑ哲学（フィロソフィア）の誕生

(　86　)	真理の絶対性、知徳合一を説く→哲学(知を愛する営み)創始 →民主政に批判的、市民の誤解と反感により刑死
(　87　)	(　88　)論…(　88　)：事象の背後にある永遠不滅の実在 理想国家論…少数の有徳者のみが政治を担当すべき：『国家』
(　89　)	経験と観察を重視→自然・人文・社会など各方面に思索 「万学の祖」と呼ばれる学問体系 →(　90　)の学問・中世ヨーロッパのスコラ学に多大な影響

(6)**歴史**…過去のできごとを神話ではなく、史料の批判的な探究から説明

歴史記述の祖
- (　91　)…『歴史』：ペルシア戦争史
- (　92　)…『歴史』：ペロポネソス戦争史

(7)**建築・美術**

ⓐギリシア人の美意識…調和と均整の美しさを追求

ⓑ建築…柱の３様式　※(　93　)式の傑作：**パルテノン神殿**

(　93　)式：荘厳で力強い	イオニア式：優美	(　94　)式：華麗

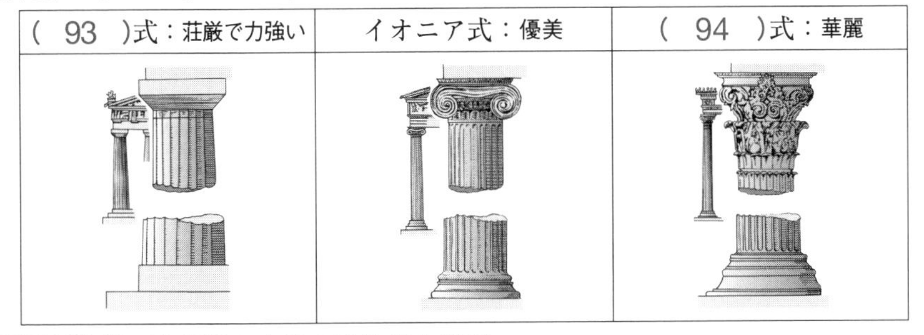

ⓒ彫刻美術…理想的な人間の肉体美を表現
- (　95　)…パルテノン神殿のアテナ女神像
- プラクシテレス…ヘルメス神像

(8)**ヘレニズム文化**

ⓐ特色…東方各地域の文化から影響を受けた独自のギリシア文化
- (　96　)**主義**(コスモポリタニズム)思想の誕生
  …ポリスの枠にとらわれない生き方を理想とする
- 共通語：(　97　)と呼ばれるギリシア語

ⓑ哲学…政治からの逃避、個人の内面的幸福の追求を説くようになる
- (　98　)**派**…エピクロスが祖：精神的快楽を追求
- (　99　)**派**…ゼノンが祖：精神的禁欲を重視

ⓒ自然科学の発達

王立研究所〈(　100　)〉…エジプトのアレクサンドリアに創設
→自然科学・人文科学の研究

(　101　)	平面幾何学：「ユークリッド幾何学」の集大成
(　102　)	「(　102　)の原理」など数学・物理の諸原理を発見
(　103　)	地球の円周を計測
(　104　)	太陽中心説を主張

ⓓギリシア美術の様式…西アジアに普及→インド・中国・日本にまで影響

※代表的ヘレニズム彫刻
- 「(　105　)のヴィーナス」：女性の理想美を表現
- 「ラオコーン」

86
87
88
89
90
91
92
93
94
95
96
97
98
99
100
101
102
103
104
105

3 ローマと地中海支配

㊙ 75~82頁

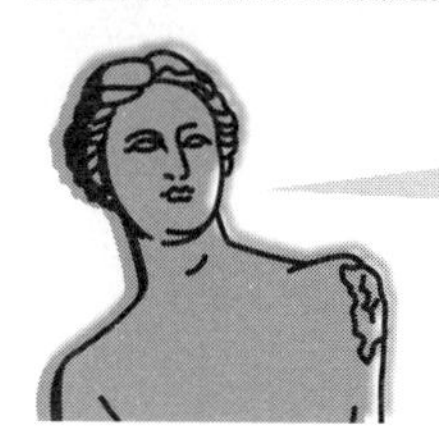

ローマが全地中海世界を統一できたのはなぜだろうか。また、ローマ人がその後の世界に残した文化的遺産は何だろうか。

1 ローマ共和政

ローマ共和政は、ギリシアの民主政とどのような点で異なっていたのだろうか。

(1)ローマの起源

ⓐ古代イタリア人…前1000年頃イタリア半島に南下、定住

ⓑ**ローマ**
- (1)**人**の一派が(2)河畔に建設した都市国家
- 先住民(3)**人**の王に支配され、その文化に影響を受ける
  →前6世紀末、王を追放して**共和政**樹立

(2)前期(貴族)共和政のしくみ

ⓐ身分差の存在…貴族〈(4)〉とおもに中小農民の平民〈(5)〉

ⓑ貴族の官職独占
- (6)(執政官)…任期1年・2名の最高官職→貴族から選出
- (7)…実質的な支配権を握る貴族の会議

(3)平民と貴族の身分抗争

ⓐ中小農民…重装歩兵として国防を担う→貴族の政権独占に不満

ⓑ身分闘争の開始

前5世紀前半	(8)設置…元老院(げんろういん)・コンスルの決定に拒否権を行使 (9)設置…平民だけで構成された民会
前5世紀半ば	(10)制定…慣習法(貴族が独占)を成文化
前367年	(11)法…コンスルの1人を平民から選出
前287年	(12)法…(9)の決議が元老院の認可なしに全ローマ人の国法となる→平民と貴族の政治上の権利が同等となる

ⓒギリシア民主政との相違点
- 貴族と一部の富裕な平民による新支配層の形成→政権の独占
- 元老院が実質的な指導権を保持
- 非常時には(13)が独裁権を行使

2 地中海征服とその影響

地中海における領土拡大は、ローマ共和政にどのような影響を与えたのだろうか。

(1)イタリア半島の統一

ⓐ征服活動…軍事力の中核:中小農民の(14)
→周辺の都市国家を征服→前3世紀前半、全イタリア半島を支配

ⓑ統治方法
- (15):征服された諸都市と個別に同盟を締結
  →異なる権利と義務を付与…団結・反抗を予防
- (16)権の授与:服属した住民の一部に分け与えて従わせる

1
2
3
4
5
6
7
8
9
10
11
12
13
14
15
16

⑵ポエニ戦争(前264〜前146)と地中海支配

ⓐ対戦国…(　17　)：地中海西方を支配するフェニキア人植民市

ⓑ経過
- 第１回…ローマが(　18　)島を最初の属州とする
- 第２回…(　19　)のイタリア半島侵入：ローマの危機
  →(　20　)の活躍などで戦局を挽回し勝利
- 第３回…最終的勝利→(　17　)滅亡

ⓒ東方のヘレニズム地域にも進出…前２世紀半ば、(　21　)・ギリシア諸ポリスを支配→地中海全体をほぼ制覇

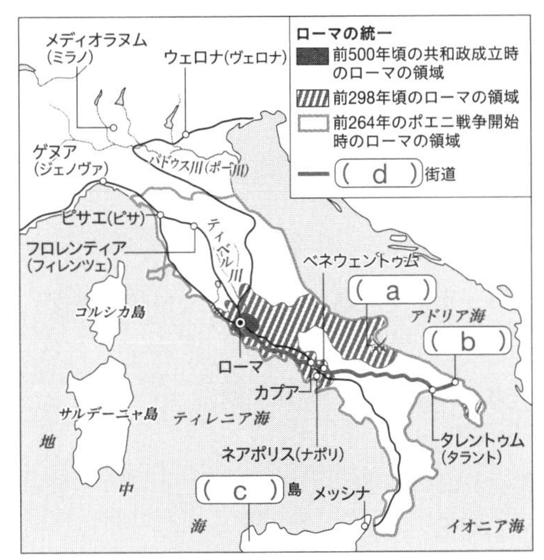

図 (d)街道

Q▶ローマはなぜ(　d　)街道のような街道を整備したのだろうか。

A▶

⑶ローマ社会の変化

ⓐ長期の征服戦争
- 中小農民…農地が荒廃・没落し、無産市民として都市ローマに流入
  →(　22　)(イタリア半島外のローマ征服地)からの安価な穀物で生活
  →ローマ支配の恩恵…さらなる征服戦争を望む
- 元老院議員…属州統治の任務
- (　23　)階層…属州の徴税請負
  （元老院議員・(23)階層）→属州の拡大で莫大な富を入手

ⓑ大土地所有制の展開

元老院議員・騎士階層…莫大な富をもとに土地を集積
- イタリア半島：農民が手放した土地を買い集める
- 征服地：ローマ領となった公有地を獲得

→大土地所有制〈(　24　)〉による大規模な農業経営を展開

※(　24　)…戦争捕虜を奴隷として多数使役

ⓒ征服戦争の拡大…貧富双方の市民に望まれ、経済的格差の著しい拡大を生む

→前２世紀後半〜、市民の平等を原則とする都市国家の性格が変質
- 共和政の土台ゆらぐ
- 貧富の対立激化→政治家の内部抗争の開始
  - (　25　)派…元老院の伝統的支配を守る
  - (　26　)派…無産市民や騎士の支持

17
18
19
20
21
a
b
c　島
d　街道
22
23
24
25
26

27
28
29
30
31
32
33
34
35
36
37
38
39
40
41
42
43
44
45
46
47
48

3 内乱の１世紀

ローマの内乱はどのように生じ、また、どのように終息したのだろうか。

⑴グラックス兄弟の改革（前133〜前121）

グラックス兄弟、（　27　）に選出：農民の没落による軍事力低下に危機感
…大土地所有者の土地没収、無産市民への分配を試みる
→大地主の反対で失敗…兄の殺害と弟の自殺

⑵国内混乱の激化

ⓐ有力政治家がたがいに暴力で抗争→「（　28　）」に突入
ⓑ前１世紀〜、軍隊の変質…有力者が集めた無産市民の私兵化
┌平民派：（　29　）vs. 閥族派（ばつぞく）：（　30　）
├イタリア半島：（　31　）市の反乱（前91〜前88）…ローマ市民権を要求
└剣闘士（けんとうし）（　32　）の大反乱（前73〜前71）→内乱は頂点に達する

⑶第１回三頭（さんとう）政治

ⓐ第１回**三頭政治**（前60〜前53）：（　33　）・（　34　）・（　35　）
…実力者が私的な政治同盟を締結→元老院・閥族派に対抗して政権掌握
ⓑ（　34　）の独裁
┌（　36　）（ほぼ現在のフランス）遠征の成功→指導権を獲得
│→政敵（　33　）を倒して全土平定（前46）
└連続して独裁官に就任して社会の安定に寄与…元老院無視、王になる勢い
→元老院共和派の（　37　）らに暗殺される（前44）

⑷第２回三頭政治（前43）

ⓐカエサルの部下：（　38　）・**レピドゥス**、養子：（　39　）
→再度政治同盟を締結…閥族派をおさえる
ⓑ（　40　）**の海戦**（前31）…（　39　）、プトレマイオス朝の女王（　41　）と結んだ（　38　）を破る
→┌プトレマイオス朝滅亡→ローマの属州となる
└地中海の平定、内乱の終結

4 ローマ帝国

「ローマの平和」は、地中海世界にどのような影響を与えたのだろうか。

⑴帝政の開始

オクタウィアヌス…元老院から（　42　）（尊厳者）の称号を贈与される（前27）
┌元老院など共和政の制度を尊重
└「市民のなかの第一人者」：（　43　）を自称…全要職兼任・全政治権力掌握
→事実上の皇帝独裁＝（　44　）**政**（プリンキパトゥス）→帝政時代の開始

⑵ローマ帝国の繁栄

ⓐ「（　45　）」（パクス＝ロマーナ）
┌アウグストゥス帝即位から約200年間：空前の繁栄と平和が続く
└（　46　）時代（96〜180）…ローマ最盛期の５皇帝
┌ネルウァ（位96〜98）
├（　47　）（位98〜117）…治世期に領土最大
├（　48　）（位117〜138）

├アントニヌス＝ピウス(位138〜161)
└(　49　)(位161〜180)

ⓑローマ風都市の建設…国境近辺にまで建設
→ロンドン・パリ・ウィーン：のち近代都市に発展

ⓒ「世界帝国」ローマ
┌ローマの属州統治…都市を通じて支配
　→都市の上層市民…(　50　)**権**を与えられて帝国支配に貢献
├(　51　)帝、帝国内の全自由人に(　50　)権を付与(212年)
└商業活動の繁栄…(　52　)貿易の活発化
　→中国・東南アジア・南アジアから絹や(　53　)がもたらされる

5 帝国の変容

ローマ帝国が危機を迎えた原因は何だろうか。

(1)軍人皇帝の時代

ⓐ帝国内の動揺…(　54　)帝の治世末期頃から
┌帝国財政の行き詰まり、経済の不振が表面化
└3世紀、各属州の軍団が独自に皇帝を擁立し、元老院と争う
　→短期間で多数の皇帝が即位〈(　55　)**の時代**〉

ⓑ外部勢力の侵入…北方の(　56　)人・東方の(　57　)朝：国境に侵入
→帝国は分裂の危機におちいる

(2)ローマ社会の変化

ⓐ内乱・異民族の侵入に対する軍事力の増強・維持
→(　58　)への重税で経済的に弱体化、西方地域を中心に衰退

ⓑ農業・土地経営の変化
┌重税の回避…都市を去って田園で大所領を経営する上層市民が出現
└労働力…(　59　)：貧困化して都市から逃亡した下層市民などの小作人
　→(　60　)(小作制)の普及…従来のラティフンディアにとってかわる

6 西ローマ帝国の滅亡

西ローマ帝国はなぜ滅んだのだろうか。

(1)専制君主政の成立

(　61　)**帝**(位284〜305)…**専制君主政**(ドミナトゥス)を確立
┌(　62　)制(テトラルキア)…帝国を東西にわけ、それぞれ正帝と副帝2人が統治→政治的秩序の回復
├諸改革の断行…軍の兵員増・徴税制度の刷新→分裂の危機回避
└(　63　)の神格化…神として礼拝させる→専制君主として支配

(2)(　64　)帝(位306〜337)の改革

ⓐ帝国の再統一をはかる改革
┌(　65　)教の公認(313年、ミラノ勅令)、軍隊のさらなる増強
└(　66　)を土地に拘束…税収確保→下層民の身分・職業を世襲化

ⓑ新首都建設と官僚体制の構築
┌ビザンティウムに新首都建設(330)→(　67　)と改称
└巨大な官僚体制の構築…官吏(かんり)の力が強大化

49
50
51
52
53
54
55
56
57
58
59
60
61
62
63
64
65
66
67

→皇帝が官吏を用いて帝国を専制支配する体制が完成

(3)帝国の分裂と滅亡

ⓐ帝国の混乱
- 膨大な数の軍隊・官僚を支えるための重税→属州の反乱続発
- (68)**人の大移動**開始(375～)

ⓑ帝国の分裂…(69)**帝**、帝国を東西に分割して２子に分与(395)
- (70)**帝国**(ビザンツ帝国)：首都コンスタンティノープル
  …首都を中心に商業と貨幣(かへい)経済が繁栄→1453年まで存続
- (71)**帝国**：ローマ中心…ゲルマン人の侵入で混乱

→ゲルマン人傭兵(ようへい)隊長(72)が皇帝を退位させる：(71)帝国滅亡(476)

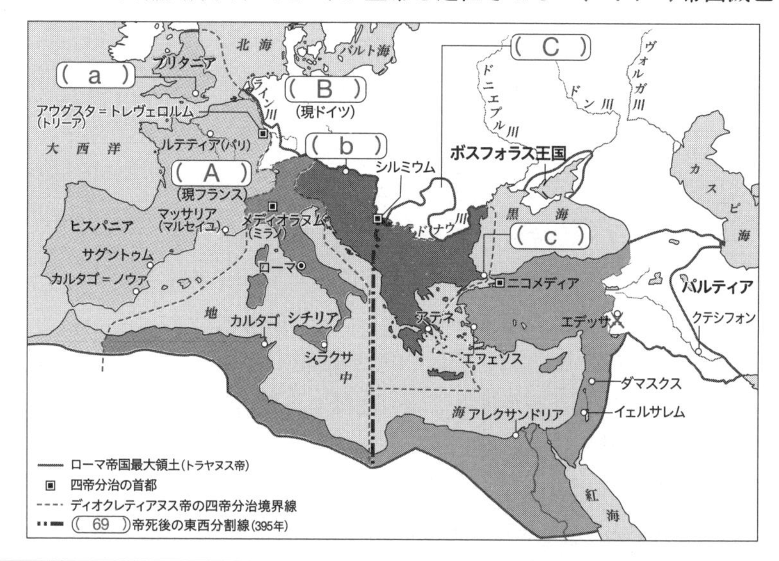

7 ローマの生活と文化

ローマ人が残した文化的遺産には、どのようなものがあるだろうか。

(1)文化的特色と意義

ⓐ特色
- (73)的文化に能力発揮…ギリシアから学んだ知識を帝国支配に応用
- 精神文化…ギリシア人の独創性をこえられず

ⓑ意義…地中海世界のすみずみにギリシア・ローマの文化を普及
- (74)字…今日ヨーロッパの大多数の言語で使用
- (75)**語**…近代に至るまで教会・学術の国際的な公用語

※ギリシア・ローマの文化遺産…近世・近代のヨーロッパ人が古典として尊重
→ギリシア・ローマ時代：「(76)」の呼称

(2)土木・建築技術

図 (77)(ローマ)

図 (78)水道橋(南フランス)

68
69
70
71
72
A
B
C
a
b
c
73
74
75
76
77
78

ⓐ都市整備…浴場・凱旋門・闘技場・道路・水道橋の建設

現存例…（　77　）(円形闘技場)・（　79　）(万神殿)・アッピア街道

ⓑ都市下層民の期待…「（　80　）」

┌食料(パン)：有力政治家が恩恵として配給する穀物
└娯楽(見世物)：闘技場での見世物

(3)ローマ法…後世にもっとも大きな影響を与えたローマの文化遺産

ⓐ成立…ローマ法：（　81　）が起源、当初ローマ市民だけに適用

ⓑローマの世界帝国化 ┌普遍的な法律の必要性
└（　82　）思想の影響

→帝国内の全人民に適用される（　83　）**法**に成長

※ストア派哲学…法律は宇宙の支配原理である自然の法則に従うべきと主張

ⓒ集大成…『（　84　）』：6世紀、東ローマ帝国の（　85　）大帝がトリボニアヌスら法学者に編纂させる

→近代に継承され、日本の民法にも影響をおよぼす

(4)太陽暦と自然科学　※ギ：ギリシア人

ⓐグレゴリウス暦(現在の西暦)…カエサルが制定した（　86　）**暦**から作成

ⓑ自然科学の発展 ┌（　87　）…『博物誌』：百科全書的知識の集大成
└（　88　）ギ…『天文学大全』：天動説

→イスラーム圏を経て中世ヨーロッパへ：長く西欧人の宇宙観を支配

(5)文学

アウグストゥス時代：ラテン文学の黄金期…ギリシア文学の強い影響

┌（　89　）…『アエネイス』(ローマ建国叙事詩)
├ホラティウス…『叙情詩集』
└（　90　）…『転身譜』『恋の技法』

(6)歴史・地理

ポリビオスギ	『歴史』…政体循環史観で説明
（　91　）	『ローマ建国史』
（　92　）	『ガリア戦記』…ラテン散文の名文
（　93　）	『年代記』『ゲルマニア』
（　94　）ギ	『（　95　）』…ギリシア・ローマの英雄的人物の生涯を描く
（　96　）ギ	『地理誌』…既知の世界の地誌を記述

(7)哲学・思想

ⓐギリシア起源の弁論術…（　97　）が有名

※『国家論』…近代欧米の政治演説に大きな影響

ⓑストア派哲学の流行…上流階層に普及

┌（　98　）…『幸福論』、エピクテトスギとともに道徳哲学を説く
└マルクス＝アウレリウス＝アントニヌス帝…『（　99　）』

79
80
81
82
83
84
85
86
87
88
89
90
91
92
93
94
95
96
97
98
99

4 キリスト教の成立と発展

教 83～84頁

キリスト教が当時のローマ帝国に急速に広がった原因は何だろうか。また、ローマ帝国はキリスト教をどのように利用したのだろうか。

1 キリスト教の成立

イエスが処刑された理由は何だろうか。

(1)ローマ支配下のパレスチナ社会

ユダヤ支配層
- ユダヤ教を指導する祭司
- 律法の実行を重視する(1)派

→ローマ支配を受容…貧困に苦しみ救済を求める民衆の声にこたえず

(2)イエスの登場とキリスト教の成立

ⓐイエスの主張…祭司・パリサイ派を形式主義と批判

→
- 貧富の区別なくおよぼされる神の絶対愛と(2)を説く
- (3)の到来を約束

ⓑ民衆の反応…イエスを救世主(メシア)と信じて教えに従う

※メシア
- ヘブライ語:「油を注がれた者」
  →「神から特別に祝福された者」の意味
- ギリシア語訳:(4)

ⓒイエスの処刑…祭司・パリサイ派、イエスをローマに対する反逆者として総督(5)に訴える→十字架による処刑(30年頃)

ⓓ**キリスト教**の成立…弟子たちは、イエスの(6)と、その死は人間の罪をあがなう行為であったという信仰に到達

(3)使徒の伝道と『新約聖書』

ⓐ**使徒**(7)・(8)の伝道活動

(8)の活動
- 神の愛は(9)(ユダヤ人以外の民族)にもおよぶと主張
- ローマ帝国各地に布教し、キリスト教拡大

ⓑ(10)(信徒の団体)の成立
- アナトリア・シリア・ギリシア・首都ローマに創設
- 3世紀頃までに、キリスト教は奴隷・女性・下層市民など社会的弱者を中心に帝国全土に拡大→上層市民にも普及

ⓒ『(11)』…共通ギリシア語(12)で記録

「(13)」:イエスの教え 「(14)」:ペテロ・パウロによる布教の様子を記録

2 迫害から国教へ

ローマ帝国は、キリスト教へどのように対応したのだろうか。

(1)迫害

ⓐキリスト教誕生時のローマ…皇帝崇拝儀礼が強化される

⟷唯一絶対神を信じるキリスト教徒は皇帝礼拝・国家祭儀を拒否

→反社会集団とみなされ、民衆・国家から迫害

1
2
3
4
5
6
7
8
9
10
11
12
13
14

ⓑおもな迫害
- (15)帝の迫害(64)
- (16)帝の大迫害(303)

(2)公認

ⓐキリスト教…迫害にもかかわらず全土に拡大

ⓑ(18)帝、(19)でキリスト教を公認(313)…帝国の統一維持のため

→皇帝の全国統一(324)…キリスト教の公認は帝国全土に拡大

図 (17)

(3)教義の統一と国教化

ⓐ(20)**公会議**(325)：コンスタンティヌス帝の開催

- 正統教義：(21)**派**…キリストを神と同一視
  →のち(22)**説**として確立：正統教義の根本
  ※教説：「父なる神、子なるキリストおよび(23)は、3つでありながら同一」
- 異端：(24)派…キリストを人間と考える→ゲルマン人に普及

ⓑ教父(きょうふ)(キリスト教思想家)…正統教義の確立、のちの神学(しんがく)の発展に貢献

- (25)…『教会史』
- (26)…『神の国』：キリスト教の神の国が永遠であると主張

ⓒ(27)帝(「背教者(はいきょうしゃ)」)…古来の多神教(たしんきょう)復興を企図(4世紀後半)→失敗

ⓓキリスト教の国教化

- (28)帝…アタナシウス派を国教として他宗教厳禁(392)
  - 司教・(29)などの聖職者身分の成立…一般信徒の指導・監督
  - 教会の組織化が進展
- ローマ帝国末期…(30)と呼ばれる5つの教会が重要となる
  ※ローマ・(31)・アンティオキア・イェルサレム・(32)の5教会

ⓔ教義の整備…(33)**派**：キリストの神性と人性を分離
→(34)**公会議**で異端とされる(431)
→ササン朝から唐(とう)代の中国に伝播…(35)と呼ばれる

15
16
17
18
19
20
21
22
23
24
25
26
27
28
29
30
31
32
33
34
35

4章まとめ

Q▶西アジアとその影響を受けて地中海地域に形成された諸国家は、どのような世界史的役割を果たしたのだろうか。①・②から考えてみよう。

①形成されたそれぞれの国家にはどのような特徴があるだろうか。

②イラン、ギリシア・ローマの各文明はどのような影響を残したのだろうか。

第5章　イスラーム教の成立とヨーロッパ世界の形成　㊝ 85〜101頁

1　アラブの大征服とイスラーム政権の成立　㊝ 85〜90頁

アラブ＝ムスリム軍による大征服やイスラーム政権の成立を経て、西アジア・北アフリカの社会はどのようにかわったのだろうか。

1　アラブ＝ムスリム軍による大征服

アラブ＝ムスリム軍による大征服は、どのように進んだのだろうか。

(1)アラブ人の台頭とイスラーム教

ⓐ6世紀における西アジアの勢力争い

ササン朝 （　1　）治世下で国力回復	⟺	（　2　）帝国（東ローマ帝国） 東地中海地域を支配

ⓑ（　3　）諸部族…アラビア半島：砂漠が広がる地域
- 点在するオアシスを中心とした遊牧・農業生活
- （　4　）交易に従事

ⓒアラブ人の台頭…半島外に急速に拡大→広大な領域を支配

契機：7世紀前半、アラブ人の諸部族のあいだに（　5　）**教**が拡大

ⓓイスラーム教
- ユダヤ教・キリスト教の系譜のうえに誕生
- （　6　）の唱導：メッカの名家（　7　）族出身
  - 『旧約聖書』『新約聖書』…イスラーム教に先だつ啓示の書と位置づける
  - ユダヤ教徒・キリスト教徒…「（　8　）」として信仰の自由を承認

図　メッカの（　9　）聖殿

ムハンマドは、多神教の神殿であった（　9　）神殿の偶像を破壊し、イスラーム教の聖殿とした。

(2)イスラーム共同体の成立

ⓐムハンマドの教説…610年頃、唯一神（　10　）の預言者と自覚

→人々に（　10　）への絶対的帰依（イスラーム）を説く

ⓑメッカの有力者たちはムハンマドを迫害

→ムハンマドの（　11　）移住（622）：（　12　）…イスラーム暦（太陰暦）の起点

→（　11　）でイスラーム教徒（ムスリム）の大勢力を構築

ⓒ630年、ムハンマドがメッカを征服

→
- アラブ諸部族がつぎつぎとムハンマドの支配下に入り、支配権確立
  …その権威のもとにアラビア半島のゆるやかな統一実現
- イスラーム教徒共同体：（　13　）…有力な政治・軍事勢力に発展

1
2
3
4
5
6
7
8
9
10
11
12
13

(3)カリフ制の成立とアラブ諸部族の大征服

ⓐムハンマドの死→(　14　)を後継者(**カリフ**)に選出

※(　14　)からアリーに至る4人のカリフ…「(　15　)」の呼称

ⓑカリフの地位やウンマの統治をめぐってアラブ諸部族内で対立

→(　14　)、アラビア半島外へ征服活動開始…人々の関心を対外戦争へ

ⓒアラブ＝ムスリム軍の戦果
- (　16　)朝を滅ぼす→イラク・イランを獲得
- (　17　)帝国からシリア・エジプトを奪う

ⓓ大征服の成功理由
- ササン朝・ビザンツ帝国の抗争→周辺各地が疲弊
- 東西(　18　)教会の対立→エジプトやシリアの社会が混乱
- 戦利品の獲得…アラブ諸部族にとって大きな魅力

ⓔアラブ人の移住…家族とともに支配地につくられた(　19　)に移住

→イラク・シリア・エジプトなどの新たな支配層に

史料 初代正統カリフ、アブー＝バクルの選出

> アブー＝バクルが演説した。神を讃えるにふさわしい言葉で神を誉め讃えてから、言った。「諸君、私は①あなたたちに指揮権を託された。あなたたちの中で最良のものでもないのに。だから、私がよいことをしたら協力し、悪いことをしたら正してほしい。誠実は信用を生み、虚偽は背信を生む。……私が神とその使徒(ムハンマド)に従っているかぎり、私に従え。私が神とその使徒に背いたなら、私に従う必要はない。さあ、立って礼拝をせよ。あなたたちに神の慈悲があるように。」
>
> (イブン・イスハーク著、イブン・ヒシャーム編註、後藤明他訳『預言者ムハンマド伝3』)

Q▶下線部①の「指揮権」とは具体的に何を指すのだろうか。

A▶

2 ウマイヤ朝の成立と拡大

ウマイヤ朝の時代に、イスラーム政権の支配はどこまで拡大したのだろうか。

(1)ウマイヤ朝(661〜750)の成立

ⓐカリフ位をめぐる対立激化…第4代カリフ、(　20　)の暗殺

→661年、シリア総督(そうとく)(　21　)が**ウマイヤ朝**を創始　首都：(　22　)
- カリフ位の世襲を開始…慣習を破る
- (　20　)の血統を支持する人々：(　23　)派→ウマイヤ朝支配に反対

※ウマイヤ朝支持の多数派…預言者の言行(げんこう)〈(　24　)〉に従う人々→(　24　)派の呼称

ⓑウマイヤ朝の征服活動
- 東：中央アジア・インド西北部
- 西：北アフリカ→イベリア半島に進出…(　25　)王国を滅ぼす(711)

→(　26　)**の戦い**(732)でフランク王国に敗北→拡大の停滞

(2)ウマイヤ朝の領域支配

被征服地の人々から(　27　)(人頭税(じんとうぜい))・(　28　)(土地税)を徴収
- 非イスラーム教徒に課せられる税
- 被征服地の人々がイスラーム教に改宗しても免除されず

→ウマイヤ朝時代：アラビア半島から移住したアラブ諸部族が優位性保持

14

15

16

17

18

19

20

21

22

23

24

25

26

27

28

3 アッバース朝の成立とその繁栄

ウマイヤ朝はなぜ滅亡し、また、アッバース朝はどのような統治をおこなったのだろうか。

⑴アッバース朝(750〜1258)**の成立**

ⓐウマイヤ朝社会における対立

┌(　29　)(イラン人など異民族のイスラーム教への新改宗者)の増加
│　→特権的な(　30　)人支配層とのあいだに社会的対立
└(　31　)家(ムハンマドの叔父の子孫)によるウマイヤ朝への反抗
　　→750年、(　31　)**朝**成立

ⓑ国家の中心の移動…シリア→イラン・イラクへ：新都(　32　)造営

⑵アッバース朝の繁栄

ⓐ税制の整理…イスラーム教徒間の平等：民族による区別を廃止

┌(　33　)税：キリスト教徒やユダヤ教徒らが支払う
└(　34　)税：農地をもつ者が例外なく支払う

ⓑ首都バグダードの繁栄

┌灌漑(かんがい)による農業生産力の向上や手工業の発達
└広大な地域の統合…交通路の安全が確保される
　　→(　35　)**商人**(イスラーム教徒の商人)らによる各地との交易が発展

ⓒ最盛期…(　36　)(位786〜809)の時代

4 イスラーム文化の成立

イスラーム文化はどのように成立し、また、どのような点に特徴があるのだろうか。

⑴アッバース朝時代における学問の興隆

ⓐインド・イラン・ギリシアなどの文化的伝統の融合
　→例：インドの数学がもたらされ、(　37　)数字が誕生

ⓑ翻訳の活発化…9世紀初め〜、バグダードの「(　38　)」中心
→医学・天文学・幾何学・倫理学・哲学のギリシア語文献…(　39　)**語に翻訳**

┌(　40　)哲学…イスラーム神学(しんがく)の形成に重要な役割
├数学…(　41　)
└医学…(　42　)：中央アジア出身

ⓒイスラーム教信仰への探究

┌聖典『(　43　)』──────────┐
├(　44　)…ムハンマドの言行についての伝承┘→取り扱う学問の発達
└(　45　)…(　44　)の収集者、年代記『預言者たちと諸王の歴史』を編纂

※(　46　)…ムスリムの信仰と行為の内容を簡潔にまとめたもの

┌信じること：六信┌(1)神　(2)天使　(3)各種の啓典
│　　　　　　　　└(4)預言者たち　(5)来世　(6)神の予定
└実践すること：五行┌(1)信仰告白　(2)礼拝　(3)喜捨(きしゃ)
　　　　　　　　　└(4)(　47　)　(5)メッカ巡礼

ⓓ**イスラーム法**〈(　48　)〉

┌ムハンマドが示した生き方を理想・基準とし、現実問題に対応する法体系
│　→(　49　)(イスラーム法学者)たちが司法・政治で活躍
└『コーラン』・ハディースが基礎→9世紀頃までに整備

「（　50　）的規範」…礼拝・断食・巡礼など
「法的規範」…婚姻・相続・刑罰など
租税や戦争の定義など支配者がおこなう統治の基本を含む

(2)言語学・美術・建築の発達

ⓐ（　51　）語言語学の発達…『コーラン』を学ぶため

ⓑ文学の発展…アッバース朝の広大な領域が背景

例：『（　52　）』（『アラビアン＝ナイト』）…インド・イラン・アラビア・ギリシアを起源とする説話の集成

ⓒ美術・建築…（　53　）帝国の伝統を継承する職人・技術者の活躍

→（　54　）の発達
イスラーム教の偶像禁止（人物・鳥獣モチーフを忌避）
植物や文字を文様化

ⓓ中国から製紙法が伝播…アッバース朝期の文化を支える

※製紙法…（　55　）の戦い（751）を機に唐軍の捕虜から伝播

→イベリア半島・（　56　）島を経て、13世紀頃ヨーロッパに伝播

(3)イスラーム文化の成立

西アジア・周辺地域の文化とイスラーム教・アラビア語が融合した新しい文化
イスラーム教の伝播→地域ごとの言語・民族的特色が加味

→（　57　）文化・（　58　）文化・インド＝イスラーム文化などが成立

5 イスラーム政権の多極化

アラブ＝ムスリム軍の征服で生まれた１つの政権は、どのように各地の諸王朝に分裂していったのだろうか。

(1)（　59　）朝（756～1031）

ⓐウマイヤ朝一族がイベリア半島に逃れて建国　首都：（　60　）

…現地の習慣・制度を導入→支配の安定、イベリア半島にイスラーム教拡大

ⓑ学問・芸術
アッバース朝と同様に学問が発達
アラベスクなどを多用したすぐれた芸術作品が制作される

(2)地方政権の自立

後ウマイヤ朝の成立…イスラーム政権の分裂の始まり

→アッバース朝周辺地域でも地方政権が自立

エジプト…（　61　）朝（868～905）
中央アジア…（　62　）朝（875～999）

(3)（　63　）朝（909～1171）

ⓐ北アフリカに建国した（　64　）派王朝→10世紀後半、エジプト征服

ⓑ君主は（　65　）の称号を名乗る…イスラーム政権の分裂が決定的に

(4)アッバース朝の衰退とブワイフ朝（932～1062）

ⓐ10世紀のアッバース朝

…トルコ系（　66　）（奴隷軍人）の台頭→カリフ権力の弱体化

ⓑ（　67　）**朝**（シーア派イラン系の軍事政権）のバグダード入城

アッバース朝カリフを意のままにあやつる
946年、（　68　）の称号獲得…実質的な統治開始
→アッバース朝支配の名目化

50
51
52
53
54
55
56
57
58
59
60
61
62
63
64
65
66
67
68

a

b

c

d

図 (a)=モスク

図 サーマッラー=モスクの(b)

図 (c)のモスク(メスキータ)

図 (d)の「勝利の門」

2 ヨーロッパ世界の形成

教 91〜101頁

東西ヨーロッパは、どのようにして独自の世界を形づくっていったのだろうか。

1 ヨーロッパの風土と人々

ヨーロッパの自然条件と人の移動には、どのような関係があるのだろうか。

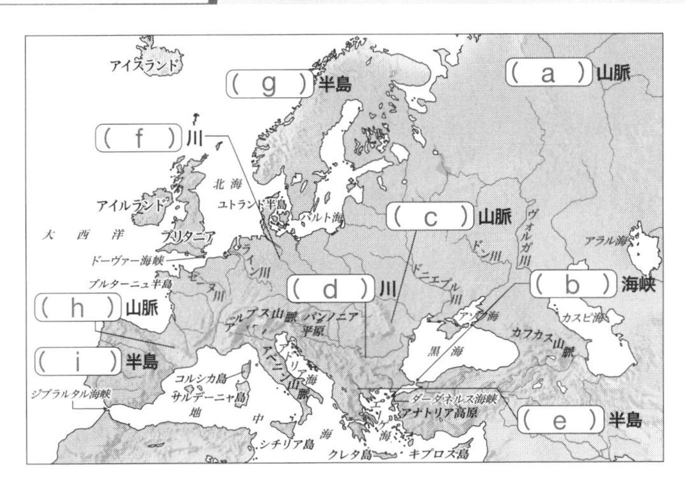

(1)ヨーロッパの自然と風土

ⓐヨーロッパの範囲…ユーラシア大陸西端、(1)山脈から大西洋まで

ⓑアルプス山脈以北
- 平坦な丘陵地と平野
- 多くの大河…物資輸送に重要な水路
- 大西洋に面した地方…湿潤・温暖な(2)気候：穀物栽培・牧畜に適する
- 大陸東部…乾燥・寒冷な(3)気候：遊牧(ゆうぼく)に適する

　→ロシアの大森林地帯・中央ユーラシアの広大な草原地帯へ連なる

ⓒ地中海沿岸…山がちで大河がなく、夏暑く乾燥する(4)気候

ⓓヨーロッパの自然条件…東→西・北→南へ絶えず大規模な人間の移動

　→多様な文化が混合

(2)ヨーロッパで活動したおもな民族

インド＝ヨーロッパ語族の西方系
- 南欧：ギリシア人・イタリア（ローマ）人
スペイン人
- 西欧：ケルト人・(5)人
- 東欧：(7)人

ウラル語系・アルタイ語系
- (6)人
- フィン人
- フン人

7c〜
(8)勢力の侵入 →（インド＝ヨーロッパ語族の西方系へ）

a	山脈
b	海峡
c	山脈
d	川
e	半島
f	川
g	半島
h	山脈
i	半島
1	
2	
3	
4	
5	
6	
7	
8	

2 ゲルマン人の移動とイスラーム勢力の侵入

なぜゲルマン人とイスラーム勢力は地中海世界に侵入したのだろうか。

⑴ゲルマン人の勢力拡大と社会

ⓐゲルマン人…原住地：（　9　）海沿岸

（　10　）人（前6世紀頃から広く定住）を西に圧迫しながら勢力拡大

→紀元前後頃、ローマ帝国と境を接する

ⓑ原始ゲルマンの社会

身分社会…数十の小部族に分離→貴族・平民・奴隷の身分差

重要な決定は（　11　）（成年男性自由人の全体集会）でおこなう

※重要史料…カエサル『（　12　）』・タキトゥス『（　13　）』

ⓒ大移動の内的要因…農業がおもな生活の手段→人口増加による耕地不足

⑵ローマ帝政後期のゲルマン人

ⓐローマの下級官吏(かんり)・（　14　）・（　15　）として平和的に移住

ⓑ小部族→軍事的指導者である王のもとにまとまって大部族へと成長

⑶大移動の開始

ⓐアジア系の（　16　）**人**…4世紀後半にドン川をこえて西進

→ゲルマン人の一派（　17　）**人**の大半を征服→（　18　）**人**を圧迫

ⓑ西ゴート人の南下開始（375）…ドナウ川をわたりローマ帝国内へ移住（376）

→200年におよぶ**ゲルマン人の**（　19　）の開始

ⓒ各部族の移動と建国

部族名	原住地	存続期間	最終建国地	征服した国・勢力等
＜東ゲルマン部族＞				
西ゴート人	黒海(こっかい)西岸	418〜711	ガリア西南部・イベリア半島	イスラーム勢力
東ゴート人	黒海北岸	493〜555	イタリア半島	ビザンツ帝国
（　20　）人	北部ドイツ	443〜534	ガリア東南部	フランク王国
（　21　）人	中部ドイツ	429〜534	北アフリカ	ビザンツ帝国
（　22　）人	ライン・エルベ川間	568〜774	北イタリア	フランク王国
＜西ゲルマン部族＞				
（　23　）人	ライン川東岸	481〜843	ガリア北部	西欧統一後→分裂
（　24　）人	ユトランド半島・北西ドイツ	449〜829	大ブリテン島→七王国建国	ノルマン人

ⓓフン人…5世紀前半に（　25　）**王**がパンノニアに大帝国建設

→（　26　）の戦い（451）で敗北→王の死後に大帝国崩壊

⑷西ローマ帝国の滅亡と民族移動の終息

ⓐゲルマン人傭兵(ようへい)隊長（　27　）…**西ローマ帝国**を滅ぼす（476）

ⓑ（　28　）大王率いる東ゴート人…ビザンツ（東ローマ）皇帝の命令を受ける

→イタリア半島に移動…オドアケルの王国を倒して建国

ⓒ北イタリアでの（　29　）王国建国（568）…民族移動は一応終息

ⓓアラビア半島から拡大したイスラーム勢力

→（　30　）朝時代にイベリア半島に渡って西ゴート王国を滅ぼす（711）

9
10
11
12
13
14
15
16
17
18
19
20
21
22
23
24
25
26
27
28
29
30

3 ビザンツ帝国の成立

西ヨーロッパが混乱していた一方で、ビザンツ帝国はなぜ繁栄を続けたのだろうか。

(1)**ビザンツ帝国の成立**

ⓐ独自の文化…(31)教とギリシア古典文化が融合

ⓑ経済面…ゲルマン人の大移動によっても深刻な打撃は受けず

┌商業・(32)経済の繁栄を継続
└首都(33):ヨーロッパ世界最大の貿易都市

ⓒ政治面…ローマ帝政末期以来の巨大な(34)制による皇帝専制支配を維持

┌皇帝…**ギリシア正教会**を支配→政教両面における最高の権力者
└西方ゲルマン諸国家…ビザンツ帝国の権威を認めて服従

(2)**ビザンツ帝国の最盛期**…(35)**大帝**(位527～565)の時代

┌地中海帝国の復興…(36)王国・東ゴート王国を滅ぼす
│　→一時的に地中海のほぼ全域における支配が復活
└内政┌『(37)』の編纂、(38)**聖堂**の建立
　　└中国から養蚕(ようさん)技術導入→(39)産業発展の基礎を構築

図 ソリドゥス金貨

図 ビザンツ様式の(38)聖堂

Q▶図のソリドゥス金貨が流通し続けたのはなぜだろうか。

A▶

4 フランク王国の発展

なぜフランク王国が西ヨーロッパ世界の中心的役割を果たすようになったのだろうか。

(1)**メロヴィング朝**(481～751)**の統一**

ⓐ**フランク王国**…ゲルマン諸国家の最有力国として台頭

ⓑ(40)がフランク王に即位(481)

┌(41)**朝**を開く→全フランク統一…ガリア中部支配確立
└キリスト教正統派の(42)**派**に改宗…ローマ人貴族を支配層に取り込む
　→西ヨーロッパの中心勢力となる一因に
　　※他のゲルマン人の大半…異端の(43)派を信仰

ⓒ6世紀半ば、(44)王国などを滅ぼす→全ガリアを統一

ⓓ8世紀、(41)朝の権力衰退→(45)(行政・財政の長官)が実権を掌握

(2)**イスラームの侵入とカロリング朝**(751～987)

ⓐ西ゴート王国を滅ぼしたイスラーム勢力…(46)山脈をこえてガリアへ
　→メロヴィング朝の宮宰(47)が、(48)**の戦い**(732)で撃退
　→西方キリスト教世界を外部勢力から守る

ⓑ(49)**朝**の成立…(47)の子ピピンがメロヴィング朝を廃し創始(751)

31
32
33
34
35
36
37
38
39
40
41
42
43
44
45
46
47
48
49

ⓒ西ヨーロッパ…フランク王国を中心に独自の世界を形成

5 ローマ＝カトリック教会の成長

なぜローマ教会はフランク王国と手を組んだのだろうか。

⑴ローマ教会の発展

ⓐ（ 50 ）**教会**…フランク王国と協同して西ヨーロッパ世界の形成に貢献

※キリスト教の正統派（アタナシウス派）：カトリック（「普遍的」の意味）の呼称

ⓑローマ帝政末期…五本山のうち、ローマ教会と（ 51 ）教会が最有力

→西ローマ滅亡後、ローマ教会は（ 51 ）教会（ビザンツ皇帝支配）から分離傾向

┌6世紀末の教皇（ 52 ）…ゲルマン人への布教を推進
└6世紀から拡大した（ 53 ）運動…学問・教育、農業技術の発展に貢献

ⓒローマ司教…使徒（しと）（ 54 ）の後継者を自任→（ 55 ）として権威を高める

⑵東西教会の対立と分離

ⓐ聖像をめぐる対立…ビザンツ皇帝（ 56 ）が（ 57 ）**令**を発布（726）

┌キリスト・聖母・聖人の聖像の礼拝…（ 58 ）崇拝（すうはい）を禁ずる教理に反する
└（ 58 ）を厳格に否定するイスラーム教からの批判に答える必要性

ⓑローマ教会、聖像禁止令に反発…ゲルマン人への布教に聖像が必要

→東西の両教会は対立と分裂を強める

※聖像禁止令をめぐる論争の継続→9世紀半ばに崇拝復活

ⓒローマ教会とフランク王国の結束強化

┌ローマ教会…ビザンツ皇帝に対抗する政治勢力を求めフランク王国に接近
│→カール＝マルテルがイスラーム軍を破って西方キリスト教世界を守る
└ローマ教皇が（ 59 ）（カール＝マルテルの子）のフランク王位継承を承認

→返礼に（ 59 ）はランゴバルド王国を攻撃、（ 60 ）地方を奪う

→（ 60 ）地方を教皇に寄進（「（ 59 ）の寄進」：（ 61 ）の始まり）

6 カール大帝

カールの戴冠（たいかん）は、世界の歴史においてどのような意義をもつのだろうか。

⑴（ 62 ）**大帝**（シャルルマーニュ）（位768〜814）…ビザンツ帝国に並ぶ強大国化

ⓐ西ヨーロッパの主要部分統一

┌イタリア：ランゴバルド王国征服　　北東：（ 63 ）人を服従させる
└東：アルタイ語系の（ 64 ）**人**撃退　　南：イスラーム勢力撃退

ⓑ広大な領土の集権的支配

全国を州に分割…地方の有力豪族（ごうぞく）を（ 65 ）（各州の長官）に任命

→（ 66 ）を派遣して監督させる

※（ 65 ）のほかに上位の貴族には公などの称号が与えられる

ⓒ（ 67 ）…ラテン語による文芸復興

┌宮廷にアルクインらの学者を多数招聘（しょうへい）
└アルファベットの（ 68 ）の発明、写本文化の隆盛

⑵カールの戴冠

ⓐローマ教会…カールをビザンツ皇帝に対抗しうる政治的保護者と認める

50
51
52
53
54
55
56
57
58
59
60
61
62
63
64
65
66
67
68

→800年、教皇（　69　）┌カールに**ローマ皇帝**の帝冠（ていかん）を付与
　　　　　　　　　　　　　└「西ローマ帝国」の復活を宣言

ⓑ歴史的意義…西ヨーロッパ世界が政治的・文化的・宗教的に独立

→西ヨーロッパ中世世界：（　70　）文化・キリスト教・（　71　）人が融合

ⓒ東西教会の完全分裂…ローマ教会はビザンツ皇帝への従属から独立

→1054年┌教皇を首長とする（　72　）教会──┐→相互に正統性
　　　　　└ビザンツ皇帝を首長とする（　73　）教会┘　主張・分裂

(3)地中海世界の分裂

ローマ帝国以来存続した地中海世界…３つの世界に分裂し、独自の歴史を歩む

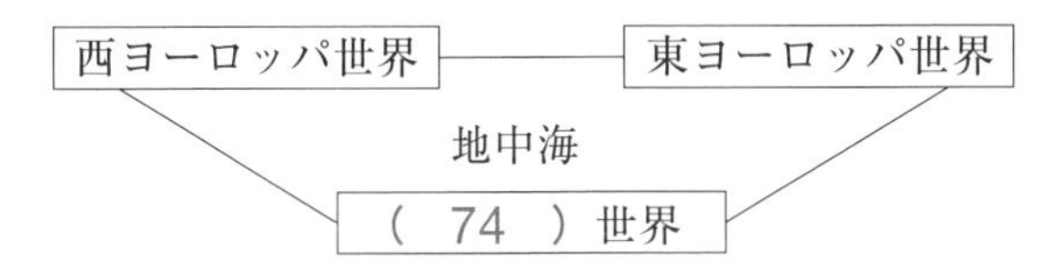

7 分裂するフランク王国

カール大帝後のフランク王国の各地域は、どのような状況だったのだろうか。

(1)カールの帝国の分裂

帝国…中央集権的国家←→実態：カールと（　75　）との個人的な結びつき

　→カール死後、内紛がおこり３つに分裂

843年：（　76　）条約　　870年：（　77　）条約

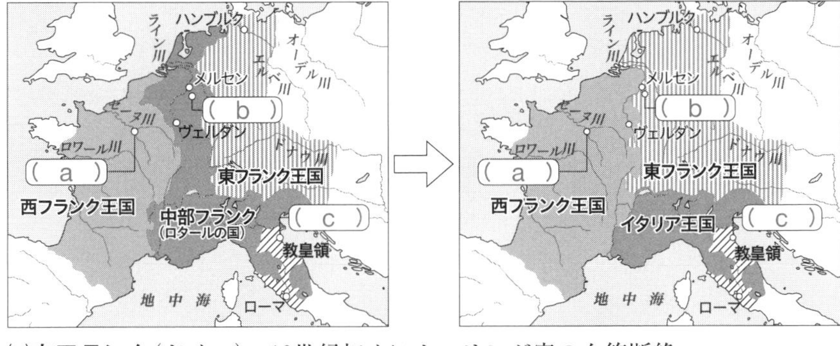

(2)東フランク（ドイツ）…10世紀初めにカロリング家の血筋断絶

ⓐ王の選出…各部族を支配する諸侯（しょこう）による選挙

ⓑ（　78　）（位936〜973）…ザクセン家出身の王

┌ウラル語系の（　79　）**人**・スラヴ人の侵入を撃退、北イタリアを制圧
└教皇からローマ皇帝の位を与えられる（962）→（　80　）**帝国**の始まり

ⓒドイツ諸侯の自立…ドイツ王は皇帝位を兼ね、（　81　）政策で諸侯に譲歩

※（　81　）政策…10〜13世紀、神聖ローマ皇帝がイタリア北部の都市や（　82　）の支配に積極的に乗り出した政策。教皇との（　83　）闘争で優位に立とうとしたが失敗

(3)西フランク（フランス）…10世紀末にカロリング家の血筋断絶

ⓐパリ伯（はく）（　84　）…王位に就いて**カペー朝**（987〜1328）を開く

ⓑ王権弱体…パリ周辺の領域支配のみ→王に匹敵する大諸侯が多数分立

(4)イタリア…９世紀後半にカロリング家の血筋断絶

混乱が継続┌北方…神聖ローマ帝国の介入
　　　　　└地中海方面…（　85　）勢力の侵入

69
70
71
72
73
74
75
76
77
a
b
c
78
79
80
81
82
83
84
85

86

87

88

89

90

91

92

93

94

95

96

97

98

99

100

8 外部勢力の侵入とヨーロッパ世界

ノルマン人が西ヨーロッパ世界において果たした歴史的役割は何だろうか。

⑴8～10世紀の西ヨーロッパ…たえず外部勢力が侵入

ⓐ東方［(86)人がフランク王国をおびやかす
　　　　アヴァール人・(87)人が侵入を繰り返す

ⓑイスラーム勢力…シチリア島や南フランスに侵攻

⑵ノルマン人…(88)半島やユトランド半島に住むゲルマン人の一派

8世紀後半から商業や海賊・略奪行為を目的に海上遠征

…(89)として恐れられる→(89)船で河川を遡上し内陸深く侵入

⑶ノルマン人の移動と建国

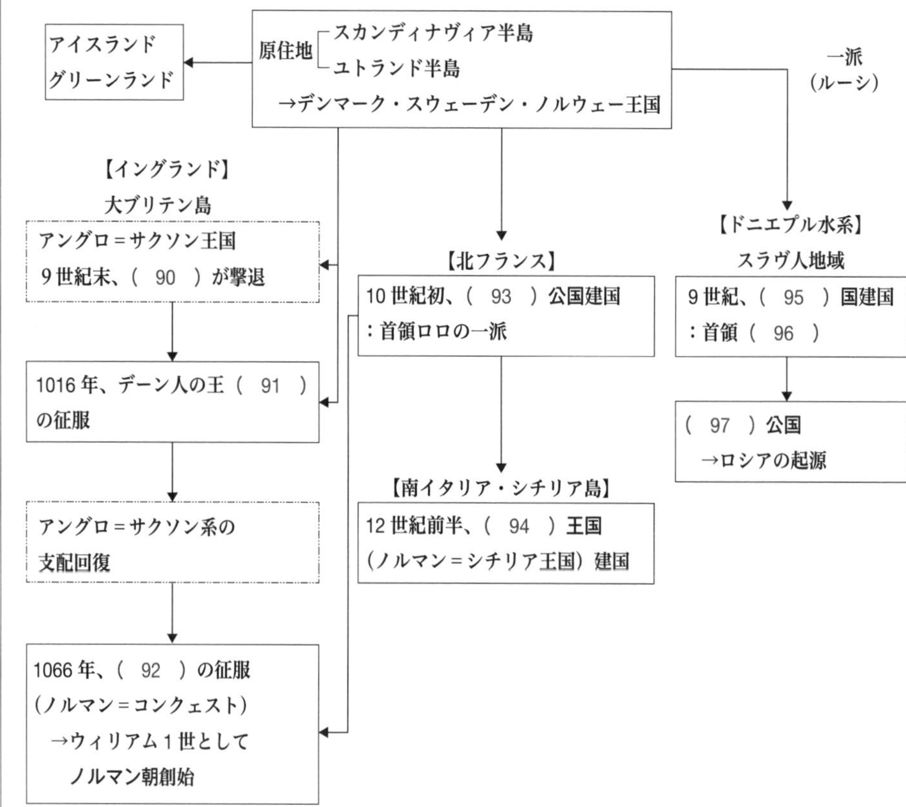

※デンマーク・スウェーデン・ノルウェーなどの北欧諸王国…キリスト教化

→ノルマン人の移動終結…北欧は西ヨーロッパ世界に組み込まれる

9 封建社会の成立

西ヨーロッパに特有の封建社会の仕組みとは、どのようなものだろうか。

⑴西ヨーロッパ中世の封建社会

ⓐ(98)社会…11～12世紀、封建的主従関係・(99)を基盤に成立

→西ヨーロッパ中世世界の基本的な骨組みとなる

ⓑ成立の背景となった社会変化

［民族大移動後の混乱…(100)・都市の衰退→農業・土地に依存する社会へ
　外部勢力の侵入…生命・財産を守るため、弱者は強者に保護を求める

⑵**封建的主従関係の成立**

ⓐ有力者たち：皇帝・国王・諸侯(大貴族)・(　101　)(小貴族)・聖職者
…自分の安全を守るため、相互に政治的な結びつきを希求

ⓑ**封建的主従関係**

- 主君が家臣に(　102　)(領地)を与えて保護
- 家臣は主君に忠誠を誓って軍事的奉仕の義務を負う
  …主君と家臣の個別契約→世襲化へ
- 起源…ローマ・ゲルマン社会→フランク王国の分裂以後、地域社会を守るための仕組みとして本格的に出現
  - (　103　)**制度**：土地を有力者に献上し、改めて貸与を受けて保護下に入る制度
  - (　104　)**制**：貴族・自由民の子弟(してい)が有力者に忠誠を誓ってその従者になる慣習

ⓒ(　105　)**契約**…主君と家臣の双方に契約を守る義務

- 主君が契約に違反→家臣は服従を拒否する権利
- 1人で複数の主君をもつことも可能

ⓓ地方分権的な支配体制…(　106　)を従えた大諸侯の自立 ―― 国王も大諸侯の一人

⑶**荘園**(しょうえん)…農民を支配する**領主**の所有地

ⓐ構造…(　107　)地・農民保有地・共同利用地(牧草地や森など)

- (　108　)制による耕作が普及
- 手工業者も居住、自給自足的な(　109　)**経済**が支配的

ⓑ**農奴**…ローマ帝政末期のコロヌスや没落したゲルマンの自由農民の子孫

- 領主への義務
  - (　110　)：領主直営地での労働
  - (　111　)：自己保有地からの生産物の納入
  - 結婚税・(　112　)、パン焼きかまど・水車の使用料

ⓒ領主の特権…荘園と農民を自由に支配

- (　113　)**権**(けん)(インムニテート)：国王役人の荘園への立ち入りや課税を拒否
- 領主裁判権によって農民を裁く

101
102
103
104
105
106
107
108
109
110
111
112
113

5章まとめ

Q▶イスラーム教の拡大は、ローマ帝国以来存続していた地中海世界にどのような変化をもたらしたのだろうか。①・②から考えてみよう。

①イスラーム教の伝播・発展にアラブ人はどのような役割を果たしたのだろうか。

②東西ヨーロッパ世界はどのように形成されたのだろうか。

第6章 イスラーム教の伝播と西アジアの動向 教 106〜116頁

1 イスラーム教の諸地域への伝播 教 106〜110頁

イスラーム教は、諸地域へどのように広がったのだろうか。

1 中央アジアのイスラーム化

イスラーム化は、中央アジアにどのような変化をもたらしたのだろうか。

(1)イスラーム化の始まり

ⓐ8世紀初め、アラブ＝ムスリムの遠征軍が中央アジアのオアシス地域を征服
→(　1　)**の戦い**(751)で唐(とう)の勢力を後退させる

ⓑ(　2　)**朝**(875〜999)
- アッバース朝の地方政権として中央アジア・イラン東北部に成立
- トルコ人の騎馬(きば)戦士をカリフの親衛隊に(　3　)(奴隷軍人)として供給

(2)トルコ人のイスラーム化

ⓐ(　4　)**朝**(10世紀半ば〜12世紀半ば頃)
- ウイグル滅亡後、西進したトルコ系遊牧集団が建設
- 10世紀半ばにイスラーム教を受容→サーマーン朝を倒して中央アジアに進出

ⓑ(　5　)…「トルコ人の土地」という意味
→トルコ語を話す人が増えた中央アジアに後代ついた呼称

史料 トルコ人とイスラーム――『トルコ語・アラビア語辞典』序文より

> 中央アジア出身のカーシュガリーは、1077年頃にバグダードで『トルコ語・アラビア語辞典』(『テュルク諸語集成』)を完成してカリフに献呈した。その序文で彼は、預言者ムハンマドの言葉を引用している。
> 「……私は二人の信頼できる学識者から、①トルコ人の出現を予見した預言者ムハンマドの言葉を伝え聞いた。トルコ語を学べ、彼らの支配は長く続くから、と。そうだとすれば、トルコ語を学ぶことは宗教的な義務である。たとえ、この伝承が正しくなかろうと、理智はこれを求める。」

Q▶下線部①トルコ人は、西アジアでどのような役割を果たしたのだろうか。

A▶

2 南アジアへのイスラーム勢力の進出

南アジアにおいて、イスラーム教はどのように受け入れられていったのだろうか。

(1)イスラーム勢力の進出

ⓐインドの分立期…ヴァルダナ朝の滅亡後、インド各地に諸勢力が割拠
→10世紀末〜、中央アジアのイスラーム勢力が軍事進出開始
- (　6　)**朝**(977〜1187)…アフガニスタンを拠点、トルコ系

1
2
3
4
5
6

└(7)**朝**(1148頃～1215)…ガズナ朝から独立、イラン系とされる

→富の略奪をめざしてインドに繰り返し侵攻

ⓑヒンドゥー諸勢力：ラージプートと総称…一致して対抗できず

(2)デリー＝スルタン朝(1206～1526)

ⓐ(8)**王朝**(1206～90)…南アジアで最初のイスラーム政権

┌創始者…ゴール朝の遠征に同行した将軍アイバク：奴隷出身

└本拠地…(9)

ⓑ(10)**朝**…奴隷王朝とその後デリーを本拠としたイスラーム王朝の総称

→(11)朝・トゥグルク朝・サイイド朝・ロディー朝が興亡

ⓒ(11)朝(1290～1320)

┌地租(ちそ)の金納(きんのう)化など経済改革実施→ムガル帝国の統治に継承

└南インド侵攻…支配地域拡大

(3)イスラーム勢力のインド支配

ⓐイスラーム勢力の進出初期…ヒンドゥー教寺院を破壊

→現実の統治ではイスラーム教を強制せず

ⓑイスラーム教の拡大理由…イスラーム信仰とインド旧来の信仰との(12)

→都市住民・(13)差別に苦しむ人々に広まる

※インド旧来の信仰 ┌(14)…神への献身を求める
　　　　　　　　　 └(15)…苦行を通じて神との合体を求める

ⓒインド文化との融合→(16)**文化**の誕生

┌ヒンドゥー教とイスラーム教の要素を(17)させた壮大な都市建設

└サンスクリット語作品の(18)語への翻訳

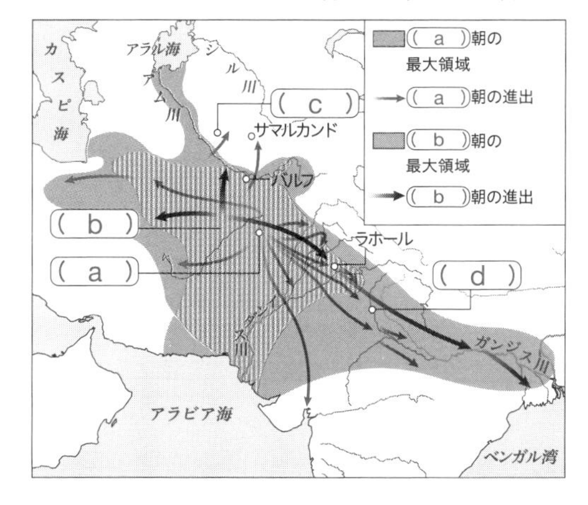

Q▶イスラーム勢力はどの方角からインドへ進出したのだろうか。

A▶

7 / 8 / 9 / 10 / 11 / 12 / 13 / 14 / 15 / 16 / 17 / 18 / a / b / c / d

3 東南アジアの交易とイスラーム化

東南アジアでイスラーム化が進んだのは、なぜだろうか。

(1)東南アジア交易(こうえき)と中国

ⓐ8世紀頃の情勢

┌**ムスリム商人**…インド洋から東南アジア・中国沿岸まで進出

│　→(19)の乱で広州(こうしゅう)が破壊され、マレー半島まで撤退

├**中国商人**…唐の衰退→(20)貿易の不振

│　→西方との交易に(21)**船**で直接参加

19 / 20 / 21

└東南アジア交易…様々な地域からの商人が進出

ⓑ10世紀後半の情勢

┌チャンパー・(　22　)(ザーバジュ)などの諸国…宋(中国)に朝貢

　※(　22　)…マラッカ海峡地域を中心とする港市国家群を指す名称

├ムスリム商人…広州・(　23　)などに居留地建設

└中国人商人…東南アジア各地に居留地

　→東南アジア・中国間で活発な交易

ⓒ13世紀後半の情勢

南宋を征服した(　24　)朝(モンゴル)…アジア海域世界へ軍事進出

→海上交易も積極的に推進…遠征の終了後も中国商人・ムスリム商人が活動

┌ベトナム…(　25　)朝が元軍を撃退

├ビルマ……(　26　)朝が元軍の攻撃で滅亡

└ジャワ……元軍の干渉排除→(　27　)**王国**の成立

(2)東南アジアのイスラーム化

ⓐイスラーム教の伝播

13世紀…諸島部中心にムスリム商人・(　28　)教団が活動

→13世紀末、(　29　)島に東南アジア初のイスラーム国家成立

ⓑ(　30　)**王国**(14世紀末〜1511)の有力化

┌当初タイの(　31　)朝に従属→(　32　)の遠征の拠点となり明の支援獲得

│→(　31　)朝の支配から脱し、明と朝貢関係を結ぶ

└15世紀半ばに明の対外活動が縮小すると、(　31　)朝が支配回復をめざす

　→(　33　)教を旗印に西方のムスリム商人勢力との関係を強化

　→(　31　)朝の動きを阻止

ⓒイスラーム教の拡大…マラッカを拠点にジャワ・フィリピンへ拡大

イスラーム政権┌スマトラ：(　34　)**王国**(15世紀末〜1903)成立
　　　　　　　└ジャワ：マジャパヒト王国(ヒンドゥー国家)滅亡

→イスラームの(　35　)**王国**(1580年代末頃〜1755)成立

図(　a　)船

図(　b　)船

Q▶これらの船を見比べて、どのような点に違いがあるだろうか。

A▶

22
23
24
25
26
27
28
29
30
31
32
33
34
35
a
b

4 アフリカのイスラーム化

アフリカのイスラーム化をうながした要因は何だろうか。

(1)東アフリカの状況

ⓐ(36)**王国**(紀元前後頃～12世紀)

┌エチオピア高原に成立、キリスト教徒の王が支配
└イスラーム教成立以前に金・奴隷・象牙などの交易で繁栄

ⓑ東岸地域…古くからアラビア半島やイラン方面との海上交易が活発

┌アッバース朝やファーティマ朝の繁栄→交易の活発化
│　→季節風(モンスーン)を利用して(37)**船**を操るムスリム商人が活躍
└(38)・(39)・キルワなどの海港(かいこう)都市が発達
　→アラビア語の影響を受けた(40)**語**が共通語

ⓒ南方(ザンベジ川以南)…(41)**王国**などがインド洋貿易で繁栄
→金・象牙を輸出して綿布・陶磁器(とうじき)を輸入、ムスリム商人が関与
※(42)…ザンベジ川以南地域の繁栄を示す遺跡

(2)西アフリカの状況

ⓐ(43)**王国**(7世紀頃～13世紀半ば頃)

┌金を豊富に産出、サハラ北部の岩塩と交換する隊商交易で繁栄
├北アフリカのイスラーム化以降、ムスリム商人による(44)交易が発展
└(45)朝の攻撃(11世紀後半)で衰退→西アフリカのイスラーム化が進む

ⓑ13～16世紀の王国…支配階級はイスラーム教徒

┌(46)**王国**(1240～1473)…「黄金の国」の呼称
└(47)**王国**(1464～1591)…西アフリカ隊商都市の大部分を支配、北アフリカとの交易で繁栄

ⓒ交易都市(48)の繁栄…内陸アフリカのイスラーム学問の中心地
→14世紀前半、マリ王国のマンサ＝ムーサ王の時代が最盛期

図 (48)のモスク

Q▶(48)をはじめ、アフリカ各地へイスラーム教が広まったのはなぜだろうか。

A▶

36
37
38
39
40
41
42
43
44
45
46
47
48

2 西アジアの動向

教 111〜116頁

トルコ人の進出や、十字軍・モンゴル勢力の襲来などにより、西アジアの社会はどのように変化したのだろうか。

1 トルコ人の西アジア進出とセルジューク朝

トルコ人の進出によって、西アジアにはどのような変化がおきたのだろうか。

(1)トルコ人の台頭

ⓐトルコ人…遊牧民(ゆうぼくみん)であり、優秀な騎馬(きば)戦士

- アッバース朝カリフ…9世紀初め頃からトルコ人奴隷を親衛隊に採用
- トルコ系(1)(奴隷軍人)の軍事的活用…各地のイスラーム政権に拡大

※(1)勢力の増大…カリフ権力の低下の一因ともなる

ⓑトルコ人の活躍…イスラーム勢力の拡大を支える

(2)セルジューク朝(1038〜1194)

ⓐ中央アジアから西方に進出したトルコ人王朝

ⓑ建国者(2)…ブワイフ朝を倒してバグダード入城(1055)

→(3)派を掲げ、アッバース朝カリフより(4)(支配者)の称号を得る

ⓒ国家体制

- 軍事面…遊牧部族軍と並んでマムルークを重用
- 統治面…イラン系の官僚を登用

例：(5)
- 宰相(さいしょう)、『統治の書』で正しい君主のあり方を説く
- ウラマー育成のための(6)(学院)を各地に建設

※彼が建設した(6)…ニザーミーヤ学院と呼ばれる

ⓓ(7)制…ブワイフ朝創始。軍事奉仕の代償に土地の徴税権を軍人に付与

→セルジューク朝で広くおこなわれ、のちの西アジア諸政権も継承

※(7)：国家から授与された分与地、およびそこからの徴税権

ⓔ11世紀後半、アナトリアへ進出してビザンツ帝国を圧迫

→キリスト教国による(8)が来襲、セルジューク朝は有効に対抗できず

(3)セルジューク朝治下の文化

ⓐ(9)…マドラサで学んでイスラーム諸学を大成、のち(10)に傾倒

→正統神学に(10)を融合し、スンナ派思想の展開に影響

ⓑ(11)…数学者・天文学者、セルジューク朝の庇護を受ける

→ペルシア語による四行詩集(『ルバイヤート』)を残す

図 馬上で訓練するマムルーク騎士

Q▶マムルークが重用されたのはなぜだろうか。

A▶

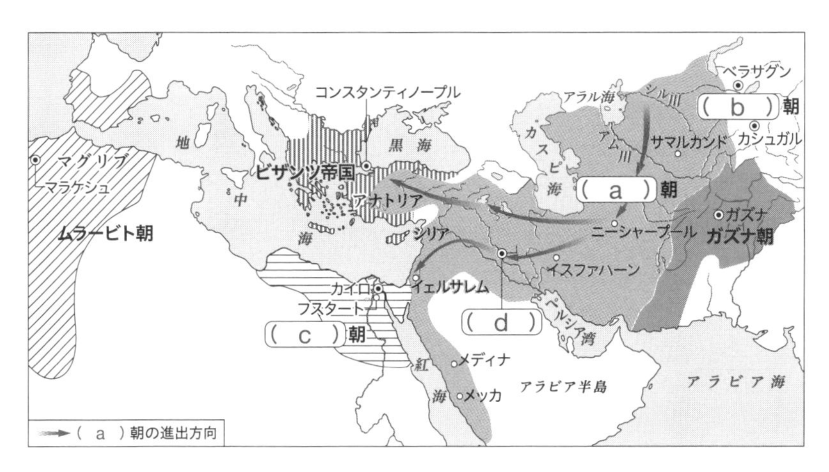

Q1▶セルジューク朝がスンナ派を掲げたことには、どのような政治的意図があったのだろうか。

A▶

2 十字軍とアイユーブ朝

十字軍は、西アジアに何をもたらしたのだろうか。

(1)十字軍の西アジアへの影響

ⓐ十字軍の来襲や(12)王国など十字軍国家の成立→西アジア情勢の複雑化

ⓑシリアのザンギー朝やエジプトの(13)**朝**の成立

→十字軍やほかのイスラーム政権と抗争

ⓒ十字軍国家…(14)と西アジアの文化的・経済的な接触・交流も促進

(2)(13)朝(1169～1250)

ⓐ十字軍来襲の混乱のなかで、クルド系軍人(15)が台頭

→ファーティマ朝を廃してエジプトに建国、(16)派支配を回復

ⓑ1187年、(15)が十字軍からイェルサレムを奪還

図 イェルサレムの旧市街

Q2▶ここはイスラーム教・キリスト教・ユダヤ教にとって、それぞれどのような意味をもつ場所だろうか。

A▶

3 イル＝ハン国の西アジア支配

モンゴル勢力の進出は、西アジア社会にどのような影響を与えたのだろうか。

(1)アッバース朝の滅亡

ⓐ(17)率いるモンゴル軍が西アジアへ進出

→1258年、バグダードを攻略してアッバース朝を滅ぼす

ⓑフレグ、(18)を建国…イラン・イラクを支配

→当初はイスラーム教を軽視

(2)イル＝ハン国の統治

ⓐ第7代(19)の治世…イスラーム教に改宗してムスリムの支持を得る

ⓑイラン系官僚を重用→財政制度を整備

a 朝
b 朝
c 朝
d
12
13
14
15
16
17
18
19

ⓒモンゴルによる陸と海の交通網整備を背景に、東西交易が活性化

⑶イル＝ハン国治下の文化

ⓐ東アジアの影響→写本絵画や陶器製造などの芸術が発達

ⓑ（ 20 ）（ガザン＝ハンの宰相）…ユーラシア世界史の『集史』を著す

ⓒ（ 21 ）**文化**の開花…ハーフィズらの詩人が活躍

図 モンゴル軍によるバグダード攻略

Q▶この絵のなかでは、どのような兵器が用いられているだろうか。

A▶

4 マムルーク朝とカイロの繁栄

マムルーク朝のもとでのカイロの繁栄は、どのように実現したのだろうか。

⑴マムルーク朝（1250〜1517）

ⓐマムルーク朝の成立…エジプト・シリアの支配権を獲得

└背景［（ 22 ）朝君主がマムルークを重用
　　　　└マムルークの有力者がスルタンの地位を引き継ぎ、その慣習を継承

ⓑ第５代スルタン・（ 23 ）…十字軍を破り、モンゴルの西進も阻止

→13世紀末、十字軍国家消滅

ⓒ14世紀前半、マムルーク朝とイル＝ハン国の和約成立→西アジアの安定

⑵マムルーク朝の社会

ⓐ農業生産力の向上…（ 24 ）制による農村管理、ナイル川の治水（ちすい）管理

ⓑ首都**カイロ**…商業・手工業の中心として繁栄

┌（ 25 ）商人（←スルタンの保護）が拠点をおき、南・東南アジアから香辛料をもたらす

└スルタンや有力な軍人が、モスク、マドラサ、病院、聖者の廟などを建設

→土地や市場（スーク、バザール）などを（ 26 ）して運営（ワクフ制度）

ⓒ14世紀半ば以降、（ 27 ）の流行で打撃を受ける

⑶マムルーク朝治下の文化

ⓐイクターを保持する有力者…多くは（ 28 ）に居住

→（ 28 ）的な文化が花開き、百科事典や伝記集の編纂も進む

ⓑ（ 29 ）…『世界史序説』を著し、社会へ批判的なまなざし

ⓒ（ 30 ）…神への愛や神との一体化を強調し、各地に広まる

→信仰や娯楽のために聖者廟への参詣が広くおこなわれる

20
21
22
23
24
25
26
27
28
29
30

5 北アフリカ・イベリア半島の情勢

この時期に、イベリア半島ではどのような変化がおこったのだろうか。

(1)北アフリカ(マグリブ)の動向

ⓐ先住民の(　31　)人…11世紀半ば、熱狂的な宗教運動
→イスラーム教への改宗が進み、モロッコの(　32　)を中心に王朝建設
※(　33　)：アラビア語で「日の没するところ」の意、北アフリカ西部地域

ⓑ(　34　)朝(1056～1147)　都：マラケシュ
┌西アフリカの(　35　)王国を破る→内陸アフリカのイスラーム化
└イベリア半島進出→キリスト教国に対抗

ⓒ(　36　)朝(1130～1269)　都：マラケシュ
…イベリア半島でキリスト教徒の(　37　)に敗退

(2)イベリア半島の情勢

ⓐ(　38　)朝の滅亡(1031)後、小国家が分立
┌国土回復運動が始まると、ベルベル人王朝が北アフリカから進出
└12世紀、半島南部の住民の大半がイスラーム教徒となる

ⓑトレド・コルドバ・セビリアなどの諸都市…(　39　)業や交易で繁栄

ⓒ(　40　)朝(1232～1492)
…半島最後のイスラーム王朝、都：(　41　)周辺を保持
→(　42　)年、スペイン王国により陥落…約800年のイスラーム支配の終了

ⓓ国土回復運動の進行
…イスラーム教徒の一部は北アフリカへ←→大半はキリスト教に改宗
→ユダヤ教徒も改宗・移住をよぎなくされ、一部は(　43　)帝国が保護

(3)北アフリカ・イベリア半島におけるイスラーム文化

ⓐ(　44　)…コルドバ出身、アリストテレスの注釈で知られる哲学者

ⓑ(　45　)…モロッコ出身、『大旅行記』で知られる文人

ⓒトレドでの(　46　)語からラテン語への翻訳事業→(　47　)へつながる

ⓓグラナダの(　48　)宮殿…イスラーム文化を代表する繊細な美しさ

図 (　48　)宮殿の壁面装飾

Q▶この壁面装飾の特徴はどのようなものだろうか。

A▶

31
32
33
34
35
36
37
38
39
40
41
42
43
44
45
46
47
48

6章まとめ

Q▶イスラーム教の伝播は諸地域にどのような影響をもたらしたのだろうか。①・②から考えてみよう。

①イスラーム教の拡大期における外部勢力との争いには、どのようなものがあったのだろうか。

②この時期に、ムスリム商人はどのような活動をおこなっていたのだろうか。

第7章 ヨーロッパ世界の変容と展開 教 117～136頁

1 西ヨーロッパの封建社会とその展開 教 117～122頁

十字軍をきっかけにして、西ヨーロッパにはどのような変化が生まれたのだろうか。

1 教会の権威

中世の西ヨーロッパでは、なぜローマ＝カトリック教会が普遍的な権威をふるったのだろうか。

⑴**ローマ＝カトリック教会**…西ヨーロッパ世界全体に普遍的権威をおよぼす

⑵(　1　)**組織**…聖職者の序列を定めるピラミッド型の組織

⑶**教会・聖職者の世俗化**

ⓐ大司教・修道院長…荘園(しょうえん)をもつ大領主

ⓑ教会…農民から(　4　)**税**を徴収、教会法にもとづく裁判権をもつ

ⓒ皇帝・国王などの世俗権力が俗人を聖職者に任命→(　5　)などの弊害

教皇
(2)・修道院長
司教
(3)

教皇庁
(2)区
司教区
教区

⑷**教会の改革運動**

ⓐ(　6　)**修道院**…フランス中東部、10世紀以降に改革運動

ⓑ教皇(　7　)…聖職売買や聖職者の妻帯を禁じ、聖職叙任権(じょにんけん)の奪回をめざす

(　8　)**闘争**…ドイツ国王(のち神聖ローマ皇帝)(　9　)と対立

(　10　)**の屈辱**(1077)…改革を無視する国王を破門→(　9　)が謝罪

⑸**教皇の指導権確立**

ⓐ(　11　)協約(1122)…教皇と皇帝が妥協し、叙任権闘争が終結

ⓑ教皇権の絶頂…13世紀、(　12　)の時代

図 カノッサの屈辱

Q▶なぜハインリヒ4世は謝罪せねばならなかったのだろうか。

A▶

1
2
3
4
5
6
7
8
9
10
11
12

2 十字軍とその影響

十字軍はその後の西ヨーロッパにどのような影響を与えたのだろうか。

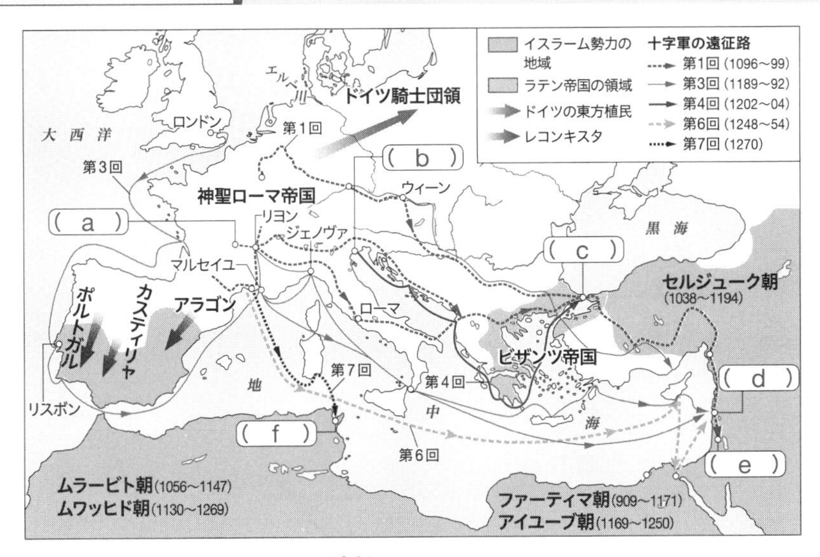

(1)**十字軍の背景**…西ヨーロッパ封建(ほうけん)社会の安定と成長

ⓐ(13)制の普及、犂(すき)・水車の改良など農業技術の進歩

→この時期は気候も温暖で、人口が飛躍的に増大

ⓑ西ヨーロッパの拡大…修道院を中心とする(14)運動、オランダの干拓、(15)川以東への東方植民、(16)半島の国土回復運動、巡礼の流行

→最大規模のものが**十字軍**

ⓒ十字軍提唱…イェルサレムを支配する**セルジューク朝**が(17)に進出

→ビザンツ皇帝の救援要請

→教皇(18)が(19)**会議**を招集し、聖地回復の聖戦提唱(1095)

(2)**十字軍の経過**

回	年　代	結　果
1	1096～99	聖地を回復→(20)**王国**を建設
2	1147～49	イスラームが勢力を回復したことに対して結成
3	1189～92	独帝・仏王・英王が参加→アイユーブ朝の(21)と交戦、聖地奪回は成功せず
12世紀―ドイツ騎士団などの(22)が結成され、巡礼者の保護などで活躍		
4	1202～04	教皇(23)が提唱、(24)商人の要求でコンスタンティノープル攻略→(25)**帝国**(1204～61)建国
5	1228～29	独帝の交渉で聖地を一時回復
6	1248～54	仏王がエジプトを攻撃→失敗
7	1270	仏王がチュニスを攻撃→失敗

(3)**十字軍の影響**…中世の西ヨーロッパ世界の転換点となる

ⓐ宗教面…失敗により教皇権がゆらぎ、宗教的情熱が冷める

ⓑ政治面…諸侯(しょこう)や(26)が没落⟷遠征を指揮した**国王の権威**が高まる

ⓒ経済面…都市・交通の発達→地中海で(27)貿易が発達

a
b
c
d
e
f
13
14
15
16
17
18
19
20
21
22
23
24
25
26
27

ⓓ文化面…ビザンツ帝国やイスラーム圏からの文物の流入で西欧人の視野拡大

図 中世の農耕

Q１▶図中にはどのような農具が描かれているだろうか。

A▶

Q２▶農業技術の進歩は、ヨーロッパ社会にどのような影響をもたらしただろうか。

A▶

3 商業の発展

西ヨーロッパで商業が盛んになった理由は何だろうか。

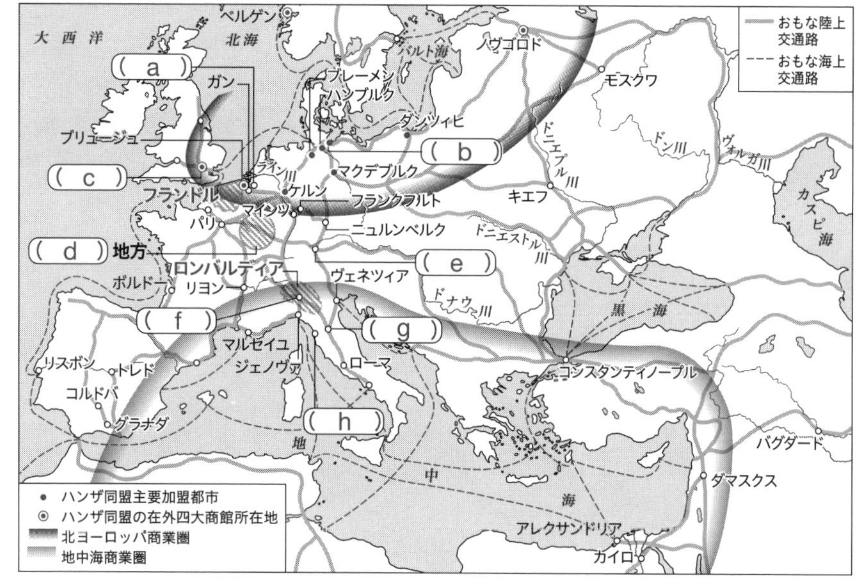

(1)11～12世紀の都市・商業の発達

ⓐ農業生産が増大し、余剰生産物の交換が活発化→都市と商業が発達

ⓑムスリム商人・(　28　)人の商業活動→**貨幣経済**の拡大

ⓒ十字軍の影響による交通発達

→(　29　)工業を基礎に(　30　)**貿易**で発達する都市が出現

(2)地中海商業圏…イタリア諸都市の繁栄

ⓐ海港都市…ムスリム商人を通じた東方貿易(レヴァント貿易)で奢侈品を扱う

→ヴェネツィア・(　31　)・(　32　)などが繁栄

※エジプト産の小麦・砂糖、南アジア・東南アジアの(　33　)・宝石、中国産の絹織物・陶磁器

ⓑ内陸都市…毛織物・金融業で(　34　)・(　35　)などが繁栄

(3)北ヨーロッパ商業圏…北海・バルト海で展開

ⓐ**北ドイツ諸都市**…(　36　)・ハンブルク・ブレーメンなどが、海産物・木材・穀物など生活必需品の取引で繁栄

ⓑ**フランドル地方**…ガン(ヘント)・(　37　)などが毛織物生産で繁栄

a
b
c
d　地方
e
f
g
h
28
29
30
31
32
33
34
35
36
37

ⓒ(38)…北海貿易の中心。フランドル地方に羊毛を輸出

(4)**内陸の通商路の都市**…地中海～北ヨーロッパ商業圏を結ぶ

ⓐ(39)**地方**…フランス東北部、大規模な(40)市で繁栄

ⓑ南ドイツ…ニュルンベルク・(41):イタリアとドイツを結ぶ交通の要衝

Q▶二大商業圏のおもな流通品とその産地をあげてみよう。

A▶

4 中世都市の成立

中世の都市は、どのような政治的地位を獲得したのだろうか。

(1)**自治権の獲得**

ⓐ中世都市…封建諸侯の保護を受ける(42)都市などを核に成立

→しだいに領主支配からの自由と自治を求める

ⓑ(43)**都市**…11～12世紀、各地の都市が(43)権を獲得

(2)**自治権**…国や地域により強さやあり方は多様

ⓐ北イタリア…自治都市(コムーネ)が周辺農村を併合し(44)として独立

ⓑドイツ…皇帝から(45)を得て自由都市(帝国都市)に→諸侯と同じ地位

ⓒ都市同盟…共通の利害のために結成

┌北イタリア諸都市…(46)**同盟**、盟主:ミラノ

└北ドイツ諸都市…(47)**同盟**、盟主:リューベック

→北ヨーロッパ商業圏を支配し、共同で武力を行使

ⓓイギリス・フランス…諸都市は国王と強く結びつく

→王権の伸張とともに行政の中心地として成長

5 都市の自治と市民たち

中世の都市には、どのような人々が生活していたのだろうか。

(1)**都市の自由**…自治都市のなかで市民は(48)の束縛から逃れる

※「都市の空気は(人を)自由にする」…荘園から農奴(のうど)たちが自由を求めて流入

(2)**自治都市の行政組織**

ⓐ**ギルド**…自治運営の基礎となった同業組合

ⓑ(49)…遠隔地貿易に従事する大商人が中心→市政を独占

ⓒ(49)への不満→手工業者が分離し、**同職ギルド**〈(50)〉を形成

→市政参加を求めて(50)闘争を展開

(3)**ギルドの特色**…自由競争を禁じ、市場を独占

ⓐ厳格な身分秩序…(51)・職人・徒弟(とてい) ※同職ギルド構成員は(51)のみ

ⓑ規制の意味…手工業者の地位の安定⟷のち経済の自由な発展を妨げる

(4)**富豪の出現**…財力で皇帝権・教皇権にも影響をおよぼす

┌アウクスブルクの(52)**家**…神聖ローマ皇帝に融資してその地位を左右

└フィレンツェの(53)**家**…一族から教皇を輩出

38
39
40
41
42
43
44
45
46
47
48
49
50
51
52
53

2 東ヨーロッパ世界の展開

教 122〜125頁

ビザンツ帝国とその周辺には、どのような独自の世界が成立したのだろうか。

1
2
3
4
5
6
7
8
9
10
11
12

1 ビザンツ帝国の統治とその衰退

ビザンツ帝国の衰退には、どのような要因があったのだろうか。

⑴**支配権の縮小**…（ 1 ）大帝の死後、諸勢力の進出に直面
ⓐ6世紀、（ 2 ）王国・フランク王国にイタリアを奪われる
ⓑ7世紀、イスラーム勢力にシリア・エジプトを奪われる
ⓒ多くのスラヴ人がバルカン半島に移住、トルコ系（ 3 ）**人**も進出

⑵**軍備の再編**…外圧が強い時期に実施
ⓐ7世紀〜、帝国領を（ 4 ）にわけ、司令官に権限を付与（**テマ制**）
→（ 4 ）では（ 5 ）制（農民に土地を与える代償に兵役(へいえき)を課す）を実施
→小土地所有の自由農民が増え、帝国の基盤となる
ⓑ11世紀末〜、軍役奉仕と引きかえに貴族に領地を付与〈（ 6 ）制〉
→貴族勢力が拡大し、皇帝権力は弱体化

⑶**ビザンツ帝国の滅亡**
ⓐ東方からの攻撃…11世紀後半、（ 7 ）朝が侵入
ⓑ西方からの攻撃…第4回十字軍が首都を奪い**ラテン帝国**（1204〜61）を建国
ⓒ滅亡…1453年、（ 8 ）帝国の攻撃で滅亡

2 ビザンツ文化

ビザンツ文化が果たした世界史的な意義は、どのようなものだろうか。

⑴**特徴**…ギリシア古典文化の遺産とギリシア正教の融合
ⓐ公用語：（ 9 ）**語**→ギリシアの古典研究発達
ⓑ学問の中心…キリスト教神学：聖像崇拝(すうはい)をめぐる論争など
ⓒ美術…**ビザンツ様式**の教会建築：ドームと（ 10 ）**壁画**(へきが)が特色
┌ハギア＝ソフィア聖堂・サン＝ヴィターレ聖堂
└聖母子像などを描いた（ 11 ）美術

⑵**世界史的意義**
ⓐスラヴ人をビザンツ文化圏に取り込む
ⓑ古代ギリシアの文化遺産を受け継ぎ、ヨーロッパの（ 12 ）に影響

図 聖母子像を描いたイコン

Q▶このイコンは、コンスタンティノープルのギリシア正教会からキエフ大公に贈られたとされる。イコン美術やギリシア正教は、おもにどのような人々に伝えられたか。また、その意義は何だろうか。

A▶

3 スラヴ人と周辺諸民族の自立

スラヴ人は、各地域でそれぞれどのように自立の道を歩んだのだろうか。

(1)**スラヴ人の移動**…原住地：(　13　)山脈の北方

ⓐ6世紀、ゲルマン人の居住地域へ進出→エルベ川以東、バルカン半島へ

ⓑ東スラヴ人・南スラヴ人…ビザンツ文化・ギリシア正教の影響

ⓒ西スラヴ人…西欧文化・ローマ＝カトリックの影響

(2)**東スラヴ人**…ロシア人・ウクライナ人などがドニエプル川中流域に展開

9世紀	スウェーデン系ノルマン人がノヴゴロド国・(　14　)**公国**を建国 →スラヴ人に同化
10世紀末	(　15　)…キエフ公国の最盛期 **ギリシア正教に改宗**、ビザンツ風の専制君主政を取り入れる
	キエフ公国の分裂…**農民の農奴化**、貴族の大土地所有→諸侯の分立
13世紀	**キプチャク＝ハン国**(ジョチ＝ウルス)…(　16　)率いるモンゴル軍が南ロシアに建国、キエフ公以下の諸侯を支配下に入れる ※ロシアでは「タタールのくびき」と呼ばれる
15世紀	(　17　)**国**…商業都市モスクワを中心に勢力をのばす 大公(　18　)(位1462～1505)…モンゴルから自立(1480) →ローマ帝国の後継者を自任し(　19　)の称号、農奴制強化
16世紀	(　20　)(位1533～84)…中央集権化を推進

(3)**南スラヴ人**…バルカン半島に南下

ⓐ(　21　)**人**…ビザンツ帝国に服属、ギリシア正教に改宗
12世紀に独立→14世紀前半にバルカン半島北部を支配する強国となる

ⓑ(　22　)人…フランク王国の影響→ローマ＝カトリック受容

ⓒ(　21　)人など南スラヴ人の大半…14世紀以降、オスマン帝国支配下へ

(4)**西スラヴ人**…ポーランド人・チェック人などが**ローマ＝カトリックに改宗**

ⓐ**ポーランド人**…10世紀頃建国→14世紀前半に(　23　)大王のもとで繁栄

ⓑバルト語系リトアニア人…東方植民を進める(　24　)に対抗
- 14世紀後半、ポーランドと同君連合を結んで(　25　)**朝**リトアニア＝ポーランド王国を形成
- 16世紀、強大化…東欧の大国

ⓒ**チェック人**…10世紀、(　26　)王国統一→11世紀、神聖ローマ帝国編入

(5)**非スラヴ系諸民族の自立**

ⓐ**ブルガール人**
- 7世紀、バルカン半島北部で建国→スラヴ人の影響でギリシア正教に改宗
- 一時はビザンツ帝国が併合→14世紀、オスマン帝国が征服

ⓑ**マジャール人**
- 黒海北岸からドナウ川中流域のパンノニア平原に移動
- 10世紀末、(　27　)**王国**を建国→ローマ＝カトリックを受容
- 15世紀に繁栄→16世紀にオスマン帝国の支配下に入る

13
14
15
16
17
18
19
20
21
22
23
24
25
26
27

a 領

b

c 大公国

d 王国

e

f 王国

g 王国

h

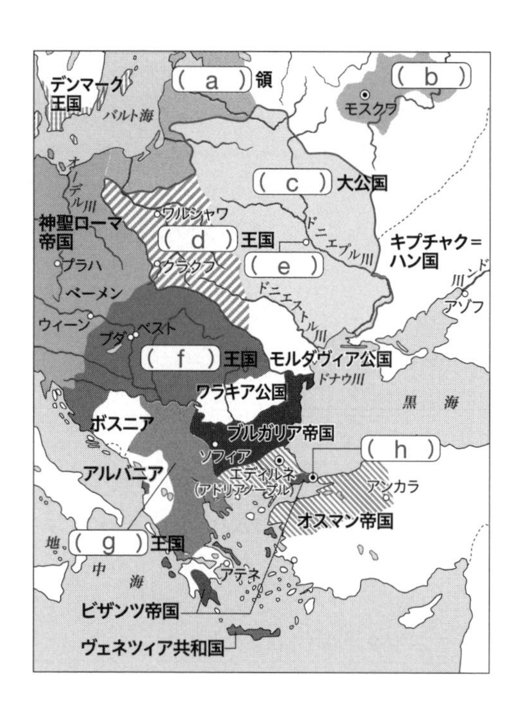

3 西ヨーロッパ世界の変容　㊕126〜133頁

西ヨーロッパ各地での中央集権国家の形成に向けた動きにおいて、各国にはどのような共通点と相違点があったのだろうか。

1 封建社会の衰退
封建社会の仕組みは、なぜ解体に向かったのだろうか。

(1)**封建社会の仕組みの変容**…14世紀初頭から

ⓐ**貨幣経済**の浸透による地代形態の変化

…領主は貨幣獲得のため、(　1　)をやめて直営地を分割し農民に貸与

ⓑ生産物・貨幣での地代徴収→農民は残りの貨幣を蓄えて(　2　)をつける

ⓒ農民人口の減少…凶作、飢饉、(　3　)の流行、戦乱などが原因

→領主による労働力確保のため、農民の待遇が向上

ⓓ地域によって、農奴身分の束縛から解放された自営農民が出現

→イギリスでは(　4　)と呼ばれる**独立自営農民**となる

(2)**領主と農民の対立**

ⓐ「封建反動」…困窮した領主が農民への束縛を再度強めようとする

ⓑ農民の抵抗…農奴制廃止などを求めて大規模な農民一揆

フランス：(　5　)**の乱**(1358)
イギリス：(　6　)**の乱**(1381)

※(　7　)の発明(14〜15世紀)…戦術が変化、騎士は地位を弱める

(3)**中央集権的な政治権力の形成**…都市の市民が(　8　)を統一する権力を望む

ⓐ国王が市民と協力→諸侯をおさえて中央集権化をはかる

ⓑ諸侯・騎士→国王の宮廷に仕える廷臣、領地で地代を取る地主となる

図 農民一揆

Q1▶図は、イギリスでおこった何と呼ばれる事件を描いたものか。

A▶

Q2▶こうした事件は、当時の社会にどのような影響を与えたのだろうか。

A▶

2 教皇権の衰退
教皇権の衰退と王権の伸張とのあいだには、どのような関係があったのだろうか。

(1)**背景**…(　9　)の失敗で傾きはじめ、各国の王権の伸張でさらに衰える

(2)**教皇権衰退を示す事件**

ⓐ(　10　)事件(1303)…聖職者課税をめぐる教皇とフランス国王の対立

→教皇(　11　)がフランス国王(　12　)に捕らえられる

ⓑ「(　13　)」(1309〜77)…教皇庁が南フランスの(　14　)に移され、以後約

1
2
3
4
5
6
7
8
9
10
11
12
13
14

70年間この地にとどまる

ⓒ(　15　)(1378〜1417)…教皇がローマとアヴィニョンに並立した状況

→教皇と教会の権威が失墜

(3)教会への批判…のちの宗教改革につながる

ⓐ教会の堕落や腐敗への批判が各地でおこる→教会は異端審問(いたんしんもん)で対抗

ⓑイギリスの(　16　)…聖書を最高の権威として教会を批判、聖書の英訳

ⓒベーメンの(　17　)…ウィクリフに共鳴、破門にひるまず教会を批判

(4)(　18　)**公会議**(1414〜18)…神聖ローマ皇帝が提唱

ⓐローマ教皇を正統と認め、教会大分裂を終結⟷教皇権の勢いは戻らず

ⓑウィクリフとフスを異端とし、フスを火刑(かけい)に処す

→ベーメンでチェコ民族運動と結んだフス派が反乱(**フス戦争**)

図　異端審問

Q▶異端審問の対象となったのは、どのような人々や集団だったのだろうか。

A▶

3 イギリスとフランス

身分制議会は、各国での王権の伸張とどのような関わりをもっていたのだろうか。

(1)身分制議会

…貴族・聖職者・都市の代表が参加→王権の伸張に貢献

(2)イギリス

ⓐ**ノルマン朝**(1066〜1154)…ウィリアム1世の(　19　)で成立→強い王権

ⓑ(　20　)**朝**(1154〜1399)…血統の関係でフランスから入る

- ヘンリ2世(位1154〜89)…フランス西半部を領有
- (　21　)**王**(位1199〜1216)
  - 仏王(　22　)に敗れて大陸の領地を失う
  - 教皇インノケンティウス3世と争って破門される
  - 貴族の反抗→(　23　)を承認(1215)…立憲政治の基礎
- ヘンリ3世(位1216〜72)…(　23　)を無視

　→(　24　)の反乱に敗れ、高位聖職者・大貴族の会議に州・都市の代表を加える(1265)→(　25　)の起源

ⓒ(　26　)**議会**(1295)…高位聖職者・大貴族に加えて騎士・市民・下級聖職者を招集

ⓓ
- 上院(じょういん)…高位聖職者・大貴族の代表
- 下院(かいん)…州・都市の代表：地方地主の(　27　)、都市の市民

→下院が法律の制定・新課税決定に承認権をもつようになる

(3)フランス

ⓐ**カペー朝**…王権は弱体⟷大諸侯の勢力が強大

15
16
17
18
19
20
21
22
23
24
25
26
27

ⓑ**フィリップ2世**(位1180～1223)…ジョン王からイギリス領の大半を奪う

ⓒルイ９世(位1226～70)…異端の(　28　)**派**を征服

→王権を南フランスに広げる

ⓓ**フィリップ4世**(位1285～1314)…教皇ボニファティウス８世と対決

→(　29　)を開き(1302)、教皇をおさえて王権を強化

史料 大憲章(マグナ＝カルタ)

> 1．まず第一に、朕は、イングランドの教会は自由であり、その権利を減ずることなく、その自由をおかされることなく有すべきことを、神に容認し、この朕の特許状によって、朕および朕の後継者のために永久に確認した。……
>
> 12．いかなる軍役免除金また御用金(王に対する臨時の献金)も、王国の全体の協議によるのでなければ、朕の王国において課せられるべきでない。ただし、朕の身体をうけ戻し、朕の長子を騎士に叙し、朕の長女を一度結婚せしめる場合は除かれる。そしてこれらについても正当な御用金のみが課せられるべきである。またこのことはロンドン市からの御用金についても当てはまるべきである。(江上波夫監修『新訳　世界史史料・名言集』、一部改変)

Q▶史料では、王が軍役免除金や御用金を課すのに何が必要であると規定されているだろうか。

A▶

4 百年戦争とバラ戦争

百年戦争によって、イギリスとフランスはどのように変容したのだろうか。

⑴百年戦争(1339～1453)**の原因**

ⓐ(　30　)**地方**をめぐる対立…毛織物産地として重要

→イギリス王…羊毛輸出のため、フランス王による直接支配の阻止めざす

ⓑフランスの王位継承をめぐる対立

┌フランス・カペー家の断絶→(　31　)**朝**(1328～1589)成立
└イギリス王(　32　)(位1327～77)がフランス王位継承権を主張→開戦

※(　32　)…母がカペー家出身

⑵百年戦争の経過

ⓐイギリス┌長弓兵(ちょうきゅうへい)を駆使してクレシーの戦い(1346)で勝利
　　　　　└(　33　)の活躍でフランス南西部を奪う

ⓑ黒死病(こくしびょう)(ペスト)の流行、ジャックリーの乱でフランス国内が荒廃

→国王(　34　)(位1422～61)の時に崩壊寸前

ⓒ(　35　)の登場…オルレアンの包囲を突破してイギリスを破る

→フランスの勢力回復

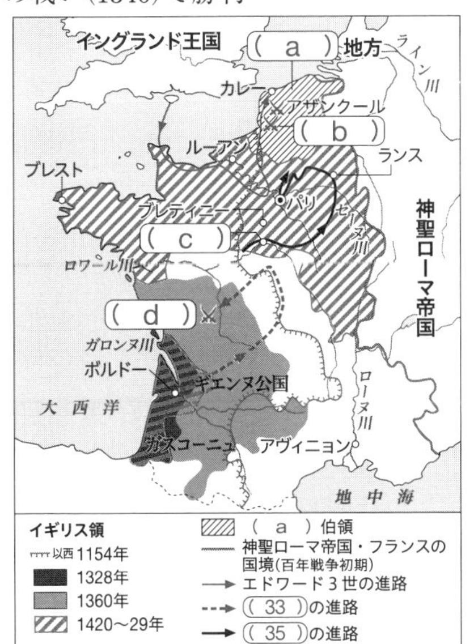

⑶百年戦争の結果

ⓐフランスの勝利…カレーを除く全土からイギリス軍を追う

ⓑ中央集権の進展…長期の戦争でフランスでは諸侯・騎

28
29
30
31
32
33
a　地方
b
c
d
34
35

士が没落

→シャルル7世が大商人と結んで財政を再建し、(　36　)軍を設置

⑷**バラ戦争**(1455〜85)…(　37　)**家・ヨーク家**によるイギリス王位継承の内乱

ⓐ諸侯・騎士が両派に分かれて激闘→諸侯・騎士の没落

ⓑランカスター派の**ヘンリ7世**が(　38　)**朝**(1485〜1603)を開く

→統治制度を整備、王権に反抗するものを処罰→絶対王政への道を開く

⑸**隣接諸地域の動き**

┌ウェールズ(ケルト系)…1536年にイギリスに併合される
├(　39　)…独立を維持
└(　40　)…12世紀後半、イギリス王の領地となる

5 スペインとポルトガル

スペインでは、なぜ国王による中央集権化が早く進んだのだろうか。

⑴**国土回復運動**(レコンキスタ)

ⓐ8世紀半ば、イスラーム勢力がイベリア半島南部に後ウマイヤ朝を建国

→以後約800年にわたり、北部のキリスト教徒が国土回復運動展開

ⓑ12世紀までにイベリア半島の北半分がキリスト教圏となる

→(　41　)・(　42　)・ポルトガルの3王国が成立

⑵**スペイン**(イスパニア)**王国**

ⓐ成立…カスティリャ王女(　43　)とアラゴン王子(　44　)が結婚

→両国が統合(1479)、二人は共同統治

ⓑ国土回復運動完成…ナスル朝の都(　45　)を陥落させ、国土統一(1492)

→貴族の力をおさえて積極的な(　46　)進出を展開

⑶**ポルトガル**

ⓐ12世紀、カスティリャから独立

ⓑ15世紀後半、(　47　)が王権強化…バルトロメウ＝ディアスの航海を援助

→スペインとともにヨーロッパ人の海外進出の先駆けとなる

6 ドイツ・スイス・イタリア・北欧

神聖ローマ帝国で中央集権が進まなかったのは、なぜだろうか。

⑴**ドイツ**(神聖ローマ帝国)**の状況**…政治的分裂による不統一

ⓐ分裂の要因…(　48　)の力が強く、(　49　)も独立勢力となる

ⓑ「(　50　)**時代**」(1256〜73)…(　51　)朝断絶後、政治的混乱が頂点に

→事実上、皇帝不在の時代

ⓒ(　52　)(位1347〜78)…1356年に「**金印勅書**」を発布

→皇帝選挙の手続きを確定、聖俗7名の(　53　)に皇帝選出権を認める

ⓓ(　54　)の集権化…14世紀以降、大諸侯の領地ごとに集権化が進む

→有力な(　54　)は身分制議会を開いて帝国から自立化

ⓔ(　55　)**家**…15世紀前半以降、代々皇帝を輩出

→帝国統一には失敗：帝国内に300ほどの領邦が分立

⑵**エルベ川以東**…12〜14世紀、ドイツ人による大規模な**東方植民**

ⓐ(　56　)領・(　57　)領などの諸侯国が成立

ⓑ15世紀以降、西ヨーロッパ向けの(　58　)生産が大規模化

(3)(59)**の独立**…13世紀末にハプスブルク家からの独立闘争開始

ⓐ1499年、神聖ローマ帝国から事実上独立

ⓑ1648年、(60)条約で国際的に承認される

(4)**イタリアの状況**…ドイツ同様、分裂が続く

ⓐイタリアの分裂

┌南部…(61)王国がシチリア王国とナポリ王国に分裂
├中部…教皇領
└北部…(62)・フィレンツェ・ジェノヴァ・ミラノなど都市国家が分立

ⓑ神聖ローマ皇帝…代々、イタリア政策をとって介入

→諸都市内部で(63)(ゲルフ)と(64)(ギベリン)が対立

(5)**北欧**

ⓐ北欧の3国…(65)・スウェーデン・ノルウェー

ⓑ14世紀末、北欧3国が(66)同盟を結成し、同君連合(どうくんれんごう)を形成

…デンマークの摂政(せっしょう)マルグレーテが主導

史料 「金印勅書」、ローマ王の選挙について

7名の選帝侯は、フランクフルト市入城(にゅうじょう)後ただちに、聖バルトロメウス教会で聖霊(せいれい)のミサをとなえる。その後、聖なる福音書(ふくいんしょ)にかけて、俗語(ぞくご)(ドイツ語)にてつぎのごとく宣誓をおこなう。

「選帝侯である私は、目の前の聖なる福音書に対して、以下のごとく誓います。私は、神聖なるローマ帝国への忠誠にかけて、私の思慮分別(しりょふんべつ)と見識に従い、キリスト教徒である人民のために、この世の長(おさ)である皇帝の地位につくべきローマ王を選ぶことを。その際、いかなる談合(だんごう)、報酬、代償(だいしょう)や約定なしに、投票をおこなうことを。」

宣誓ののち、選帝侯はすみやかに選挙をおこない、彼らの多数が、キリスト教徒である人民の名のもとに、皇帝位につくべきローマ王を選ばない限り、フランクフルト市から立ち去ってはならない。 (千葉敏之抄訳)

Q▶神聖ローマ皇帝は、なぜこの勅書を発布する必要があったのだろうか。

A▶

59

60

61

62

63

64

65

66

4 西ヨーロッパの中世文化

㊎ 134～136頁

中世の文化は、のちのヨーロッパにどのような影響を与えたのだろうか。

1 教会と修道院

中世の西ヨーロッパにおいて、キリスト教はどのような文化的役割を果たしたのだろうか。

(1)**ローマ＝カトリック教会の権威**…人々の生活全般にいきわたる
ⓐ信徒の人生の重要な節目に秘蹟の儀式を授ける
ⓑ魂の救済ができるのは教会のみ→(　1　)は重い罰

(2)**修道院**…世俗を離れた修行の場、大きな文化的役割
ⓐ(　2　)修道会…6世紀、ベネディクトゥスが(　3　)に開く
┌きびしい戒律…清貧・純潔・服従
└「(　4　)」のモットー…古典古代以来の労働に対する考え方を変革
ⓑ12～13世紀の**大開墾時代**(だいかいこん)…(　5　)修道会などが先頭に立つ
※(　6　)修道会…民衆のなかに入って教化
→(　7　)修道会・ドミニコ修道会など

(3)**学問**…キリスト教の影響下
ⓐ(　8　)が最高の学問⟷哲学・自然科学はその下におかれる
ⓑ学者・知識人は聖職者や修道士中心、学問の国際共通語：(　9　)語

2 学問と大学

大学という組織はどのように生まれたのだろうか。

(1)**スコラ学**…教会の権威の理論的確立のために、信仰を論理的に体系化
ⓐ(　10　)論争…実在論(じつざいろん)と唯名論(ゆいめいろん)の論争
┌実在論…普遍は現実に実体として存在すると主張、代表人物：(　11　)
└唯名論…普遍は思考のなかに存在するにすぎないと主張、代表人物：**アベラール**や(　12　)
ⓑ(　12　)…近代合理思想の基礎を築く

(2)**12世紀ルネサンス**
ⓐ十字軍を契機とする東方との交流
→ビザンツ帝国・イスラーム圏から流入したギリシアの古典がラテン語に翻訳され、学問・文芸が発展
ⓑ(　13　)が『神学大全』でスコラ学を大成(←(　14　)哲学の影響)
→教皇権の理論的支柱となる
ⓒ(　15　)の自然科学…実験を重視し、のちの近代科学を準備

(3)**大学の誕生**…12世紀頃から
ⓐ**大学**…教授や学生の(　16　)として成立
→教皇や皇帝の特許状で(　17　)権を与えられた一種の(　18　)
ⓑおもな大学…神学・法学・医学の3学部、基礎的教養科目の自由七科

1
2
3
4
5
6
7
8
9
10
11
12
13
14
15
16
17
18

イタリア	(　19　)大学…最古の大学、法学で有名 サレルノ大学…医学で有名
フランス	(　20　)大学…神学で有名
イギリス	(　21　)大学とそこから分かれた(　22　)大学 …神学で有名、独自の学寮(コレッジ)制をもとに発展

図 開墾する修道士

Q１▶図は開墾作業に従事する中世の修道士を描いたものである。なぜ多くの修道士は開墾に熱心だったのだろうか。

A▶

3 美術と文学

中世の西ヨーロッパの美術や文学は、その時代をどのように反映しているのだろうか。

(1)**美術**…**教会建築**が中世の美術の代表

ⓐ(　23　)**様式**…11世紀頃～、厚い石壁に小さな窓をもち、重厚

代表例：シュパイアー大聖堂・ピサ大聖堂

ⓑ(　24　)**様式**…12世紀頃～、尖頭(せんとう)アーチと高い塔、窓の(　25　)

代表例：ランス大聖堂・シャルトル大聖堂

(2)**文学**…12世紀を最盛期とする、口語で表現された**騎士道物語**が代表

ⓐ騎士道…武勇と主君への忠誠、神への信仰、女性・弱者の保護重視の道徳

ⓑ代表作
- 『(　26　)』…カール大帝時代の騎士の武勇が題材
- 『(　27　)』…ゲルマンの英雄叙事詩(じょじし)
- 『(　28　)』…イギリスのケルト人の伝説から発展

ⓒ(　29　)…宮廷において騎士の恋愛を叙情詩(じょじょうし)にうたう

図 シュパイアー大聖堂

図 ランス大聖堂

Q２▶これらの聖堂の建築様式をそれぞれ答えなさい。

A▶

Q３▶これらの聖堂を比較した時、ランス大聖堂のみにみられる特徴は何だろうか。

A▶

19

20

21

22

23

24

25

26

27

28

29

7章まとめ

Q ▶中世ヨーロッパの社会はどのように変化したのだろうか。十字軍を中心に、ここでは①・②・③から考えてみよう。

①十字軍は教皇権と各国の王権にどのような影響を与えたのだろうか。

②十字軍以降、ヨーロッパの都市と農村はそれぞれどのように変化したのだろうか。

③十字軍を含めたイスラームとの交流は、ヨーロッパの文化にどのような変化をもたらしたのだろうか。

第8章 東アジア世界の展開とモンゴル帝国

㊕ 137〜149頁

1 アジア諸地域の自立化と宋

㊕ 137〜143頁

唐の滅亡は、アジア諸地域にどのような影響を与えたのだろうか。

1 東アジアの勢力交替

この時期に成立した東アジアの諸国には、どのような共通点があるだろうか。

(1)国際秩序の変化

ⓐ安史の乱によって唐を中心とした国際秩序がゆるむ

→国家主体の(1)貿易は衰退⟷民間交易が活発化

ⓑ日本から大陸への公的使節…9世紀前半に途絶

ⓒ唐滅亡(907)→近隣諸地域でも政権の交替や動揺があいつぐ

(2)諸地域の政治的変化

ⓐ中央ユーラシア

- 9世紀半ば、ウイグルが崩壊→モンゴル系の(2)が台頭
- 10世紀初め、キタイの(3)がモンゴル高原東部に強力な国家を建設
  - → 東方で渤海を滅ぼし、西方ではモンゴル高原全域を掌握
  - → 華北の政変に介入して(4)を獲得

ⓑ朝鮮半島…王建の建てた(5)が新羅に取って代わる

ⓒ雲南…南詔が滅亡→(6)が成立

ⓓ日本…律令体制が崩れて分権化が進む

ⓔベトナム…10世紀に中国の支配下から独立、11世紀初めに(7)が成立

(3)東アジア諸地域の独自の文化・制度…中国から受け継いだものを独自に発展

ⓐキタイ
- (8)体制…狩猟民・遊牧民を部族制、農耕民を州県制で統治
- 漢字・ウイグル文字の影響のもとで(9)文字を作成、仏教を受容
- 国号…民族名由来のキタイと中国風の(10)の双方を使用

ⓑ日本…中国文化の基礎のうえに日本風の特色を加味

→貴族政治のもと、仮名文字や(11)などの(12)**文化**が発達

ⓒ高麗…『(13)』(仏教経典を集成)の印刷、高麗青磁の製作

ⓓ**大越**(李朝)…仏教や儒学を導入

ⓔ**西夏**…チベット系(14)が建国、漢字をもとに**西夏文字**を作成

2 宋と金

宋の対外関係には、どのような特徴があったのだろうか。

(1)宋(北宋)(960〜1127)の建国

ⓐ960年、五代の将軍(15)が建国(都：開封)

ⓑ第2代の(16)が主要部を統一

1
2
3
4
5
6
7
8
9
10
11
12
13
14
15
16

Q1▶高麗でつくられたAのような陶磁器を何と呼ぶか。また、国風文化の時代に日本で用いられ始めたBの文字は何か。

A▶

Q2▶AとBに共通する特徴は何だろうか。

A▶

(2)**北宋の内政**…(17)**主義**を採用

ⓐ背景…安史の乱以降、節度使が各地に割拠→唐末以降には、武人が権限を掌握

ⓑ皇帝の親衛軍を強化し、科挙(かきょ)を整備して文人官僚による政治を実施

※皇帝みずから試験官となる(18)の実施→君主と官僚の直接のつながりを強化

ⓒ文治主義で(19)化が進む⟷官僚や軍の維持費が(20)を圧迫

(3)**北宋の対外関係**

ⓐ燕雲(えんうん)十六州をめぐって(21)と対立

→(22)を結び(1004)、銀や絹を毎年贈る

ⓑ(23)の勢力増大→宋は(23)にも銀・絹・茶を毎年贈る

(4)**新法**

ⓐ背景…財政の窮乏：北方民族への贈り物や集権的な軍制による防衛費の増大

ⓑ11世紀後半、宰相(さいしょう)(24)が財政再建と富国強兵をめざして新法を実施

ⓒ内容…地主・大商人の利益をおさえて政府の収入増加をめざす

(25)法	貧農に金銭や穀物を低利で貸しつける
(26)法	中小商人への融資
均輸法	物資流通の円滑化と物価安定をはかる
(27)法	労役の代わりに出させた免役銭で希望者を雇う
(28)法	民兵の訓練や治安維持のための農村組織をつくる

ⓓ党争…地主や大商人が新法に反発

→王安石(おうあんせき)引退後、(29)**党**と(30)**党**が対立→政治は混乱

(5)**金**(きん)(1115〜1234)**の成立**

ⓐ中国東北地方で(31)・農耕を生業とするツングース系(32)の国家

ⓑ建国…(33)がキタイから自立→キタイを滅ぼす(1125)

ⓒ華北支配…華北に侵入して宋の都(34)を占領

→(36)：上皇の(35)と皇帝の欽宗(きんそう)を捕虜とする

(6)**南宋**(なんそう)**の成立**

ⓐ皇帝の弟高宗(こうそう)が江南(こうなん)に逃れ、(37)(杭州(こうしゅう))を都として宋を存続(**南宋**)

ⓑ金との関係
- 和平派と主戦派の対立→和平派が勝利し、金と和議を結ぶ
- 和議…(38)が国境。宋は金に臣下の礼をとって銀・絹を毎年贈る

(7)**金の社会**

ⓐ(39)…部族制にもとづく軍事・社会組織、女真人(じょしんじん)を統治

⟷華北では宋の統治を継承(二重統治体制)

ⓑ漢字や契丹(きったん)文字の影響を受けた(40)文字を作製

(8)**同時期の東アジア**…12世紀、武人の影響力が各地で拡大

ⓐ高麗…(　41　)(軍人)が実権を握る

ⓑ日本…(　42　)が地位を高める→鎌倉幕府の成立

史料 **荘綽『鶏肋編』**

> むかし、開封の都の数百万の家ではみな石炭を用い、薪を使う家など一軒もなかった。ひるがえって、〔近くに利用できる産炭地がない〕呉・越の地〔の臨安〕を仮の都としている現在はというと、あたりの山林は広いものの、日々の燃料を得るには十分でない。美しい花やみごとな竹、墳墓をおおっていた木々さえも、年月を経るうちに、すっかり失われてしまった。わずかな根っこまでことごとく掘り出され〔て燃料として利用され〕、新しい芽が出なくなってしまったからだ。〔こうしてみると〕石炭の便利さというのは得がたいものであった。

Q▶この史料から、臨安やその周辺のどのような問題が読み取れるだろうか。

A▶

3 唐末から宋代の社会と経済

宋代の経済発展は、社会にどのような変化を引きおこしたのだろうか。

(1)**唐末から五代の経済**

ⓐ(　43　)の経済力…唐が安史の乱後も存続した一因

→南朝期から開発進展、塩や茶の産地で、海上交易も発達

ⓑ商業の発達…生産力が高まり、商業活動が都市の外へも広がる

→唐末に城外や交通の要地に(　44　)・(　45　)などの商業拠点が成立

ⓒ南北の接続…華北(政治の中心)と江南(経済の中心)を結ぶ(　46　)の重要性増→五代の多くは黄河と(　46　)の接点の(　47　)を都に

ⓓ**形勢戸**…新興地主層、唐末以降の経済発展で登場

→(　48　)(小作人)に農地を耕作させる(小作料：収穫物の半分ほど)

(2)**宋代の経済**

ⓐ北宋の経済…大規模になった(　49　)の商業活動がおもな財源

→ 米や絹、専売品の塩・茶を扱う大商人が出現 / (　50　)(商人)・(　51　)(手工業者)などの同業組合も生まれる

ⓑ海上交易の発達…(　52　)・(　53　)・(　54　)などが輸出される

→宋は広州・泉州・明州などに(　55　)をおいて管理

ⓒ江南の開発…臨安を本拠とした南宋の時代にさらに進む

→ 低湿地の干拓やひでりに強い(　56　)の導入→長江下流域が穀倉地帯に

※「(　57　)熟すれば天下足る」の諺

陶磁器・茶・絹の生産も拡大→流通のための(　58　)が発達

(3)**貨幣経済の進展**

ⓐ銅銭…商業の活性化にともない大量に発行される

→(　59　)を窓口とする(　60　)**貿易**で輸出→日本の貨幣経済が進展

ⓑ金・銀…地金のまま決済に用いられる

ⓒ紙幣…すでに唐代に遠距離取引のための手形が登場

→北宋・南宋で(　61　)・(　62　)が紙幣として用いられる

(4)**宋代の制度や政治**

ⓐ政府…巨額の軍事費のため、税を中央へ運ばせる→物資の(　63　)が活発化

41
42
43
44
45
46
47
48
49
50
51
52
53
54
55
56
57
58
59
60
61
62
63

64
65
66
67
68
69
70
71
72
73
74
75
76
77
78
79
80
81
82
83
84
85
86
87

ⓑ(64)…男性はだれでも受験可能
→儒学・詩文を学ぶ経済力のある(65)に有利
ⓒ(66)…儒学の教養を身につけた資産家官僚、貴族にかわって有力化

4 宋代の文化　宋代の文化には、どのような特徴があったのだろうか。

(1)特色

ⓐ担い手…儒学の教養を身につけた(67)
→(68)的な華麗さから離れて、精神的・理知的な傾向
ⓑ経済の発展→(69)的な文化や革新的な技術の誕生

(2)絵画・工芸・書

ⓐ(70)・(71)…単色で簡素な造形
ⓑ(72)**画**…水墨あるいは淡い色彩で描かれる
ⓒ技巧をこらした緻密さや装飾性のなかに趣を見出す風潮も存在
→宮廷画家による写実的な(73)**画**、繊細ながら力強い(74)の書など

(3)文学

ⓐ古文復興…唐代の動きを受け継いで(75)・**蘇軾**(そしょく)らの名文家輩出
ⓑ庶民文化…講釈師の語る小説、雑劇、音楽にあわせてうたう(76)

(4)学問・思想

ⓐ(77)…経典を哲学的に読み込み、宇宙万物の正しい本質(**理**)への到達をめざす学問
ⓑ(78)…宋学で重んじられた『(79)』『大学(だいがく)』『中庸(ちゅうよう)』『孟子(もうし)』を指す
ⓒ儒学の発展…華夷(かい)・君臣・父子などの区別が強調される
→北宋の司馬光(しばこう)による(80)体の歴史書『(81)』も君臣関係を重視
ⓓ朱子学…南宋の(82)は宋学を大成し、正統の地位を得る
→のち朝鮮や日本に大きな影響

(5)宗教

ⓐ(83)…中国独特の仏教、自己の内面をきびしくかえりみる→宋学へ影響
→宋代に士大夫が支持、12世紀に日本へ伝わり武士に普及
ⓑ(84)…神秘的な宇宙論→宋学の始まりに影響
ⓒ(85)…金の支配下の華北で成立、儒・仏・道の調和を説く

(6)技術の発達

ⓐ(86)**印刷**…唐代頃に始まり宋代に普及、活版印刷術も発明される
ⓑ(87)・**火薬**…宋代で実用化、のちイスラーム圏を通じてヨーロッパへ

図 蘇軾「墨竹図(ぼくちくず)」(宋代の代表的な文人画)

Q1▶この文人画にはどのような特徴がみられるだろうか。

A▶

Q2▶文人画の特徴の背景には、どのような社会の変化があったと考えられるだろうか。

A▶

2 モンゴルの大帝国

教 144〜149頁

モンゴル帝国の成立には、どのような世界史的な意義があるのだろうか。

1 モンゴル帝国の形成

この時期に巨大な帝国が成立した背景には、何があったのだろうか。

⑴**モンゴル高原の状況**…（ 1 ）の滅亡→一族が西に逃れて（ 2 ）を建国(1132)
→遊牧諸勢力に再編の動きが強まる

⑵**大モンゴル国の形成**…モンゴル系・トルコ系の諸部族を統一
1206年、（ 3 ）が（ 4 ）(集会)で**チンギス＝カン**(ハン)として即位
→軍事・行政組織として（ 5 ）制をしき、強力な騎馬(きば)軍団を整備

⑶**征服戦争の展開**

ⓐチンギス＝カン(位1206〜27)
- 東方の（ 6 ）を圧倒し、ムスリム商人の協力を得て西方にも遠征
- 中央アジア・イラン方面の新興国家（ 7 ）**朝**や（ 8 ）を滅ぼす
- 彼の死後、子や孫たちは権力を争いながらも征服戦争を継続

ⓑ（ 9 ）(位1229〜41)…（ 10 ）(カンにまさる「皇帝」の意)を称する
- 金(きん)を滅ぼして華北(かほく)を領有(1234)、モンゴル高原の（ 11 ）に都を建設
- （ 12 ）を派遣してロシア・東欧を制圧→（ 13 ）建国

※（ 12 ）、（ 14 ）の戦い(1241)でドイツ・ポーランド連合軍を破る

ⓒモンケ(位1251〜59)…（ 15 ）を西アジア遠征へ派遣
→（ 15 ）はアッバース朝を滅ぼし、（ 16 ）建国(1258)

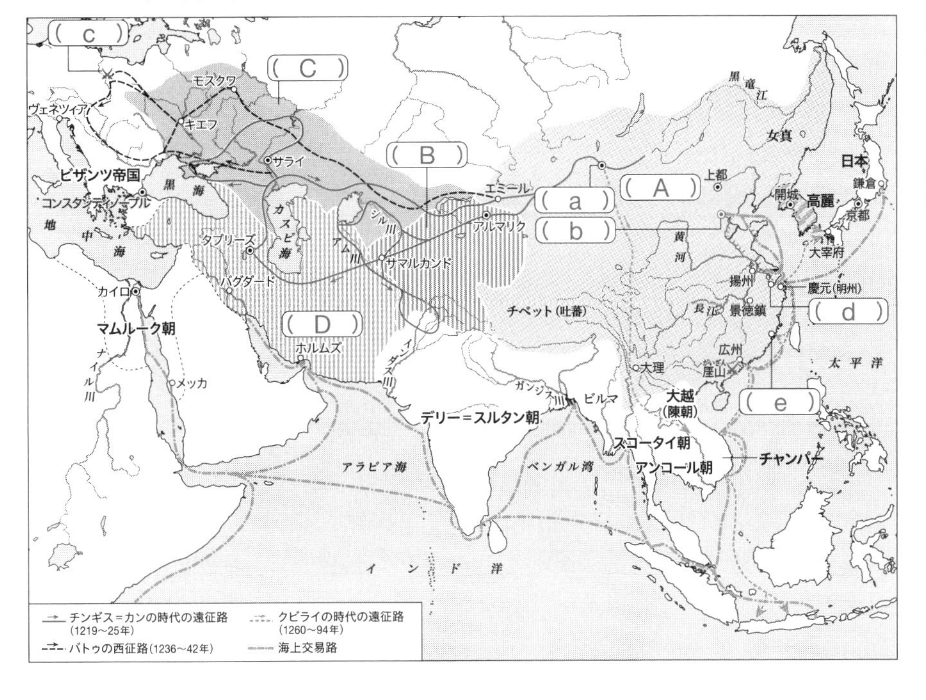

1 ／ 2 ／ 3 ／ 4 ／ 5 ／ 6 ／ 7 ／ 8 ／ 9 ／ 10 ／ 11 ／ 12 ／ 13 ／ 14 ／ 15 ／ 16
A ／ B ／ C ／ D ／ a ／ b ／ c ／ d ／ e

ⓓ(17)(位1260～94)…華北に拠点をおき、カアンを称する

→(18)を滅ぼして中国全土を支配

(4)モンゴル帝国の成立

ⓐ(19)**帝国**［13世紀後半、中央ユーラシアとその東西にモンゴル人政権が並立
各政権は自立しつつも、カアンのもとでゆるやかに連合

ⓑ地方政権

- イル＝ハン国(フレグ＝ウルス)…フレグがイラン・イラク方面に建国
- キプチャク＝ハン国(ジョチ＝ウルス)…バトゥが南ロシアに建国
- (20)…チャガタイ家が中央アジアに建国

ⓒ帝国の構成者…民族・宗教ともに多様な人々

→モンゴル支配層のイスラーム化・トルコ化も進展

2 元の東アジア支配

モンゴル帝国による支配は、東アジアにどのような影響をおよぼしたのだろうか。

(1)元(げん)の成立と発展

ⓐクビライの勢力範囲…モンゴル高原～華北・チベット・雲南(うんなん)・朝鮮半島

→(21)に都を定め、国名を中国風に**元**(大元)と称する(1271)

ⓑ大都(だいと)…モンゴル高原と華北の境界に位置〈現在の(22)〉

→帝国全体をおおう(23)**制**と連結、(24)で渤海湾(ぼっかいわん)とも接続

ⓒ(25)を滅ぼし、海上交易(こうえき)で繁栄した(26)・泉州(せんしゅう)・広州(こうしゅう)などを獲得

→中国全土を支配下に入れ、**海運**と運河で(26)などと大都を結ぶ

→経済的に豊かな(27)もモンゴル帝国の商業圏に組み込まれる

ⓓ樺太(からふと)・(28)・(29)・チャンパー・ビルマ・ジャワなどに遠征軍派遣

→各地域の政治や経済・文化に大きな影響、商業圏の拡大にも寄与

(2)モンゴル帝国における経済活動

ⓐ陸・海の交易の担い手…(30)**商人**

→ユーラシアの(31)経済が中国に波及

ⓑ元…塩の専売や取引税で銀を集め、流通不足を補うため紙幣(32)を発行

→利用価値が低下した(33)…(34)**貿易**で日本へ輸出される

(3)元の中国統治…中国的な官僚制度を採用、出自などで区別

- モンゴル人…政策決定など中枢を担う
- (35)**人**…中央アジア・西アジア出身、財務官僚として経済面で活躍
- (36)**人**…金の支配下にあった契丹(きったん)人・女真(じょしん)人などを含む華北の人々
- (37)**人**…南宋のもとにいた人々

(4)社会と文化

ⓐ元は商業に力を入れ、支配地域の社会や文化を重視せず

→［(38)や科挙(かきょ)の役割は大きく後退
実用的な能力のある者は重用…(39)暦を作成した郭守敬(かくしゅけい)など

ⓑ支配層のモンゴル人…(40)を重んじる

ⓒ(41)(代表例：『(42)』『琵琶記(びわき)』)…庶民のあいだで流行

17
18
19
20
21
22
23
24
25
26
27
28
29
30
31
32
33
34
35
36
37
38
39
40
41
42

図 交鈔

Q１▶元における紙幣の発行・流通は、東アジアにどのような影響をおよぼしたのだろうか。

A▶

3 モンゴル帝国時代の東西交流

この時代の東西交流には、どのような新しさがあったのだろうか。

(1)モンゴル帝国の影響

ユーラシア東西が統合→ヒトやモノ、情報の移動・流通が活発化

(2)(　43　)商人…仏教徒のウイグル商人やムスリム商人が奢侈品などを扱う

→モンゴルの王族から保護を受け、利益を分け合う　※(　43　)…仲間の意味

(3)ヨーロッパからの訪問者…(　44　)時代のなか、東方の大帝国に関心

(　45　)	ローマ教皇がモンゴル高原へ派遣
(　46　)	フランス王ルイ９世がモンゴル高原へ派遣
(　47　)	イタリア商人で、クビライに仕えたとされる →見聞をまとめた『(　48　)』がヨーロッパで反響
(　49　)	ローマ教皇が大都へ派遣。カトリックを布教

(4)文化の交流…学術・技術・思想面の交流も活発化

ⓐ(　50　)…イル＝ハン国の宰相で、ユーラシア世界史『集史』をペルシア語で著す

ⓑ中国の絵画技法が西アジアへ伝播→イランの写本絵画に影響

ⓒ(　51　)において西方伝来の顔料を使った陶磁器(染付)が誕生

→「(　52　)」を通じて世界各地へ輸出

ⓓ帝国内の言語…モンゴル語・トルコ語・ペルシア語・漢語・チベット語・ラテン語・ロシア語など多様

→文字統一の試み…クビライ顧問のチベット仏教僧が(　53　)文字を考案

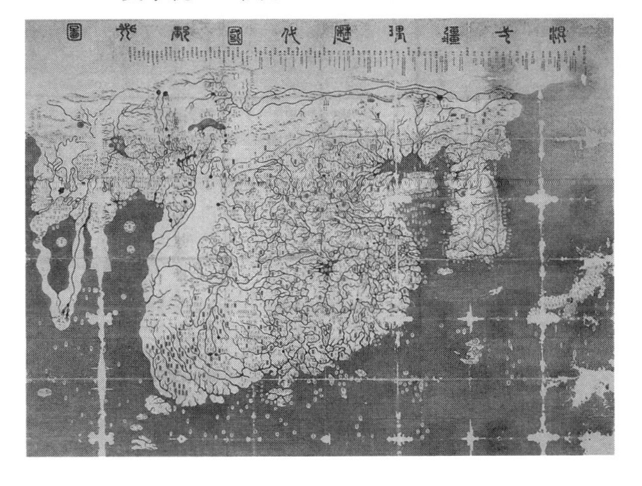

図「混一疆理歴代国都之図」

Q２▶図は、15世紀初めにモンゴル時代の地理的知見をふまえて朝鮮で作成された世界地図である。現在の地図と見比べて、異なる点をあげてみよう。

A▶

4 モンゴル帝国の解体

帝国解体の要因は、何だったのだろうか。

(1)モンゴル諸政権の分裂・衰退

14世紀、ユーラシア規模での（ 54 ）の流行や気候変動による天災が発生
→各地で飢饉や内紛が頻発し、モンゴル諸政権は分裂・衰退

(2)キプチャク＝ハン国…14世紀末に（ 55 ）の攻撃で弱体化
→カザン＝ハン国やクリミア＝ハン国に分裂

(3)元…交鈔の濫発や専売制度の強化、黄河決壊による飢饉などで民衆は苦しむ
→（ 56 ）などの反乱が発生、（ 57 ）軍の攻撃でモンゴル高原に退く(1368)

5 ティムール朝の興亡

ティムール朝がモンゴル帝国から受け継いだものは何だろうか。

(1)建国

ⓐ14世紀半ば、（ 58 ）が分裂→抗争のなかから（ 59 ）が台頭
ⓑ（ 59 ）**朝**(1370〜1507)…中央アジアに建国、都：（ 60 ）

(2)発展と拡大

ⓐ拡大
- キプチャク＝ハン国に打撃を与える
- （ 61 ）滅亡後のイラン・イラク地方を征服
- （ 62 ）**の戦い**(1402)でオスマン軍を破り、（ 63 ）を捕虜とする

ⓑ内政…チンギス家の権威を尊重しつつ、トルコ系・モンゴル系遊牧民の軍事力とイラン系定住民の経済力・行政能力をたくみに結合

(3)衰退と滅亡

ⓐティムール…モンゴル帝国再興をめざして明討伐に出発→途中で病死
ⓑティムールの死後、王朝は分裂と内紛を繰り返す
ⓒ滅亡…1507年、トルコ系の遊牧（ 64 ）に滅ぼされる

(4)文化

ⓐ（ 65 ）文化と（ 66 ）文化が融合
ⓑ首都**サマルカンド**…壮大なモスクやマドラサが建設される
ⓒ宮廷では、ペルシア語文学や写本絵画と並んでトルコ語文学も現れる
ⓓ第4代（ 67 ）が天文台を建設→天文学や暦法が発達

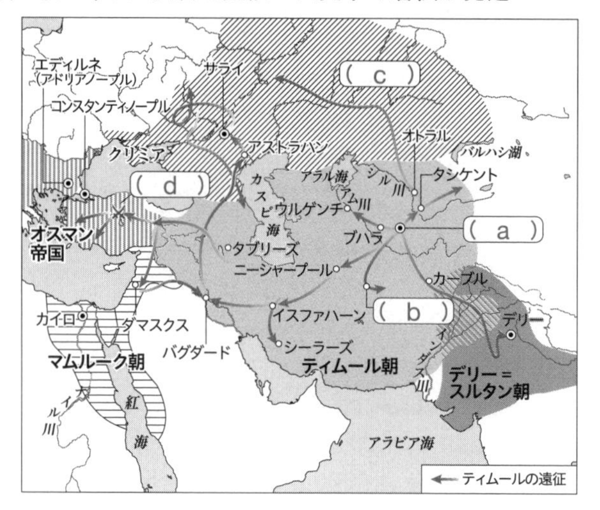

54
55
56
57
58
59
60
61
62
63
64
65
66
67
a
b
c
d

8章まとめ

Q▶**10〜13世紀のアジアでは、どのような国家が興亡したのだろうか。また、それらの国家はどのような影響を与えたのだろうか。①・②・③から考えてみよう。**

①10世紀の東アジアや中央ユーラシアには、どのような国家が興亡したのだろうか。

②13世紀に成立したモンゴルの大帝国は、拡大の過程でどのような勢力を滅ぼしたのだろうか。

③モンゴルの大帝国は、ユーラシア大陸の東西にどのような影響を与えたのだろうか。

第9章 大交易・大交流の時代

㊙ 150～161頁

1 アジア交易世界の興隆

㊙ 150～157頁

「世界の一体化」が始まった時期に、アジアではどのような動きがおこっていたのだろうか。

1 モンゴル帝国解体後のアジア

モンゴル帝国の解体後、アジア各地にはどのような勢力が生まれたのだろうか。

(1)**14世紀のユーラシア**…全域で飢饉(ききん)や疫病(えきびょう)、政治変動→モンゴル帝国は解体

(2)**アジアの二大帝国**…中央アジア・西アジアの(1)朝と中国の(2)朝

→(1)朝の西方で(3)帝国、(2)朝の北方で(4)が勢力保持

(3)**日本**…鎌倉幕府が倒れて(1333)、南北朝が対立

→┌政治の混乱→(5)の活動が活発化
　└14世紀末、南北朝が合一

(4)**朝鮮**…元(げん)に服属していた高麗(こうらい)で、親元派と反元派が対立

→倭寇(わこう)を撃退して台頭した(6)が、高麗を倒して**朝鮮王朝**を建てる

(5)**14世紀末の東アジア**…新しい政治秩序が一応の安定を達成

2 明(みん)初の政治

明朝初期の国内統治には、どのような特徴があったのだろうか。

(1)**明**(1368～1644)**の成立**

ⓐ白蓮教徒による(7)**の乱**をきっかけに群雄が蜂起

→貧農出身の(8)が知識人の協力を得て台頭

→皇帝に即位し〈(9)、廟号(びょうごう)は太祖(たいそ)〉、**明朝**を建てる

ⓑ元の帝室はモンゴル高原で王朝を維持

(2)**洪武帝**(こうぶてい)(位1368～98)

ⓐ政治制度…(10)省(元代の政治中枢)を廃止し、皇帝に権力を集中

ⓑ民衆支配…秩序の再建と民生の安定をはかる

┌全国的な人口調査→租税(そぜい)や土地の台帳を整備し、(11)**制**を実施
└民衆教化のために(12)(6カ条の教訓)を定める

ⓒ官制・法制…(13)を官学として科挙(かきょ)を整備し、明律(みんりつ)・明令(みんれい)を制定

ⓓ軍制…(14)**制**を整備：一般の民戸と別に軍戸の戸籍を設ける

→洪武帝の息子たちを王として北辺に配備し、モンゴルに対抗

(3)(15)(位1402～24)

ⓐ燕王(えんおう)として北方の防備にあたる〈本拠地：北平(ほくへい)(北京(ペキン))〉

ⓑ(16)(1399～1402)…建文帝(けんぶんてい)の諸王勢力削減策に対して、燕王が挙兵

→南京(ナンキン)を占領して即位→首都を(17)に移す

1
2
3
4
5
6
7
8
9
10
11
12
13
14
15
16
17

ⓒ永楽帝（えいらくてい）の積極的対外政策

- みずから軍を率いてモンゴルへ遠征
- ムスリムの宦官（かんがん）(　18　)の大艦隊を南海諸国に派遣し、朝貢（ちょうこう）をうながす

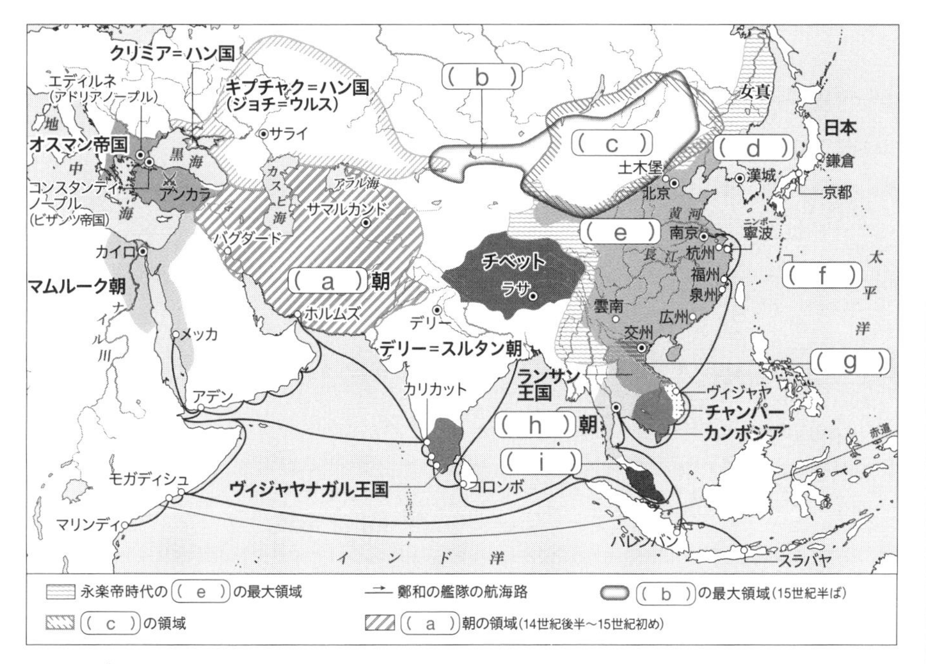

Q1▶鄭和（ていわ）はどのような目的で、これらの地域に遠征したのだろうか。

A▶

3 明朝の朝貢世界

明との朝貢関係は、諸地域にどのような影響をもたらしたのだろうか。

(1)**明の対外政策**…国内統治と同様に強い(　19　)政策

- (　20　)…民間人の海上交易（こうえき）を禁止
- 周辺諸地域と(　21　)関係を結び、(　22　)管理の(　21　)**貿易**を推進

(2)**琉球（りゅうきゅう）**(現在の沖縄)…15世紀初め、(　23　)が統一

朝貢貿易で物資を獲得→東シナ海と南シナ海とを結ぶ貿易の要となる

(3)(　24　)**王国**

ⓐ14世紀末頃、マレー半島南西部に成立→鄭和の遠征を機に成長

ⓑ(　25　)王国にかわる東南アジア最大の貿易拠点となる

(4)**朝鮮**…明の重要な朝貢国

ⓐ科挙の整備や朱子学の導入などの改革を実施

ⓑ15世紀前半の(　26　)の時代…**金属活字**による出版や(　27　)の制定

世宗御製訓民正音

國之語音

異乎中國

Q2▶図中の文字を何というか。

A▶

Q3▶この文字の特徴はどのような点にあるだろうか。

A▶

18
a　朝
b
c
d
e
f
g
h　朝
i
19
20
21
22
23
24
25
26
27

28
29
30
31
32
33
34
35
36
37
38
39
40
41
42
43
44
45
46

(5)**日本**

ⓐ遣唐使の停止(9世紀)からとだえていた中国への正式な使節派遣が復活

ⓑ(28)が明から「日本国王」に封ぜられ、(29)**貿易**を開始

(6)**ベトナム**

ⓐ(30)**朝**(1428〜1527、1532〜1789)が明軍を撃退して独立

ⓑ明と朝貢関係を結ぶ→明の制度を導入し、朱子学を振興

(7)**モンゴル**

ⓐ明の貿易制限に不満→しばしば中国に侵入

ⓑ15世紀半ば、モンゴル西部の(31)が強大化
→明の皇帝を土木堡(どぼくほ)で捕らえ〈(32)〉(1449)、北京を包囲

ⓒ明は(33)を修築し、北方民族の侵入にそなえる

4 交易の活発化

世界的な商業の発展は、明の朝貢体制にどのような影響をおよぼしたのだろうか。

(1)**16世紀の世界**

ⓐアジア諸地域 ┌アジアの富を求めるヨーロッパ勢力が進出
└東南アジアで(34)の輸出が急増
→大陸をまたぐ大規模な交易・交流の舞台となる

ⓑ16世紀初め、強力な火器を備えた(35)が(36)を占領
→ムスリム商人はスマトラ島・ジャワ島に新拠点を築いて対抗

ⓒ朝貢体制下…マラッカや(37)など中継貿易にたよる小国が活躍
→ヨーロッパの進出で競争が激化
→広い(38)と強力な(39)をもつ国が主役となる

(2)**北虜南倭**(ほくりょなんわ)

ⓐ交易の利益を求める人々…明の貿易統制の打破をめざす
→モンゴル人や日本人だけでなく、多くの中国人も加わる

ⓑ北虜…北方の**モンゴル**〈(40)が統合〉→中国へ侵入、一時は北京を包囲

ⓒ南倭…東南海岸の(41) ※五島列島を拠点にした(42)は中国出身

※ ┌前期(41)…14世紀、日本人が主体
└後期(41)…16世紀、中国人が主体

(3)**朝貢体制の崩壊**

ⓐ明…ヨーロッパの進出や北虜南倭に直面→交易の統制政策を(43)する
→モンゴルとの交易場を設置、(44)をゆるめ民間人の海上交易を許可

ⓑ海禁の緩和→日本の(45)、ついでアメリカ大陸(スペイン植民地)の
(45)が中国に流入

ⓒ民間交易の活発化で明の権威は弱まり、朝貢体制は崩壊に向かう
→貿易の利益を求める勢力が、(46)を背景に競争する実力抗争の時代へ

史料 **鄭暁(ていぎょう)『今言(きんげん)』**

近年の東南地域の倭寇(わこう)には、おおむね中国の人が多い。力が強く胆力もあり、知恵もある者は往々にして賊となる。……彼らは荒々しく勇敢であるが、出世の手段もなく生計の道もないため、よほど道徳的な人間でなければ苦しい生活には我慢できず、暴れまわって気を晴らそうとするのである。そこでこっそり故郷を離れ、異民族に寝返る。倭奴(わど)〔日本人の蔑称〕

は華人を耳目〔情報源〕とし、華人は倭奴を爪牙〔実行部隊〕とする。……まして中国と外国とのあいだで交易をおこなえば、生産地と購買地のあいだでは品物の価格が大きく異なり、数倍の利益が得られる。いまこれを禁止しようとしても、なんとかして交通しようとし、利益の道がふさがれれば反乱の発端が開かれ、たがいに誘い合って叛徒(はんと)は日ごとに増加するだろう。現実的な寛容(かんよう)政策をとらなければ、数年後に大きな反乱がおこり、手の付けようもなくなるだろう。

Q▶この史料で主張されている交易統制政策の緩和は、東アジア・東南アジアにどのような影響をおよぼしただろうか。

A▶

5 明代後期の社会と文化

明代後期の中国の社会・経済・文化は、世界の商業の活発化とどのように関係していたのだろうか。

(1)商工業の発展

ⓐ国際商業の活発化→中国国内の商工業の発展をうながす

ⓑ長江下流域 ┌綿織物・**生糸**などの家内制手工業が発達
　　　　　　　└人口に比して穀物不足→中流域の(　47　)が穀倉地帯

※「(　47　)熟すれば天下足る」の諺

ⓒ(　48　)に代表される**陶磁器**の生産が拡大
　→生糸とともに国際商品として日本・アメリカ・ヨーロッパに輸出される

ⓓ**特権商人**…(　49　)商人や(　50　)商人が政府と結び、巨大な富を築く

ⓔ同郷出身者や同業者の互助・親睦のための(　51　)・**公所**(こうしょ)がつくられる

(2)税制の改革と貨幣経済の発展

ⓐ銀の流通→税・労役を銀に一本化して納入する(　52　)の実施

ⓑ都市に商人・(　53　)など富裕な人々が集まり、庭園建設などの文化が発展

(3)明後期の文化

ⓐ木版印刷による出版の急増…科挙の参考書や小説、商業・技術の実用書

ⓑ庶民文学…『(　54　)』『水滸伝(すいこでん)』『西遊記』などの小説や講談(こうだん)・芝居(しばい)も人気に

ⓒ儒学…(　55　)が当時の朱子学を批判し、実践を重んじて庶民の支持を得る〈(　56　)と呼ばれる〉

ⓓ実学…李時珍(りじちん)『(　57　)』、徐光啓(じょこうけい)『(　58　)』、宋応星(そうおうせい)『(　59　)』などの**科学技術書**→東アジア諸国にも影響

(4)イエズス会宣教師の活動

ⓐキリスト教の受容…ヨーロッパの自然科学・軍事技術に関心をもつ士大夫(したいふ)層

ⓑ(　60　)…日本でのキリスト教普及の基礎を築く→中国布教は実現せず

ⓒ(　61　)…16世紀末から中国布教、世界地図「(　62　)」作製

ⓓ西洋暦法(れきほう)の『(　63　)』、「ユークリッド幾何学」の翻訳本『(　64　)』の刊行

6 東南アジアの動向

この時期、東南アジアで台頭した新興勢力には、どのような共通点があるだろうか。

(1)ヨーロッパの東南アジア進出

ⓐポルトガル…いち早く進出し、16世紀初めに(　65　)を占領

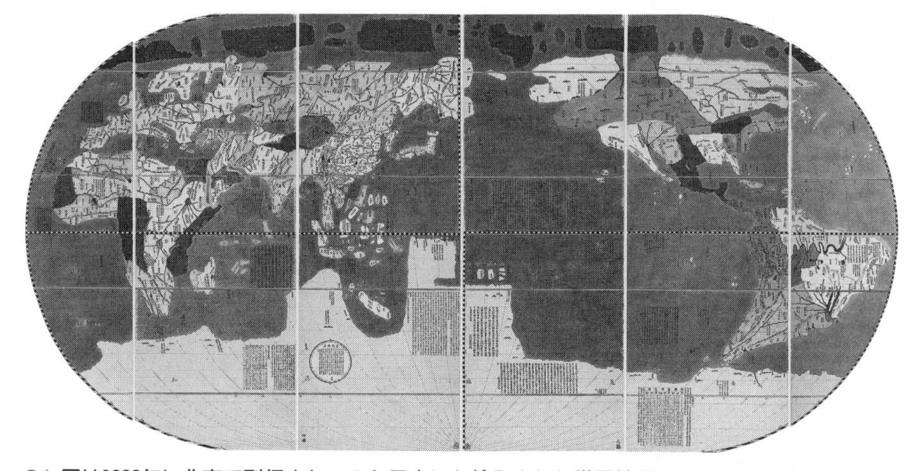

Q▶図は1602年に北京で刊行され、のち日本にも輸入された世界地図である。この地図の名称は何だろうか。また、この地図は周辺諸国にどのような影響を与えたのだろうか。

A▶

ⓑ**スペイン**…ポルトガルについで進出、フィリピンを占領して(　66　)を拠点に交易

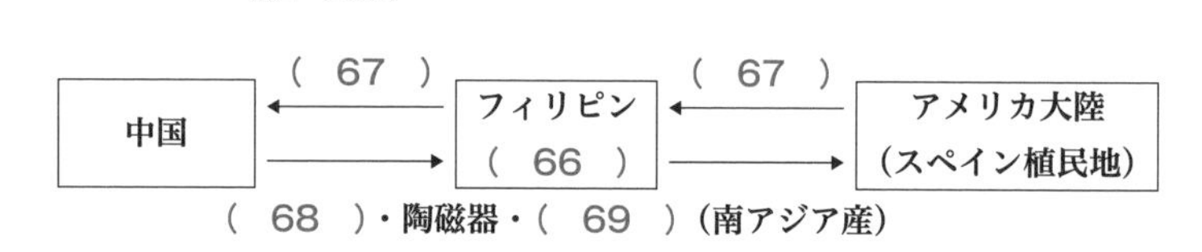

⑵**新たな国家**…交易の利益やヨーロッパ伝来の火器導入など外国との交流を利用

ⓐ諸島部…(　70　)王国や(　71　)王国などのイスラーム国家

→(　72　)などの交易で成長

ⓑインドシナ半島…タイの(　73　)**朝**やビルマの(　74　)朝などの上座部仏教の国→(　75　)や鹿皮の輸出で繁栄

7 東アジアの新興勢力

この時期に東アジアに生まれた新興勢力のあいだには、どのような共通点があるだろうか。

⑴**新興勢力台頭の背景**…貿易の活発化、新式の火器の伝来

⑵**日本の動き**

ⓐ織田信長・(　76　)…南蛮貿易の利益を得つつ、鉄砲を用いて統一を進める

ⓑ豊臣秀吉、朝鮮に侵攻(日本で文禄・慶長の役、朝鮮で壬辰・丁酉倭乱)

→明の援軍、朝鮮の(　77　)による水軍や民間の義兵などの抵抗で撤退

ⓒ徳川家康が江戸幕府を開き、(　78　)貿易を促進

→東南アジア各地に日本町が建設される

⑶**日本の銀と中国の生糸の貿易**…大きな利益をもたらす

ⓐ中国は倭寇を警戒し、日中間の直接交易を許さず

→日中の密貿易商やポルトガル・**オランダ**などが利益をめぐり争う

ⓑポルトガル人は(　79　)に、オランダ人は(　80　)に拠点を建設

ⓒ江戸幕府…統治の基礎を固めるためにキリスト教禁止や貿易統制を強化

→1630年代に「(　81　)」…日本人の海外渡航、ポルトガル人の来航を禁止

66
67
68
69
70
71
72
73
74
75
76
77
78
79
80
81

(4)**中国東北地方**…明の支配下に女真(ジュシェン、のち満洲)が農牧・狩猟生活

ⓐ薬用人参や(82)の交易の活発化→諸部族相互の争いの激化

ⓑ(83)(位1616～26)

┌女真の諸部族を統一、国号を金(後金、満洲語ではアイシン)とする
└独自の国家建設…軍事・行政組織の(84)を編制、満洲文字の制作など

ⓒ第2代(85)(太宗、位1626～43)

┌内モンゴルの(86)を服属させる
└満洲人・漢人・モンゴル人におされて皇帝を称し、国号を(87)とする(1636)

(5)**明の滅亡**

ⓐ北虜南倭、朝鮮半島・東北地方での戦争拡大→軍事費の増大で財政難

ⓑ万暦帝時代初期、(88)が中央集権化による財政再建を試みる
→地方出身の官僚が反発し、(89)派と(90)派の党争で政治は混乱

ⓒ重税や飢饉→各地で農民反乱勃発、(91)の反乱軍が北京を占領
→明の滅亡(1644)

82
83
84
85
86
87
88
89
90
91

図 「南蛮屏風」

Q▶図は、日本の港に南蛮船(スペインやポルトガルの船)が到着した場面で、中央付近には上陸したカピタン(提督)一行や、右端にはイエズス会の宣教師などが描かれている。彼らはどのような目的で、日本に来航したと考えられるだろうか。

A▶

2 ヨーロッパの海洋進出とアメリカ大陸の変容　㊝158〜161頁

ヨーロッパの海洋進出は、諸地域にどのような影響を与えたのだろうか。

a
b
c 海峡
d
e
f
g 諸島

1
2
3
4
5
6
7
8
9
10
11
12

カルティエ　イギリス　モスクワ大公国
カボット　オランダ
スペイン　フランス　(d)
ポルトガル
コロンブス　カナリア諸島　パロス　オスマン帝国
朝鮮　日本
明　平戸
太平洋　大西洋　ムガル帝国　マカオ　太平洋
(a)　カリブ海　ヴェルデ岬　ゴア　(f)　フィリピン
パナマ　ディアス　マラッカ
赤道　キト　マリンディ　モンバサ　セイロン島　アンボイナ
ヴェスプッチ　ガマ　インド洋
マゼラン　ブラジル　ソファラ　マダガスカル　(g)諸島
(b)　カブラル
(c)海峡　(e)
トルデシリャス条約分界線(1494年)

ディアス(1487〜88年)　ヴェスプッチ(1499〜1500、1502年)　コロンブス第1回(1492〜93年)
カブラル(1500年)　カボット(1497、98年)　マゼラン(1519〜22年)
ガマ(1497〜99年)　カルティエ(1534〜42年)　※マゼラン死後の部下の航路を含む。

1 ヨーロッパの海洋進出

ヨーロッパの人々は、なぜ遠洋に乗り出していったのだろうか。

⑴進出の背景

ⓐ(　1　)や新型の帆船の実用化、天文学や地理学の発達
　→イタリア商人の活動域が、地中海を越えて(　2　)地方にまで拡大
ⓑアジア産の(　3　)…重要な交易品だが、(　4　)領を経由するため高価
　→(　3　)を直接入手できる交易路の開拓への期待が高まる
ⓒアジアへの関心の高まり…マルコ＝ポーロの『(　5　)』など

⑵イベリア半島の動向

ⓐ対イスラーム教徒の(　6　)運動…キリスト教諸国が大西洋への出口を確保
　→領土のいっそうの拡大とキリスト教布教の熱意が高まる
ⓑ(　7　)・(　8　)を先駆けにヨーロッパ諸国は大西洋に乗り出す
　→(　7　)はアジア航路を開拓し、(　8　)は南北アメリカへ到達

2 ヨーロッパのアジア参入

ヨーロッパの人々の進出は、アジアに何をもたらしたのだろうか。

⑴アジア航路の開拓

ⓐ前段階…15世紀、ポルトガルはムスリム支配下の北アフリカに進出
　→「航海王子」(　9　)やジョアン2世のもとでアフリカ西岸の探検を実施
ⓑ航路開拓…(　10　)が喜望峰に到達、アフリカ南端を確認(1488)
　→(　11　)がインドに到達(1498)
　※ヨーロッパ人が海洋に進出した15〜16世紀…(　12　)時代とも呼ぶ

⑵ポルトガルのアジア進出

ⓐインドの（　13　）を拠点に東南アジアにも進出

　→香辛料などのアジア物産を輸入

　⟷対価となる輸出商品をもたず、アジア内での（　14　）貿易にも乗り出す

ⓑアジアで交易網を発達させていた（　15　）商人を、（　16　）の力で圧倒

　→16世紀前半、インド洋で活発な交易を展開

ⓒ16世紀後半から東アジアに進出、（　17　）の居住権を得て中国と交易

　→（　18　）を拠点に日本とも交易

ⓓポルトガルの交易網…アジア全域におよび、拠点にはカトリックの教会を設置

　→レコンキスタと（　19　）の勢いに乗って布教をおこなう

図 ゴアの大聖堂

Q▶図の建築物は、16世紀初めにポルトガルによって建設されたものである。ポルトガルはなぜアジア各地に進出したのだろうか。また、なぜ進出が可能となったのだろうか。

A▶

3 ヨーロッパのアメリカ「発見」と征服

中南米の先住民が短期間でスペイン人に征服されたのは、なぜだろうか。

⑴スペインのアメリカ進出

ⓐスペイン
- アジア航路開拓でポルトガルに出遅れる
- 大西洋を横断してアジアに向かう（　20　）の計画を後援

　　※（　20　）…トスカネリの地球球体説をもとに計画

ⓑ1492年、コロンブスの船団はカリブ海の島に到着→アメリカ大陸にも上陸

　→そこを「インド」と信じ、住民を（　21　）と呼ぶ

⑵アメリカ探検の進展…コロンブスの「発見」に刺激され、各国が探検隊を派遣

　→のちに各国は探検事業を根拠にその地の支配権を主張

（　22　）	発見地をアジアでなく「新世界」であると主張→アメリカの語源
（　23　）	イギリス王の支援を受けて北米大陸を探検
（　24　）	フランス人、カナダに到達
（　25　）	ポルトガル人、インドに向かう途中でブラジルに漂着
（　26　）	南北アメリカが地続きであることを確認し、太平洋岸に到達
（　27　）	スペインの支援で彼の船隊が初の世界一周を達成(1522)

⑶スペイン人の「征服者」

ⓐ先住民文明の豊かな財宝→スペイン人の「征服者」〈（　28　）〉が略奪
- 少人数の「征服者」…（　29　）や（　30　）を駆使し、先住民間の対立を扇動
- （　31　）…メキシコでアステカ王国を滅ぼす
- （　32　）…ペルーでインカ帝国を滅ぼす

ⓑ（　33　）**制**…キリスト教布教を条件に先住民を使役、賦役（ふえき）・貢納を課す

34

35

36

37

38

39

40

41

42

43

→(34)(現在のボリビア)やメキシコの銀山採掘にも先住民を強制労働

ⓒ過酷な支配やヨーロッパからもちこまれた疫病(えきびょう)→先住民は激減

→ ┌王室はエンコミエンダ制を廃止し、入植者に土地を与えて農業開発を進める
  └労働力として、(35)から黒人が奴隷として運び込まれる

ⓓポルトガル領のブラジル…同じく多数の黒人奴隷が運び込まれる

(4)スペイン植民地の形成

ⓐ中南米…スペイン・ポルトガルの広大な植民地となり、白人が支配層を形成

┌支配層┌副王(総督)をはじめとする本国から派遣された官僚
│   └黒人奴隷を用いた大農園〈(36)〉を経営する白人地主
└支配された先住民・黒人のあいだには(37)信仰が広まる

ⓑスペインによる太平洋横断交易ルートの開拓

┌拠点…フィリピンのマニラ
└(38)船を用いて、メキシコの銀と中国物産を交換

史料 ラス＝カサス『インディアスの破壊についての簡潔な報告』(1552年)

> 彼ら〔スペイン人植民者〕のその有害きわまりない盲目(もうもく)ぶりは度を越し、ついに彼らはインディオ向けの降伏勧告状(こうふくかんこくじょう)(レケリミエント)を作成することを思いつき、実際にそれを作成し、……読んで聞かせることを命じた。降伏勧告状とは、インディオに対して、キリストの信仰を受け入れ、カスティーリャ国王に臣従するよう勧告し、もし言うとおりにしなければ、情(なさ)け容赦(ようしゃ)ない戦争を仕掛けられ、殺されたり捕えられたりする云々、と言い聞かせる文書であった。……そのようにして、スペイン人は、彼らが征服(コンキスタ)と呼ぶ活動をおこないつづけた。征服とは、残忍な無法者たちがおこなう暴力的な侵略であり、それは神の法のみならず、あらゆる人定の法にも背馳(はいち)し、……劣悪な所業である。
>
> (染田秀藤訳『インディアスの破壊についての簡潔な報告』)

Q▶「征服者」によるこうした蛮行が可能となったのはなぜだろうか。制度面や軍事面から考えてみよう。

A▶

4 「世界の一体化」と大西洋世界の形成

16世紀に一体化が始まった「世界」は、どのような性格をもっていたのだろうか。

(1)「世界の一体化」

ⓐヨーロッパ人の海洋進出→世界の諸地域が交易を通じて結合

ⓑ「世界の一体化」の影響…ヨーロッパ・アジア・中南米で違った形で現れる

(2)ヨーロッパへの影響

ⓐ(39)が経済の柱の1つとなる

ⓑ(40)**革命**…経済の中心の移動：(41)沿岸→(42)沿岸地域

(3)アジアへの影響

ⓐヨーロッパ人が既存の交易網に参入し、大量の(43)とアジア物産を交換
→ヨーロッパとアジアの経済が密接に結びつく

ⓑアジアの政治秩序や文化…ただちに大きな影響は受けず

(4)中南米への影響

ⓐヨーロッパ人が先住民の文明を滅ぼして入植

→様々な動植物・病原体をもちこむ

ⓑ(44)を運び込み、キリスト教も布教→現地の社会は根本的に変化

⑸「大西洋世界」の出現

ⓐ中南米からもちこまれた様々な農作物…ヨーロッパ社会に大きな影響

ⓑ銀や(45)などの中南米の産物とヨーロッパの産物の大規模な交易開始

ⓒ一体化しつつあった世界の一角に「(46)**世界**」が出現

→のち、北アメリカで植民地が発展

44

45

46

9章まとめ

Q▶15世紀末以降の新たな「世界の一体化」はどのように進んだのだろうか。①・②から考えてみよう。

①新たな「世界の一体化」において、アジアは外部とどのように結びついていったのだろうか。

②新たな「世界の一体化」において、大西洋を取り巻くヨーロッパ・アフリカ・南北アメリカはどのように結びついていったのだろうか。

第10章 アジアの諸帝国の繁栄

㊙ 162～175頁

1 オスマン帝国とサファヴィー朝

㊙ 162～166頁

オスマン帝国の領土となった諸地域は、どのように結びついていたのだろうか。

1 オスマン帝国の成立

オスマン帝国の基礎は、どのように築かれたのだろうか。

⑴建国

ⓐ14世紀初め頃、アナトリア西部にオスマンを始祖とする国家が誕生

ⓑスルタン(君主)を中心に(　1　)半島で勢力を拡大

　→(　2　)**帝国**(1300頃～1922)に発展

⑵発展

ⓐバヤジット1世…(　3　)とのアンカラの戦い(1402)に敗れる

　→後継者らがまもなく勢力を回復

ⓑ(　4　)…1453年に(　5　)を攻略し、**ビザンツ帝国を滅ぼす**

　→┌ビザンツ帝国の中央集権的な統治制度┐…両者の特徴をあわせて強大化
　　└トルコ的な軍事力┘

⑶統治の担い手

ⓐ(　6　)(トルコ系の騎士)…オスマン帝国初期の拡大を支える

　→帝国は徴税権を(　6　)に分与し、かわりに軍役を課す〈(　7　)制〉

ⓑ「スルタンの奴隷」┌支配地域の(　8　)教徒から人材を登用・厚遇
　　　　　　　　　└歩兵部隊(　9　)などが編成され、大宰相などの要職も占める

ⓒ(　10　)(イスラーム法学者)…先進的なイランの書記技術のもと、司法や行政を担う

2 オスマン帝国の拡大

オスマン帝国の拡大は、どのように進んだのだろうか。

⑴オスマン帝国の台頭

ⓐ16世紀初頭の西アジア…三者が覇権争い

┌(　11　)朝…エジプト・シリア
├オスマン帝国…バルカン半島・アナトリア西部
└(　12　)朝…イラン高原

ⓑ(　13　)…サファヴィー朝と争い、アナトリア東部を支配下に入れる

　→┌南進してマムルーク朝を滅ぼし、シリア・エジプトを領有(1517)
　　└イスラーム教の両聖都**メッカとメディナの**(　14　)**権**も獲得

⑵(　15　)(位1520～66)**の治世**…積極的な拡大政策を推進

1
2
3
4
5
6
7
8
9
10
11
12
13
14
15

ⓐハンガリーを征服→ハプスブルク家が治めるオーストリアのウィーンに進軍
ⓑ海軍を編制し、(16)の海戦(1538)でヴェネツィアなどの艦隊を破る
→北アフリカに至る地中海の制海権を獲得
ⓒサファヴィー朝からバグダードを獲得→インド洋にも艦隊を派遣

3 拡大後のオスマン帝国下の社会

オスマン帝国はどのような統治をおこない、人々はどのように暮らしていたのだろうか。

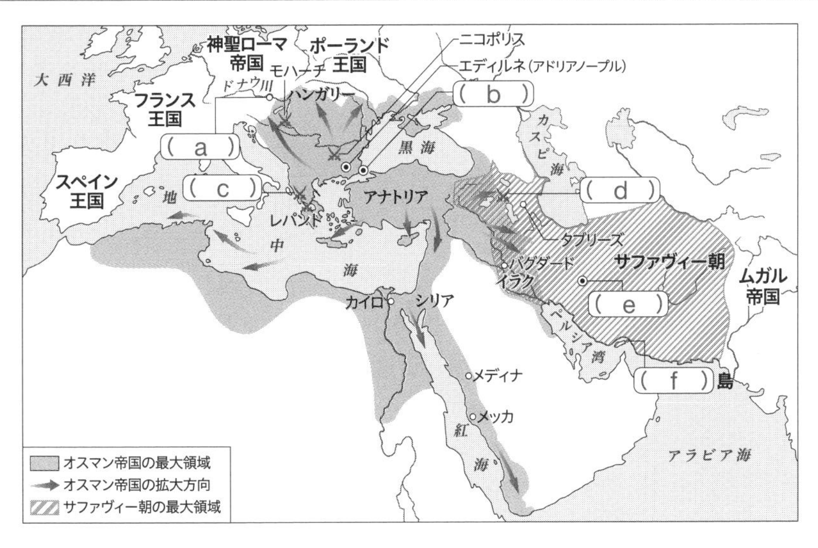

Q▶オスマン帝国の最大領域には、現在のどのような国々が含まれているだろうか。

A▶

(1)税制

ⓐ17世紀、オスマン帝国の東西への拡大は終了…領土が安定
→帝国の税制：ティマール制から(17)**制**に変化
ⓑ徴税請負の担い手…中央政府の官僚やウラマー、軍人など
→周辺地域で富と権力の集中が進み、各地に(18)(有力者)が台頭

(2)法

ⓐイスラーム法とそれを補完する(19)(スルタンの法)で構成
ⓑイスラーム法…キリスト教徒やユダヤ教徒に対する支配の原則も定める
→それぞれの宗教共同体の法に従ってイスラーム教徒と共存〈(20)制〉

(3)経済

ⓐ各地に毛織物・綿布・生糸・絨毯(じゅうたん)などの特産品が生まれ、都市が成長
ⓑ都市の商工業者…宗教の区別をこえて(21)と呼ばれる組合を構成
ⓒ長距離交易や首都への物品の供給に従事する者…特権を与えられる
→キリスト教徒やユダヤ教徒の大商人も活躍
ⓓヨーロッパとの交易…特権〈(22)〉を認められたヨーロッパ商人が活躍

(4)文化

ⓐ都市で様々な民族や宗教が共存→音楽・芸能・食文化などの(23)進む
ⓑ建築［オスマン帝国様式のモスクが各地に建設される
　　　　特徴…ビザンツ帝国のハギア＝ソフィア聖堂などにならった(24)

16
a
b
c
d
e
f 島
17
18
19
20
21
22
23
24

25

ⓒ絵画や文学…優美な（ 25 ）文化の影響

史料 『良書』にみるオスマン帝国の「乱れ」

> 先祖の代から言われてきた言葉に、「魚は頭から腐る」というのがある。まさに答えはそこにある。この世における反乱と秩序の喪失は、我々の王が、大宰相(だいさいしょう)によき人を得ることができず、実際に大宰相になった人物が、悪事を働き、賄賂をとって、この世のすべての悪しきおこないと前例の改悪、違法行為の表れに、直接の原因となっていることからもたらされた。

Q▶大宰相を乱世の原因とし、王（スルタン）を非難しないのはなぜだろうか。

A▶

4 サファヴィー朝とイラン社会

サファヴィー朝のもとで、イラン社会はどのように変化したのだろうか。

26
27
28
29
30

⑴建国

ⓐサファヴィー教団…過激な（ 26 ）主義（スーフィズム）を掲げる

→イラン高原北西部やアナトリア東部の（ 27 ）系遊牧民(ゆうぼくみん)の支持拡大

ⓑ教主（ 28 ）…騎馬(きば)軍団を率いてイラン高原全域に勢力を拡大

→タブリーズを占拠し、（ 29 ）**朝**（1501～1736）を建国

ⓒ支配層…トルコ系遊牧民が構成し、支配者の（ 30 ）を支える

→一方で在地のイラン人の官僚も重用される

⑵オスマン帝国との抗争

ⓐアナトリア東部やイラクの支配をめぐってオスマン帝国と抗争

31
32

ⓑ（ 31 ）の戦い（1514）…（ 32 ）や大砲を駆使したオスマン軍に敗北

→アナトリア東部を奪われ、のちスレイマン１世にイラク地方も奪われる

33
34

⑶最盛期…（ 33 ）（位1587～1629）の治世

ⓐオスマン帝国にならって、（ 34 ）からなる王直属の軍団を編制

→部族単位のトルコ系騎馬軍団をおぎなう

ⓑオスマン帝国から一時的にイラクを奪い返す

35

ⓒ首都をイラン中部の（ 35 ）に移す

→（ 35 ）は「世界の半分」とうたわれるほど繁栄

ⓓ詩・絵画・工芸などの芸術が発達

36

ⓔイラン産の（ 36 ）を用いた絨毯(じゅうたん)が各地で重用される

37

⑷宗教

ⓐ建国当初の神秘主義にかわって（ 37 ）**派**（シーア派の穏健な一派）を受容

ⓑシーア派信仰の整備につとめる

→イランやアゼルバイジャンにシーア派が浸透

2 ムガル帝国の興隆

㊗ 166〜168頁

ムガル帝国の興隆と衰退は、南アジアにどのような影響をもたらしたのだろうか。

1 ムガル帝国の成立とインド=イスラーム文化

ムガル帝国において、ヒンドゥー教徒とイスラーム教徒はどのような関係だったのだろうか。

(1)ムガル帝国(1526〜1858)**の成立**

ⓐティムールの子孫(1)が、カーブルを本拠に北インドに進出

ⓑ(2)の戦い(1526)…火器を用いてロディー朝を破る

→(3)**帝国**の基礎が築かれる

図 パーニーパットの戦い

Q▶この戦いでは新しい兵器を使ったバーブル軍勢が勝利した。バーブルの軍勢を描いた左の図中では、どのような武器が用いられているだろうか。

A▶

(2)第3代皇帝(4)(位1556〜1605)…実質的なムガル帝国の建設者

ⓐ(5)制［支配階層に官位を与えて等級づけ／等級に応じて維持すべき騎兵(きへい)・騎馬(きば)数と給与を定めて組織化

ⓑ中央集権的な統治機構を整備…全国の土地を測量して徴税する制度を導入

ⓒ首都を(6)に移す

ⓓ非イスラーム教徒に課していた(7)を廃止→ヒンドゥー勢力を味方に

(3)イスラーム教とヒンドゥー教の融合(15〜16世紀)

ⓐ(8)…不可触民(ふかしょくみん)への差別を批判し、人類が根本的に一つであると説く

ⓑ(9)…カーストの区別なく解脱できると説き、(10)**教**の祖となる

(4)(11)**文化**…イスラーム文化とヒンドゥー文化の融合

ⓐ絵画…ムガル宮廷にイラン出身者や南アジア各地の画家がまねかれる

→(12)を含む装飾写本が多数生み出される

ⓑ言語…(13)**語**の誕生：公用語のペルシア語と地方語がまざって成立

※(13)語…現在のパキスタンの国語

ⓒ建築…インド様式とイスラーム様式の融合

例：(14)…皇帝シャー=ジャハーンが妃の墓廟(ぼびょう)として造営

1

2

3

4

5

6

7

8

9

10

11

12

13

14

15

16

17

18

19

20

a

b

c

d

e

⑸南部の状況

ヒンドゥー王朝の（　15　）王国（1336～1649）が存在

┌デカン高原に成立→インド洋交易で軍事力強化、南インドで支配を拡大
└イスラーム勢力との抗争で衰退→南インド各地で地方勢力が自立化

2 インド地方勢力の台頭

ムガル帝国の衰退には、どのような要因があったのだろうか。

⑴第6代皇帝（　16　）（位1658～1707）…イスラーム教に深く帰依

ⓐ最大領土を達成←→一方で支配体制の弱体化も進む

ⓑムガル支配層…（　17　）に積極的に関わらず、地租徴収を強化するのみ

ⓒヒンドゥー寺院を破壊、**人頭税**（じんとうぜい）（ジズヤ）**を**（　18　）→ヒンドゥー教徒は反発

⑵地方勢力の動き…独立への動きを示す

ⓐ西インド

（　19　）**王国**（17世紀半ば～1818）が登場…ヒンドゥー国家の建設めざす

ⓑ西北インド…（　20　）教徒が強大化

ⓒアウラングゼーブの死後、帝国は解体へ向かう

→ベンガル地方やデカン地方に独立政権が成立

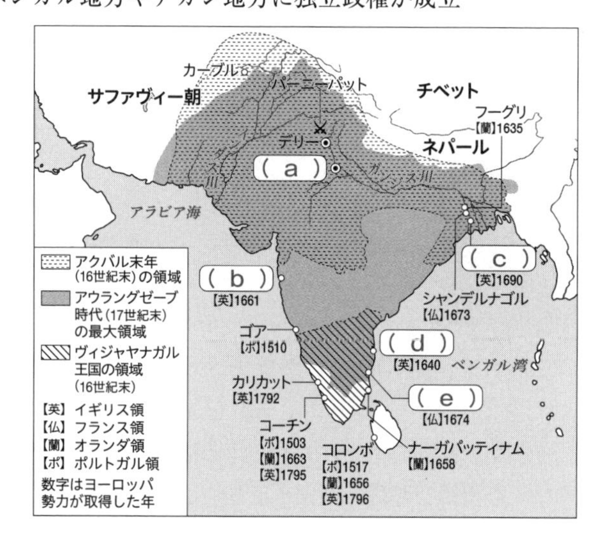

3 清代の中国と隣接諸地域

教 169〜175頁

清代の政治と社会の特徴は何だろうか。また、清朝の皇帝が従来の中国王朝の皇帝と異なるのはどのような点だろうか。

1 多民族国家・清朝

清朝の領土にはどのような民族が含まれ、どのように統治されていたのだろうか。

(1)清朝の中国支配

ⓐ**清朝**(1616〈36〉〜1912)

- 中国東北地方で農牧・狩猟生活を営んでいた(1)が建国
- 16世紀以降の動乱のなか、新式の(2)により台頭した新興勢力の1つ

ⓑ李自成が明を滅ぼす→清の侵入を防いでいた明の武将(3)は降伏(1644)
　→清軍は長城内に入り、(4)を都として中国全土を征服

ⓒ(5)…雲南・広東・福建に藩王として配置された、呉三桂ら漢人武将

ⓓ反清活動…(6)とその一族がオランダ人を駆逐して(7)を占領(1661)

ⓔ清朝皇帝の位置づけ…中国の皇帝と遊牧社会の君主という二側面→独裁的権力
　→北京の(8)で政務をとり、夏の数カ月は北方の猟場や離宮で過ごす

(2)最盛期… (9)**帝**・(10)**帝**(位1722〜35)・(11)**帝**の時代

ⓐ(9)帝(位1661〜1722)…中国統一を完成

- 藩王の鎮圧…呉三桂らの(12)**の乱**(1673〜81)を鎮圧
- 鄭氏の制圧…(13)政策で鄭氏の財源を断ち、台湾を領土とする(1683)
- 南進するロシアと対等の立場で(14)**条約**(1689)を結ぶ…国境を画定
- (15)を破って外モンゴルを支配→(16)にも勢力をのばす
　→(16)仏教の守護者の地位をめぐって(15)と対立

ⓑ(11)帝(位1735〜95)…ジュンガルを滅ぼして東トルキスタンを支配
　→「(17)」と名付ける

1
2
3
4
5
6
7
8
9
10
11
12
13
14
15
16
17

史料 ブーヴェ『康熙帝伝』

> いやしくも帝王たる者はキリスト教信仰の美質を備えていなければなりません。……この帝王(康熙帝)は今なお不幸にも偶像教の信仰にとらわれておられます。しかし、この皇帝の行動はもとから半ばキリスト教的でありますので、神がこの帝王にも聖なる教えの資質を与えてくださることを私どもは期待しております。
> ……そもそも韃靼人(ここでは満洲人をいう)はつねに戦争を心がけておりますから、一切の武芸を尊んでおります。また漢人は、学問こそ自国のほとんど全価値だとみなしております。それ故、康熙帝は文武両道に精進して、自己の統治すべき韃靼人にも、漢人にも好感を持たれようと努められたのであります。……
> (後藤末雄訳『康熙帝伝』)

Q▶ブーヴェは康熙帝のどのような点を評価しているだろうか。

A▶

(3)清朝の統治体制

ⓐ直轄領…中国内地・東北地方・台湾

ⓑ**藩部**…モンゴル・青海・チベット・新疆

→(　18　)が統轄し、現地支配者も存続

現地支配者
- モンゴル…モンゴル王侯
- チベット…(　19　)(黄帽派**チベット仏教**の指導者)
- 新疆…(　20　)(ウイグル人の有力者)

ⓒ(　21　)を保護…モンゴル人やチベット人の支持を得るため

2 清と東アジア・東南アジア

明代と清代とでは、周辺諸国と中国との関係にどのような違いがみられるだろうか。

(1)東アジアや東南アジアの諸国

…清朝は朝貢する諸国を理念上、(　22　)と認識

⟷各国の内部では、それぞれ独特の(　23　)が成長

(2)朝鮮

ⓐ(　24　)…科挙制下の有力な家柄→政治の実権をめぐって党争

ⓑ清との関係…明滅亡より前に清の侵攻を受けたため、やむなく朝貢する

→日本の(　25　)による侵攻時の明の救援への恩義が強く、清には反発

ⓒ「(　26　)」意識…朝鮮こそ明を継ぐ正統な中国文化の継承者とする意識

→(　27　)の儀礼を中国以上に厳格に守る

(3)琉球

ⓐ17世紀初め、薩摩の(　28　)氏に服属する一方、中国にも朝貢

→日本と中国に「(　29　)」する状態となる

ⓑ首里城を中心に、日本・中国双方の要素を含む独特の文化を形成

(4)日本

ⓐ対外関係…江戸幕府が1630年代に「(　30　)」⟷隣接諸地域との関係は存続

→交易関係
- (　31　)：中国・オランダ　(　32　)：朝鮮
- (　33　)・薩摩藩：中国　(　34　)藩：アイヌ

ⓑ学問…幕府・諸大名が(　35　)を中心とする儒学を保護

→
- 日本独自の文化への関心も高まり、外来の儒学を排した(　36　)も盛ん
- 西洋科学への関心も高まる…(　37　)を通じて流入した医学など

ⓒ産業…(　38　)など手工業産品の国産化が進み、自立的な経済構造が形成

(5)東南アジア

ⓐ諸島部…17世紀末以降、現地政権が倒れて(　39　)の支配が進む

ⓑ大陸部…18世紀半ば～19世紀初め、新王朝がつぎつぎに成立

- ビルマ…タウングー朝がモン人などの侵攻で倒れる→コンバウン朝成立
- タイ…(　40　)朝
- ベトナム…(　41　)朝

→
- 新王朝は、政治的基盤を固めるため名目的に清の(　42　)を受ける
- 実際には、中国と対等な(　43　)した国であるという意識

ⓒ(　44　)
- 中国からの移住者
- 中国経済の活況→経済面で大きな力を握る

→(　45　)などの相互扶助機関をつくって東南アジア各地の社会に根づく

18
19
20
21
22
23
24
25
26
27
28
29
30
31
32
33
34
35
36
37
38
39
40
41
42
43
44
45

図 「朝鮮通信使行列絵巻」

Q ▶ このような使節の行列は、江戸幕府にとってどのような意味をもっていたのだろうか。

A ▶

3 清代中国の社会と文化

漢人の社会や文化に対して、清朝はどのような態度をとったのだろうか。

(1)清の中国統治

ⓐ漢人支配…懐柔策と威圧策を併用

- 懐柔
  - 中央官制の要職の定員は満・漢同数
  - 『(46)』『(47)』などの大規模な編纂事業…学者を優遇
- 威圧
  - 反清的言論に対する(48)、(49)による思想統制
  - 漢人男性に満洲人の風習である(50)を強制

ⓑ官制
- (51)など明の制度をほぼ継承
- 皇帝直属の諮問機関(52)など独自の制度も創設

ⓒ軍制…漢人の(53)、満洲・モンゴル・漢で構成される(54)

(2)貿易の発展と清の経済統制

ⓐ台湾の鄭氏の降伏→(55)政策の解除によって**海上貿易**が発展

→
- 生糸や陶磁器・茶などの輸出で(56)が流入
- 東南アジアへ移住する(57)も増加

ⓑ18世紀半ば、乾隆帝は治安上の理由からヨーロッパ船の来航を(58)**1港**に制限…(59)(特定の商人)に貿易を管理させる

→その後も貿易量は増加

(3)18世紀の人口増加…政治的な安定が背景

ⓐ山地の開墾が進み、タバコや藍(あい)などの商品作物がつくられる

ⓑ山地で栽培可能な(60)・(61)などの新作物が人口増を支える

(4)税制の(62)化

18世紀導入の(63)**制**…丁税(ていぜい)(人頭税(じんとうぜい))が土地税に繰り込まれる

(5)清代の文化…精密さや繊細さが特徴

ⓐ学問…明末清初の(64)らが事実にもとづく実証的研究の必要性を主張

→清代中期、儒学の経典の校訂や言語学的研究をおこなう(65)が発達

ⓑ文学…『(66)』などの長編小説が細密な筆致で上流階級の生活を描写

(6)イエズス会士の活躍と文化の交流

ⓐイエズス会士…清朝に(67)として登用される

46
47
48
49
50
51
52
53
54
55
56
57
58
59
60
61
62
63
64
65
66
67

68	┌(68)…暦を改定
69	└(69)…ヨーロッパの画法を紹介、(70)の設計に加わる
70	ⓑ(71)会の布教方法…中国文化を重んじ、信者に祖先崇拝などを認める
71	ⓒ(72)…他派が教皇へ訴えて問題化、教皇はイエズス会の布教方法を否定
72	→清朝は反発し、雍正帝の時代に**キリスト教の布教を**(73)
73	ⓓ宣教師がヨーロッパに伝えた中国文化の影響
	┌儒教・科挙などの思想・制度や造園術→中国に対する関心を呼びおこす
	├中国と西洋を比較する政治論が議論される
74	└芸術で(74)(中国趣味)が流行

10章まとめ

Q▶「世界の一体化」にともなって国際交易が発展していた時期に、アジアで繁栄していた諸帝国には、どのような共通点があったのだろうか。それに答えるために①・②についてまとめてみよう。

①この時期のアジアにはどのような帝国があっただろうか。

②諸帝国の支配層はどのような人々だろうか。また、彼らに支配されていたのはどのような人々だったのだろうか。

第11章 近世ヨーロッパ世界の動向

㊧ 176～201頁

1 ルネサンス

㊧ 176～179頁

ルネサンスはどのような点で新しく、どのような点で古かったのだろうか。

1 ルネサンス運動

ルネサンスの動機はどのようなもので、また、その担い手はどのような人々だったのだろうか。

(1)ルネサンス運動の背景

ⓐ黒死病(こくしびょう)(ペスト)大流行による多数の死者

→生ける者としての(1)に大きな価値が見出される

ⓑイスラーム圏から伝わった諸学問の影響

→(2)界へ働きかける技術への関心が高まる

(2)ルネサンス(「再生」の意味)の特徴

ⓐ自然と人間に対する探究→文芸・科学・芸術など多様な文化活動が展開

ⓑ現世文化の尊重…キリスト教は否定せず

ⓒ理想的人間像…(3)に象徴される「(4)」

ⓓ14世紀、(5)などイタリア諸都市で開始→16世紀、西ヨーロッパ各地へ

(3)ルネサンスの限界

ルネサンスの推進者…都市に住む教養人

┌(6)家などの大富豪や仏王・ローマ教皇など権力者の保護下で活動
└既存の社会体制を直接的に批判する運動には至らず

2 ルネサンスの精神

ルネサンスを支えた精神にはどのような特徴があり、また後世に何を残したのだろうか。

(1)(7)主義(ヒューマニズム)…文芸・思想面の動き

ⓐルネサンスの一目的…人間が価値あるものとして(8)を生きるための指針獲得→(9)以前のギリシア・ローマ文化の探究へ

ⓑギリシア語の復活…オスマン帝国の圧迫で(10)帝国の知識人がイタリアへ流入→西欧で忘れられていたギリシア語を伝える

ⓒ(11)や**ボッカチオ**ら人文主義者(ヒューマニスト)が、ギリシア語・ラテン語の知識を用いて(12)に死蔵されていた文献を解読

→ホメロスなどの古典が再発見され、(13)のいきいきとした人間の姿が復活

(2)ルネサンス期の科学

ⓐ物質面の探究 ┌目的：自然の隠された性質の解明
└科学の発達…中世以来の占星術や錬金術との連続性

ⓑ天文学の発達…中世の占星術の影響

1
2
3
4
5
6
7
8
9
10
11
12
13

→トスカネリの(　14　)説や(　15　)の**地動説**…人々の世界観に大きな影響

ⓒ金属技術の発達(→後世の化学の基礎)…中世の錬金術の影響

ⓓ人体解剖図の登場→古代ギリシア以来の医学の権威が揺らぐ

図「アテネの学堂」

Q▶この作品には、どのようなルネサンスの特徴が反映されているだろうか。

A▶

3 ルネサンスの広がり

多方面におけるルネサンスの成果は、後世にどのような影響を与えたのだろうか。

(1)美術

ⓐ建築…(　16　)**様式**：古代ローマ建築を取り入れ、均整と調和を重視

ⓑ絵画…15世紀前半、(　17　)法を用いた油絵技法が確立

→のちの写実主義への道を開き、キリスト教以外の主題も登場

ⓒイタリア

(　18　)	近代イタリア絵画の祖。「聖フランチェスコの生涯」
ドナテルロ	ルネサンス様式を確立した彫刻家。「聖ジョルジオ像」
(　19　)	初期ルネサンスの建築家。サンタ＝マリア大聖堂のドーム
(　20　)	ルネサンス期最大の建築家。サン＝ピエトロ大聖堂
(　21　)	メディチ家保護下で女性美を描く。「ヴィーナスの誕生」「春」
(　22　)	自然諸学にも通じた「万能人」。「最後の晩餐」「モナ＝リザ」
(　23　)	彫刻家・画家・建築家。「ダヴィデ像」「最後の審判」
ラファエロ	多くの聖母子像、「アテネの学堂」

ⓓネーデルラント

(　24　)兄弟	油絵技法を改良。ガン(ヘント)の祭壇画
(　25　)	農民や自然などキリスト教以外の主題を描く。「農民の踊り」

ⓔドイツ

デューラー	深い精神性を感じさせる画風、自画像を残す。「四人の使徒」

(2)発明

ⓐ**火器**…中国より伝来し、ルネサンス期に鉄砲や大砲が発明される

→戦術が一変し、騎士(きし)が没落〈(　26　)**革命**〉

ⓑ**羅針盤**…中国より伝来し、遠洋航海を可能にする

→ヨーロッパ人の海洋進出に道を開く

ⓒ**活版印刷術**…(　27　)が改良し、紙の普及と相まって大量の印刷物が流通

→文芸の振興や宗教改革の進展を促す

(3)**文芸**…多くがラテン語ではなく各国語で著される→国民文化の形成に影響

ⓐイタリア

(28)	『神曲』…ラテン語ではなく口語(イタリア方言のトスカナ語)で叙述
ペトラルカ	『叙情詩集』…古代ローマをたたえる
(29)	『デカメロン』…近代小説の原型、風刺的短編小説

ⓑネーデルラント

(30)	人文主義者、カトリックの腐敗を風刺。『愚神礼賛』

ⓒフランス

(31)	『ガルガンチュアとパンタグリュエルの物語』…因習を風刺
モンテーニュ	『エセー(随想録)』…自己を見つめ、人間性を追求

ⓓスペイン

(32)	『ドン＝キホーテ』…スペイン社会の矛盾を風刺

ⓔイギリス

(33)	イギリス＝ルネサンスの先駆。『カンタベリ物語』
モア	『(34)』…キリスト教の天国とは別の理想郷を提示
(35)	エリザベス期最大の作家。『ヴェニスの商人』『ハムレット』

28

29

30

31

32

33

34

35

図 「ヴィーナスの誕生」

Q１▶この作品には、どのようなルネサンスの特徴が反映されているだろうか。

A▶

図 活版印刷所

Q２▶アジアで発明された活版印刷の技術が、ヨーロッパではアジア以上に急速に広まったのはなぜだろうか。

A▶

2 宗教改革

教 180〜183頁

16〜17世紀におけるヨーロッパの宗教分布は、どのようなものだったのだろうか。

1 宗教改革とルター

それまで挫折続きだった教会改革の試みが、なぜ16世紀にはじめて実現したのだろうか。

(1)宗教改革の背景…教会の改革を求める強い声

ⓐ疫病(えきびょう)や戦争による社会不安→一般信徒の(　1　)が上昇

ⓑ聖職者の贅沢(ぜいたく)や怠惰(たいだ)→教会の(　2　)への期待の高まり

ⓒきっかけ…教皇(メディチ家出身)による(　3　)の販売

┌目的…サン＝ピエトロ大聖堂の改築費のため
└教会は(　3　)の購入を魂の救済に向けた(　4　)の1つとする

(2)ルターの主張とドイツの宗教改革の始まり

ⓐ1517年、修道士**ルター**が「(　5　)」を発表し、贖宥状(しょくゆうじょう)への異議をとなえる

ⓑルターの主張…(　6　)を根本的に否定するもの

┌聖書主義…教会の指導や善行ではなく、聖書を読んで得る(　7　)を通して救われるとする
└(　8　)**主義**…聖職者と一般信徒の区別を撤廃
→聖職者は信者によって選ばれ、妻帯も可能とする

(3)ドイツの宗教改革の展開

ⓐ教皇や神聖ローマ皇帝(　9　)の反発→教皇はルターを破門(1521)
→教会への不満を背景に、広範な社会層がルターを支持
→(　9　)はオスマン帝国の圧迫を背景に帝国内の諸勢力へ強い姿勢とれず

ⓑルターは『(　10　)』のドイツ語訳を完成…反皇帝派諸侯(しょこう)による保護
→民衆が直接キリストの教えに接することができるようになる

ⓒ(　11　)**戦争**(1524〜25)…**ミュンツァー**(ルター派の説教師)の指導
→急進化して農奴制(のうどせい)廃止を要求
→ルターは急進化した一揆(いっき)に反対し、諸侯も領主として一揆を鎮圧

(4)宗教改革の追認…カトリック圏の一体性の崩壊

ⓐルター派諸侯…修道院の解散など反カトリック政策をとり、同盟を結んで皇帝に対抗→同盟と皇帝のあいだで(　12　)内戦が勃発(ぼっぱつ)

ⓑ(　13　)**の和議**(1555)…宗教内戦の終結

┌(　14　)にカトリックかルター派かの選択権を認める
│→ルター派を選択する場合は、教皇から自立して領邦内の教会を監督〈(　15　)制〉
└一方で個人に信仰の自由はなく、それぞれの諸侯の宗派に従うこととされる

ⓒルター派は北欧諸国にも拡大

1
2
3
4
5
6
7
8
9
10
11
12
13
14
15

史料 ルターの「九十五カ条の論題」

> 第82条　もし、教皇が教会を建てるというような瑣末な理由で、いとも汚らわしい金銭を集めるため、無数の霊魂を救うのならば、なぜ、あらゆることのうち、もっとも正しい目的である、いとも聖なる慈愛と霊魂の大なる必要のために、煉獄から〔霊魂を〕救い出さないのであろうか。

Q▶この論題は、誰の、どのような行為を批判しているだろうか。また、こうした主張はどのような影響をもたらしただろうか。

A▶

2 カルヴァンと宗教改革の広がり

カルヴァンの教えには、どのような特徴があったのだろうか。

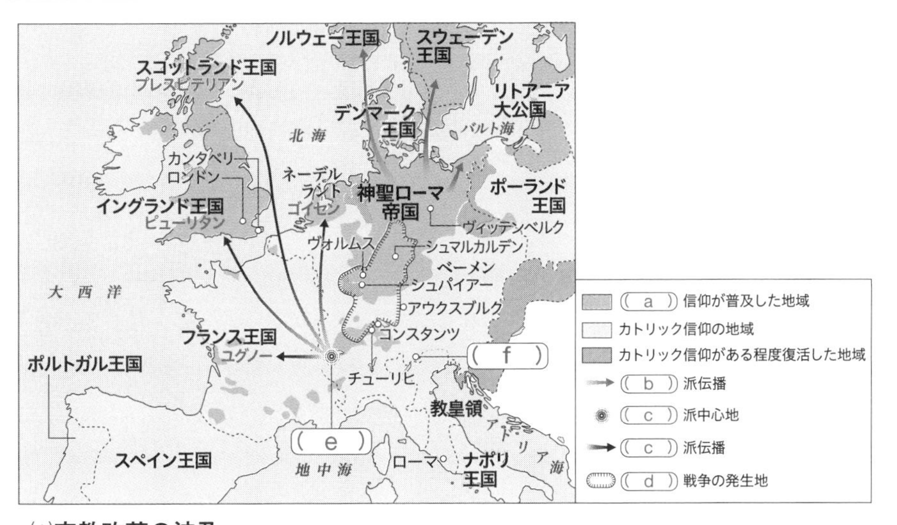

(1)宗教改革の波及

16世紀、ドイツ以外でも宗教改革が展開

→ルター派とあわせて「(16)」と総称される

※(16)の呼称の由来…ルター派諸侯によるカール5世への「抗議文」提出(1529)

(2)スイスの宗教改革

ⓐ(17)…ルターの影響を受け、チューリヒで宗教改革開始→他都市へ波及

ⓑ(18)…フランスの神学者、(19)で一種の神権政治を実施

(3)カルヴァンの教義とその広がり

ⓐ(20)**主義**…信徒から選出した(20)と牧師が教会を運営する制度

ⓑ(21)**説**…救済は善行や信仰によらず、あらかじめ神が定めているとする

→堕落した人間は神に選ばれず、規律と(22)が救済の前提条件と主張

ⓒ(23)や知識人に受容され、フランス・(24)・イギリスなどへ拡大

→ジュネーヴはプロテスタントの中心地となる

(4)イギリスの宗教改革

ⓐ(25)(位1509～47)…王妃との離婚を認めない教皇と対立

→(26)**法**(1534)でカトリック圏から離脱…(27)**会**の成立

※(28)も解散させて、その土地財産を没収

a 信仰
b 派
c 派
d 戦争
e
f
16
17
18
19
20
21
22
23
24
25
26
27
28

ⓑ（ 29 ）（位1558～1603）…（ 30 ）**法**（1559）でイギリス国教会を確立

ⓒイギリス国教会

…教義はほぼカルヴァン主義⟷制度・儀式にカトリック要素残存

→のちに（ 31 ）がカルヴァン主義の徹底を要求

3 カトリック改革とヨーロッパの宗教対立

カトリック改革には、どのような世界史的な意義があるのだろうか。

⑴カトリック改革 ※対抗宗教改革とも呼ばれる

ⓐ（ 32 ）**改革**…宗教改革と同時期のカトリック教会側の独自改革

ⓑ（ 33 ）**公会議**（1545～63）で旧来のカトリック教義を再確認

→一方で（ 34 ）の販売を禁止し、聖職者の腐敗や怠慢への対策も決定

⑵カトリック改革の文化的影響

ⓐ民衆の信仰心に訴える題材を用いた美術の必要性

→動的で豪華な表現を特徴とする（ 35 ）**様式**が生まれる

ⓑ教会…禁書目録の制定や宗教裁判の強化など文化面で抑圧もおこなう

⑶（ 36 ）**会**…カトリック教会の勢力回復に貢献

（ 37 ）・（ 38 ）らが結成

慈善活動よりも（ 39 ）と（ 40 ）に主眼をおいた修道会

→南欧へのプロテスタント進出を阻止し、中南米やアジア諸地域で布教活動

⑷宗教改革・カトリック改革の影響

ⓐイエズス会の布教活動に他修道会も続く→ヨーロッパ外へカトリックが波及

ⓑ西欧のキリスト教世界が分裂

⟷カトリック・プロテスタント両派の（ 41 ）は強まる

→双方のあいだに（ 42 ）や対立が生じ、宗教による内戦も発生

ⓒ社会的緊張→ドイツなどで「（ 43 ）」がおこなわれる

図 「聖フランシスコ＝ザビエルの奇蹟」（ルーベンス作）

Q１▶図は、カトリック改革をきっかけに生まれた様式による絵画である。この様式を何というか。

A▶

Q２▶図中にはザビエル（右中央の手を上げている人物）が描かれているが、彼は現実にはどのような業績をあげた人物だろうか。

A▶

3 主権国家体制の成立

教 184～188頁

ヨーロッパの主権国家体制と戦争は、どのように関連していたのだろうか。

1 イタリア戦争と主権国家体制

主権国家体制は、どのような経緯で成立したのだろうか。

(1)イタリア戦争

ⓐ西ヨーロッパ諸国…東方の(1)帝国の脅威を感じる一方、海洋へ進出
→ヨーロッパ内でもそれぞれの勢力拡大につとめる

ⓑ**イタリア戦争**(1494～1559)
(2)が領土拡大をめざしてイタリアに侵入→(3)が対抗して開戦
イタリアは勢力争いの場となって荒廃→諸国家の分断状況が固定化

ⓒ(4)…分断状況下のイタリアで『君主論』を著す
→(5)と利益を統治の基本原理とすべきと主張。近代政治学の祖

(2)神聖ローマ皇帝カール5世…スペイン王としては(6)(位1516～56)

ⓐイタリア戦争期のヨーロッパを主導、相続で西ヨーロッパの約半分を領有
→古代以来の単一のヨーロッパ帝国の再興をめざす

ⓑ治世の大半は戦争…イタリア戦争でのフランスとの対立、オスマン帝国の圧力

ⓒ宗教改革の影響…帝国内の領邦国家の(7)傾向が増大
→領土を長男と弟に二分して退位…ハプスブルク家の分裂(オーストリア系・スペイン系)

【スペイン王】 【ハプスブルク家】
フェルナンド5世(アラゴン王) ＝ イサベル(カスティリャ女王)
マクシミリアン1世 1493～1519
フアナ ＝ フィリップ
カール5世 1519～56 スペイン王としてはカルロス1世 1516～56
〈スペイン系〉 フェリペ2世 1556～98
フェリペ3世 1598～1621
〈オーストリア系〉 フェルディナント1世 1556～64
マクシミリアン2世 1564～76
スペイン王
神聖ローマ皇帝
(数字は在位年)

図 ハプスブルク家の系図

Q▶カール5世が西ヨーロッパの約半分を領土にできたのはなぜだろうか。

A▶

(3)主権国家

ⓐイタリア戦争後のヨーロッパ…(8)のような国家をこえた権力は成立せず
→ 様々な規模・政治体制の国家が形式上(9)な立場で国際社会を形成
一方、各国は激しい勢力争いを繰り広げる→戦争が頻発

ⓑ(10)…国境を画定し、中央に権力を集中させて住民への統制を強める
→16世紀半ば～17世紀半ば、こうした国家による(10)**体制**が成立

11
12
13
14
15
16
17
18
19
20
21
22
23
24
25
26
27
28
29
30
31
32
33
34
35
36

(4)(11)…この時代の主権国家の典型例

ⓐ各国の王権は、貴族をはじめとする諸身分の(12)を抑制
→地方の独立性を弱めて中央の統制下におき、(13)の活動も制限
→中央集権化

ⓑ(14)の成立┌国王が定住し、行政機能を集中
└(15)やそこでの華やかな(15)**文化**が誕生

ⓒ(16)**軍**・(17)(国王が任命して地方へ派遣)…統治の新たな柱となる

(5)近世ヨーロッパの覇権国家

主権国家体制…原則上は諸国家の分立状態→(18)の立場を得る強国も出現
→┌16世紀後半：(19) 17世紀半ば：(20)
└17世紀末：(21) 18世紀後半：(22)

2 ヨーロッパ諸国の動向

16世紀後半のスペイン・イギリス・フランスはどのような関係にあったのだろうか。

(1)スペインの動向…(23)(位1556～98、カール5世の長男)のもとで隆盛

ⓐネーデルラント・南イタリアを継承し、(24)の王位も兼ねる
→スペインは広大な植民地を含む「(25)帝国」となり、最盛期を迎える

ⓑイタリア戦争の終結…フランスと講和

ⓒ(26)**の海戦**(1571)…オスマン帝国を破り、西地中海への進出を阻止

ⓓカトリックの盟主…(27)会を支持し、異端審問(いたんしんもん)でプロテスタントを弾圧

(2)オランダの独立とスペインの衰退

ⓐイタリア戦争の講和→フランスとのあいだで人の(28)が自由になる
→スペイン領ネーデルラントに(29)派が広まる

ⓑ**オランダ独立戦争**(1568～1609)
┌ネーデルラントのプロテスタント…フェリペの(30)化政策に反発
　→従来の自治特権をフェリペに奪われた在地貴族が参加→反乱に発展
├南部〈のちの(31)〉…フェリペとの協調路線に転じる
　→北部の(32)(オラニエ公ウィレムが指導)…抵抗を継続
└1581年、(32)は独立を宣言(←スペインに敵対する諸国の援助)
　→1609年の休戦で事実上の独立が認められる

ⓒ17世紀、オランダ独立やポルトガルとの同君連合(どうくんれんごう)解消
→スペインは急速に衰退

(3)イギリスの動向

ⓐ(33)治下のイギリス…オランダ独立戦争を支援
→1588年、フェリペが派遣した(34)を撃退

ⓑ海外進出
┌17世紀初め、北米に最初の永続的な植民地(ジェームズタウン)を建設
└国民的産業となった毛織物業の販路拡大やアジア物産の獲得をめざす
　→(35)(1600～1858)などの貿易特許会社を設立

(4)フランスの動向…スペインに匹敵する大国

ⓐフランス王家とハプスブルク家の争い…近世ヨーロッパ国際政治の基調の1つ

ⓑ16世紀後半、(36)と呼ばれたカルヴァン派の勢力が国内で拡大

→カトリックとの対立は宗教内戦〈(　36　)戦争(1562〜98)〉に発展

ⓒ(　37　)(位1589〜1610)が即位し、(　38　)朝を開く

→カトリックに改宗する一方、(　39　)でユグノーに信仰の自由を付与

→信仰より平和や(　40　)の安定を尊重する立場が主流→宗教対立は終結

3 三十年戦争

アウクスブルクの和議とウェストファリア条約で異なる点は何だろうか。

(1)戦争の背景

ⓐ神聖ローマ帝国内に大小の(　41　)が分立→中央集権化が困難

ⓑアウクスブルクの和議…諸侯(しょこう)の宗教面での自治権を認める⟷宗派対立は継続

ⓒ諸侯…政治面での自治権の拡大をめざす→皇帝と対立

ⓓ(　42　)におけるプロテスタント貴族の反乱→**三十年戦争**(1618〜48)勃発(ぼっぱつ)

(2)戦争の経過

ⓐ神聖ローマ帝国内…皇帝側(カトリック) vs. 反皇帝側(プロテスタント)

ⓑ反皇帝側で参戦した勢力

┌バルト海地域での覇権をめざす(　43　)などのプロテスタント国家
└カトリックだが、ハプスブルク家に対抗する(　44　)

…当初は帝国内の宗教対立→国家間の国際戦争に拡大

ⓒ火器など(　45　)革命の技術の駆使→主戦場となったドイツの被害は甚大

(3)(　46　)条約(1648)…三十年戦争の終結

ⓐ(　47　)と(　48　)の独立が正式に認められる

ⓑ神聖ローマ帝国で(　49　)派が公認される

ⓒ領邦国家は独自の(　50　)権を認められて主権を拡大

→各領邦国家が絶対王政の確立に向かい、(　51　)帝国は形骸化

ⓓ多数の国が条約に調印→(　52　)体制が法的裏付けを得て最終的に確立

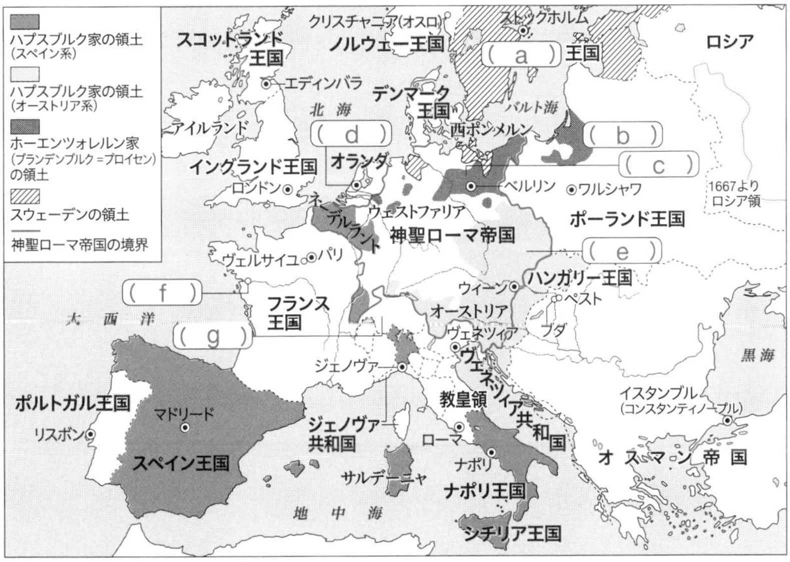

Q▶これらの国家のなかで、君主制でない国はいくつあるだろうか。

A▶

37
38
39
40
41
42
43
44
45
46
47
48
49
50
51
52
a　王国
b
c
d
e
f
g

4 オランダ・イギリス・フランスの台頭

教 189〜194頁

オランダ・イギリス・フランスがそれぞれもった有利な点は何だろうか。

1 オランダの繁栄と英仏の挑戦

17世紀にオランダはなぜ経済的な覇権を築くことができ、また、なぜそれを失ったのだろうか。

(1)ネーデルラントの繁栄
ⓐ漁業や干拓農業の技術が発達し、(1)業はヨーロッパ最高の水準
ⓑ東欧の(2)を輸入し、ヨーロッパ各地の産品を輸出する(3)貿易で繁栄→北部のオランダは、首都(4)を中心に造船・貿易・金融が発達
ⓒ17世紀のオランダ…経済的繁栄によってヨーロッパでもっとも都市化が進む
→都市の(5)も文化の保護者となる
ⓓ宗教・思想に(6)な雰囲気→学問・出版でもヨーロッパの中心となる

図 オランダ東インド会社の皿
Q▶17世紀のオランダにとって、日本との交易はどのような意味があっただろうか。
A▶

(2)オランダの海外進出
ⓐ担い手…(7)(1602〜1798)などの貿易特許会社
→カリブ海・アフリカ南部(ケープ植民地)・アジアなどに進出
ⓑアジアへの進出
┌(8)の海上交易(こうえき)網を破壊
├(9)**事件**(1623)でイギリスを東南アジアから駆逐
→ジャワ島の(10)(のちのジャカルタ)を拠点に香辛料交易を独占
└鎖国下の(11)との交易を維持→大量の銀を持ち出す
ⓒ北米大陸への進出…(12)を中心とする植民地を建設

(3)オランダの衰退
ⓐイギリス・フランスの挑戦…オランダの(13)貿易を妨害する経済政策
┌イギリス…17世紀後半の(14)戦争でニューアムステルダムを奪う
└フランス…侵略戦争により、一時的にオランダ本土の半分を占領
→オランダは統領(15)の指導で乗り切る⟷フランスの脅威は継続
ⓑウィレムは、イギリスの(16)革命(1688〜89)で同国国王に即位
→イギリス=オランダ(17)を築いてフランスに対抗
ⓒウィレムの死後に同君連合は解消されたが、イギリスとの同盟関係は維持
…同盟には(18)・(19)を制限する協定→オランダの国力は衰退

1
2
3
4
5
6
7
8
9
10
11
12
13
14
15
16
17
18
19

図 「アムステルダム織物業者組合の幹部たち」

Q ▶ この絵の主題は商工業者である。17世紀のオランダでは、従来の貴族や教会に加え、ブルジョワ(市民)も文化の保護者になりえた。このような変化が生じたのはなぜだろうか。

A ▶

2 イギリスの2つの革命

イギリスの1640年代の革命が、他国からの干渉を受けなかったのはなぜだろうか。

(1)革命の始まり

ⓐエリザベス1世死後、イギリスは(　20　)から国王(ジェームズ1世)を迎える→両国は同君連合を形成〈(　21　)**朝**(1603～49、1660～1714)〉

ⓑイギリスにおける国王統治…中世以来、(　22　)の同意が必要
→国王(　23　)…(　24　)**説**を奉じ絶対君主として統治→(　22　)と対立

ⓒ1628年、議会は(　25　)を発して国王権力の縮小を要求
→国王は議会を解散し、以後11年間にわたって議会を開かず

ⓓ1640年、国王が再び議会を招集→議会は改めて国王権力の縮小を要求
→ ┌国王が強硬手段でおさえ込む→42年、内戦開始(議会派 vs. 王党派)
　 └議会(地方)派と王党(宮廷)派の内戦→革命へ発展…(　26　)**革命**の呼称
　　 └議会派には、迫害されていた(　26　)が多数

(2)共和政

ⓐ革命の結果…議会派が(　27　)の指導で勝利
→裁判を経て1649年に国王を処刑
→**共和政**を開始し、国教会体制も変更

ⓑ思想家(　28　)…動乱のさなかに『リヴァイアサン』を著す
→無政府状態の混乱を防ぐためには絶対的な(　29　)も正当化されると説く

ⓒオランダへの対抗…(　30　)**主義**にもとづく(　31　)**法**を制定(1651)
→3次にわたる(　32　)**戦争**(1652～54、65～67、72～74)をまねく

ⓓ共和政は安定せず→クロムウェルによる軍事独裁体制へ
→国民は厳格な統治を嫌い、クロムウェル死後に王政に傾く
→(　33　)(1660)…チャールズ1世の子を国王(　34　)として迎える

(3)名誉革命(1688～89)

ⓐ国王と議会の対立…チャールズ2世は議会と(　35　)会を革命前の形に戻す
⟷議会の対応 ┌(　35　)会の立場を強めようとする
　　　　　　 └(　36　)法を制定(1679)…国王による恣意的な逮捕を禁止

ⓑ王位継承者のカトリック信仰が発覚→継承資格をめぐって激しい争い
→(　37　)がカトリック信徒のまま即位し、議会の立法権を無視して統治

20
21
22
23
24
25
26
27
28
29
30
31
32
33
34
35
36
37

38
39
40
41
42
43
44
45
46
47
48
49
50
51
52
53

※この争いで２つの政治党派が誕生
- トーリ党…王権を重視
- ホイッグ党…議会を重視

ⓒジェームズ２世…反プロテスタントの（　38　）と親密な関係
→国民のあいだでフランスへの従属と（　39　）化への危機感が高まる

ⓓ（　40　）**革命**
- 1688年、王の娘婿のオラニエ公（　41　）がオランダからまねかれる
  →ジェームズ２世は国民の支持を失ってフランスに逃亡
- 翌89年、（　41　）は夫妻で即位（**ウィリアム３世・メアリ２世**）
  → （　42　）法を定めてプロテスタント全般の信教の自由を保障
  → 議会の要求を受け入れて（　43　）の制定に同意
  →イギリスの立憲君主政の開始

ⓔ権利の章典…立法や財政などにおいて（　44　）の権限が国王の権力に優越することを宣言

ⓕ思想家（　45　）…名誉革命の時期に『統治二論』を著す
→国王の権力の根源は人民からの信託にあるとし〈（　46　）説〉、専制的な権力に対する人民の（　47　）権を正当化

⑷議会政治の発達

ⓐ1707年、スコットランドと国家合同→（　48　）**王国**を形成

ⓑ1714年、ステュアート朝が断絶
→（　49　）朝（1714～1901）…血縁関係にもとづいてドイツから新王を迎える

ⓒイギリスの政治体制…議会と国王が権力を分有した点で近世でも例外的

ⓓ（　50　）**制**（責任内閣制）の確立…以後、各国の議会政治のモデル
- 18世紀前半、ホイッグ派議員の（　51　）が首相に就任
  …国王と議会の橋渡し役として国政を指揮
- （　51　）は世論と議会の信任を失うと、後継首相にその座をゆずる
  →選挙と議決の結果を重視する（　50　）制が確立

史料　権利の章典

1．王の権限によって、議会の同意なく、法を停止できると主張する権力は、違法である。
4．国王大権と称して、議会の承認なく、王の使用のために税金を課することは、違法である。
6．議会の同意なく、平時に国内で常備軍（じょうびぐん）を徴募（ちょうぼ）し維持することは、法に反する。
8．議員の選挙は自由でなければならない。
9．議会での言論の自由、および討論・議事手続きについて、議会外のいかなる場でも弾劾（だんがい）されたり問題とされたりしてはならない。
13．あらゆる苦情の原因を正し、法を修正・強化・保持するために、議会は頻繁（ひんぱん）に開かれなければならない。

Q▶史料のなかで、議会の権利として主張されていることは何だろうか。

A▶

3 フランスの絶対王政

近世フランスの強みと課題は、それぞれ何だろうか。

⑴中央集権化…国王（　52　）と宰相（さいしょう）（　53　）のもとで進展

ⓐ課題…(54)戦争以来の宗教対立で動揺した国王と政府の権威確立

ⓑ中央集権策
- 貴族の私的軍事力を解体し、官僚を全国に派遣して統治
- 王権への制約となっていた(55)を停止

ⓒ外交面…(56)戦争に介入

→スペインと神聖ローマ帝国の両ハプスブルク家の勢力を抑える

(2)(57)**の治世**(位1643〜1715)**と内政**

ⓐ幼少期
- (58)が中央集権化を推進→貴族や地方が反発
- 貴族らによる(59)**の乱**(1648〜53)の発生→政府により鎮圧

ⓑ半世紀以上にわたる親政の展開(1661〜1715)
- (60)説を奉じて貴族への統制と(61)制を強化
  →絶対王政をきわめ、「太陽王」と呼ばれた名声はヨーロッパ全域におよぶ
- (62)**宮殿**を造営→各国宮殿のモデルとなり、フランス語も国際語に
- 宗教政策…**ナントの王令を廃止**(1685)
  →多数の(63)の国外流出をまねく

図 ルイ14世

Q▶ルイ14世は、「朕は国家なり」と称したとされる。この言葉は、当時のフランスのどのような状態を指しているだろうか。

A▶

(3)**ルイ14世治下の経済・対外政策**

ⓐ重商主義政策…(64)を登用してオランダに対抗

→
- (65)を改革・国営化してインドに進出
- (66)など北米大陸への植民を本格化し、西インド諸島のプランテーションも拡大

ⓑ対外戦争…ルイ14世は、王の威光を増す手段とみなしてもっとも力を注ぐ

→常備軍を増強し、フランス陸軍は当時のヨーロッパで最大・最強となる

ⓒフランスに対して、諸国は共同して対抗…イギリス＝オランダ同君連合など

→ルイ14世は、直系がとだえた(67)との同君連合を画策

→蘭・英・神聖ローマ帝国が反対し、(68)**戦争**(1701〜14)勃発

ⓓ(69)**条約**(1713)…スペイン継承戦争の講和条約
- スペインにブルボン家の王朝が成立⟷フランスとの同君連合化は失敗
- フランス…北米領土の一部をイギリスに割譲→覇権を喪失
- スペイン…本国以外のヨーロッパ領土をすべて失う→大国の地位から転落
  →その後、大西洋の制海権も失って植民地貿易の権益を侵食される

54
55
56
57
58
59
60
61
62
63
64
65
66
67
68
69

70

71

72

73

74

75

76

77

78

79

a

b

c

4 イギリスとフランスの覇権争い

イギリスとフランスの覇権争いは、なぜグローバルな戦いになったのだろうか。

⑴英仏対立の背景

ⓐ覇権の喪失…三十年戦争：（ 70 ）家、スペイン継承戦争：（ 71 ）家

ⓑ18世紀の覇権争い…（ 72 ）（島国の利点）vs. フランス（最大の人口）

⑵第２次英仏百年戦争

ⓐ18世紀の英仏の争い（第２次英仏百年戦争）→イギリスの勝利

ⓑイギリス勝利の推移…世界各地に広がる帝国を建設（イギリス帝国）

- スペイン継承戦争で（ 73 ）などを獲得し、北米大陸でも領土を拡大
  →スペインの中南米植民地に（ 74 ）を供給する特権を獲得
  →奴隷貿易に参入
- （ 75 ）戦争〈北アメリカでは（ 76 ）**戦争**（1754〜63）〉に勝利
  →（ 77 ）**条約**（1763）で北米大陸からフランス勢力を駆逐し、西インド諸島に植民地を拡大
- インド東北部の（ 78 ）地方でも広大な植民地を獲得

ⓒ大西洋の（ 79 ）**貿易**…イギリスが進出した大西洋地域で大規模に展開

- ヨーロッパから武器・綿織物などがアフリカへ
- アフリカから黒人奴隷がカリブ海・北米大陸南部へ
- プランテーションから砂糖・タバコなどがヨーロッパへ

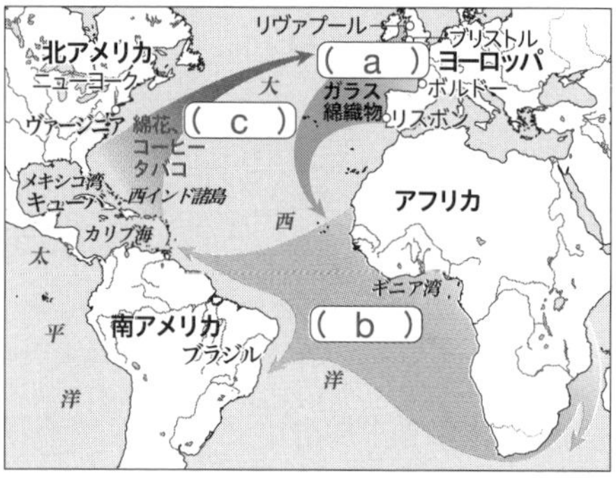

図 大西洋における三角貿易

Q▶奴隷はアフリカからどのようなところへ送りこまれたのだろうか。

A▶

5 北欧・東欧の動向

㊎ 195〜198頁

北欧・東欧諸国では、それぞれどのような改革がなされたのだろうか。

1 ポーランドとスウェーデン

ポーランドとスウェーデンは、主権国家体制のなかでどのような位置を占めていたのだろうか。

(1)北欧・東欧諸国の状況

ⓐ民族や宗派の異なる地域が(　1　)で結合→国家として不安定

ⓑ多くが(　2　)をもたず、領土を奪い合う→西欧より激しい興亡

(2)ポーランドの動向

ⓐ近世初頭、(　3　)と同君連合(どうくんれんごう)を形成→東欧の大国となる

ⓑ16世紀後半、王朝が断絶→貴族主体の(　4　)**政**へ移行

ⓒ16世紀末、国王が周辺地域の(　5　)化に乗り出す

→スウェーデンでルター派の、ロシアではロシア正教徒の反発にあって失敗

ⓓあいつぐ戦争で財政が破綻し、中央集権化の試みも頓挫→弱体化

→18世紀後半、周辺諸国による(　6　)(1772、93、95)で国家消滅

(3)スウェーデンの動向

ⓐ16世紀前半、(　7　)の支配から脱して絶対王政化を開始

ⓑ(　8　)戦争でドイツに領土拡大

→デンマークにかわってバルト海地域の覇権を握る

ⓒ(　9　)が発達⟷ほかの北欧諸国と同じく少ない人口

→バルト海進出をはかる(　10　)に北方戦争で敗れる→地位が急速に低下

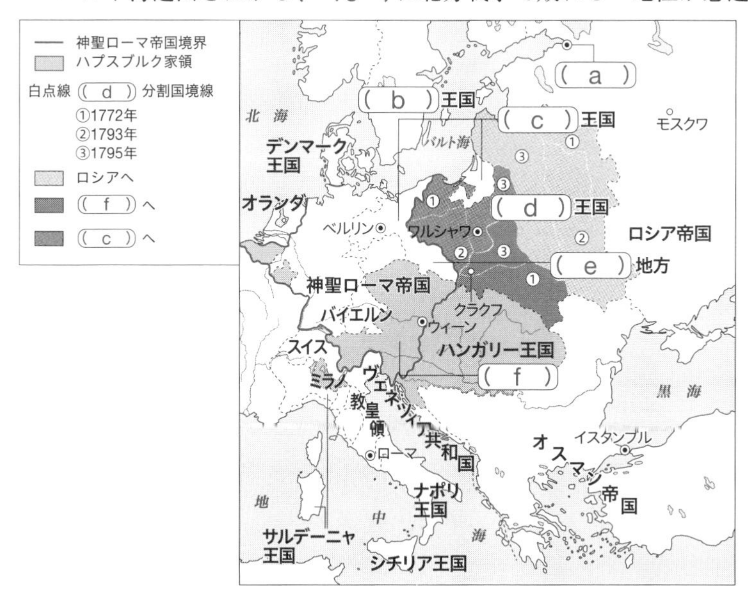

Q▶1772年の第1回分割はプロイセンにとってどのような意味があっただろうか。

A▶

1

2

3

4

5

6

7

8

9

10

a

b 王国

c 王国

d 王国

e 地方

f

2 ロシアの大国化

ロシアはどのようにして、ヨーロッパの主権国家体制に参入していったのだろうか。

(1)絶対王政の成立

ⓐ(　11　)分裂後のロシア…権力の空白が生じる
　→モスクワ大公国の(　12　)が東方・南方に領土拡大

ⓑイヴァン4世(位1533～84)の統治
　┌貴族を官僚に登用し、ロシア型の絶対王政〈(　13　)〉を開始
　└当時のロシア…バルト海や黒海には達しておらず、独自の内陸的世界を形成

ⓒ(　14　)**朝**(1613～1917)の成立…イヴァン4世死後の大動乱を終息
　→国境地帯の(　15　)を支援、ポーランドと争ってウクライナ地方を獲得
　※17世紀後半、(　15　)出身のステンカ＝ラージンが反乱をおこす

(2)(　16　)(位1682～1725、大帝)

ⓐ内政┌西欧から専門家をまねいて、軍事改革と先進技術を導入
　　　└社会慣習も西欧風に改めさせる

ⓑ対外進出
　┌(　17　)海進出をはかり、(　18　)**戦争**(1700～21)でスウェーデンと戦う
　│　→┌戦争中に新首都(　19　)(バルト海沿岸)を建設
　│　　└ロシアは戦争に勝利して、バルト海地域の覇権確立
　└シベリアを経て極東に進出
　　→清(しん)との(　20　)**条約**(1689)で国境を定め、通商を開始

(3)(　21　)(位1762～96)　※コサック出身の(　22　)の反乱を鎮圧

ⓐ日本に使節を派遣

ⓑオスマン帝国から(　23　)半島を奪って黒海に進出

ⓒ弱体化していたポーランドを(　24　)・(　25　)とともに分割

図　ひげを切られるロシア貴族

Q▶当時のロシアのピョートル1世は、どのような意図でひげ税を設定したのだろうか。

A▶

3 プロイセンとオーストリアの動向

プロイセンとオーストリアの関係は、どのように展開したのだろうか。

(1)プロイセンの動向

ⓐ**プロイセン**…神聖ローマ帝国外のプロイセン公国〈(　26　)領から昇格〉と帝国内の(　27　)国の同君連合で成立したプロテスタント国家

ⓑ三十年戦争後、(　28　)(大選帝侯)が絶対王政化を推進
　┌常備軍を強化→その費用として恒常的な課税を議会に認めさせる
　│　　　　　→引き換えに(　29　)(領主貴族)の(　30　)支配を正式承認
　└フランスから亡命した(　31　)を受け入れる→その産業技術を活用

ⓒ1701年、(32)へ昇格→富国強兵策の一方、戦争を避け財政の均衡を維持

(2)オーストリアの動向

ⓐ神聖ローマ帝国の中核…(33)家当主(オーストリア大公)が皇帝を兼務
→三十年戦争による帝国の形骸化で、東欧の一君主国に等しい存在に

ⓑウィーン包囲戦(第2次、1683)…(34)帝国を撃退
→(35)**条約**(1699)でハンガリーなどを奪回し、威信を増大

ⓒ(36)(チェコ〈チェック〉人)や(37)(マジャール人)など非ドイツ系が多数派を占める地域を支配
→その後の中央集権化における難題に

(3)プロイセンとオーストリアの対立

ⓐ(38)**戦争**(1740～48)
- ハプスブルク家で男子の継承者がとだえ、皇女(39)が大公位を継承
  →プロイセン王(40)が継承に異議をとなえ、(38)戦争勃発(ぼっぱつ)
- プロイセンが勝利し、資源の豊かな(41)**地方**を獲得

ⓑオーストリアは、プロイセンに対抗するため仇敵(きゅうてき)(42)と同盟(外交革命)

ⓒ(43)**戦争**(1756～63)
- オーストリア(フランスと同盟) vs. プロイセン〈(44)と同盟〉
- プロイセンが辛勝して領土を維持

ⓓ
- プロイセン…18世紀後半の(45)を経てヨーロッパの強国の地位確立
- オーストリア…マリア＝テレジアが改革をおこなって大国の地位を維持

4 啓蒙専制主義

啓蒙(けいもう)専制主義の特徴は、どのようなものだろうか。

(1)(46)主義
- プロイセン・オーストリア・ロシアなどでとられた体制
- 啓蒙思想の影響を受けた君主が改革を実施
  →農業・商工業の奨励、死刑・拷問の廃止、(47)の拡充、(48)の実現など
- 改革の目的…臣民の幸福の増大もその1つ

(2)各国の啓蒙専制君主

ⓐプロイセン…(49)が「君主は国家第一の僕(しもべ)」と自称して改革を実施
- アカデミーの復興、繊細優美な(50)様式によるサンスーシ宮殿の造営
- ヴォルテール・バッハらをまねくなど、首都(51)は文化的にも発展

ⓑオーストリア…マリア＝テレジアと(52)が諸改革を推進
- 税制改革や官僚制の整備を進める
- 一方、修道院を解散させるなどカトリック教会への統制を強める
- 首都(53)…モーツァルトら音楽家が集う音楽の都となる

ⓒロシア…(54)が文芸保護や社会福祉・地方行政制度の改革を実施

(3)啓蒙専制主義の成果と限界

ⓐ成果…プロイセン・オーストリア・ロシアは国際政治における地位が向上

ⓑ限界…君主主導の(55)策：英仏など先進国に対抗するため
→(56)制など社会の根幹は変更されず

32
33
34
35
36
37
38
39
40
41
42
43
44
45
46
47
48
49
50
51
52
53
54
55
56

6 科学革命と啓蒙思想

教 199〜201頁

ルネサンスと科学革命は、社会に与えた影響という点においてどのように異なるのだろうか。

1 科学革命

科学革命には、自然法則の発見のほかにどのような面があったのだろうか。

(1)**科学革命**…17世紀西欧における、自然科学の発見や自然観などの一連の変化

ⓐきっかけ…南北アメリカ大陸の「発見」や(　1　)術・(　2　)学などの発達
→古代の著作の権威は崩れ、(　3　)を新たに解釈しようとする動き

ⓑ17世紀、ガリレイや(　4　)が望遠鏡による観測から天体の運動法則を解明
→同じ頃に顕微鏡の発明→肉眼では見えない世界への探究も始まる

ⓒ自然科学の基本的手続きの確立
…観察と(　5　)→自然界の諸現象の(　6　)を解明→(　7　)による確認

ⓓ科学協会や(　8　)の創設…専門的な科学者が活動する場が整備される

(　9　)	伊	望遠鏡の改良	リンネ	スウェーデン	植物分類学
(　10　)	独	惑星運行の法則	(　12　)	仏	燃焼理論
(　11　)	英	血液循環論	(　13　)	英	種痘法
ボイル	英	気体力学	ラプラース	仏	宇宙進化論
ニュートン	英	万有引力の法則・『プリンキピア』	フック	英	『ミクログラフィア』

(2)**合理主義と経験主義**

ⓐ**合理主義**…(　14　)(仏)：全能の神から与えられた人間の(　15　)を万能視
→西欧思想の柱の1つ、芸術では秩序と調和を重視する(　16　)**主義**に反映

ⓑ**経験主義**…(　17　)(英)：合理主義に反対し、生後に獲得される知識と
(　18　)が人間の思考に決定的な役割を果たすと主張

ⓒ**観念論哲学**…(　19　)(独)：合理主義と経験主義の(　20　)を試みる

(3)**自然法と国際法**

ⓐ(　21　)**法**…理性を備えた人間に普遍的に共通するとされるルール
→(　22　)(英)らが探究を開始

ⓑ(　23　)**法**…(　24　)が自然法の理論を国家関係の分析に適用

(4)(　25　)**主義の登場**

17世紀末〜18世紀初め、西欧で古代人と現代人の優劣をめぐって論争がおこる
→(　26　)派が勝利し、西欧では(　25　)主義の考え方が優勢となる
→人間の歴史もよりよい時代に向かって無限に進歩するとの考え方が広まる

2 啓蒙思想

啓蒙思想は、どのような点で「実用の学」といえるのだろうか。

(1)**啓蒙思想**

ⓐ従来の学知…おもに知識人のあいだで展開→18世紀に変化

1
2
3
4
5
6
7
8
9
10
11
12
13
14
15
16
17
18
19
20
21
22
23
24
25
26

ⓑ(　27　)**思想**…すべての人間を対象に、現実世界の幸福増大のために有用な知識を集積・普及しようとする思想

ⓒ啓蒙思想家…国境をこえて議論し、直接または(　28　)を通じて為政者に改革を要求

(2)経済学

ⓐ人間の幸福を増やす手段の1つとして、物質的な(　29　)の増大に着目

ⓑ初期の担い手…テュルゴ(仏)や(　30　)(英、著書『諸国民の富〈国富論〉』)

→西欧諸国が農耕中心の自給自足的な段階から、分業と交換の発達した商業段階へ移行しつつあるとみなし、(　31　)を創始

(3)宗教面

ⓐ(　32　)ら啓蒙思想家の著作が普及

→国家・君主の信仰と異なる宗派も容認する(　33　)の考え方が広まる

ⓑ宗教改革以来の宗教的迫害や対立…しだいに収束

(4)政治面

ⓐ権力者による抑圧を防ぎ、人間の(　34　)を守るための体制が考案される

ⓑ(　35　)…『法の精神』でイギリスを例に権力分立と王権制限を主張

ⓒ(　36　)…『社会契約論』で社会契約・直接民主政による自由・平等の回復を主張

(5)出版業の発達

ⓐ各国で百科事典の刊行…(　37　)・**ダランベール**(仏)編纂の『(　38　)』など

ⓑ博物館・植物園…この時代に登場

ⓒ18世紀後半、書物・新聞・雑誌などの出版業が発達

→┌啓蒙思想(文字・図像が基本媒体)の拡大に貢献
　└出版物はロンドンやパリのコーヒーハウス・カフェ・クラブ・サロンで読まれて討論の対象となり、(　39　)**の形成**もうながす

ⓓヨーロッパ外への空想旅行記が流行し、(　40　)の『ロビンソン゠クルーソー』や(　41　)の『ガリヴァー旅行記』などがベストセラーとなる

(6)(　42　)の動向

ⓐ啓蒙思想の推進役…啓蒙専制君主や開明的な貴族らとともに(　43　)となる

ⓑ都市の商業を基盤に富を蓄積→宮廷文化とは異なる独自の文化を形成

→のちに各国で国王ら旧来の支配階層と政治権力を争う

ⓒ民衆…ブルジョワとは違い、参政権をもたず、文筆に訴えることもせず

→食料価格・労働条件・課税などをめぐって、(　44　)や一揆(いっき)で意思表明

※(　44　)や一揆による民衆の意思表明…近代に政治的蜂起や(　45　)として継承

27
28
29
30
31
32
33
34
35
36
37
38
39
40
41
42
43
44
45

11章まとめ

Q▶ヨーロッパの近世は、中世とどのように異なっていたのだろうか。①・②・③から考えてみよう。

①経済的にはどのように異なっていたのだろうか。

②宗教的・社会的にはどのように異なっていたのだろうか。

③政治的にはどのように異なっていたのだろうか。

第12章 産業革命と環大西洋革命

㊙ 206~219頁

1 産業革命

㊙ 206~208頁

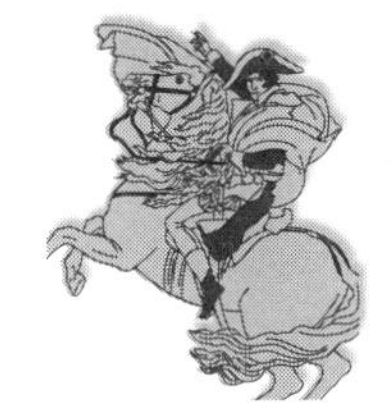

産業革命期のイギリスは、世界経済とどのように結びついていたのだろうか。

1 近世ヨーロッパ経済の動向

近世ヨーロッパ経済の動向に、海外貿易はどのような影響をおよぼしたのだろうか。

⑴東西の地域差の拡大

西部		東部
オランダなどの大西洋岸諸国 （ 1 ）革命による台頭	⇦ 穀物	プロイセン・ポーランド・ロシアなどのバルト海沿岸地域 （ 2 ）制の拡大・農奴（のうど）制の強化

⑵経済の拡大と停滞の繰り返し

16世紀 経済拡大…アメリカ大陸からの銀の流入による物価上昇：（ 3 ）革命
↓
17世紀 経済停滞…天候不順・疫病（えきびょう）・凶作・人口増加率の鈍化：「（ 4 ）」
↓
18世紀 経済拡大…人口増加・価格上昇

⑶消費の増大

ⓐヨーロッパ人の海洋進出以降、様々な異国の産品がヨーロッパに到来
→都市の王侯・貴族や（ 5 ）を中心に、高い消費需要をもつ社会へ

ⓑイギリスの台頭
- 18世紀、イギリスでは（ 6 ）革命によって農業生産が拡大
  →多くの非農業人口をやしなえるようになり、都市化を促進
- オランダ・フランスとの競争に勝利し、世界各地に交易網（こうえきもう）を拡大
  →高度に商業化した社会へ変質

図 異国の産品

Q▶衣類や持ち物などから、この家族のどのような生活の様子がうかがえるだろうか。

A▶

1

2

3

4

5

6

2 イギリス産業革命と資本主義

イギリス産業革命は、世界経済や社会にどのような影響を与えたのだろうか。

(1)イギリス産業革命の背景

ⓐイギリス国内外での綿織物需要の高まり

国内

・17世紀、インド産綿織物人気商品に
　→国内の（　7　）業へ打撃
　→18世紀初め、インド産綿織物の輸入禁止
・輸入禁止後も綿織物の人気継続
　→国内生産の開始（インドから綿花を輸入）

国外

・（　8　）**貿易**
　…（　9　）戦争（1756〜63）後、イギリスは大西洋で大規模展開
　→輸出品として綿織物の需要が高まる

ⓑ機械工学の伝統…17〜18世紀の（　10　）革命が背景
　※18世紀前半には、炭鉱で（　11　）機関の利用開始

ⓒ豊富な資源…鉄鉱石や（　12　）など

Q▶囲い込みが盛んにおこなわれたのはどの地域だろうか。また、炭鉱と鉄の産地が集中しているのはどの地域だろうか。

A▶

(2)イギリス産業革命と資本主義の成立

ⓐ開始…18世紀後半、イギリスで種々の技術革新が始まる

ⓑ最大の技術革新…すでに利用されていた**蒸気機関の**（　13　）**業への転用**
　┌歴史上初の（　14　）を動力源とする経済活動の本格的開始
　└（　15　）などの新興工業都市で始まり、他地域・他産業へ波及

ⓒ特徴…一連の技術革新＋経営形態・労働形態の変革による生産力の増大

ⓓ経営形態・労働形態の変革→（　16　）**主義**と呼ばれる経済体制が成立
　┌経営形態の変革
　│　┌工場での機械導入の負担や不況による倒産のリスク
　│　│　→工場主は安価な労働力を追求
　│　└（　17　）（資本をもつ経営者）が賃金労働者を雇用
　│　　　→利益の拡大を目的に、ほかの（　17　）と（　18　）しつつ自由に生産・販売する形態が登場
　└労働形態の変革…機械に合わせた、（　19　）による管理の導入
　　　→（　20　）と職場が分離

7
8
9
10
11
12
a
b
c
d
13
14
15
16
17
18
19
20

発明・改良・実用者	発明品	種別	発明年
ニューコメン	蒸気機関、ポンプ	動力装置	18世紀初め
ダービー	コークス製鉄法	製錬	1709年
ジョン＝ケイ	飛び杼（ひ）	織布機	1733年
ハーグリーヴズ	多軸紡績機（たじくぼうせきき）（ジェニー紡績機）	紡績機	1764年頃
ワット	蒸気機関の改良	動力装置	1769年
アークライト	水力紡績機	紡績機	1769年
クロンプトン	ミュール紡績機	紡績機	1779年
カートライト	力織機（りきしょっき）	織布機	1785年
フルトン	蒸気船	交通手段	1807年
スティーヴンソン	蒸気機関車	交通手段	1814年

表 綿織物業・交通手段におけるおもな技術革新

Q１▶蒸気以外にどのような動力の使用がみられるだろうか。

A▶

Q２▶綿織物業に関する発明品は、どのような種別にわけられるだろうか。

A▶

3 イギリスによる世界経済の再編成

16世紀に始まった「世界の一体化」は、イギリス産業革命によってどのように変化したのだろうか。

(1)世界経済の再編成

ⓐイギリス産業革命…綿製品の大量生産が可能に
→販売のための（ 21 ）、生産を支えるための（ 22 ）の供給地の必要性

ⓑイギリス…「（ 23 ）」として、「世界の一体化」を新たに推進

(2)インドの植民地化

ⓐインド…（ 24 ）による植民地化が進み、イギリス綿製品の輸出市場に
→在来の農村手工業である綿織物業は衰退

ⓑ三角貿易
- インドの（ 25 ）…イギリスへの輸出品の性格が強まる
- （ 26 ）の栽培奨励→中国へ輸出される

(3)公式な植民地以外の国々への対応

ⓐ中南米諸国
- 独立後の中南米諸国…イギリス綿製品の最大の市場
- 経済…イギリス製品の対価となる貴金属の産出や農作物の生産に特化

ⓑ西アジア諸国（イラン・オスマン帝国・エジプトなど）
- イギリス綿製品が大量に流入
- ヨーロッパ諸国に向けた農作物の供給地となる

ⓒ中国
イギリスは中国からの（ 27 ）の輸入のために貿易赤字
→中国に（ 28 ）貿易を要求→のちにアヘン戦争を引き起こす

(4)産業革命の波及

19世紀初め、イギリスが工業機械の輸出を解禁
→
- 同世紀前半、ベルギー・フランス・アメリカ合衆国北部・ドイツに波及
- 同世紀後半、イタリア・ロシア・北欧・（ 29 ）でも産業革命が始まる

21
22
23
24
25
26
27
28
29

2 アメリカ合衆国の独立と発展

教 209〜211頁

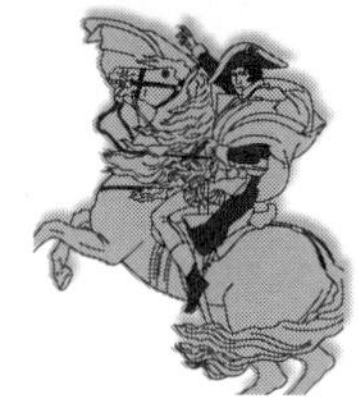

どのような歴史的経緯をたどってアメリカ合衆国は独立したのだろうか。

1 イギリスの北アメリカ植民地

北米大陸に建設されたヨーロッパ諸国の植民地の地理的分布は、どのように推移したのだろうか。

(1)北米大陸におけるヨーロッパ諸国の植民地の推移

16世紀	スペイン	メキシコ・フロリダを植民地とする
17世紀	イギリス	東部海岸地域へ入植
	フランス	カナダ・ルイジアナへ入植…主要産業：毛皮
18世紀	**七年戦争**〈北アメリカでは(1)戦争〉 →(2)が勝利し、フランス植民地は崩壊 ※カナダ・ルイジアナ東部・フロリダは(2)領へ ※ルイジアナ西部は(3)領→のちナポレオン期に再びフランス領へ	

(2)イギリスの北アメリカ植民地の特徴

ⓐ**北部・中部**
- 当初は自営農民・商工業者が中心→18世紀、(4)が急増
- 林業・漁業・海運業の発達→大西洋貿易を背景に大商人も出現

ⓑ**南部**
- 黒人奴隷を用いた(5)が発達
- タバコやのちに(6)をヨーロッパへ、米などを北米大陸の他地域やカリブ海の植民地へ輸出

ⓒイギリス領植民地…本国の(7)**体制**に組み込まれる(←航海法の強化)
- 経済面…他のヨーロッパ諸国との直接貿易は禁じられる
  ←→七年戦争後、本国の3分の1の経済規模に成長
- 政治面…各植民地は(8)をもち、一定の自治を認められる
  →大学の設置や新聞の発行などの言論活動もおこなわれる

2 アメリカ合衆国の独立

独立直後と今日のアメリカ合衆国では、どのような共通点と相違点があるのだろうか。

(1)北アメリカ植民地・本国の対立背景

ⓐ植民地人と先住民の土地をめぐる争い…七年戦争後も継続
→イギリス本国は植民地の西方拡大を制限←→植民地側の不満

ⓑ本国による植民地への課税強化…背景：七年戦争による巨額の財政赤字
- (9)**法**(1765)…刊行物すべてに印紙貼付を義務付け
  →植民地側は「(10)」ととなえて反対運動を展開
  ※当時、植民地側は本国議会への議員選出を認められておらず
  →(9)法は撤回されるが、本国と植民地の対立が表面化
- (11)**法**(1773)…(11)の有利な販売を東インド会社に認める
  →再度の統制に対して、植民地側は(12)事件をおこして実力行使
  →本国はボストン港を軍事封鎖

1
2
3
4
5
6
7
8
9
10
11
12

(2)アメリカ合衆国の独立

1774	植民地側、(13)**会議**を開いて本国への対応策を協議
75	ボストン近辺で軍事衝突 →第2回(13)会議は、13の植民地が共同して戦争にのぞむことを決定し、(14)を総司令官に任命
76	ペイン、『(15)』を刊行 …当初植民地側は国王への忠誠を維持し、イギリス人としての権利の確認を戦争目的とする⟷『(15)』が世論を独立へ導く 植民地側、**独立宣言**を発表…(16)らの起草
77	国名を**アメリカ合衆国**とする
78	(17)がアメリカ側で参戦→翌79年スペインも加わる
80	ロシアなどが(18)同盟を結成→イギリス海軍の動きを制約
81	ヨークタウンの戦い…アメリカ・フランス連合軍が勝利 ※義勇兵としてフランスの(19)やポーランドの(20)らがアメリカ・フランス連合軍に参加
83	イギリス、(21)**条約**でアメリカ合衆国の独立を承認

(3)アメリカ合衆国の国家像

ⓐ広大な共和国としてのアメリカ合衆国の誕生
→君主国の多かったヨーロッパに衝撃を与える

ⓑ独立宣言の特徴と意義
┌ロック(英)の(22)権を論拠に反乱を正当化
└新国家建設の目的…(23)な人間が生来もっている権利の実現
→新たな政治体制のもとで理想を掲示したことで、アメリカ合衆国の独立は(24)としての性格ももつことになる

(4)合衆国憲法

ⓐ独立直後の財政的困難→強力な中央政府の樹立が求められる

ⓑ1787年、憲法制定会議の招集→(25)の制定
┌連邦共和国…自治権をもつ各州を中央の連邦政府が統括
└連邦政府の根幹
　┌(26)……行政
　├**連邦議会**……立法 →史上初の(27)国家
　└**最高裁判所**…司法

ⓒ初代大統領(28)…ヨーロッパへの政治関与を避け、国家の安定を優先

ⓓ政治対立
┌(29)…中央政府の権力維持
└**州権派**……州の自立性を重視
→アメリカ政治上の争点

(5)アメリカ独立の影響と実状

ⓐ影響…独立宣言における平等と自由の理念は、のちに(30)世界でおこる革命の指導原理となる

ⓑアメリカの実情…(31)制の存続や(32)からの土地の収奪
→白人中心の国家としての性格を強くもつ

13
14
15
16
17
18
19
20
21
22
23
24
25
26
27
28
29
30
31
32

3 フランス革命とナポレオンの支配

教 212〜217頁

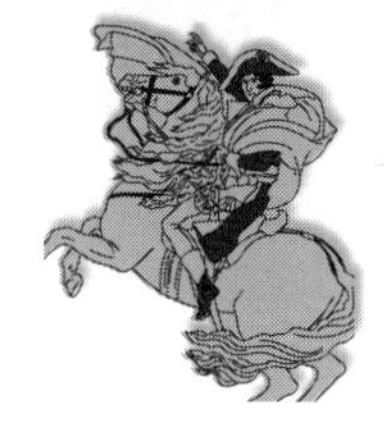

フランス革命は、どのようにして「国民」を主役とする社会をつくり出したのだろうか。

1 フランス革命

フランスの国家体制は、革命のなかでどのように変化したのだろうか。

(1)18世紀のフランス社会

ⓐ身分集団や(　1　)団体によって分断される社会
ⓑ地域ごとに異なる行政・裁判制度や税制
→1つの国として弱い(　2　)性

ⓒ諸身分の格差

第一身分…(　3　)
第二身分…(　4　)
→土地と公職をほぼ独占

第三身分…平民→人口の約9割を占め、税の大半を担う
└第三身分内にも経済格差

(　5　)…富裕な市民層
都市・農村の民衆…生活苦に追われる
→第一・第二身分への不満

※当時のフランス社会…革命後に「(　6　)」と呼ばれる

図 「旧体制」の風刺画

Q▶この風刺画は「旧体制」のどのような状況を表したものだろうか。

A▶

(2)全国三部会

ⓐ18世紀末のフランス財政…アメリカ独立戦争参戦により破綻
→経済学者(　7　)や銀行家(　8　)らが行政改革
→特権団体などからの強い反発を受けて失敗

ⓑ**ルイ16世**(位1774〜92)…第一・第二身分への課税強化で財政回復めざす
→1789年、17世紀初め以来休止されていた(　9　)を招集・開催
→第一・第二身分の特権を批判する世論が第三身分を中心に高揚
※シェイエスによる『(　10　)』…世論に大きな影響

(3)国民議会の結成とフランス革命の始まり

ⓐ世論の高揚を受けて、特権身分の一部と第三身分の議員が全国三部会を離脱
→(　11　)を結成し、憲法制定を目的に掲げる⟷国王側の弾圧

ⓑ国王側の動きに対して、パリの民衆は7月14日に(　12　)**牢獄を攻撃**

1
2
3
4
5
6
7
8
9
10
11
12

→国王は国民議会やパリ市の改革を承認→他都市でも同様の改革

ⓒ中央の政治的混乱→地方の農民が蜂起して貴族を襲撃

(4)国民議会による改革

ⓐ(13)**の廃止**…税負担の平等化や公職の開放などを定める

→農民の蜂起は沈静化

※その他、(14)権や賦役(ふえき)、教会の(15)税が無償廃止され、地代は(16)での廃止とされる(のち無償に改められる)

ⓑ(17)…ラ＝ファイエットらの起草

すべての人間の自由と権利における平等、(18)の主権、私有財産の不可侵などを公示→国王にも認めさせる

ⓒ経済・行政・宗教における改革

- 経済：(19)の廃止…経済活動を自由化
- 行政：画一的な県制度をしき、全国一律の(20)の導入も決定
  - ※全国一律の(20)…1799年に(21)法として正式採用
- 宗教：(22)の聖職者を国家の管理下におき、国民への忠誠を要求

ⓓフランス革命の歴史的意義

(23)・特権などの格差や(24)の相違を解消し、均質的な国民を主体とする(25)を築いていく動きの始まり

史料 アメリカ独立宣言

> われわれはつぎのことが自明の真理であると信ずる。すべての人は平等につくられ、神によって、一定のゆずることのできない権利を与えられていること。そのなかには生命、自由、そして幸福の追求が含まれていること。これらの権利を確保するために、人類のあいだに政府がつくられ、その正当な権力は被支配者の同意に基づかねばならないこと。もしどんな形の政府であってもこれらの目的を破壊するものになった場合には、その政府を改革しあるいは廃止して人民の安全と幸福をもたらすにもっとも適当と思われる原理に基づき、そのような形で権力を形づくる新しい政府を設けることが人民の権利であること。以上である。
>
> (江上波夫監修『新訳　世界史史料・名言集』)

史料 フランス人権宣言

> 第１条　人間は自由かつ権利において平等なものとしてうまれ、また、存在する。社会的な差別は、共同の利益に基づいてのみ、設けることができる。
>
> 第２条　あらゆる政治的結合(国家)の目的は、人間の自然で時効により消滅することのない権利の保全(ほぜん)である。それらの権利とは、自由・所有権・安全および圧政(あっせい)への抵抗である。
>
> (江上波夫監修『新訳　世界史史料・名言集』)

Q▶アメリカ独立宣言とフランス人権宣言に共通してみられる、人権と政府の関係とはどのようなものだろうか。

A▶

(5)立憲君主政から共和政へ

ⓐ1791年、フランス最初の憲法が制定され、(26)と国王による立憲君主政が発足

13

14

15

16

17

18

19

20

21

22

23

24

25

26

⟷国王一家はオーストリアへの亡命を試みて失敗〈(27)事件〉

ⓑオーストリア・プロイセンが革命へ介入姿勢→革命政府は両国との戦争開始

→フランス軍が劣勢におちいると、各地から(28)がパリに集結

国民議会 (1789.6~) 立憲君主派
89年クラブ
フイヤン派
・ラ＝ファイエット
・ミラボー

立法議会 (1791.10~) 穏健共和派
ジロンド派（ジャコバン派）
・ブリッソ

国民公会 (1792.9~) 急進共和派
山岳派（ジャコバン派）
・マラー
・ダントン
・(35)

ⓒ(29)事件…敵との密通が疑われた国王を、民衆と義勇兵が捕縛

→立法議会は王権を停止し、みずからも解散

→男性普通選挙による(30)が成立し、(31)を宣言〈**第一**(31)〉

ⓓ1793年、国民公会は裁判を経て旧国王夫妻を処刑

(6)恐怖政治の展開

ⓐ1793年、革命政府はイギリス・オランダとの戦争も開始

→国内に(32)制を導入して軍事力を増強⟷仏西部で反乱発生

※(32)制…従来の国王の常備軍にかわって、国民軍が軍隊の主力となる画期

※イギリスなどの周辺諸国は、以後7度にわたる(33)を結成して対抗

ⓑ(34)の開始

- 背景…国内におけるカトリック教会や王政復活の動きの強まり
- (35)らが国民公会内の**公安委員会**に権力を集中→抵抗勢力を弾圧
- 脱キリスト教化政策を推進
  - グレゴリウス暦にかえて(36)を制定
  - キリスト教にかわる国家宗教〈(37)の宗教〉の導入をはかる

ⓒ恐怖政治の終了

- 徴兵制(ちょうへいせい)による軍事力の増強で戦況好転→恐怖政治への不満が高まる
- (38)(1794)…クーデタでロベスピエールらが逮捕・処刑される

(7)ナポレオン＝ボナパルトの登場

ⓐ1795年以降、革命政府はほとんどの交戦国と休戦

→対外関係の安定を受けて、95年に国民公会は解散→(39)の発足

ⓑ総裁政府…権力維持のためにイタリア遠征・(40)遠征などを実施

→遠征のなかで(41)が名声を獲得

ⓒ1799年、ナポレオンはクーデタによって権力を獲得し、憲法を発布

→第一(42)のナポレオンに権力が集中され、実質的な国家元首となる〈(42)体制〉…フランス革命の終了

2 ナポレオンのヨーロッパ支配

人々がナポレオンの支配を受け入れたり、反発した理由は、それぞれどのようなものだったのだろうか。

(1)ナポレオンの対外・国内政策

ⓐ1799年、エジプト遠征を受けてイギリスとの戦争が再開される

ⓑナポレオンの対外・国内政策

- 対外
  - イタリアなどへ侵攻し、傀儡(かいらい)国家を築いて影響力を拡大
  - 1801年、ローマ教皇と(43)を結ぶ

…カトリックの復権を認めつつ、教会を国家へ従属させる
1802年、イギリスと講和〈(44)〉を結んで戦争を中止
国内 第一統領の任期を終身制に変更、経済・財政を内政改革で再建
(45)を制定…人権宣言の理想を法制化→フランス社会の近代化

ⓒ1804年、皇帝**ナポレオン1世**として即位し、世襲制をとる〈(46)〉
…後継者の問題を解消するため ※即位は(47)での圧倒的多数で追認

Q▶この絵画は、誰が誰に冠を授ける場面を描いているだろうか。また、ローマ教皇はどこにいるだろうか。

A▶

⑵ナポレオンのヨーロッパ支配と没落

1805	オーストリアとロシアの連合軍に勝利 (48)の海戦でイギリスに敗れる→経済戦へ転換
06	ドイツの領邦を(49)**同盟**に編成→神聖ローマ帝国を崩壊させる プロイセンに勝利し、ドイツの大半を影響下におく →プロイセンでは、敗北を機に政治家の(50)・(51)らが改革を推進 (52)**令**…ヨーロッパ諸国にイギリスとの貿易を禁じる →イギリスへの一次産品の輸出が禁じられた各国も苦しむ
12	経済力でもっとも劣る(53)が、大陸封鎖令を破って貿易再開 →ナポレオンは(53)**に遠征**するが、大敗 →ヨーロッパ各地で反ナポレオンの動きが高まる ※各地でフランス支配に抵抗する(54)が高揚
13	(55)**戦争**…フランス vs. プロイセン・ロシア・オーストリア →ナポレオンが敗北して退位→ルイ18世が即位〈(56)〉
14	戦後処理のため、(57)会議(〜15)が開かれる →ヨーロッパ諸国の足並み揃わず
15	会議の情勢をみたナポレオンが、再び権力を掌握 →(58)の戦いでイギリス・プロイセンなどに敗れ、流刑(るけい)となる

44
45
46
47
48
49
50
51
52
53
54
55
56
57
58

4 中南米諸国の独立

教 217〜219頁

中南米諸国の独立は、どのような経緯をたどって実現したのだろうか。

1 環大西洋革命とハイチ革命

環大西洋革命のなかで、ハイチ革命はどのような特殊性をもつのだろうか。

(1)(　1　)革命

…アメリカ独立革命・フランス革命・中南米諸国の独立など、18世紀後半〜19世紀前半の大西洋をまたぐ一連の変化の総称

※(　2　)(仏)やジェファソン(米)ら…アメリカ独立革命・フランス革命の両方に関係

※ボリバル…ナポレオン期のヨーロッパで啓蒙思想を吸収

(2)(　3　)**革命**(1791〜1806)…中南米最初の独立運動

ⓐ18世紀末、カリブ海・イスパニョーラ島西部のフランス植民地(　4　)へ、フランス革命・人権宣言の思想が伝播

→自由民(白人・黒人の混血)と白人〈奴隷制(　5　)経営〉が対立

→黒人(人口の大多数)の反乱が加わり、(　3　)**革命**が始まる(1791)

ⓑ黒人が権力を獲得→植民地への波及を恐れたイギリス・スペインが干渉

→フランス本国は世界初の(　6　)制の廃止を決定し(1794)、黒人の(　7　)が指導する自治政府とともに両国を撃退

ⓒ19世紀初め、サン＝ドマングは、同地の回復をめざすナポレオン軍を撃退

→世界ではじめて植民地支配を脱した黒人国家(　8　)として独立(1804)

※(　8　)…1806年に共和政を宣言⟷国家の分裂や欧米の干渉

→フランスへの賠償金(独立承認と引きかえ)で経済も停滞

2 スペイン・ポルトガル植民地での独立運動

この地域における独立運動には、どのような共通点と相違点があったのだろうか。

(1)**中南米大陸部の独立運動の特徴**

…(　9　)(白人入植者の子孫)が運動の担い手

┌地主として先住民や黒人奴隷を支配⟷本国による支配に不満
└一部は貿易商として、本国商人に有利な(　10　)主義的政策に反対

(2)**ブラジルの独立**

ⓐ**ブラジル**：(　11　)の植民地

…ナポレオン侵攻時、王室がリオデジャネイロに避難して同地を首都に

→(　12　)との貿易拡大で経済が発展

ⓑナポレオン戦争終了→国王は帰国し、立憲君主制国家を発足

→クリオーリョは本国の干渉や(　13　)制廃止の強制を恐れる

→1822年、王太子を国家元首に擁立して(　14　)帝国を樹立

(3)**スペインの中南米植民地の独立**

ⓐスペイン本国…仏支配に対抗して憲法を公布し、立憲君主制を宣言(1812)

1
2
3
4
5
6
7
8
9
10
11
12
13
14

→刺激を受けた植民地のクリオーリョが独立運動を展開

ⓑ1816年に(15)、18年に(16)が独立を宣言

ⓒ(17)の指導…1820年前後に(18)(のちコロンビア・エクアドル・ベネズエラに分裂)・**ボリビア・ペルー**も独立

→独立国の大半は共和国となり、君主制・貴族制や(19)制を廃止

(4)メキシコの独立…保守的性格の独立運動

ⓐ**メキシコ**…スペイン植民地のなかで最大の人口と富を保持

ⓑ19世紀前半、インディオやメスティーソなど被支配層が蜂起

→過激化して、植民地政府軍によって鎮圧される

ⓒ蜂起の混乱のなか、スペイン本国で停止されていた1812年の憲法が復活

→1821年、植民地での憲法施行を恐れた本国出身者やクリオーリョの支配層が、本国と決別して白人主導の(20)帝国を樹立

(5)中南米諸国独立の背景

ⓐ(21)┌大西洋の制海権を握る
└中南米の独立運動を支援…独立国との(22)貿易に期待

ⓑアメリカ合衆国の(23)**宣言**(1823)

…合衆国はヨーロッパの動きを警戒し、南北アメリカ大陸とヨーロッパの(24)をとなえ、アメリカ大陸への干渉を牽制(けんせい)

※(23)宣言…(23)主義(孤立主義)としてアメリカ外交の基本方針に

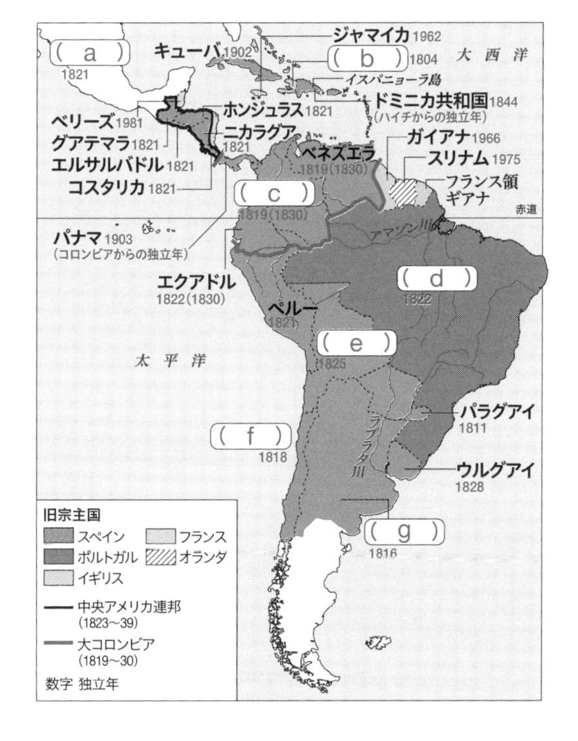

15
16
17
18
19
20
21
22
23
24
a
b
c
d
e
f
g

12章まとめ

Q▶産業革命と環大西洋革命はどのように展開し、またおたがいにどのような関係にあったのだろうか。①・②・③から考えてみよう。

①産業革命はどのような背景のもとで発生し、また世界経済にどのような影響を与えたのだろうか。

②環大西洋革命における革命の連鎖は、どのような経緯をたどったのだろうか。

③産業革命と環大西洋革命は、どのような関係にあるだろうか。

第13章 イギリスの優位と欧米国民国家の形成

(教) 220〜241頁

1 ウィーン体制とヨーロッパの政治・社会の変動

(教) 220〜225頁

ウィーン体制のもとで、ヨーロッパはフランス革命前からどのように変化したのだろうか。

1 ウィーン会議

ウィーン会議の参加者たちは、何をめざしていたのだろうか。

(1)**ウィーン会議**(1814〜15)

ⓐ目的…フランス革命とナポレオンによる一連の戦争の戦後処理

ⓑ参加者┌オスマン帝国を除く全ヨーロッパの支配者
└議長：オーストリア外相(のち宰相(さいしょう))の(　1　)

ⓒ仏外相タレーランが(　2　)**主義**を提唱…革命以前の旧体制の復活めざす

⟷他の列強は激動後の現実に立ち、(　2　)主義よりもヨーロッパ世界の安定と自国領土の拡大をめざす

(2)**領土の変化**…会議の結果は(　3　)にまとめられる

ロシア	ロシア皇帝が(　4　)国王を兼ねる…西方に支配拡大
プロイセン	東西に領土拡大
オーストリア	イタリア北部を獲得
オランダ	立憲王国となり、オーストリア領ネーデルラントを獲得
スイス	(　5　)国となる
ドイツ	(　6　)の成立…オーストリア・プロイセンや諸領邦の君主国、ハンブルクなどの自由市で構成
イギリス	旧オランダ領のセイロン島・(　7　)植民地を獲得 →世界帝国への基礎を固める

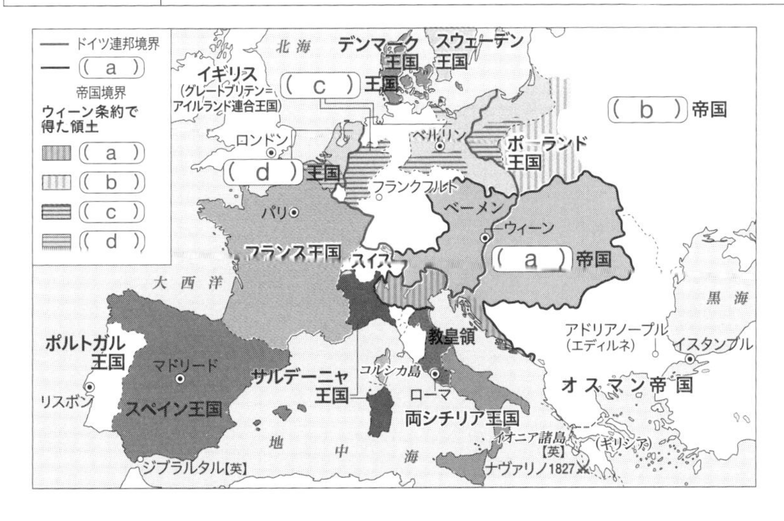

1
2
3
4
5
6
7
a　帝国
b　帝国
c　王国
d　王国

8
9
10
11
12
13
14
15
16
17
18
19
20
21
22
23
24
25
26
27

(3)ウィーン体制の成立

ⓐ**ウィーン体制**…ウィーン会議で成立した国際秩序(←列強間の同盟が支える)

┌(　8　)同盟┌(　9　)が提唱したキリスト教精神にもとづく同盟
│　　　　　　└ヨーロッパのほとんどの君主が参加
└(　10　)**同盟**…ロシア・イギリス・プロイセン・オーストリアが結成
→1818年、フランスが加わって五国同盟となる

ⓑ(　11　)**体制**…一国がヨーロッパの(　12　)を握ることを阻止し、列強が協調してヨーロッパの国際秩序を維持するシステム
→20世紀初めまで存続(19世紀半ば除く)

2 立憲改革の進展とウィーン体制の動揺

ウィーン体制を動揺させた政治・経済・社会的要因は、それぞれ何だろうか。

(1)保守主義と自由主義の攻防

ⓐメッテルニヒ…ウィーン体制を守るため(　13　)主義を掲げ、(　14　)主義的改革運動や(　15　)を監視

┌ドイツ…学生団体(　16　)による改革要求
├イタリア…秘密結社(　17　)などの改革運動　→鎮圧・弾圧される
├スペイン…立憲革命
└ロシア…(　18　)の反乱(1825)

※(　13　)主義…現行の政治・社会体制とその基礎となる思想の正当性をとなえ、それに対する批判や改革を求める思想・運動を否定する考え方

※(　15　)…国民や民族といった歴史的共同体を重視し、「国民国家」の創出を主張する考え方

ⓑ(　19　)**運動**(1821～30)…オスマン帝国からの独立めざす
→列強の支持で1830年に独立達成

ⓒラテンアメリカの独立運動
メッテルニヒは阻止めざす←→(　20　)は南米市場の開発を期待して支持
→列強の足並みは乱れ、阻止失敗

(2)(　21　)革命

ⓐ背景：(　22　)朝復活後のフランス…きびしい制限選挙による反動政治
→(　23　)のアルジェリア遠征(1830)…国民の批判をそらす目的

ⓑ勃発(ぼっぱつ)：1830年、パリで革命→(　23　)は亡命
→自由主義者でオルレアン家の(　24　)が即位(**七月王政**)

ⓒ影響
┌(　25　)がオランダから独立→1831年に立憲王国となる
├ポーランド・イタリアで独立をめざす蜂起→鎮圧される
└西欧諸国…メッテルニヒの抑圧的な保守主義に協調しなくなる
→ウィーン体制の反動政治は中欧・東欧地域に後退

(3)(　26　)同盟の成立

ⓐ1830～40年代、フランスやドイツで鉄道建設や近代工業の育成が始まる
→市民層の国内市場統一への関心の高まり

ⓑ1834年、(　26　)**同盟**の成立…(　27　)を中心にオーストリアを除く大部分の領邦が参加

3 イギリスの自由主義的改革

19世紀イギリスの政治的変化は、大陸のヨーロッパ諸国の場合とどのように異なっていたのだろうか。

⑴(28)主義

イギリス	大陸ヨーロッパ諸国
主目的：個人の(28)な活動を重視し、それに対する障害の除去	主目的：憲法と議会の確立

19世紀のイギリス…様々な(28)**主義的改革**が進行

⑵**信仰の自由化**(1828〜29)…背景：(29)との国家合同(1801)

ⓐプロテスタント非国教徒への法的制約を撤廃

ⓑ(30)信徒への法的制約撤廃〈←アイルランド人(31)の抗議運動〉

⑶(32)**制の廃止**

ⓐ1807年、(33)を禁止

ⓑ1833年、植民地をふくめた全領土で(32)制を廃止

⑷**選挙制度改革**

ⓐ**第1回**(34)(1832)

┌産業革命で成長した(35)が選挙権を獲得

　→国政に直接参加⟷政治の実権は依然として地主階級

└名誉革命以来の選挙区制度の変更…「(36)」(極小選挙区)の廃止

ⓑ(37)**運動**…労働者階級が男性普通選挙制などを求めて展開

　→直接の成果は得られず

⑸**自由貿易体制への動き**…農業よりも工業を優先する国へ転換

1813	東インド会社の(38)との貿易独占権が廃止される
33	東インド会社の(39)との貿易独占権が廃止され、貿易活動そのものも停止される(翌34年実施)
46	(40)**廃止**
49	(41)**廃止**

4 社会主義思想の成立

イギリス・フランス・ドイツにおける社会主義思想はどのように比較できるのだろうか。

⑴**社会主義思想の誕生**

ⓐヨーロッパで資本主義が発展→資本家と労働者との間に経済格差発生

→労働者は(42)や暴動などで資本家に対抗

ⓑ一部の知識人…経済体制自体に矛盾があるとし、これを是正する理論を模索

　→(43)**主義**思想の誕生

⑵**社会主義の思想家**

(44)	英	労働組合運動の指導、(45)の組織 児童労働や夜間勤務の禁止をとなえる →1833年の(46)法に反映
(47)	仏	労働者が職種をこえて全国的に連帯し、社会の主役になるべきと主張

28
29
30
31
32
33
34
35
36
37
38
39
40
41
42
43
44
45
46
47

48

49

50

51

52

53

54

(48)	仏	国家の管理のもとで各人が能力に応じて働き、利益が平等に配分される経済体制を構想
(49)	仏	労働者の結合が国家にとってかわる(50)主義により、私有財産制の不平等を緩和できると主張

⑶社会主義思想の集大成

ⓐ1848年、(51)と**エンゲルス**(ともにドイツ)が『(52)』を公刊

…土地や工場などを公有化するための社会革命が必要と説く

→19世紀後半、彼らは労働者の国際的な連帯と革命運動を指導

ⓑ1867年、(51)が『(53)』(第一部)を著す

…主張:資本主義 ┌労働者は搾取され続ける
└資本家も利潤を無限には拡大できない

→無理な経済体制で、いずれ崩壊すると説く〈(54)主義〉

5 1848年革命

ヨーロッパにおいて、1848年革命の影響を受けなかった国や地域はどこだろうか。

⑴「大衆貧困」と革命的気運の高まり

ⓐ「大衆貧困」の発生

┌19世紀前半のヨーロッパ近代工業…発展段階で、十分な雇用を提供できず
└ヨーロッパ全体での人口上昇→貧困層も増加

ⓑ革命的気運の高揚…ヨーロッパ各地で政府や富裕層の責任を問う動き

史料 トクヴィルによる1848年1月の議会演説

> 議員諸氏よ、……労働者階級のなかでおこっていることに注目していただきたい。……そこでは人びとが、彼らより上層の者たちは彼らを統治(とうち)する能力を失い、その資格もなくなっていると、くり返し語っているのをお聞きにならなかっただろうか。……①富の分割は正義に反するとか、所有は公正ではない基盤(きばん)の上に支えられているといったことが、たえず言われているのを御存知ではないのでしょうか。そしてこうした見解が……大衆の底辺にまで浸透(しんとう)していったとき、……遅かれ早かれ最も恐るべき革命が引きおこされるに違いない、ということをお信じにならないのだろうか。……われわれは②活火山の上にいるのに眠り込んでいるのだと思う。 (喜安朗訳『フランス二月革命の日々――トクヴィル回想録』)

Q1▶下線部①は、当時のどのような状況を指しているのだろうか。

A▶

Q2▶下線部②は、何のことを指しているのだろうか。

A▶

⑵二月革命と第二共和政の成立

55

56

57

ⓐ七月王政下のフランス…一部の富裕層に富が集中し、多額納税者のみに選挙権があたえられる(55)選挙

→反発した一般民衆は選挙権拡大運動を推進⟷政府は力で抑え込み

ⓑ1848年2月、パリで(56)**革命**が勃発

→七月王政は倒れ、共和政の臨時政府が樹立される〈(57)〉

(3)臨時政府

ⓐ臨時政府…社会主義者の(　58　)や労働者の代表も参加

⟷市民層・農民…男性普通選挙の実現後は急進的な社会改革を望まず

ⓑ選挙の結果、穏健共和派政府が成立

→反発したパリの労働者が蜂起するが、制圧される

ⓒ1848年12月の大統領選挙…(　59　)(ナポレオン1世の甥)が当選

(4)第二帝政の成立

1851年、ルイ＝ナポレオンがクーデタによって独裁権を握る

→52年、国民投票で帝政を復活させて、(　60　)を名乗る〈(　61　)〉

(5)1848年革命の広がり

ⓐ(　62　)**革命**…二月革命がオーストリア・ドイツに波及

┌オーストリア…(　63　)が失脚
└プロイセン…国王の譲歩で自由主義政府が成立
→ウィーン体制の消滅

ⓑ(　64　)**議会**(1848〜49)の開催

┌ドイツ諸邦の自由主義者が、統一国家と憲法制定を議論するため結集
└プロイセン国王をドイツ皇帝に推挙→拒否される

ⓒハンガリー・ベーメン(オーストリア帝国内)、イタリアで(　65　)運動高揚

ⓓ「(　66　)」…**1848年革命**とも総称される

┌自由主義的改革運動と独立・自治を求めるナショナリズムが高揚した状況
└(　67　)諸国では自由主義的改革が、(　68　)地域では民族運動による独立・自治がめざされる

→(　67　)・(　68　)の政治・社会的な分岐点となる

(6)保守勢力の反撃…革命運動内の分裂・対立が背景

ⓐプロイセン…国王はフランクフルト国民議会による皇帝への推挙を拒否

→一方的に欽定(きんてい)憲法を発布(1850)

ⓑロシア…オーストリアを支援し、(　69　)率いるハンガリー民族運動を制圧

ⓒオーストリア…一時認めた欽定憲法を撤回→反動的な「(　70　)主義」体制へ

58
59
60
61
62
63
64
65
66
67
68
69
70

2 列強体制の動揺とヨーロッパの再編成

教 226〜233頁

1850〜70年代のヨーロッパ諸国の変革には、どのような共通点があったのだろうか。

1 クリミア戦争

クリミア戦争において、ロシア・イギリス・フランスはそれぞれ何を求めたのだろうか。

(1)クリミア戦争(1853〜56)

ⓐ背景：ロシア…保守派の擁護者として国際的に有利な立場

→伝統的な(　1　)政策を再開

ⓑ開戦・展開

┌1853年、ロシアが(　2　)保護の名目でオスマン帝国に宣戦
└(　3　)・(　4　)はロシアの進出阻止のため、オスマン帝国を支援

→ヨーロッパ列強同士の戦いとなる

ⓒ結果

┌クリミア半島の(　5　)要塞をめぐる攻防の末、ロシアは敗北
└(　6　)条約(1856)…黒海(こっかい)の中立化が確認され、ロシアの南下政策は中断

(2)クリミア戦争が列強体制に与えた影響

ⓐロシアは国内改革、イギリスはインドの(　7　)への対応に注力

ⓑほかのヨーロッパ諸国も国内の体制整備に専念

→列強間の共同行動は難しくなり、列強体制の統制力が弱まる

ⓒ1850〜70年代、列強の干渉や規制から比較的自由な国際環境が生まれる

→各国で国内改革が進むとともに、国家の(　8　)など国境線の変更を引きおこす変革や戦争が多発

2 列強の新体制――ロシア・イギリス・フランスの対応

3国の諸改革にはどのような相違点があり、またその理由はそれぞれ何だろうか。

(1)ロシアの大改革

ⓐ(　9　)(位1855〜81)…クリミア戦争の敗北で専制体制と農奴(のうど)制によるロシアの立ち遅れを認め、改革に乗り出す

┌1861年、(　10　)令を布告…農奴に人格的自由を認める
│　⟷ ┌農民は土地を領主から買い戻す必要あり
│　　　└土地も個人ではなく(　11　)に引き渡される事例が多数
│　→皇帝は農民を直接支配下に組み込むことに成功
├地方自治や教育制度などの近代化を実施
└ポーランドの民族主義者が蜂起→(　9　)は再び専制化

ⓑ(　12　)**の活動**

┌(　13　)(都市の知識人層)…工業が未成熟なロシアで社会改革を担う
└(　12　)…(　13　)の一部が「ヴ＝ナロード(人民のなかへ)」を掲げ、農村共同体を基盤に社会主義改革をめざす

1
2
3
4
5
6
7
8
9
10
11
12
13

⟷農民の理解得られず

→失望した(　12　)の一部は皇帝や政府高官を暗殺

(2)イギリスの成長

ⓐ19世紀のイギリス…蒸気鉄道が全国に普及、(　14　)も開通

→同世紀半ば～、世界各国に蒸気鉄道が輸出される

ⓑ(　15　)**革命・通信革命**…蒸気鉄道の普及や(　16　)の発達→革命的変化

ⓒ首都ロンドン…世界最大の都市、商業・金融で世界経済に大きな影響

→(　17　)：世界の基軸通貨、(　18　)の時刻：世界標準時

ⓓ世界初の(　19　)の開催(1851)→イギリスの力を世界に誇示

ⓔ「(　20　)」…イギリスがナポレオン戦争以降のヨーロッパの平和を維持

(3)イギリス議会政治の展開

ⓐ(　21　)**女王**(位1837～1901)の統治

- 自由党…ホイッグ党起源、中心人物：(　22　)
- 保守党…トーリ党起源、中心人物：(　23　)

→ 交互に政権担当

ⓑ選挙法改正
- 第2回選挙法改正(1867～68)…(　24　)部の労働者に選挙権
- 第3回選挙法改正(1884)…(　25　)部の労働者に選挙権

⟷(　26　)が下院(庶民院)と同等の権限をもち続け、地主の影響力は存続

ⓒ当時のイギリス社会…貴族制を維持、依然として貧富差の大きい階級社会

→(　27　)主義の考え方が主流で、政府は経済格差に不介入

ⓓアイルランド情勢
- 北部で産業革命⟷南部では(　28　)が発生(1840年代)
  →多くの難民が生じ、(　29　)へ移民
- 19世紀後半、南部で農地紛争→20世紀初めにかけて地主制が解体される
- (　30　)**案**…1880～90年代にグラッドストンが議会に提出→否決

(4)フランス第二帝政と第三共和政

ⓐナポレオン3世による第二帝政
- (　31　)と通商条約を締結…(　32　)貿易による国内産業育成
- パリで2度の万国博覧会開催(1855、67)
- 積極的な対外政策…スエズ運河建設支援〈(　33　)の提案〉、第2次アヘン戦争、イタリア統一戦争、(　34　)出兵

ⓑ帝政の崩壊
- メキシコ遠征(1861～67)→失敗
- (　35　)**戦争**(1870)に敗北、捕虜となる→帝政の崩壊

ⓒ第三共和政の成立
- (　36　)の成立…1871年、ドイツ＝フランス戦争の講和に抗議した社会主義者やパリ民衆が樹立。史上初の革命的自治政府
  →国内の支持を得られず、(　37　)の指導する臨時政府に倒される
- 1875年、共和国憲法の制定…**第三共和政**の基礎確立
  →以降、(　38　)を原点とする国民統合が進む

14
15
16
17
18
19
20
21
22
23
24
25
26
27
28
29
30
31
32
33
34
35
36
37
38

3 新国民国家の成立

ドイツとイタリアの国民国家成立には、どのような共通点と相違点があるだろうか。

(1)イタリアの統一

ⓐ1848年の二月革命→分裂状態のイタリアで統合をめざす動き

┌ローマ共和国建設〈1849、**青年イタリア**の(39)が参加〉─┐
└サルデーニャ王国による北イタリア統合の試み…(40)と戦う┘→失敗

ⓑサルデーニャ王国…失敗後も自由主義的立憲体制を維持

→新国王(41)・首相(42)のもと、近代化を推進

ⓒ**イタリア王国**の成立…サルデーニャ王国による

1858	(41)、フランスの(43)と援助の密約を結ぶ
59	サルデーニャ、再度(40)と開戦→勝利し、(44)を獲得
60	サルデーニャ、(45)・(46)をフランスにゆずる →中部イタリアを併合 青年イタリア出身の(47)、両シチリア王国を占領 →(41)に献上
61	イタリア王国成立〈(41)がイタリア国王に即位〉

ⓓイタリアの国家統一

1866	オーストリア領の(48)を併合
70	(49)を併合…国家統一の実現
71	ローマを首都とする

ⓔ「(50)」…オーストリア領にとどまったトリエステや南チロル

→以後、オーストリアと長く対立

ⓕ教皇庁の動き…(51)にこもる→イタリア政府とは長く断交状態

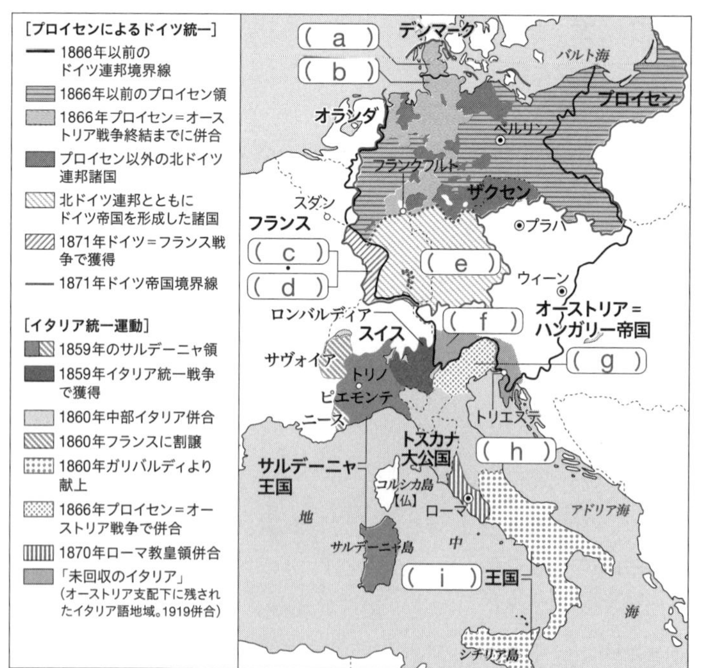

39
40
41
42
43
44
45
46
47
48
49
50
51
a
b
c
d
e
f
g
h
i 王国

(2)**ドイツの統一**

ⓐドイツ統一の方向性…フランクフルト国民議会で議論

(52)主義	対立	(53)主義
オーストリアを除いてプロイセンを中心にドイツ統一をめざす考え方	⇔	オーストリアのドイツ人地域とベーメンを含めてドイツ統一をめざす考え方

→(52)**主義**的方向にまとまり、プロイセン国王をドイツ皇帝に推挙

⟷ドイツ皇帝は拒否し、保守的姿勢を継続

ⓑ(54)(任1862〜90)の政策

プロイセン ┌政府・軍部(保守的なユンカー層が主導)┐→対立
　　　　　 └議会〈多数派：(55)で台頭した自由主義者〉┘

→国王はユンカー出身の保守強硬派(54)を首相に任命

→(54)は議会の反対を無視し、軍を拡大〈(56)**政策**〉

ⓒドイツの統一

1864	プロイセン・オーストリア、(57)・(58)両州をめぐってデンマークと戦う→勝利
66	プロイセン、(57)・(58)両州の管理をめぐってオーストリア・南ドイツ諸邦と(59)**戦争**を戦う→勝利
67	(60)の結成(盟主：プロイセン) →南ドイツ諸邦と同盟を結ぶ →一連の勝利で(61)主義者もビスマルク支持に転じる

ⓓオーストリアの動き

プロイセン＝オーストリア戦争の敗北後、非スラヴ系の(62)人にハンガリー王国を認め、同君連合の(63)**帝国**(二重帝国)を形成

⟷スラヴ系の自立運動は継続

ⓔ**ドイツ＝フランス**(独仏)**戦争**(プロイセン＝フランス戦争)の展開

┌フランスの(64)…プロイセンの強大化を警戒→開戦
└プロイセン…北ドイツ連邦と南ドイツ諸邦の支持を得る

→フランスを圧倒し、(64)を捕虜とする

→1871年、フランスと講和条約を結び、(65)・(66)の割譲や高額の賠償金を取り決める

4 ドイツ帝国とビスマルク外交

新統一国家の国民にドイツ人意識をもたせるため、ビスマルクはどのような政策をとったのだろうか。

(1)**ドイツ帝国**(1871〜1918)**の成立**

ⓐ1871年、プロイセン王(67)が(68)宮殿でドイツ皇帝に推挙される

→**ドイツ帝国**の成立

ⓑ帝国の構成

┌連邦国家…ドイツ諸邦で構成され、プロイセン王が皇帝を兼任
├帝国議会…先進的な(69)制⟷議会の権限は制約
└帝国宰相(さいしょう)…皇帝にのみ責任を負い、独裁的権力を行使。ビスマルクが就任

(2)**ビスマルクの政治**…帝国の国民統合を推進

52
53
54
55
56
57
58
59
60
61
62
63
64
65
66
67
68
69

70
71
72
73
74
75
76
77
78
79
80
81
82
83
84
85
86
a
b
c
d

ⓐ「(　70　)」…南ドイツやプロイセン東部の(　71　)教徒を抑圧

ⓑ(　72　)法(1878)…工業発展で増加した労働者の社会主義運動を抑制

→労働者支持獲得のため(　73　)制度(災害保険、疾病・養老保険)導入

※ドイツのマルクス主義的社会主義運動…のち(　74　)**党**に結集

⑶ビスマルクの外交

(　75　)**体制**…列強体制の再建、フランスの孤立化

┌(　76　)**同盟**…ドイツ・オーストリア・ロシア
├(　77　)**同盟**…ドイツ・オーストリア・イタリア
└(　78　)**条約**…ドイツ・ロシア

英
露
独
仏
墺
伊
対立
英：インドへのルート確保
VS
露：南下政策
親善
(　78　)条約(1887)
アフリカ問題
英：縦断政策
VS
仏：横断政策
対立
(　76　)同盟
(1873〜78)
(1881〜87)
対立
バルカン問題
対立
アルザス・ロレーヌ問題
(　77　)同盟
(1882)
対立
チュニジア問題
対立
「未回収のイタリア」

⑷列強の領土拡大政策

ⓐ(　79　)**戦争**(1877〜78)

┌ロシア…オスマン帝国内のスラヴ系の反乱やブルガリアの独立運動を支持
│　→オスマン帝国が武力で鎮圧→ロシアの直接介入・開戦→ロシア勝利
└(　80　)**条約**(1878)…ロシアがブルガリアを保護下におく
　→オーストリア・イギリスが反対

ⓑ(　81　)**会議**(1878)…ビスマルクが主催し、列国の利害を調停

→サン＝ステファノ条約を破棄…ロシアの南下は挫折

┌(　82　)…オスマン帝国内の自治国とされる
├ルーマニア・(　83　)・モンテネグロの独立が承認される
├イギリス…(　84　)の占領と行政権を認められる
└オーストリア…(　85　)の占領と行政権を認められる

ⓒビスマルクは列強の関心をヨーロッパ地域外にそらし、現状維持をねらう

→フランスの(　86　)支配(1881)を支持

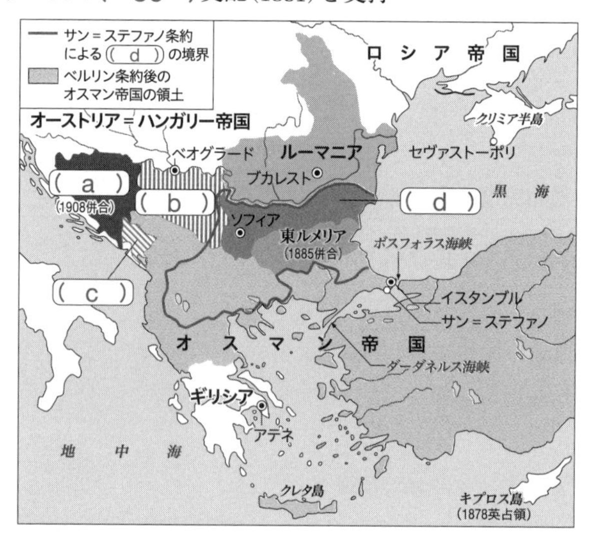

5 北欧地域の動向

他のヨーロッパ諸国に比べて、北欧諸国が安定していたのはなぜだろうか。

(1)(87)…19世紀初め、立憲制議会主義を確立

※(88)をロシアに割譲(1809)

(2)(89)…(90)会議(1814～15)でスウェーデン領となる

→20世紀初めに独立

(3)(91)…ドイツ連邦に敗北後、農業・牧畜中心の経済基盤を安定化

(4)スカンディナヴィア諸国の共通点

- 立憲君主制下でも議会の力が強力→政治的・経済的に安定
- 列強から距離をおいて独自の平和路線を採用

6 国際運動の進展

国際運動の進展には、どのような背景があったのだろうか。

(1)**国際運動の増加**…背景：19世紀後半の国境の安定、国境をこえた交流・連帯

ⓐ社会主義運動…1864年、各国の社会主義者がロンドンで(92)を結成

→1870年代半ばに解散

ⓑ(93)**組織**…戦争犠牲者の救済が目的

ⓒ(94)**大会**…スポーツを通じた国際交流が目的　※(95)(仏)が創始

ⓓ郵便・電信に関する国際機関も設立される

(2)**移民**

- 迫害や貧困からの脱出を求め、ヨーロッパから南北アメリカなどへ移住
- 移民による文化的・経済的な拡大や交流…19世紀の重要な特色

87

88

89

90

91

92

93

94

95

3 アメリカ合衆国の発展

㊙ 234〜237頁

アメリカ合衆国の急速な発展の要因は、どのようなものだったのだろうか。

1 アメリカ合衆国の領土拡大

領土拡大は、アメリカ社会にどのような影響をおよぼしたのだろうか。

(1)独立直後の領土拡大

ⓐ(1)…フランスから購入→領土倍増

ⓑ(2)…スペインから購入→カリブ海に到達

(2)アメリカ人意識の高まり

ⓐ(3)**戦争**(1812〜14)…通商問題をめぐってイギリスとのあいだに勃発(ぼっぱつ)

→ 戦争をとおして、アメリカ人としての自覚が強まる
　 イギリスから工業製品の輸入がとだえ、北部で(4)革命が進展

ⓑモンロー宣言(1823)…外交方針：南北アメリカ・ヨーロッパ間の相互不干渉

(3)民主政治の広がり

ⓐ民主政治の基盤…米英戦争後、白人男性すべてに選挙権を与える州が増加

ⓑ(5)大統領の政治　※西部出身、独立独行の人物として支持を集める

1829年、民衆の重視をとなえて大統領に当選

※(5)大統領任期の前後で大統領選の票数が5倍以上に増加→合衆国政治の民主化

先住民政策…先住民の土地を安価で購入→白人入植者に売却

→ 応じない先住民を(6)に強制移住
　 合衆国の農地は拡大⟷先住民の人口は激減

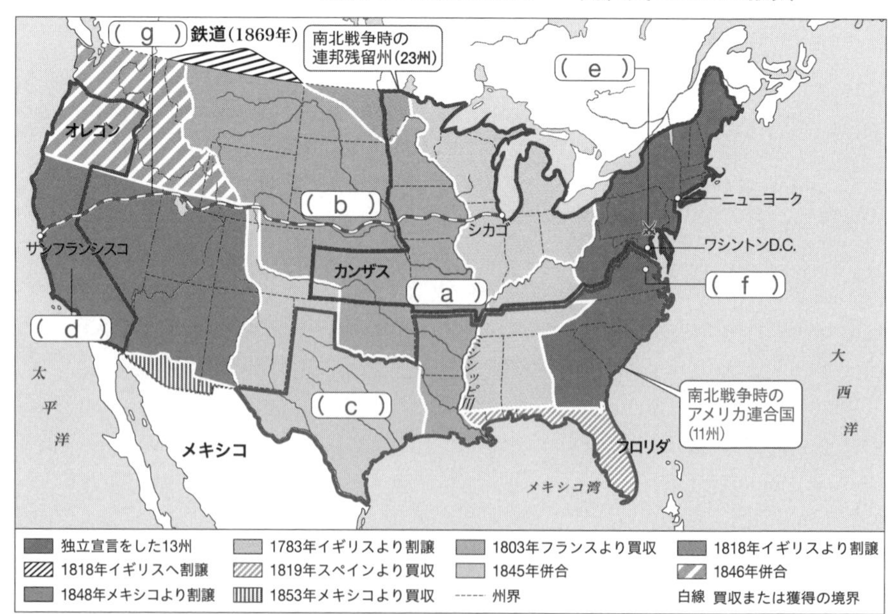

1
2
3
4
5
6
a
b
c
d
e
f
g 鉄道

(4)**西方への領土拡大**

ⓐ(7)**運動**…西部開拓などアメリカ合衆国の西方への膨張

→19世紀半ば、西部の開拓を神に定められた使命とする「(8)」のスローガンがとなえられ、(9)を併合(へいごう)(1845)

ⓑ(10)**戦争**(1846～48)の勃発…テキサス併合がきっかけ

→アメリカ合衆国が勝利し、(11)を獲得

ⓒアメリカ＝メキシコ戦争の直後、カリフォルニアで金鉱発見

→世界中から人々が到来する(12)がおこり、西海岸地域が発展

ⓓ太平洋方面への関心の高まり

┌中国と正式に国交を開く
├(13)を派遣して**日本を開国**させる
└ロシアから(14)を購入(1867)

(5)**奴隷制問題をめぐる国内の対立**…北部 vs. 南部

ⓐ北部…独立宣言の理念→奴隷制を廃止

ⓑ南部┌経済基盤…奴隷制による(15)→奴隷制を維持
　　　└18世紀末、新式の機械が発明→綿花栽培が拡大

ⓒ領土拡大による西部での新州誕生→奴隷制の可否が争点となる

┌北部：奴隷制に反対…人道主義の立場
└南部：奴隷制の承認を要求…連邦議会での劣勢を警戒

→(16)**協定**(1820)で妥協…新たに奴隷制を認める州は国土の中間線以南のみとする

※ストウの『(17)』…奴隷制を批判してベストセラーとなる

ⓓ1854年、境界線より北の(18)・(19)両準州で、奴隷制の可否は住民投票での決定とする法律が成立→ミズーリ協定の破棄

→南北対立の再燃┌北部…奴隷制反対を掲げる(20)**党**が発足
　　　　　　　　└南部…(21)**党**の一部が合衆国からの分離を主張

2 南北戦争

南北戦争で北部が勝利した要因は何だったのだろうか。

(1)**南北戦争**(1861～65)**の勃発**

ⓐ1860年、共和党の(22)が大統領選に勝利

ⓑ1861年、南部の7州が(23)を発足…アメリカ合衆国の分裂

→南北戦争の勃発　※さらに4州が(23)に参加

(2)**推移**

ⓐ当初は南部優勢→北部が人口・工業力の優位を活用し、戦線は膠着(こうちゃく)

ⓑ1862年、北部が(24)法を制定…西部公有地の開拓農民に土地を付与

→西部の支持を集める

ⓒ1863年、リンカンが(25)**宣言**を発表…南部地域の奴隷制を禁止

→国際世論を味方につける

ⓓ(26)**の戦い**(1863)…北部の勝利

ⓔ1865年、北部が南部の首都(27)を占領→合衆国の再統一

(3)**南北戦争の特徴**…火器・鉄道など(28)革命の産物が活用される

7
8
9
10
11
12
13
14
15
16
17
18
19
20
21
22
23
24
25
26
27
28

→**アメリカ史上最多の死者**(60万人以上)を出す戦争となる

3 アメリカ合衆国の大国化

アメリカ合衆国の歴史において、移民はどのような意味をもったのだろうか。

(1)奴隷制の廃止とその実態

ⓐ南北戦争後、合衆国憲法の修正…**正式に奴隷制が**(29)される

⟷ ┌多くの黒人…(30)として経済的に苦しい生活
　 └(31)…元南軍の兵士などによる秘密結社、黒人を迫害

ⓑ南部諸州…1890年頃から黒人への差別を制度化

┌州法などで黒人の投票権を制限┐
└公共施設を(32)別に分離──┘→憲法の修正は骨抜きに

(2)西部の発展

ⓐ西部…南北戦争中から牧畜業・小麦生産が発達→国内外へ供給

→アメリカ合衆国は**世界最大級の農業生産力**をもつようになる

ⓑ東西を結ぶ通信・交通機関の整備

…(33)鉄道の完成(1869)、有線電信の開通

ⓒ1890年代、(34)が宣言される…西漸(せいぜん)運動の終了

(3)工業の発達

ⓐ重工業(石炭・石油・鉄鋼)の発展…豊富な天然資源が背景

→19世紀末、合衆国は(35)・(36)をしのぐ**世界最大の工業国**に

ⓑ合衆国の工業発展…独占企業とヨーロッパ各地からの(37)が支える

→ ┌(37)の到来で19世紀に人口が10倍以上に増加
　 └大西洋沿岸の(38)などが巨大都市に成長

ⓒアメリカ社会の特徴

多くの移民…非熟練労働者⟷成功して巨大な富を得る人々も出現

→激しい競争と大きな貧富の差を抱える社会となる

※(39)(1886年結成)…熟練工を中心とする穏健路線

※個人の自主性を重んじる文化→合衆国では(40)主義は大きな勢力に成長せず

29
30
31
32
33
34
35
36
37
38
39
40

4 19世紀欧米文化の展開と市民文化の繁栄

㊥ 238〜241頁

19世紀欧米の文化と現代の文化には、どのようなつながりがあるだろうか。

1 文化潮流の変遷と市民文化の成立

各時代での主流な文化について、その担い手や展開された場(空間)はどのように変化したのだろうか。

⑴国民文化の誕生

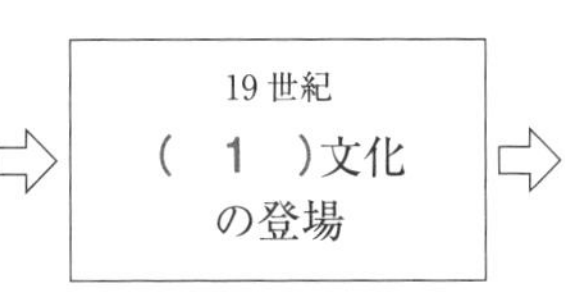

(2)**文化**…貴族文化と(1)**文化**の融合

→国民に国家・民族の一員としての自覚を与え、(3)への統合を促進

⑵ヨーロッパ近代文明

19世紀末、各国の国民文化が**ヨーロッパ近代文明**としてまとまる

背景
- 交通革命や(4)革命(電信・電話、大衆新聞の登場など)
- (5)体制の整備

列強の(6)主義による「世界の一体化」で、近代世界の基準となる

→世界を「欧米文明世界」、「(7)世界」、「(8)世界」の3つに区分するヨーロッパ中心主義的な見方がとなえられる

2 各国の国民文化の展開

国民文化は、国民国家形成にどのような影響を与えたのだろうか。

⑴(9)**主義**
- フランス革命が広めた啓蒙主義や(10)主義に反発
- 各民族の固有性や個人の感情を重視

→国民文学や国民音楽など国民文化の形成を推進

⑵(11)**主義(リアリズム)**
- 現実をみていないとロマン主義を批判
- 社会や人間の抱える問題に向き合おうとする

⑶(12)**主義**…社会や人間を科学的に観察する姿勢を重視

→外光の観察から対象の描き方を見直すフランスの(13)もこの流れ

⑷近代歴史学

ⓐナショナリズムと国民国家…その正当性を国家や民族の歴史に求める

→歴史への関心が高まる

ⓑ(14)(独)…史料批判にもとづく実証主義的な近代歴史学の基礎を確立

1
2
3
4
5
6
7
8
9
10
11
12
13
14

15
16
17
18
19
20
21
22
23
24
25
26
27
28

【19世紀の代表的芸術家・作家】

美術	音楽	文学
ダヴィド(仏)「ナポレオンの戴冠式」 (　15　)(仏)「キオス島の虐殺」 **カスパー=フリードリヒ**(独)「月をながめる２人の男」 (　16　)(仏)「石割り」 (　17　)(仏)「落ち穂拾い」 (　18　)(仏)「印象・日の出」 **ルノワール**(仏)「ムーラン=ド=ラ=ギャレット」 (　19　)(仏)「サント=ヴィクトワール山」 **ゴーガン**(仏)「タヒチの女たち」 **ロダン**(仏)「考える人」(彫刻) (　20　)(オランダ)「ひまわり」	(　21　)(独) **シューベルト**(墺〈オーストリア〉) **ショパン**(ポーランド) **ヴェルディ**(伊) **ヴァーグナー**(独) **ドビュッシー**(仏) (　22　)(露) **スメタナ**(チェコ)	**ゲーテ**(独)『ファウスト』 **ハイネ**(独)『ドイツ冬物語』 **グリム兄弟**(独)『グリム童話集』 **ディケンズ**(英)『オリヴァー=トゥイスト』 (　23　)(仏)『レ=ミゼラブル』 (　24　)(仏)『赤と黒』 (　25　)(仏)「人間喜劇」 **ボードレール**(仏)『悪の華』 (　26　)(仏)『居酒屋』 (　27　)(露)『罪と罰』 **トルストイ**(露)『戦争と平和』 (　28　)(ノルウェー)『人形の家』

A

C

B

Q１▶A～Cの絵画は、それぞれどのような文化的潮流に分類されるだろうか。

A▶

Q２▶AとBの絵画を見比べた時、どのような点に違いがみられるだろうか。１つあげてみよう。

A▶

3 近代諸科学の発展　近代諸科学が発展し、その成果が広まったのはなぜだろうか。

(1)政治・社会思想

ⓐドイツ観念論哲学…カント(独)により確立

→ヘーゲル(独)の(　29　)**哲学**やマルクスの(　30　)論に継承・発展

ⓑベンサム(英)の(　31　)**主義**やスペンサー(英)の経験論哲学

…資本主義が進んだイギリスで発展→近代社会を生きる市民の指針となる

(2)経済学

ⓐ(　32　)…アダム＝スミス(英)の流れを引くマルサス(英)やリカード(英)らが、自由放任主義が経済発展をうながすと主張

ⓑ(　33　)(独)…後発国では国家による経済の保護が必要であると主張

→ドイツ関税同盟の結成を説く

(3)自然科学

ⓐ生物学…ダーウィン(英)が『種の起源』で(　34　)論を提唱

→(　35　)教にもとづく人間観に衝撃を与える

ⓑ細菌学・予防医学…(　36　)(独)やパストゥール(仏)らが活躍

→近代医学の基礎を確立→幼児死亡率の低減や平均寿命の伸長

(4)探検・調査

ⓐ19世紀後半、アフリカ内陸部・中国奥地・中央アジアの学術調査が行われる

→20世紀、(　37　)の探検が国の威信をかけておこなわれる

ⓑ影響…欧米諸国が世界各地の情報を収集→各地への理解を深める

⟷欧米のみが(　38　)化に成功し、先進的とする自負も強める

【19世紀～20世紀初めの自然科学・技術・探検】

自然科学と技術	地理学的学術調査と探検
マイヤー(独)・(　39　)(独)…エネルギー保存の法則 (　40　)(英)…電気化学・電磁気学 **レントゲン**(独)…X線の発見 (　41　)**夫妻**(仏、妻マリはポーランド出身) …ラジウムの発見 (　42　)(英)…進化論の提唱 **メンデル**(墺)…遺伝の法則の発見 (　43　)(仏)…狂犬病予防接種の開発 **コッホ**(独)…結核菌・コレラ菌の発見 (　44　)(米)…電信機とモールス信号の発明 (　45　)(米)…電灯の発明 (　46　)(米〈出身は英〉)…電話の発明 (　47　)(伊)…無線電信の発明 **ディーゼル**(独)…ディーゼル＝エンジンの完成 (　48　)(スウェーデン)…ダイナマイトの発明 (　49　)(米)…プロペラ飛行機の発明	**【アフリカ探検】** (　50　)(英)…南アフリカ調査 (　51　)(米〈出身は英〉) …アフリカ大陸横断 **【極地探検】** **ピアリ**(米)…北極点到達(1909) (　52　)(ノルウェー) …南極点到達(1911) **【中国奥地・中央アジア学術調査探検】** (　53　)(スウェーデン)…楼蘭(ろうらん)発掘 **スタイン**(英)…敦煌(とんこう)の調査

29
30
31
32
33
34
35
36
37
38
39
40
41
42
43
44
45
46
47
48
49
50
51
52
53

54

55

56

57

58

4 近代大都市文化の誕生

大都市文化によって、都市の景観はどのように変化したのだろうか。

⑴**首都改造**…近代化の成果や国家の威信を示す目的

- 街路の拡張、非衛生的な家屋(感染症流行の一因)→近代的建築へ転換
- 上下水道の普及、地下鉄や電車の導入による都市交通網の整備
  例：第二帝政期の(　54　)によるパリ改造、ウィーンの都市計画
- (　55　)で第1回万国博覧会(1851)→パリ・ウィーンでも開催

⑵**近代大都市文化の誕生**…大衆文化の萌芽

ⓐ文化・娯楽施設の拡充…(　56　)・コンサートホール・美術館・図書館など
　→市民文化の成果の集積地となる

ⓑ(　57　)…大衆向けに発行部数を飛躍的に伸ばす

ⓒ19世紀末、映画館などの大衆娯楽や(　58　)などの大規模商業施設も増加

13章まとめ

Q▶国民国家と近代市民社会の形成は、欧米諸国においてどのように進んでいったのだろうか。①・②・③から考えてみよう。

①ウィーン体制の動揺は、どのように国民国家と近代市民社会の形成につながっていったのだろうか。

②19世紀後半の欧米諸国では、どのように国民国家と近代市民社会が形成されていったのだろうか。

③19世紀欧米文化は、国民国家と近代市民社会形成にどのような影響を与えたのだろうか。

第14章 アジア諸地域の動揺

教 242〜257頁

1 西アジア地域の変容

教 242〜245頁

オスマン帝国・イラン・アフガニスタンとヨーロッパ列強との関係は、どのように展開したのだろうか。

1 オスマン帝国の動揺と「東方問題」

オスマン帝国に動揺をもたらした要因には、何があるだろうか。

(1)18世紀半ばのオスマン帝国周縁地域の動き

ⓐ(1)**運動**…原初期のイスラーム教への回帰を説く(1)派が、豪族の(2)家と結んでアラビア半島の中央部で自立

ⓑ(3)国…長くオスマン帝国の宗主権下
→ロシアとの戦争に敗北して併合(へいごう)される

(2)19世紀の各地域・民族自立の動き

ⓐエジプト…豊かな農業生産力をもつ属州
┌(4)の遠征軍撤退後の混乱期、(5)が総督(そうとく)に就任(1805)
│→(6)などの専売制を導入して富国強兵(ふこくきょうへい)・殖産興業(しょくさんこうぎょう)政策を推進
└(7)を一掃…軍隊の近代化のため

ⓑシリア…(8)語の文芸復興運動：キリスト教徒のアラブ知識人中心
→のちのアラブ民族主義の端緒

ⓒバルカン半島…(9)革命の影響のもと、(10)が独立を達成
→ほかの非ムスリム諸民族に刺激を与える

(3)列強の介入

ⓐ(11)**戦争**(1831〜33、39〜40)
┌ムハンマド＝アリー、(12)領有をオスマン帝国に要求→拒否→開戦
│ └ワッハーブ運動やギリシア独立運動に対する鎮定参加への見返り
└2度にわたって戦い、エジプトがオスマン帝国を圧倒

ⓑ(13)会議(1840)…エジプトの強大化を望まない列強が介入
→ムハンマド＝アリーには、エジプト・スーダンの総督職の世襲権のみが認められる(ムハンマド＝アリー朝〈1805〜1952〉の国際的承認)

ⓒ「(14)」…列強がオスマン帝国の動揺に乗じて介入し、その間に成立した国際関係を指す、ヨーロッパ側からの呼称
┌(15)…南下政策を推進　目的：不凍港獲得と地中海進出
└イギリス…(15)の動きを阻止
※(16)海峡・(17)海峡の航行権が対立点
→ロンドン会議では外国軍艦の両海峡航行が禁止され、ロシアの南下が阻止される

1 ……
2 ……
3 ……
4 ……
5 ……
6 ……
7 ……
8 ……
9 ……
10 ……
11 ……
12 ……
13 ……
14 ……
15 ……
16 ……
17 ……

18

19

20

21

22

23

24

25

26

27

28

2 オスマン帝国の経済的な従属化

オスマン帝国の列強への経済的な従属化は、どのように進行したのだろうか。

(1)列強のオスマン帝国への経済的進出

ⓐ産業革命を進める列強…オスマン帝国を重要な市場とみなす

→ ┌列強は(　18　)を拡大した通商条約を結んで権益拡大
　 │└1838年のイギリスとの条約が最初 ┌オスマン帝国に不利な不平等条約
　 │　　　　　　　　　　　　　　　　 └イギリスに有利な関税設定など
　 └ヨーロッパ資本進出→イギリスの安価な綿製品の流入、国内産業衰退

ⓑ通商条約…属州のエジプトにも適用→専売の利益と関税自主権を喪失

(2)オスマン帝国・エジプトの列強への従属化

ⓐエジプト…近代化を急いで(　19　)**運河**建設(1869年開通)⟷莫大な債務

→(　20　)・フランスの財務管理下におかれ、内政の支配も受ける

※(　20　)…1875年に(　19　)運河会社株の40%を購入し、運河の権益を獲得

ⓑオスマン帝国…クリミア戦争での莫大な戦費以来、借款(しゃっかん)を重ねる

→税収をオスマン債務管理局に奪われ、列強へ経済的に従属

3 オスマン帝国の改革

危機に直面したオスマン帝国は、どのような改革をおこなったのだろうか。

(1)オスマン帝国の西欧化改革〈(　21　)〉

ⓐ19世紀初め以降、(　22　)軍団を解体→近代的な常備軍を創設

ⓑ19世紀半ば、大規模な西欧化改革〈(　21　)〉を開始

┌官僚主導による司法・行政・財政・軍事にわたる改革
└(　23　)主義のもと、法治主義にもとづいた近代国家をめざす

※(　23　)主義…宗教・民族の区別なく帝国臣民の平等を認める

※帝国の分断をねらう列強の干渉をかわすことも目的の1つ

→西欧化や異教徒優遇へのムスリムの反発→諸民族の離反防げず

ⓒ(　24　)の発布(1876)…大宰相(さいしょう)(　25　)の起草、一連の改革の集大成

→翌年、間接選挙にもとづく最初の議会が開かれる

(2)スルタン専制の復活

ⓐスルタン・(　26　)…議会の急進化を恐れ、1878年に議会と憲法を停止

※(　27　)戦争(1877〜78)が口実

ⓑオスマン帝国…(　27　)戦争に敗れて(　28　)半島領の多くを失う

⟷(　26　)はカリフとしての権威を誇示して専制を継続

史料 オスマン帝国憲法(抜粋)

第8条　オスマン国籍を有する者は全て、いかなる宗教及び宗派に属していようとも、例外なくオスマン人と称される。……

第11条　オスマン帝国の国教はイスラーム教である。この原則を遵守(じゅんしゅ)し、かつ人民の安全又は公序良俗を侵さない限り、オスマン帝国領において認められているあらゆる宗教行為の自由、及び諸々の宗派共同体に与えられてきた宗教的特権の従来通りの行使は、国家の保障の下にある。

第17条　全てオスマン人は法律の前に平等であり、宗教宗派上の事項を除き、国に対する権利及び義務において平等である。

第18条　オスマン臣民が公務に任用されるためには、国家の公用語であるトルコ語を解することが条件である。　（粕谷元編『トルコにおける議会制の展開』）

Q１▶条文では、オスマン人はどのような人々と規定されているだろうか。
A▶

Q２▶オスマン帝国内の宗教と言語については、どのような考え方が示されているだろうか。
A▶

4 イラン・アフガニスタンの動向

ロシアとイギリスの競合関係は、この地域にどのような影響を与えたのだろうか。

(1)イランの動向

ⓐ18世紀末、（　29　）朝(1796～1925)が成立(首都：テヘラン)

ⓑ（　30　）条約(1828)…ガージャール朝がロシアとの戦争に敗れて締結
- ロシアに治外法権を認め、（　31　）権も失う
- 南コーカサスの領土を割譲

ⓒ（　32　）教徒の蜂起
- 背景：社会不安や経済的な苦境
- 19世紀半ば、ガージャール朝に対して蜂起
 →政府軍に鎮圧される

※（　32　）教…シーア派から生まれた新宗教、救世主(マフディー)の再臨を説く

ⓓガージャール朝政府…列強に借款を重ね、電信線・鉄道の敷設、（　33　）採掘、銀行開設などの利権を譲渡

(2)アフガニスタンの動向

ⓐ18世紀半ば以降、アフガン人が独立を維持
→19世紀、ロシアとイギリスの中央アジアをめぐる覇権争い〈（　34　）〉に巻き込まれる

ⓑ第１次・第２次（　35　）戦争(1838～42、78～80)
- ロシア…アフガニスタンへの進出をねらう
 →（　36　）植民地の防衛のため、イギリスがアフガニスタンへ侵攻
- イギリス勝利→アフガニスタンを英露間の緩衝国とし、その外交権を確保

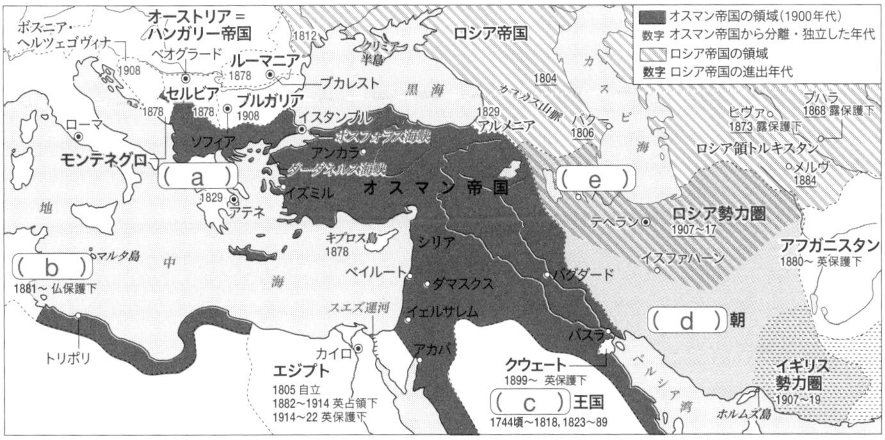

29
30
31
32
33
34
35
36
a
b
c 王国
d 朝
e

2 南アジア・東南アジアの植民地化

㊙ 246〜251頁

南アジア・東南アジアの植民地化は、世界経済とどのような関係にあったのだろうか。

1 西欧勢力の進出とインドの植民地化

ヨーロッパ各国の東インド会社は、南アジアでどのような活動をおこなったのだろうか。

(1)各国の東インド会社の動き

ⓐ17〜18世紀の南アジア
- ヨーロッパの商業勢力の活動が本格化
- 各地で政治・経済活動が活発化→地方勢力が伸長

ⓑ各国の**東インド会社**の動き

国　名	拠　点	活　動　内　容
オランダ	（　1　）	アジア各地に商館を設置し、諸地域間の交易（こうえき）や本国との取引にあたる
イギリス	マドラス・（　2　）	おもにヨーロッパとの貿易
フランス	（　3　）	おもにヨーロッパとの貿易

(2)イギリス東インド会社の勢力拡大

ⓐ皇帝（　4　）の死（18世紀初め）→ムガル帝国では地方勢力が台頭
→イギリスとフランスの東インド会社が地方勢力の争いに介入→対立

ⓑイギリス東インド会社
- （　5　）**戦争**（1744〜61〈63〉）
- （　6　）**の戦い**（1757）

→フランスに勝利

→1763年の（　7　）条約で優位を確立

(3)イギリス東インド会社による植民地化

ⓐ19世紀半ばまでに、インド全域の制圧に成功
- 東部…1765年、ベンガル・ビハール・オリッサの（　8　）権を獲得
- 南部…（　9　）王国との（　9　）戦争（1767〜99）に勝利
- 西部…（　10　）**戦争**（1775〜1818）に勝利
- 西北部…（　11　）**王国**との（　11　）戦争（1845〜49）に勝利

ⓑ植民地化の完成

支配地域の一部は（　12　）として間接統治し、それ以外は直接支配

2 植民地統治下のインド社会

イギリス東インド会社のインド支配は、どのようにおこなわれたのだろうか。

(1)イギリス東インド会社の地税徴収

東インド会社の目的…効率的な富の徴収→（　13　）が最大の収入源
- （　14　）制…政府と農民の仲介者に徴税を任せ、その仲介者に私的土地所有権を与える。ベンガル管区などで導入
- （　15　）制…仲介者を排除して、国家的土地有のもとで、農民に土地保有権を与えて徴税。マドラス管区などで導入

1
2
3
4
5
6
7
8
9
10
11
12
13
14
15

(2)**インド社会の変容**

ⓐ徴税制度の実施にともなう新たな土地制度の導入

従来		導入後
耕作者のほか、様々な仕事に従事する人々…総生産物の一定割合を現物で得る権利	⇨	一人だけが土地所有者として認定される→ほかの人々がもっていた権利は失われる

ⓑイギリスの機械製綿布・綿糸の流入→1810年代末に輸出入が逆転

→19世紀前半以降、インドは(　16　)や藍などの原材料をイギリスへ輸出し、大量のイギリス工業製品を輸入

→貿易赤字を解消するため、中国への(　17　)・綿花の輸出、東南アジア・アフリカへの綿製品の輸出などをおこなう

(3)**東インド会社の変化**…本国の(　18　)体制の影響

ⓐ1813年、(　19　)との貿易独占権が廃止

ⓑ1833年、(　20　)の取引と(　21　)との貿易独占権が廃止され、商業活動そのものも停止(翌34年に実施)→インド統治に専念する組織へ

3 インド大反乱とインド帝国の成立

イギリスによるインドの直接統治には、どのような特徴があったのだろうか。

(1)**シパーヒーによる大反乱**

ⓐ**大反乱**(1857～59)…北インド中心、(　22　)(インド人傭兵)の反乱

- 背景
  - (　23　)とりつぶし政策への旧支配層の不満
  - (　22　)の解雇など植民地支配への人々の不満
- きっかけ…新式銃の弾薬包(←牛・豚のあぶらが塗布)
- 名目的存在のムガル皇帝を擁立→鎮圧され、ムガル帝国は名実ともに滅亡

ⓑ植民地統治の転換

- 1858年、(　24　)**の解散**→イギリス政府がインドの直接統治に乗り出す
- 1877年、(　25　)女王がインド皇帝に即位→(　26　)帝国の成立
  - 体制
    - イギリス本国…インド省と担当大臣
    - インド…イギリス人総督(そうとく)と参事会が統轄するインド政庁
  - →統一的な刑法の制定や高等裁判所の設置など司法体制も整備
- 政策転換…強圧的政策→インド人同士の対立をつくり出す「(　27　)」へ

4 東南アジアの植民地化

東南アジアの植民地化は、どのように進んだのだろうか。

(1)**ヨーロッパ諸勢力の方針転換**

当初、ヨーロッパ諸勢力は東南アジアで商業権益の拡大をめざす

→領土の獲得による、世界市場へ供給する農産物・鉱物資源の開発へ転換

(2)**ジャワ**…オランダが(　28　)事件(1623)後、領土獲得へ

ⓐ18世紀半ば、オランダが(　29　)王国を滅ぼす→ジャワの大半を支配

ⓑ18世紀末、(　30　)の解散→オランダ本国がジャワを直接支配

ⓒ19世紀前半、大規模な反乱〈(　31　)戦争(1825～30)〉が発生

→鎮圧される→その費用でオランダ本国の財政状況は悪化

16 / 17 / 18 / 19 / 20 / 21 / 22 / 23 / 24 / 25 / 26 / 27 / 28 / 29 / 30 / 31

32

33
34
35
36

37
38

39
40

41
42

43
44
45
46

47

48
49
50
51

52

53
54
55
56

ⓓオランダ、ジャワに（ 32 ）**制度**を導入

目的…財政の立て直し
サトウキビ・藍などの商品作物を指定して栽培させる→飢饉の頻発

⑶**マレー半島・ビルマ（ミャンマー）**…イギリスが進出

ⓐ18世紀末以降、イギリスはマレー半島の港市を獲得し、（ 33 ）を建設
→19世紀前半、オランダと協定を結び、（ 34 ）海峡を境に支配圏を分割
→1826年、**ペナン**・（ 33 ）・（ 34 ）による（ 35 ）**植民地**を形成

ⓑ1895年、マレー半島の一部の州に（ 36 ）を結成させる
→（ 36 ）と間接統治の諸州や海峡植民地をあわせて英領マレーを形成

ⓒ20世紀に入ると、（ 37 ）が自動車生産に欠かせない商品となる
→（ 37 ）のプランテーションが開発され、その労働力として（ 38 ）から大量の移民が導入される

ⓓビルマ…18世紀半ばから（ 39 ）**朝**（1752〜1885）が全土を支配
→（ 40 ）戦争（1824〜86）でイギリスに敗れ、インド帝国に併合

⑷**フィリピン**…16世紀からスペインが進出

ⓐスペインは政教一致政策により、住民に（ 41 ）信仰を強制

ⓑ1834年、（ 42 ）を各国に開港（←自由貿易への圧力）
→プランテーションでサトウキビ・マニラ麻など商品作物の生産が広がり、世界市場に組み込まれる
→土地の集積が始まり、大土地所有制が成立

⑸**ベトナム・カンボジア・ラオス**…フランスが進出

ⓐベトナム…16世紀以降、（ 43 ）朝の名目的な支配のもと南北に分裂
→1771年、（ 44 ）が発生し、南北政権を倒して統一めざす

ⓑ（ 45 ）朝（1802〜1945）の成立

1802年、（ 46 ）がフランス人宣教師ピニョーらの援助を受け、西山（せいざん）政権を倒して全土を統一
（ 47 ）からベトナム（越南（えつなん））国王に封ぜられ、（ 47 ）の制度を導入

ⓒ19世紀半ば、フランスがベトナムへ軍事介入…カトリック教徒迫害が口実
→1883年に全土を支配　※（ 48 ）条約による

ⓓ（ 49 ）**戦争**（1884〜85）…フランス支配に対し、清が宗主権を主張
→清は（ 50 ）条約（85）でベトナムに対するフランスの保護権を承認

ⓔ1887年、カンボジアとあわせて（ 51 ）**連邦**を形成→99年に**ラオス編入**

5 タイの情勢

タイはなぜ植民地化されなかったのだろうか。

⑴（ 52 ）**朝**（1782〜、都：バンコク）

ⓐ王室が中国と独占貿易→ヨーロッパからの門戸開放の圧力が強まる
→19世紀後半、（ 53 ）が欧米諸国と外交関係を結ぶ…自由貿易の原則

ⓑ（ 54 ）の商品化→チャオプラヤ川のデルタ地帯の開発も進む

⑵（ 55 ）（位1868〜1910）**の統治**

ⓐ（ 56 ）とフランスとの勢力均衡策をたくみにとる
ⓑ近代化政策…行政・司法組織の改革、外国留学の奨励
→唯一東南アジアで植民地化を回避

3 東アジアの激動

㊎ 252～257頁

19世紀における東アジア諸地域の変動によって何がかわり、また何がかわらなかったのだろうか。

1 内外からの清朝の危機

清朝の危機の原因はどこにあったのだろうか。

(1)**18世紀の中国**…人口の激増と社会不安

ⓐ18～19世紀半ば、清朝治下の中国では人口が激増(1億数千万→4億3千万)
→移民による(1)部の開発が限界に→土地不足や貧困が深刻化

ⓑ清朝支配体制の動揺
- (2)**の乱**(18世紀末)…四川などの新開地
- 沿岸部での海賊行為の活発化

ⓒ人口急増の影響
政府業務の増加←→物価上昇にあわせて税収を増やせず
→財政規模が実質的に縮小し、財政難・秩序維持能力の低下へ

(2)**アヘン貿易の横行とアヘン戦争**

ⓐイギリスが中国から大量の茶を輸入し、中国に大量の(3)が流入
→イギリスは流出を抑えるため、インド産の(4)と(5)を中国に輸出
→(6)**貿易**の成立

中国
(4):125
・
(5):279
紅茶 372
イギリス
インド
綿製品 301
単位:万ポンド

ⓑ(7)**戦争**(1840～42)の勃発
- 元来、清はアヘン貿易を禁止
  →1839年、(8)を広州に派遣し、アヘンを没収・廃棄

- 18世紀末の(9)使節団の派遣以来、イギリスは自由貿易を要求
  →1840年、アヘン没収・廃棄を口実に(7)戦争を引き起こす

2 中国の開港と欧米諸国との条約

中国の開港の背景には何があり、開港はどのようなかたちで進んだのだろうか。

(1)**アヘン戦争の結末**

ⓐイギリス軍がすぐれた兵器・戦術で清軍を圧倒
→1842年、清とイギリスは(10)**条約**を締結
- (北から順に)(11)・寧波・福州・厦門・(12)の開港
- (13)の割譲、賠償金の支払い
- (14)を通じた貿易と徴税の廃止

ⓑ1843年、清は一連の(15)条約を締結　※五港通商章程と(16)条約
…領事裁判権、協定関税制〈(17)権の喪失〉、(18)待遇を認める
→翌44年、アメリカ合衆国と(19)条約、フランスと(20)条約を結び、イギリスと同等の権利を認める

1
2
3
4
5
6
7
8
9
10
11
12
13
14
15
16
17
18
19
20

21
22
23
24
25
26
27
28
29
30
31
32
33
34
35
36
37
38
39
40
41
42
43
44
45

(2)**第２次アヘン戦争**(**アロー戦争**、1858〜60)

ⓐ南京条約による開港後の対外貿易は低迷→イギリスは条約の改定をはかる

ⓑ1856年、(21)事件を口実に、イギリス・フランスが共同出兵

→英仏連合軍は広州を制圧して天津までせまる

→58年、(22)**条約**締結

ⓒ1859年、清軍が(22)条約批准書交換の使節の入京を武力で阻止

→英仏連合軍は戦闘を再開し、60年に北京を占領

ⓓ1860年、清は(23)**条約**を締結

- 外国使節の北京常駐、華北や長江流域など11港の開港
- (24)の自由、外国人による税関の管理
- (25)半島先端部のイギリスへの割譲

※関連協定でアヘン貿易も公認

→外国使節への対応のため、清は初の外交機関(26)を設立

(3)**ロシアの進出**

ⓐ1858年、(27)**条約**で黒竜江以北を獲得

ⓑ1860年、(28)**条約**により沿海州を獲得

（ⓐⓑ：第２次アヘン戦争に乗じる）

→(29)港を開き、太平洋進出の本拠地とする

ⓒ中央アジア方面でも南下をはかり、(30)人の諸ハン国を制圧

→ロシア領トルキスタンを形成

→1881年、(31)**条約**で中国との境界を有利に画定

3 内乱と秩序の再編

清朝は、どのようにして国内の秩序を立て直したのだろうか。

(1)**太平天国**

ⓐ19世紀半ば、景気が悪化し社会不安が拡大→人々は様々な集団に結集

→華北の(32)のほか、少数民族・イスラーム教徒などが各地で反乱

ⓑ**太平天国**…(33)を指導者とする最大の反乱勢力

- キリスト教の影響を受けた宗教結社(34)が挙兵して1851年に樹立
  →(35)打倒を掲げて、10年以上にわたって活動を継続
- 1853年、(36)を占領→首都とする

ⓒ(37)・緑営などの清朝常備軍…多発する反乱に対応できず

→漢人官僚の(38)・(39)が率いた湘軍・淮軍など(40)と呼ばれる義勇軍が編制される

ⓓイギリス・フランス…清朝を支持し、(41)を編制(ゴードンらが指揮)

ⓔ義勇軍の活躍と列強の支援→太平天国などの諸反乱は鎮圧される

(2)**洋務運動の展開**

ⓐ同治帝即位後、(42)らが実権を掌握

→反乱の鎮圧と列強との関係改善で清朝支配は安定化〈(43)〉

ⓑ(44)の展開…富国強兵・近代化政策

- 列強の近代兵器の威力を認識した(45)ら漢人官僚が推進
- 兵器工場の設立、西洋式軍事教育の導入、紡績会社・汽船会社の設立、鉱山開発、電信敷設などを実施

└特徴┌漢人官僚が確保した税などが財源→分権的な形で進められる
　　　└中国の道徳倫理を根本に、西洋技術を利用する「(46)」の傾向

46

4 日本・朝鮮の開港と東アジアの貿易拡大

東アジアの開港は、どのような影響をもたらしたのだろうか。

(1)日本・朝鮮の開港

ⓐ日本…ペリー来航を機に、1854年に(47)**条約**を締結
　→58年、第2次アヘン戦争を背景に、不平等条約の(48)**条約**を締結

ⓑ朝鮮…(49)(高宗(こうそう)の摂政(せっしょう))が欧米からの開国要求を拒否し、攘夷(じょうい)を実施
　→1875年、明治維新後の日本は(50)**事件**をおこす
　→76年に不平等条約の(51)を結ばせて、釜山(ふざん)など3港を開港させる

(2)東アジア貿易の拡大

ⓐ東アジアにおける不平等条約…開港場設置や低関税の(52)貿易を強制
　→結果的に、海上貿易が急速に拡大

ⓑ中国は生糸・茶の輸出拡大と(53)の国産化で貿易黒字→不況を脱出
　※欧米人主導で再編された税関の収入増大→清朝財政に寄与

ⓒ日本でも(54)・茶の輸出が拡大→国内の近代化に貢献

ⓓ(55)…中国の開港場のなかで外国が行政権を得た場所
　→インフラ整備や欧米企業の進出で発展し、(56)などは経済の中心へ

ⓔ1870年代、(57)の定期航路開設や(58)網の整備が進む
　→アジア間の関係が密接になる
　→インド産の(59)や東南アジア産の(60)が東アジアに輸出される

ⓕ東南アジアの植民地化と開発→労働力需要が高まる
　→華南(かなん)からの出稼ぎ移民が増大し、東南アジアの(61)の人口は急増

47
48
49
50
51
52
53
54
55
56
57
58
59
60
61

5 明治維新と東アジア国際秩序の変容

欧米諸国の進出と日本の台頭は、東アジア諸国の関係にどのような影響を与えたのだろうか。

(1)日本の明治維新

ⓐ日本の状況…条約締結→政治・経済的動揺が広がる
　→1867年、江戸幕府が朝廷に政権を返上
　→68年、明治政府が成立…政治体制が大きく転換〈(62)〉

ⓑ明治政府…(63)**戦争**(1868～69)や(64)**戦争**(1877)などの内乱を終結させ、内政改革をおこなって中央集権体制を整備

ⓒ政治体制…19世紀末に立憲国家へ転換┌1889年、(65)**憲法**の公布
　　　　　　　　　　　　　　　　　　└1890年、(66)**の設置**

ⓓ対外関係┌1875年、ロシアと(67)**条約**を結んで北方の国境を定める
　　　　　└清との対立…1874年の(68)、79年の(69)領有
　　　　　　→清に脅威を与え、朝鮮でも対立

(2)清による朝貢体制の再編

ⓐ列強の進出と日本の台頭→清は理念的・形式的側面が強かった(70)関係を実質的なものにかえようとし、朝貢(ちょうこう)国への影響力を強化
　→(71)ではフランスと、(72)では日本との対立をまねく

ⓑ(73)**戦争**(1884～85)→清はフランスのベトナム支配を承認

62
63
64
65
66
67
68
69
70
71
72
73

74
75
76
77
78
79
80
81
82
83
84
85
86

(3)朝鮮の国内対立と日本・清の干渉

ⓐ朝鮮の状況…開国後、攘夷派と改革派が対立

→改革派内でも対立
- 日本に接近する（ 74 ）らの急進改革派
- 清との関係を重視する（ 75 ）ら

ⓑ（ 76 ）…1882年、攘夷派が大院君（たいいんくん）を擁立して閔氏（びんし）政権の要人を殺害し、日本公使館を襲撃→清軍に鎮圧される

ⓒ（ 77 ）…1884年、急進改革派が日本の武力を背景に閔氏政権を打倒
→清軍に鎮圧され、閔氏政権が再建される
→日本と清の対立が深まったが、条約を結んで衝突を回避

ⓓ甲申（こうしん）政変後、清は朝鮮内政への関与を強化⟷日本は軍事力を強化

(4)日清戦争

ⓐ1894年、**甲午（こうご）農民戦争**〈（ 78 ）の乱〉発生
※（ 78 ）…キリスト教の西学に対する新宗教、排外的傾向
→日清両国が出兵し、（ 79 ）**戦争**が勃発→清が敗北

ⓑ1895年、日本と清は（ 80 ）条約を締結
- （ 81 ）の独立、賠償金2億両（テール）の支払い
- （ 82 ）・澎湖（ほうこ）諸島および（ 83 ）半島の日本への割譲
- 開港場における外国人の工場設置

ⓒ（ 84 ）…（ 85 ）・ドイツ・フランスの干渉→日本は遼東半島を返還

ⓓ日本は台湾に（ 86 ）を設置…初の植民地経営
→台湾民衆の抵抗を武力でおさえ込みつつ、近代化政策を推進

14章まとめ

Q▶ヨーロッパの進出に対して、アジア諸地域の政権や人々はどのように対応したのだろうか。①・②・③から考えてみよう。

①オスマン帝国はどのように経済的従属を強いられ、どのような改革をおこなったのだろうか。

②インドの植民地化はどのように進められ、インドの人々はどのように反応したのだろうか。

③ヨーロッパの進出に対して、清朝は国内政策や外交をどのように改変したのだろうか。

第15章 帝国主義とアジアの民族運動

教 258〜277頁

1 第2次産業革命と帝国主義

教 258〜264頁

欧米列強が植民地や勢力圏の拡大を争ったのは、なぜだろうか。

1 第2次産業革命

新しく生まれた電気・化学製品は、人々の日常生活をどのようにかえたのだろうか。

(1)(　1　)革命(19世紀後半)…近代科学の成果

┌(　2　)・(　3　)を動力源に重化学・電気工業、非鉄金属部門が発展
└新製品…日常生活に直結→人々の生活スタイルに大きな影響

(2)影響

ⓐ新たな工業部門…巨額の資本が必要

→銀行資本と結んだ少数の(　4　)が市場を独占的に支配(金融資本)

ⓑ労働者にも近代科学の知識や専門資格が必要とされる→近代(　5　)が普及

⟷古い労働形態が残る農業や中小企業は圧迫される

ⓒ1870年代以降、不況が継続

→多くの人々が(　6　)としてヨーロッパから(　7　)などへ渡る

2 帝国主義

帝国主義の支配を受けた地域において、社会や文化はどのようにかわったのだろうか。

(1)帝国主義

ⓐ列強で工業化が進み、競争も激化

→(　8　)地や(　9　)としての植民地の重要性が高まり、各国は植民地の獲得を競い合う

※背景：欧米の近代的工業力や(　10　)の圧倒的優位のもと、非欧米地域を近代的発展から遅れた存在とみなす考え方が広まったことなど

ⓑ(　11　)主義…イギリス・フランス・ドイツなど有力な列強が武力で植民地や従属地域を獲得し、勢力圏を形成した動き

→第一次世界大戦までの時期を(　11　)主義時代と呼ぶ

(2)帝国主義時代の支配

ⓐ植民地┌特定の産物・資源や労働力を収奪される
　　　　└伝統文化が破壊され、経済・社会構造も改造される

→欧米の利益や(　12　)の一方的な押しつけ

ⓑ帝国主義時代には、列強間の格差も拡大…産業発展や(　13　)の進み具合

→┌上位：(　14　)・フランス・ドイツ
　└下位：(　15　)・オーストリア・イタリア…民族問題・地域格差が要因

1
2
3
4
5
6
7
8
9
10
11
12
13
14
15

Q１▶この風刺画は植民地支配の様子を描いたものであるが、ここでは、植民地支配は何をめざしたものであるとされているだろうか。

A▶

Q２▶この風刺画では、欧米人と現地の人々は、どのような関係性として描かれているだろうか。

A▶

3 帝国主義時代の欧米列強の政治と社会

各列強は、どのような国内事情をそれぞれ抱えていたのだろうか。

⑴19世紀末の列強

ⓐ┌後発帝国主義国のドイツ…植民地の（　16　）を要求
　└日本・（　17　）…東アジアや太平洋地域に新たな勢力圏を形成

→イギリス・フランスなど先行する帝国主義国との緊張・対立

→列強体制は維持されたが、列強間の覇権争いが強まる→（　18　）の要因

ⓑ19世紀末、ヨーロッパは好景気に転じ、「（　19　）」と呼ばれた繁栄期へ

→┌（　20　）の発達によって大衆文化が発展
　└国民のあいだにヨーロッパ近代文明への自信が広まる

⑵イギリス

ⓐ19世紀のイギリス…（　21　）**体制**を守りつつ植民地帝国を維持・拡張

→植民地維持の負担軽減のため、一部を（　22　）領として間接支配

┌1867年、（　23　）が初の（　22　）領となる
└20世紀初め、オーストラリア、ニュージーランド、（　24　）が（　22　）領に

ⓑ対外政策

┌1875年、保守党の（　25　）が（　26　）**の株を買収**して運営権を獲得
│　…もっとも重要な直轄植民地インドの支配や連絡路確保のため
├1880年代、エジプトを支配下におく
└（　27　）**戦争**（1899～1902）…（　28　）植民相が、ケープ植民地のローズ首相の拡張政策を引き継いで勃発（ぼっぱつ）

ⓒ国内の動きやアイルランドとの関係

┌（　29　）・労働組合が労働代表委員会を結成→1906年、（　30　）**党**へ
├1911年、自由党内閣が（　30　）党の支援を得て（　31　）法を制定

→同年、(32)法を制定…下院の法案決定権が上院に優先
1914年、自由党内閣が(33)**法**を制定
→イギリス系人口の多い北アイルランドは強く反対
第一次大戦を理由に(33)法の実施延期→1916年、強硬派が蜂起
→蜂起は制圧され、以後(34)**党**がアイルランド独立運動を主導

(3)フランス

ⓐ1880年代以降、帝国主義政策を推進→インドシナ・アフリカに大植民地形成
→ドイツの(35)体制による国際的孤立から脱出した90年代以降、
(36)同盟や(37)協商でドイツに対抗
ⓑ1880～90年代、国内では国論を二分する反共和政の動き
(38)**事件**(1887～89)…右翼・保守層支持のクーデタ未遂事件
(39)**事件**(1894～99)…ユダヤ系将校の冤罪事件
→共和派政府はこれらの危機を乗り越え、1905年に(40)法を発布して第三共和政を安定化
ⓒ1905年、(41)党結成…社会主義諸党派がまとまる

(4)ドイツ

ⓐ1888年、(42)が即位→ビスマルクを引退させ、積極的な政策を推進
外交
ロシアとの(43)条約を更新せず
「(44)」を掲げて帝国主義政策を展開
→市民層にも国外ドイツ人の統合をめざす(45)**主義**が拡大
国内…(46)法を廃止：労働者層の支持を期待
⟷(47)**党**が勢力を広げ、1912年に帝国議会の第一党となる
ⓑ社会民主党…当初は(48)主義のもと、革命による社会主義実現が目標
→議会主義による改革をめざす(49)らの(50)主義の支持拡大

(5)ロシア

ⓐ1890年代以降、おもに(51)の資本導入により近代産業が成長
⟷工場や銀行は外国資本に握られ、工場の労働条件も劣悪
→国内市場を広げるため、(52)鉄道による国内開発や、東アジア・中央アジア・バルカン方面への進出をはかる
ⓑ20世紀初め、農民運動や工場労働者のストライキが拡大
→専制体制の転換を求める声が高まり、諸政党が結成される
マルクス主義を掲げる(53)**党**が結成される
→**レーニン**らの(54)とプレハーノフらの(55)に分裂
(54)…労働者・農民の指導による革命家集団をめざす
(55)…広く大衆に基礎をおいて、ゆるやかな革命をめざす
ナロードニキの流れをくむ(56)が結成される
自由主義者ものちの(57)党につながる運動を展開
ⓒ(58)**革命**…日露戦争の戦況悪化による(59)**事件**がきっかけ
農民蜂起・ストライキなどが全国的に発生し、モスクワでの(60)(労働者の自治組織)の武装蜂起や黒海(こっかい)艦隊の反乱もおこる
自由主義者も政治改革を要求

32
33
34
35
36
37
38
39
40
41
42
43
44
45
46
47
48
49
50
51
52
53
54
55
56
57
58
59
60

61
62
63
64
65
66
67
68
69
70
71
72
73
74
75
76
77
78
79
80
81
82
83
84

→皇帝（ 61 ）は十月宣言を発表
…（ 62 ）の開設などを承認し、改革派の（ 63 ）を首相に起用
⟷（ 62 ）の立法権は制限され、運動後退後に皇帝は再び専制化
ⓓ1906年、（ 64 ）が首相に就任し、帝政の支持強化のため、（ 65 ）を解体して自営農民の創出をはかる→農村社会は逆に動揺

(6)アメリカ合衆国

ⓐ19世紀末、巨大企業が自由競争を狭め、移民の増加で貧困問題も表面化
→┌20世紀初め、政府は（ 66 ）**主義**と呼ばれる諸改革を実施
　└対外的には帝国主義政策を展開
ⓑアメリカ合衆国の帝国主義政策
┌1898年、（ 67 ）**大統領**が（ 68 ）**戦争**を引き起こす
│→（ 69 ）・プエルトリコ獲得、（ 70 ）条項でキューバを保護国化
├一方、海外植民地領有への批判を背景に、（ 71 ）進出政策も重視
│→1899年、国務長官ジョン＝ヘイが中国での（ 72 ）政策を提唱
├（ 73 ）大統領…中米諸国に干渉（「棍棒外交」）、（ 74 ）運河の建設など積極的な（ 75 ）**政策**を推進
└タフト大統領…中国での鉄道敷設や中米投資などの「（ 76 ）」を展開
ⓒ（ 77 ）大統領（民主党）の政策
┌国内…「新しい自由」を掲げ、（ 78 ）法強化、労働者保護立法など
└対外政策┌「（ 79 ）」を推進…アメリカ民主主義の道義的優位を説く
　　　　└一方、メキシコへの軍事介入、（ 80 ）運河管理権の獲得など、中米・カリブ海域での覇権を確立

4 国際労働運動の発展

国際労働運動はなぜ再燃し、また、どのような特徴をもっていたのだろうか。

(1)国際労働運動の再燃

ⓐ1870年代、（ 81 ）の解散→国際的な労働運動の停滞
ⓑ1880年代後半、欧米先進国の工業化の進展とともに大衆的労働運動が活発化
→（ 82 ）主義が主流となって国際的連携の気運が再燃

(2)（ 83 ）の成立

ⓐ1889年、パリに各国の社会主義運動組織（国ごとに１政党）が集まって結成
→ドイツ社会民主党を中心に、反帝国主義運動や（ 84 ）制など労働条件の改善を訴える
ⓑ社会主義者のなかにも、植民地統治を認めたり、自国の利害を擁護する傾向
→（ 83 ）の結束はしだいに崩れはじめる

2 列強の世界分割と列強体制の二分化

教 265〜269頁

列強による世界分割はどのように進められ、また、各地にどのような影響を与えたのだろうか。

1 アフリカの植民地化

列強の植民地化によって、アフリカの社会や文化はどのように変容したのだろうか。

(1)(1)**会議**(1884〜85)

ⓐ19世紀半ば以降、アフリカ中央部の探検が進行

→1880年代、コンゴをめぐってヨーロッパ諸国が対立

→調停のために(2)が(1)会議を開催

ⓑ会議では、コンゴ自由国の設立とアフリカ植民地化の原則が合意される

→以後、植民地を求めて列強がアフリカに殺到

(2)**イギリスの動き**…アフリカの縦断政策

ⓐ1880年代、(3)**運動**を制圧…エジプトを事実上の保護国化

→さらに南下して、スーダンでは(4)**運動**を制圧

ⓑアフリカ南部では、ケープ植民地首相(5)が周辺への侵攻策をとる

ⓒ1899年、イギリスはブール人の(6)共和国・(7)自由国とのあいだに**南アフリカ戦争**(〜1902)をおこし、両国を併合

※これにより(8)・(9)・(10)を結ぶ3C政策が実現

(3)**フランスの動き**…アフリカの横断政策

ⓐ横断政策…サハラ砂漠地域とジブチ・マダガスカル方面との連結をめざす

→1898年、イギリスの(11)政策と衝突〈(12)**事件**〉

→フランスが譲歩して解決

ⓑ1904年、英仏両国は接近して(13)**協商**を締結→ドイツに対抗

(4)**ドイツ・イタリアの動き**

ⓐドイツ…既存の植民地は資源や市場価値に乏しく、新たな植民地を求める

→1905・11年に(14)**事件**をおこし、フランスの(14)支配に挑戦

→イギリスなどの反対で失敗し、(14)はフランスの保護国となる

ⓑイタリア

┌1880年代、ソマリランド・エリトリアを植民地化

│→エチオピアにも侵攻したが、(15)の戦い(1896)に敗れて後退

└1911〜12年、(16)戦争→オスマン帝国から(17)を奪う

(5)**列強のアフリカ分割**

ⓐ20世紀初め、アフリカは**エチオピア帝国**と(18)以外は列強の支配下へ

ⓑ列強のアフリカ支配…アフリカの発展に大きな被害と障害を残す

┌住民のつながりや交易網(こうえきもう)を無視し、経済的利害などを優先して行政・治安機構を整え、(19)的な境界線を設定

└アフリカ住民を(20)や鉱山の過酷な労働に従事させる

1
2
3
4
5
6
7
8
9
10
11
12
13
14
15
16
17
18
19
20

21

22
23
24
25
26
27
28

29

30

31

32
33

34

35
36

37

38

39

→現地の人々は抵抗を続け、20世紀には(　21　)主義運動へ成長

2 太平洋地域の分割

列強による太平洋地域の植民地化は、どのように進められたのだろうか。

(1)**列強の太平洋進出**…18世紀にイギリス、19世紀にフランス・ドイツ・アメリカ合衆国が進出

(2)**太平洋地域における各国植民地**

ⓐイギリス

┌(　22　)…最初は流刑植民地→19世紀半ばの金鉱発見で移民増加
　　→先民民の(　23　)は奥地に追われる
└(　24　)…先住民の(　25　)人の抵抗を武力でおさえ込む

ⓑドイツ…ビスマルク諸島などメラネシアの一部と(　26　)の諸島を獲得

ⓒアメリカ合衆国…アメリカ＝スペイン戦争の結果、**フィリピン・(　27　)**を獲得し、同年に(　28　)も併合

3 ラテンアメリカ諸国の従属と発展

独立後のブラジル・アルゼンチン・メキシコがたどった道の共通点と差異は、どのようなものだろうか。

(1)**独立後のラテンアメリカ諸国**

ⓐ
┌社会面┌植民地期以来の(　29　)や大商人が実権を握り、貧富差が存続
│　　　└国民の出自が多様で地域差も大きく、統合は困難
└宗教面…(　30　)教会が影響力をもつ⟷政教分離の動きと対立
　→中央政府に対する地方有力者の反乱や軍人のクーデタなどが頻発

ⓑ経済面┌19世紀末以降、(　31　)や原料の対欧米輸出が増加…背景に第2次産業革命の進展や食料需要の高まり、輸送手段の発達など
　　　　└欧米からの投資も盛んになり、中米はアメリカ合衆国の、南米は(　32　)の強い経済的影響下におかれる
　　→合衆国は1889年以降、(　33　)**会議**を定期的に開催

(2)**ブラジル**…帝政から共和政へ移行

1888年、帝政が(　34　)制を廃止　※南北アメリカで(　34　)制消滅
　→地主層が離反すると、共和派が89年にクーデタをおこす→共和政へ移行

(3)**アルゼンチン**

ⓐ独立後に政情不安が続くが、19世紀末に安定的な政権が成立
　→(　35　)の流入や投資が急増　※(　35　)招致は憲法で規定

ⓑ20世紀初め、世界有数の(　36　)輸出国に成長

(4)**メキシコ**

ⓐ(　37　)戦争の敗北→国土が半減した衝撃で政治改革が始まる

ⓑ1857年、自由主義的な憲法を公布→保守派の反乱で内戦(1858～61)へ

ⓒ1861年、内戦で劣勢におちいった保守派がフランスに介入を要請
　→(　38　)が軍を派遣し、64年には帝政を樹立
　→アメリカの介入もあり、フランスは67年に撤退→共和政が復活

ⓓ**メキシコ革命**の展開

┌19世紀後半、(　39　)大統領の長期独裁政権下で経済成長がはかられる
│　→1910年、各地で農民も加わった蜂起が発生し、メキシコ革命が始まる

※(40)・(41)らが革命運動を指導
└(39)政権の崩壊→新体制をめぐって国内は内戦状態
→1917年、新憲法発布…(42)と(43)が国有化される
※その後、植民地期以来の大土地所有制も解体される

4 列強体制の二分化

列強体制の枠組みは、どのようにかわっていったのだろうか。

⑴**ドイツの動き**…ヴィルヘルム２世による積極的な海外進出策
ⓐロシアとの(44)条約更新の見送り(1890)
→ロシアはフランスと(45)同盟を締結…(46)体制の崩壊
ⓑ(47)**鉄道**敷設の推進　※(47)・(48)・(49)を結ぶ3B政策
ⓒ海軍拡張政策を進め、イギリスの覇権に挑戦→20世紀、建艦(けんかん)競争が激化

⑵**イギリスの動き**
ⓐイギリスの外交姿勢…どの国とも同盟関係をもたない「(50)」の立場
→1902年、対ロシア政策として(51)**同盟**を結ぶ
→04年、対ドイツ政策として(52)**協商**を結ぶ

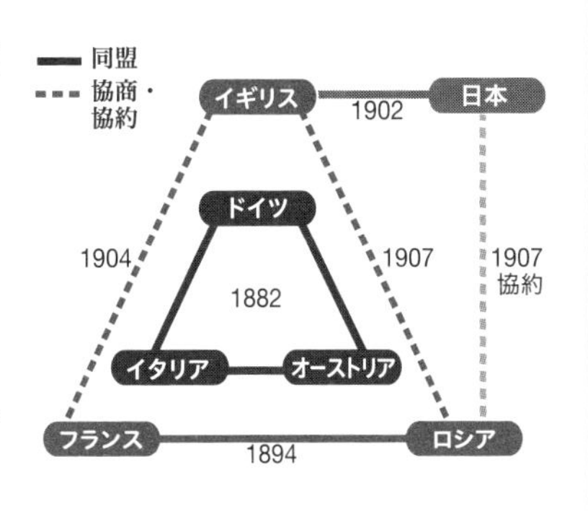

ⓑ日露戦争の敗北後、ロシアは進出方向を東アジアから(53)半島方面へ転換
→ドイツなどと対立
→1907年、イギリスは(54)**協商**を結び、ロシアと和解
…イギリス・フランス・ロシアの(55)**協商**の成立

⑶**列強体制の二分裂**
ⓐイタリア…「(56)」をめぐって(57)と対立し、フランスに接近
→(58)同盟の実態…ドイツ・(57)の二国同盟
ⓑ列強体制の二陣営への分裂…(59)中心 vs. (60)中心
→1910年以降、たがいに軍備拡大を競いあう

40
41
42
43
44
45
46
47
48
49
50
51
52
53
54
55
56
57
58
59
60

3 アジア諸国の変革と民族運動

教 270〜277頁

アジア諸国の変革や民族運動は、何が原因で、またどのような結果をもたらしたのだろうか。

1 列強の中国進出と清朝

日清(にっしん)戦争は、中国にどのような影響を与えたのだろうか。

(1)「変法」による改革

ⓐ日清戦争の敗北…中国知識人に大きな衝撃

→清朝の伝統的な内政・制度を変革する「(1)」の考え方が広まる

→ (2)…日本やロシアにならった政治体制の改革をとなえる
　 (3)…改革の宣伝につとめる

ⓑ(4)(1898)…(5)の支持のもとで康有為(こうゆうい)らが憲法制定や議会開設などを試みる→官僚の反対で失敗

ⓒ(6)(1898)…政治の実権を握る(7)らがクーデタをおこす

→光緒帝(こうしょてい)は幽閉され、康有為・梁啓超(りょうけいちょう)らは日本に亡命

(2)列強の中国進出

ⓐ列強…清の弱体化に乗じて中国へ進出→鉱山・鉄道の利権を獲得して、勢力圏(名目的なもの)を設定→中国知識人に危機感

1896	ロシア、(8)**鉄道の敷設権**を獲得
98	ドイツ、(9)を租借(そしゃく) ロシア、遼東(りょうとう)半島の(10)・(11)を租借 イギリス、(12)と(13)**半島**(**新界**(しんかい))を租借
99	フランス、(14)を租借

ⓑアメリカ合衆国…中国進出に遅れをとる→国務長官(15)の名で、中国の(16)・(17)および**領土保全**を提唱

ⓒ梁啓超は列強の進出を「(18)の危機」と訴え、国家名称「(19)」を創出

→中国ナショナリズムの誕生に貢献

1
2
3
4
5
6
7
8
9
10
11
12
13
14
15
16
17
18
19

史料 梁啓超「中国積弱の根源について」

中国人の脳裡(のうり)にある理想は、立派で尊ぶべきものももとより少なくないが、改むべきものもまたたいへん多い。西洋や日本では、中国人は愛国心がない、としばしばいわれる。私はもとよりこのことばを甘受する者ではないが、要するにわが国民の愛国心が西洋や日本にくらべて薄弱なのは、まぎれもない事実である。愛国心の薄弱なことこそ、わが国の積弱の最大の根源にほかならない。私はかつて思考の及ぶかぎり、愛国心の薄弱な理由を研究し、その源は理想の誤りから発しているという結論をえた。その誤りは次の三点である。

㈠ 国家と天下の区別を知らないこと。中国人はこれまで自分の国が国であることを知らなかった。……

㈡ 国家と朝廷の区別を知らないこと。我が中国には奇異なことが一つある。それは、数億の人間が数千年にわたって国を建てていながら、今日まで国名がないことである。……

(三) 国家と国民の関係を知らないこと。国というものは民を集めてつくられている。国家の主人はだれかといえば、その国の国民にほかならない。……

(村田雄二郎責任編集『新編　原典中国近代思想史２』)

Q１▶梁啓超は、中国の弱体化はどこに原因があると述べているだろうか。

A▶

Q２▶また、上記の原因の理由としてどのようなものがあると述べているだろうか。

A▶

(3)義和団(ぎわだん)戦争

ⓐ列強の進出にともなうキリスト教布教の拡大→改宗する中国人も増加
　→既存の秩序を維持しようとする地域エリートとの対立が深まる
　→各地で反キリスト教運動による衝突事件〈(　20　)〉が発生

ⓑ(　21　) ┌山東半島で結成された自衛組織。「扶清滅洋」をとなえて勢力拡大
　　　　　└鉄道施設やキリスト教会を破壊し、宣教師らを襲撃

ⓒ(　21　)戦争(1900～01)
　┌(　21　)が北京(ペキン)に入ると、清朝保守派がこれと結んで列強に宣戦布告
　│　→日本とロシアを主力とする(　22　)軍が北京を占領
　└1901年、清は(　23　)を締結 ┌莫大な賠償金
　　　　　　　　　　　　　　　└北京付近での列強各国軍隊の駐屯

2 日露戦争と韓国併合

日露戦争は、東アジアにどのような影響をもたらしたのだろうか。

(1)義和団戦争後の東アジア

ⓐ日清戦争後、朝鮮は国号を(　24　)と改める…独立国であることを明示
　←→日本とロシアが朝鮮の支配権をめぐって抗争

ⓑ義和団戦争後の列強の動向
　┌ロシア…中国東北地方を占領→撤退を求める日本と対立
　└イギリス…中央アジアなどで南下をめざすロシアと対立
　　→イギリスは(　25　)戦争で余裕がなくなっていたため、1902年に
　　　(　26　)同盟を締結　※アメリカ合衆国も日本を支援

(2)(　27　)戦争(1904～05)

ⓐ朝鮮・中国東北地方をめぐる日露両国の対立は解消せず→1904年、開戦

ⓑ ┌日本…陸上：(　28　)や奉天を占領、海上：(　29　)海戦で勝利(1905)
　 │　　　　　←→国力は限界に達する
　 └ロシア…(　30　)革命が勃発して社会不安が高まる

ⓒ1905年、日露両国は(　31　)条約を締結〈←(　32　)米大統領の仲介〉
　→日本は(　33　)の指導・監督権、(　34　)南部の租借権と(　35　)鉄道南部の利権、(　36　)南部の領有権を獲得

ⓓ日露戦争後の日本の動き
　┌1906年、(　37　)を設立…中国東北地方への経済進出を推進
　└1907年、(　38　)協約…韓国における優位を列強に認められる

(3)韓国併合

20
21
22
23
24
25
26
27
28
29
30
31
32
33
34
35
36
37
38

ⓐ日本は日露戦争以降、3次にわたる(　39　)**協約**(1904～07)を結ぶなかで(　40　)を設置し、韓国を保護国化

※初代韓国統監(とうかん)の(　41　)…1909年、ハルビンで(　42　)に暗殺される

ⓑ韓国皇帝の高宗(こうそう)はハーグの(　43　)会議(1907)に密使を送って国際世論に訴えたものの、かえりみられず

→国内でも(　44　)をおこなって抵抗→日本軍に鎮圧される

ⓒ1910年、日本は**韓国を**(　45　)し、植民地とする

→(　46　)をソウル(京城(けいじょう))におき、強権的な武断政治を開始

(4)日本の工業化

ⓐ1880年代～、製糸業や綿紡績(ぼうせき)業などの工業化が進展

→欧米への(　47　)の輸出や、中国からの(　48　)輸入と中国への(　49　)輸出が増大

ⓑ
- 日清戦争後…(　50　)制導入で通貨を安定、製鉄などの重工業発展
- 日露戦争後
  - 中国東北地方の(　51　)、朝鮮の米、台湾の米・砂糖を輸入
  - 中国東北地方や朝鮮に綿布を輸出

3 清朝の改革と辛亥革命

改革をおこなったにもかかわらず、清朝が倒れたのはなぜだろうか。

(1)(　52　)…義和団戦争に敗北した清朝が、中央集権国家の確立をめざしておこなった新たな政治改革

ⓐ1905年、(　53　)**を廃止**し、新たな学校制度を整備

→日本への留学生が激増

ⓑ軍事面…近代化した新軍を編制→最強の北洋軍(ほうようぐん)は(　54　)が掌握

ⓒ経済面…実業の振興を進め、民間の中国企業をあと押し

ⓓ政治面…1908年、(　55　)**を公約**…立憲体制を整備→(　56　)制定

(2)辛亥(しんがい)革命

ⓐ1905年、(　57　)らが東京で革命諸団体を結集して(　58　)**会**を結成

→(　59　)**主義**を掲げ、梁啓超(りょうけいちょう)らの立憲派と激しく議論

→中国南部での武装蜂起には失敗

※(　59　)主義…清朝の打倒と民族の独立をめざす(　60　)主義、憲法にもとづく共和国建設をめざす(　61　)主義、経済的な不平等の改善を内容とする(　62　)主義

ⓑ民衆や立憲派の清朝に対する不満の高まり
- 義和団戦争の賠償金による財政難や、改革の経費捻出のための増税
- 憲法大綱…中央政府の権限を強化⟷地方有力者中心の立憲派の不満

ⓒ清朝…幹線鉄道を(　63　)化し、外国からの借款(しゃっかん)で鉄道建設をめざす

→
- 民営の鉄道建設に投資していた地方有力者の反発
- 1911年9月、(　64　)で暴動が発生

ⓓ(　65　)**革命**の展開
- 1911年10月、四川(しせん)での暴動を機に(　66　)で新軍内の革命派が蜂起
  →中・南部の諸省が呼応して、清朝からの独立を宣言
- 独立した諸州は、亡命先から帰国した孫文(そんぶん)を(　67　)に選出

39 ／ 40 ／ 41 ／ 42 ／ 43 ／ 44 ／ 45 ／ 46 ／ 47 ／ 48 ／ 49 ／ 50 ／ 51 ／ 52 ／ 53 ／ 54 ／ 55 ／ 56 ／ 57 ／ 58 ／ 59 ／ 60 ／ 61 ／ 62 ／ 63 ／ 64 ／ 65 ／ 66 ／ 67

→12年1月、孫文は(68)の成立を宣言

(3)袁世凱(えんせいがい)の動き

ⓐ清朝…(69)を起用→革命の鎮圧をはかる
→(69)は列強の支持を得て革命勢力と取引し、清朝皇帝の退位と共和政維持を条件に、孫文から大総統の地位を譲り受ける
ⓑ1912年2月、袁世凱は(70)を退位させ、清朝を滅亡に追い込む
→袁はみずからの権限を強め、孫文らの(71)**党**と対立
→孫文らが武装蜂起した(72)は失敗
ⓒ1916年、袁世凱が(73)への即位をはかる
→国民党系の地方軍人による(74)や列強の反対で失敗
→袁は病死し、部下の軍人たちが各地で割拠して、近代化事業を推進
ⓓ辛亥革命を契機に、周辺部では独立の動き…中華民国への統合に課題
┌1911年、(75)が独立を宣言
　→24年、(76)連邦の影響下で(77)が成立
├1913年、チベットで(78)が独立を宣言→自立の動き
└ほかの地域は中華民国内にとどまるが、新疆(しんきょう)や内モンゴルでは住民の民族運動や軍事勢力の割拠、外国の干渉などが続く

4 インドにおける民族運動の形成

インドにおける民族運動は、どのような社会的背景のもとに生まれたのだろうか。

(1)インド帝国成立後の状況

ⓐインド帝国成立後、イギリスはインフラ整備や世界市場向けの生産を推進
┌港と内陸を結ぶ(79)の建設を進め、電信網も整備
│　※(79)建設は軍事目的の場合も多く、19世紀後半に急速に進められる
└(80)でのコーヒー・茶の生産、綿花など工業原料作物の生産が広がる
ⓑインドの経済発展
┌イギリスの利害で進行→本国への(81)などインドの人々に重い負担
└国内…農業発展やインド人資本による工場制の(82)発展の動き

(2)国民会議の結成

ⓐ経済発展のなかで、弁護士・官僚などのエリート層に民族的自覚が芽生える
→┌イギリス…エリート層を植民地支配の協力者として利用
　└1885年、インド人の意見を諮問する機関として(83)を結成
ⓑ国民会議…当初穏健な組織だったが、しだいに民族運動の中心へ
→1905年、イギリスが(84)**令**を発表
　┌ねらい…ヒンドゥー・イスラーム両教徒の反目による運動の分断
　└内容…ベンガル州を両教徒がそれぞれ多数を占める東西2地域に分割
→国民会議では(85)ら急進派が主導権を握り、分割反対運動を展開
ⓒ1906年、国民会議は(86)で開かれた大会で、英貨排斥・(87)・(88)・民族教育の4綱領を決議
→植民地支配に対抗する政治組織としての(89)へ変貌
ⓓ1906年、イスラーム教徒は親英的な(90)**連盟**を結成
ⓔ1911年、イギリスはベンガル分割令を撤回(←民族運動の急進化)

68
69
70
71
72
73
74
75
76
77
78
79
80
81
82
83
84
85
86
87
88
89
90

91
92
93
94
95
96
97
98
99
100
101
102
103
104
105
106
107
108

→首都を反英運動の中心であった(　91　)から(　92　)へと移す
→民族運動は一時的に停滞

5 東南アジアにおける民族運動の形成

東南アジア各地の民族運動には、一般的にどのような傾向があったのだろうか。

(1)インドネシア

ⓐオランダ本国で植民地政策への批判的な世論が形成される
→(　93　)制度が廃止されるなど、政策の根本的見直しへ
ⓑ20世紀初め、新たに「(　94　)政策」が開始される
┌キリスト教の普及や住民への福祉、現地への権力の委譲がうたわれる
└現地人官吏(かんり)を養成する学校が設立され、(　95　)語の教育が提供される
→教育を受けた知識人のあいだに、民族的な自覚が芽生える
ⓒ(　96　)…1911〜12年にかけてムスリム知識人により結成された組織
→当初は相互扶助団体だったが、しだいに政治活動を活発化
→植民地政府の弾圧で崩壊

(2)フィリピン

ⓐフィリピンやスペインで高等教育を受けたフィリピン人が啓蒙活動を開始
…1880年代、(　97　)らが民族意識をめざめさせる言論活動を展開
→1896年、(　98　)**革命**が始まる
ⓑ1898年、アメリカ＝スペイン戦争が勃発
→99年1月、(　99　)を中心とする革命軍が(　100　)を樹立
ⓒ1899年2月、フィリピンの領有権を獲得したアメリカ合衆国が侵攻
→(　101　)**戦争**(〜1902)となり、合衆国がフィリピン共和国を倒して本格的な植民地統治を開始

(3)ベトナム

ⓐ1904年、(　102　)がフランスからの独立と立憲君主制の樹立をめざす運動を組織→のちに組織は(　103　)と呼ばれる
ⓑ(　104　)**運動**…強国化しつつある日本に鼓舞されて、ファン＝ボイ＝チャウが日本へ留学生を送り、学問や技術を学ばせようとする
→留学生はフランスとの提携を重視した日本政府によって国外退去
ⓒその後のベトナム独立運動…(　105　)が継承
※(　105　)…辛亥革命の影響を受けて1912年に広州で組織

6 西アジアの民族運動と立憲運動

西アジアにおける様々な民族運動には、どのような共通点がみられるだろうか。

(1)(　106　)の活動　※ムスリムの連帯を求める(　107　)主義を説く

…イラン出身。西アジア各地で活動し、帝国主義とイスラーム諸国の専制をともに批判→エジプト・イランの民族運動に影響

(2)エジプト・スーダンの民族運動

ⓐエジプト…(　108　)**運動**(1881〜82)
┌1881年、エジプトで(　108　)が「エジプト人のためのエジプト」をとなえて、立憲制の樹立と議会の開設を求める→国民的な運動に発展
└イギリスは軍事力で運動を鎮圧し、エジプトを事実上の保護国とする

ⓑスーダン…(　109　)運動(1881～98)
┌1881年、(　110　)が(　109　)を称して反乱をおこす
└(　111　)総督(そうとく)を敗死させてハルツームを中心に国家建設
→イギリス軍の攻撃で崩壊

(3)イランの民族運動と立憲革命

ⓐ(　112　)**運動**(1891～92)…イギリスの会社へタバコの独占利権を譲渡した政府に反対する国民的運動
→政府は利権の譲渡を撤回したが、政府の専制を批判する立憲運動へ発展

ⓑ(　113　)**革命**(1905～11)
…1906年、国民議会が開かれ、翌年に憲法が公布される
→(　114　)の軍事介入で挫折

(4)オスマン帝国の革命

ⓐ(　115　)**革命**(1908)
…スルタン・(　116　)の専制に反対する知識人・将校らによる「青年トルコ人」が、政府にせまって議会と憲法を復活させる
→イタリア＝トルコ戦争やバルカン戦争のなかで政権は不安定

ⓑ(　117　)**主義**の誕生　※トルコ人が主体となって国を支えるべきという考え方
┌新聞・雑誌などの言論や結社の活動によって生まれる
└のち帝国内のアラブ民族主義に刺激を与える

109
110
111
112
113
114
115
116
117

15章まとめ

Q▶帝国主義とはどのような動きだろうか。また、帝国主義は諸地域にどのような影響をおよぼしたのだろうか。①・②・③から考えてみよう。

①帝国主義とは、どのような動きだろうか。

②帝国主義時代には、列強体制はどのように変化していったのだろうか。

③植民地支配のなかで、アジア諸国はどのような改革や運動を展開したのだろうか。

第16章 第一次世界大戦と世界の変容

㊝ 278〜299頁

1 第一次世界大戦とロシア革命

㊝ 278〜283頁

第一次世界大戦とロシア革命は、どのように展開したのだろうか。

1 バルカン半島の危機

バルカン半島で緊張が高まった背景は、どのようなものだったのだろうか。

⑴列強の対立とバルカン半島

ⓐ英・仏・露と独・オーストリアの対立…バルカン諸国が対立の焦点

ⓑオーストリア

…セルビアによる国内・バルカン半島のスラヴ人地域への影響力拡大を危惧

ⓒ1908年、(1)革命…オスマン帝国混乱

→オーストリアによる(2)併合(へいごう)→セルビアの反発

※ベルリン会議で自治を認められた(3)が独立を宣言→1909年、国際承認

⑵バルカン戦争の経過

ⓐ背景

┌(4)主義(独・オーストリア) vs. (5)主義(露・セルビア)

└1912年、(6)の結成(セルビア・ブルガリア・モンテネグロ・ギリシア)

…ロシアの後援

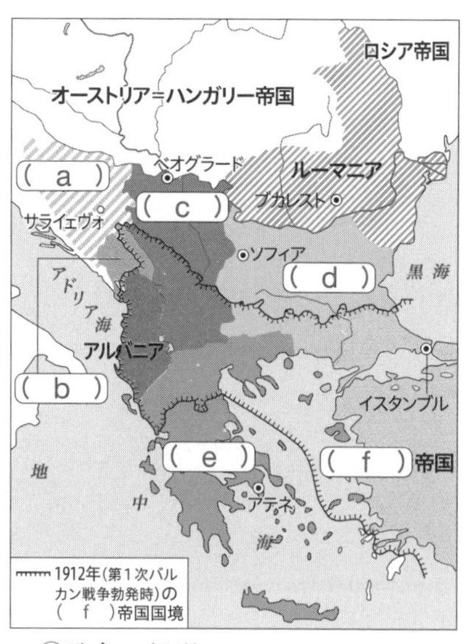

地図 第2次バルカン戦争終結後のバルカン諸国

Q▶1878年のベルリン会議の際に独立を承認された国家はどこだろうか。

A▶

ⓑ戦争の経過

┌1912年、(7)**戦争**…バルカン同盟がオスマン帝国に宣戦→勝利

└1913年、(8)**戦争**

└獲得領土の分配をめぐる、(9)とほかのバルカン諸国との対立

1
2
3
4
5
6
a
b
c
d
e
f 帝国
7
8
9

└(9)の敗北→ドイツ側陣営に接近

ⓒバルカン半島では、列強の陣営間対立と新興諸国間の競合が複雑にからみあう

→バルカン半島は「(10)」と呼ばれる

THE BOILING POINT.

図 (10)

Q▶「バルカン問題」と書かれている大釜をおさえる人物たちはそれぞれ列強のどの国を表しているだろうか。

①

②

③

④

⑤

2 第一次世界大戦の勃発

歴史上はじめての世界大戦は、どのように始まったのだろうか。

(1)原因

ⓐ1914年、(11)**事件**…ボスニア・ヘルツェゴヴィナの中心都市で、(12)人が(13)帝位継承者夫妻を暗殺

ⓑオーストリア(←ドイツの支持)がセルビアに宣戦

→(14)(セルビアを後援)が総動員令→ドイツが(14)に宣戦

ⓒフランス・イギリスがロシア側で参戦→**第一次世界大戦**へ

(2)戦争の経過

ⓐ西部戦線
- ドイツ軍による中立国(15)への侵入→フランスに侵攻
- (16)**の戦い**→(17)**戦**による膠着(こうちゃく)状態

ⓑ東部戦線…ドイツ軍が(18)**の戦い**でロシア軍を撃破

ⓒ各国の参戦状況

協商国(連合国)	イギリス・フランス・ロシア・日本・イタリア(中立→協商国)
同盟国	ドイツ・オーストリア・オスマン帝国・ブルガリア
中立国	北欧諸国・スイス・オランダ・ベルギー・スペイン

3 戦時外交と総力戦

戦時外交はどのような特徴をもっていたのだろうか。また、総力戦とはどのような戦争だったのだろうか。

(1)秘密条約にもとづく戦時外交

ⓐロンドン条約(1914)…イタリアに「(19)」や(20)の領土割譲を約束

ⓑ(21)協定(1916)…英・仏・露間で、オスマン帝国領の分割を取り決める

ⓒイギリス…アラブ人・ユダヤ人双方にオスマン帝国領内での国家建設を約束

└フセイン・マクマホン協定(1915)と(22)宣言(1917)

→大戦後、(23)の原因となる

(2)(24)体制の成立

ⓐ一般社会(銃後(じゅうご))も戦争遂行に動員

10
11
12
13
14
15
16
17
18
19
20
21
22
23
24

ⓑ各国政府による国民生活の統制…企業の生産活動管理、配給制の導入など
→社会主義をはじめとする(　25　)経済の源流へ

ⓒ第2次産業革命以来の工業力の最大発揮
→機関銃や(　26　)(戦車・飛行機・毒ガス)の投入

ⓓ(　27　)**体制**の成立…政府や諸政党が協力する体制
※1917年、イギリス王家はウィンザー朝と改称→(　27　)体制の形成に貢献

ⓔ各国の社会主義政党の動き…自国の政府を支持→(　28　)崩壊

ⓕ多民族国家(オーストリア・ロシア)…弱い国内の統合力→総力戦には不利

ⓖ植民地の現地人…兵士や労働者として動員、女性…様々な職場へ進出

Q▶ドイツは図の兵器をどのような目的で使用し、またどのような事件がおこっただろうか。

A▶

4 大戦の結果

大戦はどのように終わり、どのような結果をもたらしたのだろうか。

⑴**アメリカ合衆国の動き**…当初は(　29　)の立場

ⓐ1917年、ドイツが(　30　)を開始…アメリカなど中立国の船舶も攻撃対象
→アメリカは自国民の保護のために協商国側で参戦

ⓑ1918年、(　31　)大統領が民主的講和の必要性を呼びかける(「(　32　)」)

⑵**戦争の終結**

ⓐ1918年、(　33　)**条約**が成立…同盟国とソヴィエト政権との単独講和
→同盟国による西部戦線攻勢→協商国側の優位を崩せず

ⓑ同盟国側の降伏→オーストリアは各民族国家へ解体

ⓒ1918年11月、(　34　)**の水兵反乱**→(　35　)**革命**の勃発
→皇帝(　36　)の亡命→臨時政府の降伏で第一次世界大戦終結

⑶**大戦の結果**

ⓐヨーロッパを文明の頂点とする認識の後退

ⓑ主戦場となったヨーロッパの疲弊→アメリカ・日本・ロシア(ソ連)の台頭

ⓒ植民地での権利意識の高揚→独立運動の活発化

ⓓ女性…総力戦遂行に貢献→各国で(　37　)権を獲得

5 ロシア革命

ロシア革命はどのようにおこり、どのような歴史的意義をもったのだろうか。

⑴**二月(三月)革命**

ⓐ1917年3月、首都(　38　)で労働者と兵士の反乱(←大戦での敗退・食料危機)
→皇帝(　39　)の退位〈(　40　)朝の滅亡、二月(三月)革命〉

ⓑ(　41　)…自由主義者主導→言論の自由などの改革、戦争継続

ⓒ(　42　)・エスエル…各地に労働者や兵士の(　43　)を組織

(ⓑⓒ→あい並ぶ(　44　)状態)

→民主的条件での講和を実現するよう、(　41　)に圧力

⑵**十月(十一月)革命**

ⓐボリシェヴィキの指導者(45)がスイスから帰国し、(46)を発表
…戦争の即時終結、臨時政府打倒、社会主義政権の樹立を主張
ⓑ労働者…臨時政府を無視→工場を管理、農民…土地の分配を求めて蜂起
ⓒウクライナ人などの諸民族も自立の動きを強める
ⓓメンシェヴィキ・エスエル・自由主義者による連立政権の成立…首相(47)
←→各地のソヴィエトではボリシェヴィキの支持者増加
ⓔペトログラードでボリシェヴィキが武装蜂起…レーニンと(48)が中心
→史上初の社会主義政権を樹立(十月〈十一月〉革命)
「(49)」…交戦国に無併合・無償金・民族自決の原則での即時講和交渉を呼びかけ
「(50)」…土地の私的所有を廃止

(3)ソヴィエト政権の政策

1917末	憲法制定会議選挙でエスエルが第一党となる →18年1月、レーニンが会議を解散
18.3	ブレスト=リトフスク条約を締結 →(51)遷都、社会主義政策の断行
18後半	(52)**党**(ボリシェヴィキから改称)による**一党独裁**を確立
18～21	(53)**主義**の実施(←内戦・**対ソ干渉戦争**) …計画経済の導入、工業・銀行・貿易の国家管理、食料徴発 ※(54)(非常委員会)の設置→住民のきびしい監視
19	(55)(共産主義インターナショナル、第3インターナショナル)創設 目的…社会主義革命の世界への拡大 影響…世界中の労働運動や反植民地運動を活性化
21	(56)の開始 背景…戦時共産主義に対する農民・労働者の抗議行動 市場経済の導入

(4)(57)戦争(1918～22)

ⓐソヴィエト政権の社会主義政策→旧ロシア軍人や農民など諸勢力との内戦
ⓑ協商国…革命の波及を恐れて軍隊を派遣→反ソヴィエト勢力を支援
※派遣の名目…(58)軍団の救出
ⓒソヴィエト政権…(59)を創設して対抗→1921年初めまでに内戦に勝利
→旧ロシア帝国領の大半に支配拡大

史料 「平和に関する布告」(1917年11月)

すべての交戦諸民族とその政府に対して、公正で民主的な講和についての交渉を即時に開始することを提議する。……政府がこのような講和とみなしているのは、無併合、無賠償の即時の講和である。……
政府は秘密外交を廃止し、自ら全ての交渉を全人民の前で、完全に公然とおこなう確固たる意向を表明し、1917年2月から10月25日までに地主と資本家の政府によって確認または締結された秘密条約の、完全な公開にただちに着手する。(歴史学研究会編『世界史史料10』)

Q▶この布告のなかで廃止すべきだと主張されている外交政策は何だろうか。
A▶

45
46
47
48
49
50
51
52
53
54
55
56
57
58
59

2 ヴェルサイユ体制下の欧米諸国

㊙ 284〜291頁

第一次世界大戦後に成立した国際秩序はどのようなものだったのだろうか。また、欧米各国ではどのような変化がおこったのだろうか。

1 ヴェルサイユ体制とワシントン体制

第一次世界大戦後の新たな国際秩序は、何にもとづいて、どのように形成されたのだろうか。

(1)(1)**会議**(1919)…ヨーロッパの新国際秩序として**ヴェルサイユ体制**が確立

ⓐ原則：アメリカ合衆国・ウィルソン大統領提唱の「(2)」

…公正な講和の実現、植民地統治における現地人の意思の尊重など

ⓑ結果：イギリスやフランスの抵抗→「十四カ条」は一部しか実現せず

┌イギリス・フランス…植民地支配を維持
└ドイツに対するきびしい条件の提示

(2)(3)**条約**(対ドイツ)

ⓐ**巨額の**(4)…1921年、1320億金マルクに決定(独 GNP の20年分)

ⓑすべての(5)の放棄、大幅な軍備制限、(6)制の廃止

ⓒ(7)・(8)をフランスに割譲、(9)の非武装化

❶ルール
❷(d)
❸ロレーヌ
❹アルザス
❺南チロル
❻トリエステ
❼(e)

ノルウェー　フィンランド　スウェーデン　エストニア　バルト海　ソ連　ラトヴィア　リトアニア　デンマーク　メーメル　ダンツィヒ自由市　東プロイセン　イギリス　オランダ　ベルギー　ドイツ　ベルリン　ロンドン　(a)　ヴァイマル　ベッサラビア　パリ　ヴェルサイユ　(b)　ウィーン　スイス　オーストリア　(c)　ルーマニア　黒海　(f)　フランス　ユーゴスラヴィア　フィウメ　イスタンブル　イタリア　ブルガリア　ローマ　アルバニア　トルコ　1923.10　地中海　ギリシア　イズミル　一時ギリシア占領　ロードス島【伊】

各国の割譲地
オーストリア＝ハンガリー
ロシア
ドイツ
ブルガリア
オスマン帝国

Q▶記号 f の地域は、ヴェルサイユ条約においてどのような扱いとされただろうか。

A▶

※その他の講和条約┌オーストリア…(10)条約、ハンガリー…(11)条約
　　　　　　　　　└ブルガリア…(12)条約、オスマン帝国…(13)条約

(3)**新興独立国の誕生**…(14)の理念の適用

ⓐロシア帝国の解体

…ポーランド・フィンランド・エストニア・ラトヴィア・リトアニアが独立

ⓑオーストリア＝ハンガリー帝国の解体　※オーストリアはドイツ人地域のみに

…チェコスロヴァキア・ハンガリー・セルブ＝クロアート＝スロヴェーン王

1
2
3
4
5
6
7
8
9
a
b
c
d
e
f
10
11
12
13
14

国(のちユーゴスラヴィア)が独立

ⓒ旧オスマン帝国領…アラビア半島で(15)が王国を建国

(4)**アジア・アフリカ地域の扱い**

ⓐ旧オスマン帝国領における(16)…戦勝国への配分、植民地主義の維持

┌(17)…イラク・トランスヨルダン・パレスチナ
└(18)…シリア

ⓑ太平洋・東アジア地域におけるドイツ権益

┌旧ドイツ植民地(南太平洋)…赤道以北の島々が(19)の委任統治領に
└中国のドイツ租借地(そしゃくち)の権益…(19)が継承

ⓒアジア・アフリカの人々…パリ講和会議の結果に失望

→朝鮮の三・一独立運動、中国の五・四運動など植民地主義への抗議運動へ

…運動が世界規模で連動しつつあったことが時代の新たな特徴

(5)(20)**の設置**(1920)…史上初の国際平和機構

ⓐ本部…スイスの(21)

ⓑ運営体制
┌総会・理事会・連盟事務局が中心
├国際労働機関・常設国際司法裁判所を付置
└(22)国…イギリス・フランス・イタリア・日本

ⓒ影響力の限界

┌(23)の不参加…背景:国内での孤立主義の高まり
├(24)などの敗戦国や(25)の排除
├侵略国家への(26)での対応⟷軍事制裁の手段はもたず
├総会の議決…(27)が必要→紛争解決能力は不十分
└中小国間の紛争調停や難民支援などでは成果をあげる

(6)(28)**会議**(1921〜22)…(28)**体制**確立

ⓐ目的…アジア・太平洋地域での戦後秩序の確立

ⓑアメリカの主導…イギリス・日本・中国など9カ国が参加

ⓒ諸条約の締結…アメリカと日本の台頭を反映

(29)**条約**	(30)の保有トン数と保有比率を決定 …アメリカ5:イギリス5:日本3 ※フランス1.67:イタリア1.67
(31)**条約**	(32)の主権尊重・門戸開放の原則を確認
(33)**条約**	アメリカ・イギリス・フランス・日本が締結、(34)諸島の現状維持を決定→(35)同盟の解消

2 西欧諸国の模索

西欧諸国は、第一次世界大戦の影響をどのように受け止めたのだろうか。

(1)**イギリス**

ⓐ選挙法改正…大戦中から国民の政治参加の平等を実現すべきとの認識広まる

┌1918年、(36)**選挙法改正**…21歳以上の男性と30歳以上の女性に参政権
│※男性普通選挙・女性参政権の実現
└1928年、第5回選挙法改正…21歳以上の男女に参政権

ⓑ労働党の躍進…1924年、(37)を首班とする自由党との連立内閣実現

15
16
17
18
19
20
21
22
23
24
25
26
27
28
29
30
31
32
33
34
35
36
37

38
39
40
41
42
43
44
45
46
47
48
49
50
51
52
53
54

ⓒイギリスの自治領の動き…大戦への参加で発言力を高める

→1931年、（　38　）制定
- 自治領…本国と対等の地位を獲得
- イギリス帝国→（　39　）に再編

ⓓアイルランドの独立運動

1916	武装蜂起→1919年、独立戦争勃発(～21)
22	（　40　）の成立…自治領、北部の（　41　）地方は含まれず
37	独自の憲法を制定、国名を（　42　）として連邦を事実上離脱

(2)フランス

対ドイツ政策…1923年、ベルギーを誘ってドイツの（　43　）**地帯を占領**
- 理由…ドイツの賠償金支払いの遅れ
- 国際的批判→1925年、フランス外相（　44　）の主導で撤兵

(3)ドイツ

ⓐ1919年、（　45　）党の蜂起→社会民主党政権と保守勢力により鎮圧

※鎮圧に際して、スパルタクス団の指導者（　46　）とリープクネヒトが暗殺される

ⓑ1919年、ヴァイマルで国民議会開催
- 社会民主党の（　47　）を大統領に選出
- （　48　）採択…社会権、両性平等の普通選挙権などを規定した民主的憲法
  →以降のドイツは（　49　）と呼ばれる

ⓒ問題
- 右派・軍部の共和制への反発→政局不安定
- 賠償金支払い→経済回復せず
- ルール占領に不服従運動で抵抗→生産低下、激しいインフレーションが進む

ⓓ（　50　）首相の政策…経済の立て直し
- （　51　）の発行→インフレを鎮静化
- 賠償金支払いの緩和と（　52　）の導入に成功

1924	（　53　）案…賠償支払い額の軽減、アメリカ資本による経済復興
29	（　54　）案…総額の圧縮、支払い期間の延長
32	賠償総額を30億金マルクに減額

ドイツ
民間資本
アメリカ
戦債支払い
イギリス フランス
賠償支払い

図　ドーズ案成立後の資本の国際的循環

Q▶アメリカからドイツに導入された資本は、その後どのように動いたのだろうか。

A▶

3 国際協調と軍縮の進展

1920年代の前半と後半で、国際協調をめぐる動きはどのように変化したのだろうか。

(1)大戦後のヨーロッパにおける武力紛争

ⓐイタリア…1919年、一時的にユーゴスラヴィア領フィウメを占領

ⓑギリシアのトルコ侵攻→ムスタファ＝ケマルが撃退

→セーヴル条約を破棄し、(55)条約を締結(1923)

ⓒポーランド…1920〜21年、ポーランド＝ソヴィエト戦争

→ソヴィエト＝ロシアから西ウクライナなどを獲得

ⓓフランス・ドイツの対立…フランスによるルール占領が頂点

(2)国際協調の模索

1925	(56)**条約**の成立→ヨーロッパの戦後秩序(ドイツの孤立化)の転換 ┌ドイツ外相シュトレーゼマンとフランス外相ブリアンの協力で成立 ├英・仏・独・伊・ベルギーなどによる地域安全保障条約 └ラインラントの非武装化を再確認
26	ドイツの(57)加入
28	(58)**条約**の成立…ブリアンとアメリカ国務長官(59)の主導 →国際紛争解決の手段としての戦争を禁止 ※当初の加盟15カ国→63カ国に拡大

4 イタリアのファシズム

イタリアにおいて、ファシズム体制はどのように成立したのだろうか。

(1)背景

ⓐ期待した領土拡張をパリ講和会議で実現できず→世論の不満

ⓑ社会対立の激化…民衆層⟷地主・工場主・軍部・官僚などの支配層

ⓒ戦後のインフレーション

→北イタリアの労働者による工場占拠運動、農民による土地占拠

(2)ファシスト党の勢力増大

ⓐ1919年、(60)が**ファシスト党**を結成(←社会対立の激化が背景)

…ナショナリズムや暴力による秩序回復を掲げる

ⓑ1922年、ムッソリーニが「(61)」を敢行

→イタリア国王はムッソリーニを首相に任命

ⓒ1926年、ファシスト党による一党独裁成立…イタリア共産党・労働組合を弾圧

(3)イタリアの(62)体制

ⓐ特徴
┌極端なナショナリズム、指導者崇拝(すうはい)、一党独裁、批判勢力の暴力的封じ込め
└労働者を含む広範な国民の統合…団体旅行といった余暇活動の組織など

ⓑ拡張主義的な対外政策

1924	(63)を併合(へいごう)
26	(64)を保護国化
29	ローマ教皇庁と(65)**条約**を締結→教皇庁との対立解消 …(66)としてローマ教皇領の独立を承認

5 東欧・バルカン諸国の動揺

東欧・バルカン半島の新興国はどのような困難に直面し、どのような体制を築いたのだろうか。

(1)東欧・バルカン諸国の特徴

ⓐチェコスロヴァキア以外は農業国→大戦後の世界的不況で経済的影響

ⓑ少数民族問題を抱えて不安定

55
56
57
58
59
60
61
62
63
64
65
66

67
68
69
70
71
72
73
74
75
76
77
78

ⓒ1920年代末までに、多くの国で(　67　)主義体制が成立

※(　67　)主義体制…大地主などの伝統的な支配層に依拠しながら、指導者が強権的な統治をおこなう体制

⑵各国の状況

ⓐポーランド┌ソヴィエト＝ロシアとの戦争(1920〜21)で領土拡大
　　　　　　└1926年、(　68　)がクーデタで実権掌握

ⓑハンガリー…1919年、革命で社会主義体制成立→打倒後、権威主義体制確立

ⓒバルカン地域…南スラヴ系民族による(　69　)王国成立
→1929年、(　70　)(「南スラヴ人の国」の意味)に国名改称

ⓓポーランド・チェコスロヴァキア・ルーマニアなどがフランスと提携
→ヴェルサイユ体制を維持

6 ソ連の成立

1920年代のソ連は、どのような歩みをたどったのだろうか。

⑴ソ連の成立

ⓐネップの導入→1920年代後半までに戦前の経済水準を回復

ⓑ1922年、(　71　)の成立…ウクライナ・ベラルーシ・ザカフカースがソヴィエト＝ロシアと結合

⑵スターリンの実権掌握

ⓐ1924年、レーニンが死去
→(　72　)(一国社会主義論)が(　73　)(世界革命路線)を追放

ⓑコミンテルンの変化…世界革命推進よりもソ連擁護を優先

ⓒ1922年、(　74　)条約…ドイツによる国家承認→ソ連の国際社会復帰進展

ⓓ1928年、(　75　)を開始…機械化・集団化、低価格での穀物供出

┌工業…工場建設・生産拡大・重工業化の推進
└農業…農民を(　76　)(集団農場)・(　77　)(国営農場)へ強制的に編入
　→1930年代半ばまでに農業集団化完了⟷農村では飢餓・餓死者

図 五カ年計画のポスター

Q▶これは、第1次五カ年計画の達成を促すポスターである。この計画を開始した人物は誰だろうか。また、このようなポスターが作成された目的はなんだろうか。

A▶

7 アメリカ合衆国の繁栄

大戦後のアメリカ社会の特徴は、どのようなものだったのだろうか。

⑴経済

ⓐ大戦中…連合国に物資・借款(しゃっかん)(戦債(せんさい))を提供して大きな利益

ⓑ大戦後…債務国から(　78　)へ→国際金融市場の中心の1つ

ⓒ国内市場を高関税政策で保護

ⓓ旧連合国が求めた戦債返済の免除を拒否→ヨーロッパ経済に重い負担

(2)**外交**

ⓐ大戦後…国内で(　79　)主義が高揚→国際連盟に不参加

ⓑ軍縮や不戦条約などの国際協調は推進

→1920年代後半、ドーズ案・ヤング案で賠償問題の解決をはかる

(3)**政治**

ⓐ1920年、女性の(　80　)権を認める

ⓑ1921年以降、3代12年間の(　81　)党政権…自由放任政策、経済的繁栄

ⓒ(　82　)の展開…**大量生産・大量消費・大衆文化**が特徴

- 流れ作業・部品の規格化→(　83　)車や家庭電化製品を大量・安価に生産
- 消費意欲をかき立てるネオンなどの広告宣伝→信用販売(月賦(げっぷ))による購入
- 大衆文化の発展…(　84　)・(　85　)・スポーツ観戦など

ⓓ伝統的な白人社会の価値観強調…保守的な傾向が強まる

- 1919年、(　86　)法の制定
- (　87　)の活発化…黒人や移民などを攻撃
- 1924年、(　88　)**法**の成立
  - 東欧系や南欧系移民の流入を制限
  - 日本を含むアジア系移民の流入を事実上禁止

79
80
81
82
83
84
85
86
87
88

図　フォード車とその工場

Q▶フォード社が自動車の低価格化を実現できたのはなぜだろうか。

A▶

3 アジア・アフリカ地域の民族運動

教 292～299頁

第一次世界大戦後に高まったアジア・アフリカ地域の民族運動には、どのような特徴や共通性があるのだろうか。

1 第一次世界大戦と東アジア

第一次世界大戦は、東アジアの政治・経済・文化にどのような影響を与えたのだろうか。

(1)日本・中国の好景気

ⓐ第一次世界大戦によるヨーロッパの工業製品の流入減少→東アジアは好景気

ⓑ日本
- (　1　)と綿織物の輸出増大…繊維産業の発展
- 重化学工業の拡大…工業生産額が農業生産額を追い抜く

ⓒ中国…軽工業(綿紡績(ぼうせき)業・製糸業)の企業を中心に成長

ⓓ影響
- 都市労働者の増大、青年知識人の増加、(　2　)の発達
- 社会運動と民族運動の活性化

(2)日本の動き

ⓐ大正デモクラシー…政治の民主化を求める風潮

ⓑ1918年、**米騒動**の発生や世論の高まり→(　3　)の成立

ⓒ社会運動の勃興(ぼっこう)…マルクス主義の影響力増大

ⓓ1925年、(　4　)**法**・(　5　)**法**(共産主義拡大に対応)の成立

(3)中国の(　6　)運動…北京大学を中心とする、根本的な社会変革をめざす運動

ⓐ『(　7　)』…(　8　)らが創刊、「民主と科学」、社会革新と旧弊打破を主張

ⓑ(　9　)**革命**
- (　10　)…**白話(はくわ)(口語)文学**を主張
- (　11　)…『狂人日記』『阿Q正伝(あきゅうせいでん)』などで中国社会の病弊を描く

ⓒマルクス主義の研究…(　12　)らが開始(北京大学中心)

2 日本の進出と東アジアの民族運動

日本の勢力拡大に対して、中国・朝鮮の人々はどのように対応したのだろうか。

(1)東アジアにおける日本の拡大政策

ⓐ背景…第一次世界大戦によるヨーロッパ列強の後退

ⓑ大戦勃発(ぼっぱつ)後、ドイツに宣戦→中国内のドイツ租借地の(　13　)(青島(チンタオ))、青島と済南(さいなん)を結ぶ鉄道、太平洋上の南洋諸島を占領

ⓒ1915年、(　14　)…中国に山東(さんとう)のドイツ利権の継承などを要求
- (　15　)政権の抵抗→日本の軍事的圧力で要求の大半を承認
- 中国人の強い反発→日中関係悪化

ⓓ大戦末期、対ソ干渉戦争〈(　16　)〉に参加→内外の批判で撤退(1922)

(2)朝鮮の独立運動…ロシア革命・民族自決の潮流に呼応

ⓐ1919年３月、(　17　)**運動**が発生
- ソウルで「独立万歳」をとなえるデモ→朝鮮全土に拡大
- 朝鮮総督府(そうとくふ)は警察・憲兵・軍隊を動員して弾圧

ⓑ日本の対応…武断政治→「(　18　)」と呼ばれる同化政策に転換

1
2
3
4
5
6
7
8
9
10
11
12
13
14
15
16
17
18

ⓒ1919年4月、上海で(　19　)の結成(←三・一独立運動の影響)

(3)**パリ講和会議での動き**

ⓐ1919年、パリ講和会議

┌日本…山東のドイツ権益継承、赤道以北のドイツ領南洋諸島の委任統治権
└中国…二十一カ条の取り消しと山東のドイツ権益の返還を認められず

ⓑ1919年5月4日、(　20　)**運動**が発生

┌北京の学生を中心とするデモ→全国的な運動に拡大
├日本商品排斥やストライキをうながす
└パリの中国代表団は(　21　)条約に調印せず

(4)**パリ講和会議後の日本の動き**

ⓐ国際連盟の(　22　)国として国際的地位が向上

ⓑ東アジアでの日本の勢力急拡大→アメリカ・イギリスとの利害調整の必要性

→1921～22年、(　23　)会議で調整

┌(　24　)条約…中国の主権尊重と領土保全を約束
└日中間交渉…山東のドイツ利権を中国に返還

3 南京国民政府の成立と共産党

南京国民政府による中国統一は、どのように達成されたのだろうか。

(1)**国民党・共産党の成立と第1次国共合作**

ⓐ(　25　)宣言(1919)…ソヴィエト=ロシアが、旧ロシア帝国の中国利権を放棄→中国人に歓迎される

ⓑ1919年、**中国国民党**の成立…指導者:(　26　)、拠点:広州

→ソ連との提携模索

ⓒ1921年、**中国共産党**の成立┌背景:コミンテルンによる社会主義者の組織化
　　　　　　　　　　　　　　└指導者:(　27　)

ⓓ1924年、(　28　)の成立

┌方針:「(　29　)」…ソ連との提携、共産党の受け入れ、労働者・農民支援
└国民党を改組し、共産党員の党籍を残したままでの国民党入党を承認

(2)**国共合作の崩壊と南京国民政府の成立**

ⓐ1925年3月、孫文が病死

ⓑ1925年5月、(　30　)**運動**発生…(　31　)の日系紡績工場労働争議が契機

→┌全国に拡大し、反帝国主義を掲げる国民党の追い風となる
　└7月、(　32　)に国民政府が成立

ⓒ1926年、(　33　)の開始┌(　34　)率いる国民革命軍が中国統一をめざす
　　　　　　　　　　　　└共産党が指導する農民運動・労働運動の支援

→27年3月、上海・南京を占領

ⓓ1927年、(　35　)…国民党右派の蔣介石が共産党を弾圧

┌背景…国民党左派・共産党と国民党右派との対立激化や資本家らの反発
└結果…第1次国共合作崩壊→蔣介石が(　36　)に**国民政府**を建てる

(3)**北伐による全国統一と日本の動き**

ⓐ1928年、北伐が再開→国民革命軍が北京にせまる

→(　37　)(日本人居留民保護が口実)による日本軍と済南で衝突

19
20
21
22
23
24
25
26
27
28
29
30
31
32
33
34
35
36
37

→国民政府と日本の関係悪化

ⓑ日本軍(関東軍)の一部は、(　38　)(奉天派)を殺害→東北地方の支配めざす

┌(　38　)…当初日本の支援を受ける→自立政策をとって関東軍と対立
└関東軍…北伐軍に敗北して北京から撤退する(　38　)の列車を爆破し殺害

ⓒ(　39　)(張作霖の子)…日本に対抗して、国民政府の東北支配を承認

→国民政府による全国統一達成

ⓓ国共合作崩壊後の中国共産党の動き

┌華中・華南の山岳地帯の農村に根拠地を建設
└毛沢東の率いる(　40　)が根拠地を拡大

→1931年、(　41　)の成立…首都：江西省の(　42　)

4 インドにおける民族運動の展開

第一次世界大戦後、インドの民族運動はどのように展開したのだろうか。

(1)大戦後のインド

ⓐ第一次世界大戦中、イギリスはインドに自治を約束

←→大戦後、(　43　)**法**制定…州行政の一部をインド人にゆだねたのみ

ⓑ1919年、(　44　)**法**制定…強圧的な内容→インド民衆の激しい反発

→パンジャーブ地方の(　45　)での抗議集会にイギリス軍が発砲

(2)(　46　)の運動…植民地政府の圧制に対して**非暴力**を掲げる

ⓐ1920年、(　46　)が国民会議派大会で(　47　)**運動**を提示

ⓑ1922年、農民による警官殺害事件→非協力運動が中止され、民族運動は混乱

→ムスリムは反国民会議派・親イギリス路線へ

(3)民族運動の再開

ⓐ1927年、新たなインド統治法の制定のため、(　48　)委員会が設置される

…メンバーにインド人は含まれず→民族運動が再び激化

ⓑ1929年、国民会議派の(　49　)ら急進派が完全独立〈(　50　)〉を決議

ⓒ民族運動の展開

1930	ガンディーが「(　51　)」を組織
30〜32	イギリスによる(　52　)の開催 ┌インドの様々な勢力をロンドンに招集 └インドの将来の地位を論議→合意は不成立→非協力運動の再開
35	(　53　)**法**の成立…州政治はインド人に委譲 ←→中央の財政・防衛・外交はイギリス掌握…完全独立に至らず
37	州選挙の実施 ┌多くの州で国民会議派が政権を獲得 └ムスリムが多数派の州…ムスリムを首班とする地域政党が勝利
40	全インド＝ムスリム連盟…指導者：(　54　) →イスラーム国家パキスタンの建設を目標に掲げる

(4)第二次世界大戦の開始

ⓐ第二次世界大戦開戦(1939)→イギリスは再びインドに協力を要求

ⓑ国民会議派は完全独立を要求し、非協力運動を継続

→イギリスは国民会議派を非合法化し、ガンディーらを投獄して運動を弾圧

38 39 40 41 42 43 44 45 46 47 48 49 50 51 52 53 54

図 塩の行進

Q▶ガンディーはなぜ塩づくりをおこなったのだろうか。

A▶

5 東南アジアにおける民族運動の展開

第一次世界大戦後、東南アジア各地の民族運動はどのように展開したのだろうか。

(1)**インドネシア**…オランダの支配下
- ⓐ1920年、インドネシア共産党の結成…独立を主張→弾圧で壊滅
- ⓑ1927年、(55)**党**の結成…党首:(56)
  →インドネシアという統一された祖国・民族・言語をめざす

(2)**インドシナ**…フランスの支配下
- ⓐ1925年、ベトナム青年革命同志会の結成…指導者:(57)
- ⓑ1930年、ベトナム共産党〈同年に(58)**党**に改称〉の成立
  …フランスによる徹底的な弾圧→農村を拠点に武装闘争を展開

(3)**ビルマ**…イギリスの支配下
1920年代以降、民族運動の開始
→僧侶による啓蒙運動、急進的民族主義勢力の(59)党の台頭

(4)**フィリピン**…アメリカ合衆国の支配下
- ⓐ1907年、議会を開設…フィリピン人に立法や行政の権限委譲
- ⓑ経済面でアメリカへの輸出に依存…商品作物生産で窮乏化→農民反乱が頻発
- ⓒ1934年、フィリピン独立法の成立→翌35年、(60)の発足

(5)**タイ**
- ⓐ王による専制的統治→財政的混乱や王族支配への批判
- ⓑ1932年、(61)革命…王制から立憲君主制へ転換

6 西アジアの民族運動

第一次世界大戦は、西アジアの政治地図をどのように塗りかえたのだろうか。

(1)**第一次世界大戦敗戦後のオスマン帝国**…列強による国土分割の危機に直面

(2)(62)(のちの**アタテュルク**)**の活動**…トルコ人の主権と国土を守る運動
- ⓐ1920年、(63)にトルコ大国民議会を組織
- ⓑ1922年、侵攻してきたギリシア軍を撃退

(3)**トルコ革命**

1922	(64)制の廃止…オスマン帝国との決別
23	連合国と(65)**条約**を締結 …新たな国境を画定、(66)の廃止、(67)権の回復
	トルコ共和国の成立 ┌大統領…ムスタファ゠ケマル ├近代化政策…産業育成、(68)制の廃止、政教分離、(69)(ア

55
56
57
58
59
60
61
62
63
64
65
66
67
68
69

70
71
72
73
74
75
76
77
78
79
80
81
82
83
84
85
86

ラビア文字にかえてローマ字を採用)、(　70　)の採用、
(　71　)権の実施
└歴史と言語を軸としたトルコ民族主義の育成と強化をめざす

図 ローマ字を教えるムスタファ＝ケマル

Q▶ムスタファ＝ケマルは、どのような目的でアラビア文字からローマ字への転換を推し進めたのだろうか。

A▶

⑷イラン

ⓐ第一次大戦中、中立を宣言⟷事実上イギリスとロシアの占領下におかれる

ⓑ1925年、(　72　)**朝**(1925〜79)の成立

┌軍人(　73　)が実権を掌握→シャー(国王)と称する
└近代化政策、イラン民族主義を推進…国名を(　74　)に改称

ⓒ国内の(　75　)利権…イギリスが依然として保有

⑸アフガニスタン

ⓐ1919年、第３次(　76　)戦争…イギリスと戦って完全独立を達成

ⓑ立憲君主制のもとで近代化に着手⟷反対する国内勢力との緊張

⑹アラビア半島…(　77　)がワッハーブ王国の再興をめざす

ⓐイギリスと同盟し、(　78　)派の勢力を率いて頭角を現す
→ヒジャーズ王国のフセイン(フサイン)を破り、半島の大部分を統一

ⓑ1932年、(　79　)を建国→莫大な石油資源を発見

⑺エジプト…イギリスの保護国

ⓐ1919年、全国的な反英独立運動(**1919年革命**)が発生

ⓑ1922年、(　80　)の成立…イギリスは条件つきの独立を承認、立憲君主制

ⓒ一方、イギリスは(　81　)運河の支配権など維持→エジプト人の抗議継続

⑻イギリス・フランスの委任統治領…イラク・シリアなどの独立

ⓐ(　82　)委任統治→
┌イラク…1932年、王国として独立
└トランスヨルダン…1946年、独立

ⓑ(　83　)委任統治→
┌シリア…1946年、共和国として独立
└レバノン…1941年、シリアから分離→43年、共和国として独立

⑼パレスチナ

ⓐ第一次世界大戦中のイギリスの秘密外交

1915年、(　84　)**協定**…アラブ人にオスマン帝国からの独立を約束
1917年、(　85　)**宣言**…ユダヤ人のシオニズム運動を支援
→相互に矛盾

ⓑ大戦後のパレスチナ…イギリスの委任統治領
→アラブ・ユダヤ両民族は権利を主張して対立→現在まで続く(　86　)へ

史料 フセイン・マクマホン協定とバルフォア宣言

○フセイン・マクマホン協定(英外交官マクマホンからフセイン宛書簡)
(1)イギリスは一定の修正❶を加えて、メッカのシャリーフ〔フセイン〕によって要求されている範囲内すべての地域におけるアラブ人の独立を認め、それを支援する用意がある。
○バルフォア宣言(英外相バルフォアからロスチャイルド卿宛書簡)
国王陛下の政府はパレスチナにおいてユダヤ人のための民族的郷土(National Home)を設立することを好ましいと考えており、この目的の達成を円滑にするために最善の努力をおこなうつもりです。　(歴史学研究会編『世界史史料10』)
❶地中海岸の一部の地域はアラブ独立国家から除外されるという修正。

Q▶フセイン・マクマホン協定とバルフォア宣言の矛盾している部分はどこだろうか。また、それによりのちにどのような事態が生じただろうか。

A▶

7 アフリカの民族運動

アフリカの民族運動は、どのように展開したのだろうか。

(1)**列強の植民地化**…20世紀初めまで、大半が植民地化→19世紀から抵抗運動
(2)**南アフリカでの抵抗運動**…世界の民族運動の影響
1912年、(87)(ANC)の創設…人種差別撤廃をめざす運動開始
(3)**パン=アフリカニズム**
ⓐ19世紀末以降、アフリカ系知識人を中心とした解放運動
ⓑ1900年、ロンドンで(88)**会議**開催
…西欧植民地主義への抗議と人種差別への反対をとなえる
→1919年、アフリカの植民地における漸進的・段階的自治の推進を決議
ⓒ第二次大戦後、アフリカ民族会議の活動やパン=アフリカニズム運動が合体
→アフリカの解放と統一をめざす運動へ発展

87

88

16章まとめ

Q▶**第一次世界大戦はどのようにして勃発し、世界にどのような変容をもたらしただろうか。①・②・③から考えてみよう。**
①第一次世界大戦直前のヨーロッパの国際情勢はどのようになっていただろうか。

②第一次世界大戦後の国際秩序はどのようになっただろうか。

③第一次世界大戦後のアジア・アフリカ地域ではどのような民族運動がおこっただろうか。

第17章 第二次世界大戦と新しい国際秩序の形成

㊓ 300〜321頁

1 世界恐慌とヴェルサイユ体制の破壊

㊓ 300〜307頁

世界恐慌に際して各国はどのように対応し、また、国際関係はどのように変化したのだろうか。

1 世界恐慌とその影響

なぜ世界恐慌はおこり、どのような影響をおよぼしたのだろうか。

(1)アメリカでの恐慌

1929年10月、(1)のニューヨーク株式市場で株価が暴落

→恐慌が発生し、工業生産急落、企業倒産、商業・貿易不振、金融機関の閉鎖・倒産などを引き起こす

(2)恐慌の背景

ⓐ株や債権などの(2)の過熱

ⓑ世界的な農業不況…農民の購買力低下

ⓒ過剰生産…商品供給の過多

(3)恐慌の拡大と影響

ⓐ恐慌は(3)に拡大→アメリカ資本が支えていたドイツ経済の悪化

ⓑ各国の社会対立激化→政治情勢の不安定化

ⓒ各国政府は自国の問題を最優先→国際協調の後退、ファシズム諸国の台頭

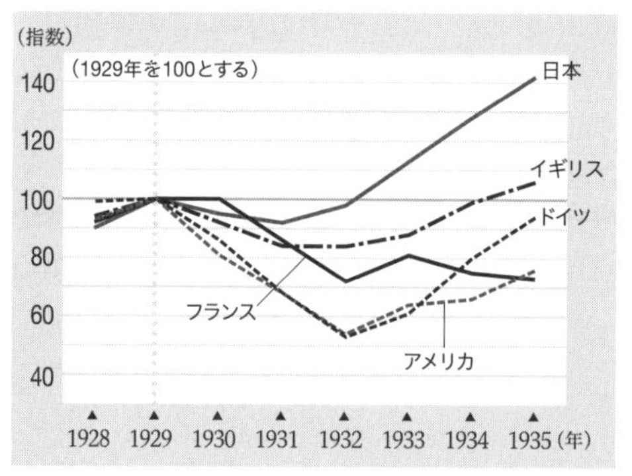

図 世界恐慌中の各国工業生産指数の推移

Q▶1935年までに世界恐慌前の水準まで工業生産指数を回復させることができた国はどこだろうか。

A▶

2 アメリカのニューディール

ニューディール政策は、どのような特徴をもっていたのだろうか。

(1)世界恐慌への対応

ⓐ当初、アメリカでは自由放任主義の考えが主流→政府の対応は不十分

ⓑ1931年、(4)大統領(共和党)が(5)を宣言

…賠償・戦債支払いの1年間停止宣言→回復への効果なし

(2)ニューディール(新規まき直し)

ⓐ1932年、(6)(民主党)が大統領に当選

1
2
3
4
5
6

ⓑ(7)(新規まき直し)の実施…積極的な市場介入

1931	(8)制から離脱…銀行の救済、金の流出防止
33	(9)**法**(AAA)…農業生産調整、農産物価格の引き上げ →農民の生活安定
	(10)**法**(NIRA)…工業製品の価格協定を公認→産業復興を促進
	公共事業…失業者の減少をめざす。(11)(TVA)など
35	(12)**法**…労働者の団結権と団体交渉権を承認 →労働組合の結成を促進→1938年、(13)(CIO)の成立

図 フランクリン=ローズヴェルト

Q▶彼は自身の政策を説明するためにどのような方法をとっただろうか。

A▶

3 ブロック経済

ブロック経済は、世界経済にどのような影響をもたらしたのだろうか。

(1)イギリス

ⓐ第2次マクドナルド労働党内閣

…世界恐慌対策:(14)の削減を含む緊縮財政を提案

→労働党は反対し、マクドナルドを除名

ⓑマクドナルドは保守党などの協力を得て(15)**内閣**(1931〜35)を組織

→財政削減を実施し、金本位制(きんほんいせい)から離脱

ⓒ1932年、(16)**会議**…(17)(ポンド=ブロック)を形成

- イギリス連邦内の関税を下げ、連邦外の国には高関税を課す
- (18)の先駆…自国通貨を軸に植民地と経済圏を作成、他国商品を排除

(2)フランス…自国の植民地を囲いこんで(19)を形成

(3)アメリカ

ⓐローズヴェルト政権…「(20)」を推進

- (21)への内政干渉をひかえる→1934年、キューバの(22)を廃止
- ラテンアメリカ諸国をドル経済圏に組み入れる

ⓑ1933年、世界経済会議(ロンドン)…アメリカは金本位制への復帰を拒否

→世界経済のブロック化を助長

(4)ブロック経済圏の構築

- ブロック間の対立→通商に頼る中小諸国に打撃
- ブロックをつくれないドイツ・イタリア・日本などは拡張主義へ

4 ナチス=ドイツ

ナチス=ドイツの体制はどのように成立し、また、その政策はどのようなものだったのだろうか。

(1)ナチス=ドイツ政権の成立

ⓐ1930年、選挙で(23)**党**(国民社会主義ドイツ労働者党)と共産党が伸張

…背景:世界恐慌による失業者増加、共産党の勢力伸長

図 ドイツにおける各党の国会議席数と得票率の推移

Q▶1932年11月まで議席数を伸ばし続けたのはc～fのどの党だろうか。記号と政党名をあげてみよう。また、aとbの政党名は何だろうか。

A▶

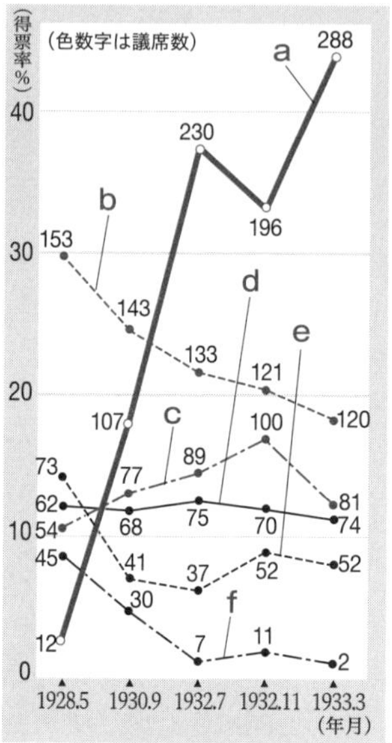

(得票率%)（色数字は議席数）

- ⓑナチ党
  - 指導者：(　24　)
  - 主張：(　25　)**人排斥**を掲げる人種差別主義、ヴェルサイユ条約の破棄、民族共同体の建設による国民生活の安定
  - 農民や都市の中産層の支持(←政治宣伝)、産業界や軍部の期待
- ⓒ1932年、選挙でナチ党が第一党となる
  →翌33年1月、(　26　)大統領がヒトラーを首相に任命

(2)ナチス＝ドイツ政権の政策

- ⓐ1933年、(　27　)事件を利用して共産党を弾圧
- ⓑ同年、(　28　)**法**の成立…政府に立法権をゆだねさせる
  →ナチ党以外の政党や労働組合を解散…(　29　)の実現
- ⓒ1934年、ヒンデンブルク死去→ヒトラーは(　30　)を名乗り、独裁者に
- ⓓナチ党の統制政策
  - 教育や文化を含む社会の全領域をきびしく統制
  - 秘密警察(　31　)・(　32　)(SS)…政治的反対派を(　33　)へ送る
  - ユダヤ人への激しい暴力や差別→作家(　34　)、物理学者(　35　)らの亡命
- ⓔナチ党の経済政策
  - (　36　)…軍需工業を拡張(←ソ連の計画経済の影響)→失業者減少
  - 公共事業の成果を喧伝…(　37　)(自動車専用道路)建設など
  - 団体旅行などのレクリエーションの組織、福祉事業の整備、ラジオ放送などの大衆娯楽の拡充

5 ソ連の計画経済とスターリン体制

ソ連の計画経済は、資本主義諸国にどのような影響を与えたのだろうか。

(1)世界恐慌下のソ連経済

- ⓐ(　38　)経済の採用→世界恐慌の打撃をさほど受けず→工業化を推進
- ⓑ(　38　)経済の考え方…ナチス＝ドイツ・アメリカ・日本でも導入される

(2)スターリン体制

- ⓐ1936年、新憲法〈(　39　)〉を制定…信教の自由、民族間の平等など

ⓑソ連社会…スターリン崇拝（すうはい）→住民は低水準の生活環境、政治的自由なし
ⓒ無実の市民が大量に逮捕され、銃殺や収容所での強制労働に処せられる

6 満洲（まんしゅう）事変と日中戦争

日本と中国は、どのような経緯で全面戦争へと至ったのだろうか。

(1)日本の経済状況

ⓐ1920年代、第一次世界大戦後の輸出不振で不況が続く
ⓑ1927年、（　40　）の発生→世界恐慌拡大期に本格的不況へ
ⓒ軍部は大陸での権益確保を主張→政府の外交姿勢を「軟弱外交」として批判
└幣原（しではら）外交（中国への内政不干渉・国際協調）

(2)（　41　）(1931～33)の展開

ⓐ中国における国権回復運動の高まり
→日本の軍部は、武力による中国東北地方の支配をめざす
ⓑ推移

1931.9	関東軍、中国東北地方の（　42　）で鉄道を爆破 →事件を口実に軍事行動→東北地方の大半を占領
31.12	国際連盟による（　43　）の派遣決定（←中国の訴え）
32.1	中国で（　44　）が勃発（ぼっぱつ）（←日本の軍事行動に対する反発）
32.3	関東軍、清朝最後の皇帝（　45　）を執政（しっせい）として（　46　）建国
32.10	国際連盟は、（　43　）の報告書にもとづいて東北地方における日本の権益を承認するが、満洲国は支持せず
33.3	日本、（　47　）を通告
33.5	関東軍の熱河（ねっか）方面侵攻→中国側に停戦協定をせまる

ⓒ日本国内では、テロやクーデタ事件が頻発
┌1932年、五・一五事件
└1936年、二・二六事件
→政党政治は後退、軍部の政治的影響力が拡大

図 満洲国のポスター

Q▶このポスターに描かれている5人は何を表しているだろうか。また、そのうち洋服姿の人はどこの国の人だろうか。

A▶

(3)中国の社会情勢

ⓐ中国国民政府の対応
┌方針…中国統一の推進→日本への対応よりも中国共産党との戦いを優先
├1928～30年、（　48　）**の回復**を達成→財源を確保
├1934年、共産党軍を瑞金（ずいきん）から撤退させる
└イギリス・アメリカの支援のもとで（　49　）**の統一**を推進
…四大銀行が発券する銀行券を法定通貨（法幣（ほうへい））と定める

40
41
42
43
44
45
46
47
48
49

50
51
52
53
54
55
56
57
58
59
60
61
62
63
64
65
66
67
68
69

ⓑ共産党の動き

┌1935年、(50)宣言…民族統一戦線の結成を呼びかける
└国民党軍の追撃から逃れる…瑞金から陝西(せんせい)省に到達〈「(51)」〉
　→(52)を指導者とする体制を整備

ⓒ日本の動き

華北(かほく)を国民政府の支配から切り離す政策…河北(かほく)省東部に(53)を設置
　←→中国国内における抗日運動がいっそう強まる

ⓓ(54)事件(1936)…(55)が蔣介石(しょうかいせき)を捕らえ、抗日と内戦停止を要求
　→国共内戦の停止

(4)日中戦争(1937～45)の展開

1937.7	(56)**事件**→日本軍が華北での軍事行動を拡大 →全面戦争の(57)**戦争**に突入
37.9	(58)の成立 →以後、国民政府は(59)、ついで(60)に移転しつつ、ソ連・アメリカ・イギリスの援助を受けて抵抗を継続
37.12	日本軍が南京(ナンキン)を占領し、多数の中国人を殺害(南京事件) →国際的な非難
38.10まで	日本軍は華北・長江(ちょうこう)沿岸の主要都市・沿海部を占領 ┌(60)までは侵攻できず→持久戦へ └都市と交通路を制圧←→農村地帯は支配できず
40	日本、(61)建設を掲げて(1938)、**重慶政府**に対抗 →(62)に親日政権を設立…首班:(63) ←→中国民衆の支持を得ることはできず

※アメリカ合衆国…東アジアとの(64)な貿易関係を主張→日本に反発

史料 蔣介石「盧溝橋(ろこうきょう)事件に関する盧山(ろざん)談話」(1937年7月17日)

> 盧溝橋事件が中日戦争に拡大せずにすむかどうかは、すべて日本政府の態度にかかっており、……我々は和平を希望しつづけ、平和的な外交手段によって、事件の解決を達成することを念願している。ただし我々の立場には極めて明瞭な四点がある。1.いかなる解決も中国の主権と領土の完全性を侵さないこと。……　(小島晋治・並木頼寿編『近代中国研究案内』)

Q▶蔣介石が最後まで避けたいと考えていたことは、どのようなことだろうか。

A▶

7 ファシズム諸国の攻勢と枢軸の形成

ファシズム諸国の攻勢を受けて、国際政治はどのように展開したのだろうか。

(1)ナチス=ドイツの軍事力拡大と外交政策

1933	(65)から脱退…軍備平等権が認められないことが理由
35	住民投票により(66)地方を編入 ※(66)地方…ヴェルサイユ条約で15年間国際連盟の管理下
	(67)制復活と(68)**を宣言**→英・仏・伊の抗議
	イギリスとドイツが(69)協定を結ぶ…事実上再軍備を追認

⑵**イタリアの対外拡張**…世界恐慌からの脱出めざす

ⓐ1935年、(70)**に侵攻**→翌36年、併合（へいごう）

ⓑ国際連盟による(71)…石油などは禁輸品目から除外→実質的な効果なし

ⓒイタリアに対する国際世論の反発→ドイツとの接近

⑶**ファシズム諸国の脅威**…それ以外の諸国とソ連との関係改善をうながす

ⓐ1933年、アメリカのローズヴェルト政権が(72)を承認

→34年、(72)は(73)に加盟

ⓑ1935年、フランス・ソ連が(74)条約を締結

→┌36年、ドイツが(75)条約を破棄→(76)**に軍を進駐**
　└ドイツによる**ヴェルサイユ体制の破壊**へ

⑷**人民戦線戦術とスペイン内戦**

ⓐ(77)**戦術**…コミンテルンが反ファシズムの連帯を呼びかけ

┌1936年、フランスで社会党の(78)を首相とする**人民戦線内閣**が成立
└同年、スペインで人民戦線政府が成立

ⓑ1936～39年、**スペイン内戦**…人民戦線政府に対する(79)将軍の反乱

┌ドイツ・イタリアが(79)側に軍事支援
├イギリス…非介入路線、フランス…対応をめぐって内閣が分裂・崩壊
├ソ連・(80)軍が人民戦線政府側を支援
│　…アメリカの(81)、フランスの(82)、イギリスの(83)らが参加
└結果：(79)側の勝利

ⓒ枢軸国（すうじくこく）の形成…人民戦線結成などの国際的な反ファシズム運動に対抗

┌1936年、日本とドイツが防共協定を締結
└1937年、イタリアも参加…(84)**協定**に拡大→イタリア、(85)脱退

…日本・ドイツ・イタリアによる(86)の結成

図 スペイン人民戦線のポスター

Q▶ポスター中の兵士の顔や兜（かぶと）には何が描かれているだろうか。

A▶

70
71
72
73
74
75
76
77
78
79
80
81
82
83
84
85
86

2 第二次世界大戦

教 308〜313頁

第二次世界大戦はどのような対立の構図をもち、どのように展開したのだろうか。

1 ナチス＝ドイツの侵略と開戦

開戦前夜、各国はナチス＝ドイツの拡張政策にどのように対応したのだろうか。

(1)ナチス＝ドイツ・イタリアの勢力拡大

ⓐナチス＝ドイツ…「民族自決」を大義名分に掲げて拡張政策を進める

ⓑナチス＝ドイツの拡張政策

1938.3	（ 1 ）を併合(へいごう)
38.9	チェコスロヴァキアの（ 2 ）**地方**の割譲を要求 →（ 3 ）英首相はフランスとともに（ 4 ）**政策**をとる （ 5 ）会談…英・仏・独・伊の首脳が参加 →チェコスロヴァキアの出席なしに、（ 2 ）地方のドイツへの割譲を承認
39.3	（ 6 ）**解体** ┌スロヴァキア…独立させて従属国とする └チェコ…保護領としてドイツに編入

ⓒドイツは、ポーランドにも（ 7 ）（現グダンスク）の返還や（ 8 ）での鉄道敷設権などを要求

※（ 7 ）…ヴェルサイユ条約により国際連盟が管理する自由市

ⓓ1939年4月、イタリアがアルバニアを併合

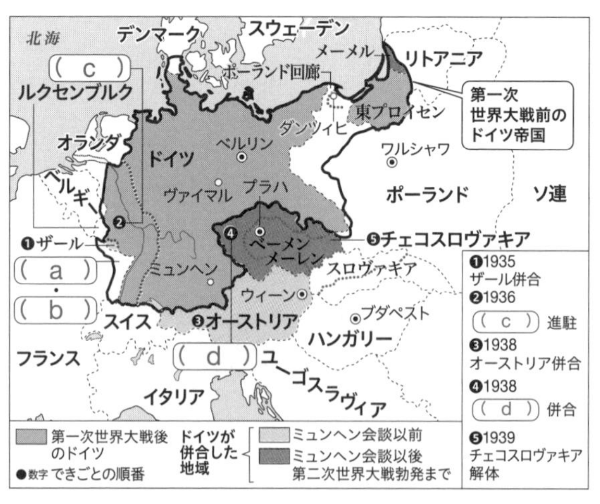

Q▶第一次世界大戦後、ポーランドがポーランド回廊を獲得したことで可能になったことはどのようなことだろうか。

A▶

(2)第二次世界大戦の開始

ⓐソ連…イギリス・フランスの宥和(ゆうわ)政策に不信感→ドイツとの提携に方針転換

→1939年8月、（ 9 ）**条約**を締結

1
2
3
4
5
6
7
8
a
b
c
d
9

…秘密議定書(独ソ間でのポーランド分割、東ヨーロッパでの勢力圏設定)が付属

ⓑ1939年9月、ドイツが(10)**へ侵攻**

→イギリス・フランスはドイツに宣戦→**第二次世界大戦**開始

2 ヨーロッパの戦争

第二次世界大戦は、ヨーロッパでどのように進展したのだろうか。

(1)ソ連の拡大

1939.9	独ソ両国がポーランドを分割
39.11	ソ連、安全保障の名目で(11)**に宣戦**(ソ連=(11)戦争〈冬戦争〉) →(12)はソ連を除名 →1940年、(11)は国境地帯の領土をソ連に割譲
40.6	ルーマニアから(13)を割譲させる
40.8	(14)(エストニア・ラトヴィア・リトアニア)併合

(2)イギリスの動き

ⓐ1940年4月、ドイツが(15)・(16)に侵攻→宥和政策の破綻

ⓑ1940年5月、対独強硬派の(17)がチェンバレンにかわって首相に就任

(3)ドイツの拡大

1940.4	(18)・(19)を降伏させる
40.6	フランスに勝利…フランスの(20)政が崩壊 ┌北半：ドイツが占領 ├南半：(21)を首班とする親独の(22)**政府**が統治 └(23)はロンドンに亡命政府〈(24)政府〉を設立 →イタリアがドイツ側で参戦 →フランス国内では(25)**運動**開始
41.2	北アフリカに軍を派遣…イタリア支援が目的
41.4	バルカン半島に勢力圏拡大→(26)・(27)制圧 →ヨーロッパ全土はほぼドイツ側の支配下

3 独ソ戦

独ソ戦は、第二次世界大戦にどのような展開を新たにもたらしたのだろうか。

(1)独ソ戦の開始

ⓐヒトラーは、ソ連を「劣等人種」の国として蔑視

ⓑ1941年6月、ドイツ軍がソ連へ侵攻…(28)の開始

→┌ドイツ軍はモスクワ郊外まで侵攻
　└(28)をきっかけに英ソ両国は同盟を締結

ⓒアメリカ合衆国…(29)法(1941年3月成立)にもとづいてイギリス・ソ連へ武器・軍需品を供給

(2)ナチス=ドイツの占領政策

ⓐユダヤ人の絶滅政策(ホロコースト)

…(30)(現ポーランドのオシフィエンチム)などの**強制収容所**にユダヤ人を移送・殺害

ⓑ政治犯・障害者・同性愛者・ロマ(ジプシー)らも組織的に殺害

10
11
12
13
14
15
16
17
18
19
20
21
22
23
24
25
26
27
28
29
30

a

b

c

d

e

31

32

33

34

35

36

37

38

39

40

41

4 太平洋戦争

太平洋戦争の開戦により、第二次世界大戦の性格はどのようにかわったのだろうか。

(1)日本の動き…日中戦争の長期化→状況打開のために南方への進出を計画

1940.9	フランス領(　31　)に軍を派遣
	三国防共協定を(　32　)**同盟**に発展
41.4	(　33　)**条約**を締結 ┌日本…北方の安全確保のため └ソ連…日本とドイツの挟撃を回避するため
41.7	フランス領(　34　)に侵攻

(2)太平洋戦争の勃発

ⓐアメリカ…日本の動きに危機感→対日石油輸出を禁止し、英・蘭が同調

※「(　35　)」…アメリカ・イギリス・オランダと中国の頭文字を組み合わせた呼称

ⓑ衝突回避のための(　36　)→行き詰まる

ⓒ1941年12月8日、日本軍が(　37　)半島に上陸する一方、ハワイの(　38　)にある米海軍基地を攻撃

→アメリカ・イギリスに宣戦し、(　39　)**戦争**へ突入

→ドイツ・イタリアもアメリカに宣戦し、第二次世界大戦が全世界に拡大

(3)日本の占領政策

ⓐ開戦以降半年間の拡大…香港・マレー半島・シンガポール・オランダ領東インド・フィリピン・ビルマ

ⓑ「(　40　)」の提唱…各地に親日的な体制を設立

ⓒ日本国内で軍部の権力強大化→言論や報道をきびしく統制

ⓓ朝鮮 ┌1930年代末以降、「(　41　)」などの皇民化政策
└多数の労働者を日本本土に強制的に送り、1943年には徴兵制を施行

ⓔ台湾…皇民化政策、徴兵制の施行

ⓕ占領政策への抵抗

┌日本…欧米諸国の植民地支配を破壊：「アジア解放」の名目

└実態┌軍政の実施、資源の収奪、日本語教育・神社参拝の強制
　　　└住民への残虐行為、捕虜を含む強制労働→各地で抵抗運動に直面

ⓖ1942年6月、(　42　)**海戦**で大敗…日本は戦争の主導権を失う

5 枢軸諸国の敗北

すうじく
枢軸諸国は、どのような経緯をたどって敗北へと至ったのだろうか。

(1)第二次世界大戦の構図

ⓐ(　43　)…ドイツ・イタリア・日本など

ⓑ(　44　)…イギリス・アメリカ・ソ連・中国など

(2)ヨーロッパ戦線

1943.2	ソ連軍、(　45　)(現ヴォルゴグラード)でドイツ軍を破る
43.5	ソ連、(　46　)を解散→英・米との協力体制確立
43.7	連合国軍、(　47　)島に上陸→ムッソリーニ失脚
43.9	**イタリア新政府**〈(　48　)政府〉**無条件降伏**
44.6	連合国軍、(　49　)**に上陸**…指揮：(　50　)
44.8	連合国軍が(　51　)を解放→ド゠ゴールが臨時政府を組織
45.4	ヒトラー自殺、(　52　)占領→5月、**ドイツ無条件降伏**

(3)戦争処理会談

1941.8	(　53　)…ローズヴェルトとチャーチルの会談で発表 →1942年1月、連合国共同宣言へ…戦後構想の原則
43.11	カイロ会談…ローズヴェルト・チャーチル・(　54　) →(　55　)**宣言**を発表…対日処理方針を決定
	(　56　)**会談**…ローズヴェルト・チャーチル・(　57　) →連合国軍の北フランス上陸作戦を協議

42
a
b
c
d　島
e　海戦
f
43
44
45
46
47
48
49
50
51
52
53
54
55
56
57

58
59
60
61
62
63
64
65
66
67
68
69
70

45.2	ヤルタ会談…ローズヴェルト・チャーチル・(57) →(58)**協定**を締結…ドイツ処理の大綱、ソ連の(59)(秘密条項)などを決定
45.7	ポツダム会談 ┌(60)・チャーチル〈途中(61)と交替〉・(57) └ドイツ管理問題を協議、日本降伏を求める(62)**宣言**を発表

⑷日本の無条件降伏

1944.7	アメリカ軍、(63)島を占領→本土空襲が本格化
45.6	**アメリカ軍、(64)本島を占領**
45.8.6	アメリカ軍、(65)に**原子爆弾を投下**
45.8.8	ソ連、日本に宣戦…日ソ中立条約を無視 →中国東北地方・朝鮮・南樺太(みなみからふと)・千島列島に侵攻
45.8.9	アメリカ軍、(66)に**原子爆弾を投下**
45.8.14	日本、**ポツダム宣言を受諾→無条件降伏**
45.8.15	天皇の玉音(ぎょくおん)放送で国民にも降伏を発表

6 大戦の特徴と結果

第二次世界大戦と第一次世界大戦を比べた時、その違いはどのような点にみられるだろうか。

⑴大戦の特徴と結果

ⓐ特徴
- ┌**異なる政治・社会体制間の優劣が競われる**
  - →(67)主義の優位を標榜する連合国の勝利
  - →戦後世界で(67)**主義が拡大**
- ├アメリカ・ソ連が中心的役割→戦後、資本主義と(68)主義の争い
- └**アジア・太平洋地域が主戦場の1つ**
  - 背景 ┌日本とアメリカの主導権争いの激化
  - 　　 └満洲(まんしゅう)事変以降、中国が日本に粘り強く抵抗

ⓑ結果
- ┌ヨーロッパ諸国の(69)支配体制弱体化→国際政治上の比重低下
- └アジア諸地域は欧米諸国や日本の支配・圧力に抵抗
  - →ナショナリズムが高揚し、戦後の国際政治での主張を強める

⑵総力戦としての第二次世界大戦

ⓐ兵器の破壊・殺傷能力の飛躍的向上…第一次世界大戦よりも多くの犠牲者

ⓑ原子爆弾の開発と使用→戦後、(70)**の脅威**が高まる

ⓒ総力戦を担った様々な社会層への権利拡大

…女性参政権の付与、**両性の同権化**の実現へ

3 新しい国際秩序の形成

教 314〜321頁

大戦後に設立された国際連合の特徴は、どのような点にあるだろうか。また新たに形成された国際秩序には、どのような課題があったのだろうか。

1 戦後国際秩序の形成

戦後の国際秩序は、どのような構想のもとに形成されたのだろうか。

(1)国際連合の成立

1944.8〜10	(1)会議…大西洋憲章を具体化するため、米・英・ソ・中が参加→国際連合憲章の原案をまとめる
45.4〜6	(2)**会議**…国際連合憲章を採択
45.10	(3)発足

(2)国際連合の組織

ⓐ特徴…国際連盟の機能不全への反省

→加盟国間の平等をはかりつつも、現実の力関係を制度に反映

ⓑ組織
- 原加盟国…51カ国
- 本部…(4)におかれる
- (5)…対等な全加盟国で構成、意思決定は多数決
- (6)…常任理事国(米・英・ソ・仏・中)に(7)**権**を認める
- 経済制裁のみならず、(8)的手段による紛争解決が可能
- 専門機関との連携…(9)(国際連合教育科学文化機関)、(10)(ILO)、(11)(WHO)など

(3)ブレトン=ウッズ体制

ⓐ1944年7月、(12)会議…(13)(**IMF**)・(14)(IBRD)設立に合意

→45年12月、両組織の発足

ⓑ1947年10月、「(15)」(GATT〔ガット〕)の成立
- 関税などの貿易障壁の撤廃をうながす協定
- 目的…貿易の自由化による世界平和(←ブロック経済による分断への反省)

ⓒドルを基軸通貨とする(16)**制**の導入(←圧倒的なアメリカの経済力)

※各国通貨とドルの換算…(17)制により一定

(4)敗戦国の戦後処理

ⓐドイツ
- 米・英・ソ・仏の**4国による分割占領**・共同管理、ベルリンの分割管理
- 民主化の徹底
- (18)に**国際軍事裁判所**を設置…ナチス=ドイツ指導者の戦争犯罪追及

ⓑオーストリア…ドイツと分離、米・英・ソ・仏の4国の共同管理下

※1947年、(19)条約の締結…イタリア・ハンガリー・ブルガリア・ルーマニア・フィンランドと講和

1
2
3
4
5
6
7
8
9
10
11
12
13
14
15
16
17
18
19

ⓒ日本

- アメリカ軍による事実上の単独占領
- 民主的改革の実施…軍隊解散・女性解放・農地改革・財閥解体など
- 東京に（　20　）を設置…東条英機（とうじょうひでき）ら7名に死刑判決
- 1946年11月、（　21　）公布（翌47年5月施行）
  …主権在民・基本的人権の尊重・象徴天皇制・戦争放棄

2 米ソ冷戦の始まり

「冷戦」は、どのようにして始まったのだろうか。

(1)戦後のヨーロッパ諸国…生活再建を求める民衆の強い影響力

ⓐイギリス

- 1945年7月、選挙で労働党が圧勝し、（　22　）が首相に就任
  →重要産業の国有化、社会福祉制度の充実（「（　23　）」と称される）
- 1949年、エールがイギリス連邦から正式に離脱→（　24　）となる

ⓑフランス…1946年10月、（　25　）**政**が発足

ⓒイタリア…1946年、国民投票で王政を廃止→**共和政**へ

ⓓ東ヨーロッパ諸国…大戦末期以降、ソ連軍が進駐→その影響下におかれる

(2)冷戦の開始

ⓐ西欧での共産党勢力の伸張、東欧でのソ連支配→アメリカはソ連を警戒

1947.3	（　26　）…トルーマン大統領による、ソ連の勢力拡張に対する「（　27　）」政策
47.6	（　28　）…マーシャル米国務長官が発表した、ヨーロッパ復興の財政支援計画 →西欧諸国は受け入れる⟷東欧諸国はソ連の意向で拒否
47.9	ソ連、陣営の結束のために（　29　）（共産党情報局）を結成 …各国共産党の情報交換機関

ⓑ「**冷戦**」

- アメリカ中心の資本主義陣営（西側）vs. ソ連中心の社会主義陣営（東側）
- 資本主義と社会主義の優劣をめぐる世界観の対立
  →西側は自由、東側は平等を強調

図　「鉄のカーテン」演説をおこなうチャーチル

Q▶この演説でチャーチルは、ソ連が東欧諸国を影響下において勢力圏を築いていることをどのように表現したのだろうか。

A▶

3 東西ヨーロッパの分断

冷戦のもとで東西ヨーロッパの分断はどのように進んだのだろうか。

(1)東欧諸国の動き

ⓐ（　30　）**主義**と呼ばれる社会主義体制の構築

- ポーランド・ハンガリー・ルーマニア・ブルガリア・アルバニア
- ソ連のあと押しを受けた共産党…土地改革・計画経済を導入

ⓑ(31)…1948年2月、共産党がクーデタで実権を掌握

ⓒユーゴスラヴィア

┌(32)率いるパルチザン…ナチス＝ドイツからの自力解放に成功
└ソ連の支配に反発して自主路線→1948年、(33)から除名

(2)冷戦の展開

ⓐ西側の動き

1948.3	(34)**条約**を締結…イギリス・フランス・ベネルクス3国(ベルギー・オランダ・ルクセンブルク)
49.4	(35)(**NATO**)結成…アメリカ合衆国とカナダを含む西側12カ国 →武力侵略に対する共同防衛

ⓑ東側の動き

1949.1	経済相互援助会議〈(36)(COMECON)〉を創設 ┌ソ連・東欧5カ国が結成 └マーシャル＝プランとブレトン＝ウッズ体制に対抗 ※ソ連・東欧以外の社会主義国であるモンゴル・キューバ・ベトナムも参加
55.5	(37)(東ヨーロッパ相互援助条約)の発足…共同防衛を規定

(3)ドイツの東西分立

ⓐ戦後のドイツ…米・英・仏の占領地区とソ連占領地区に分断

ⓑ(38)(1948.6〜49)

┌ソ連が西側地区の(39)に反対→西ベルリンへの交通を遮断
└西側諸国は生活必需品の空輸で対抗→1年ほどで封鎖解除
　→東西ベルリンの分断は固定化

ⓒ東西ドイツの分立

┌1949年5月、(40)(西ドイツ)成立…首都：ボン
│┌キリスト教民主同盟の(41)首相…西側の一員として経済復興に成功
│└1954年、主権を回復
└1949年10月、(42)(東ドイツ)成立…首都：ベルリン

※オーストリア…1955年、中立国として独立を回復

4 中華人民共和国の成立

なぜ国民党は共産党に敗れたのだろうか。

(1)戦後の中国の地位…戦勝国、5大国の1つとして国際的地位上昇

(2)国民党と共産党の対立

ⓐ国民党政権…経済政策の失敗や一党独裁傾向により支持を失う

ⓑ共産党…土地改革の実施、農村の物資動員と兵員確保に成功

ⓒ国共内戦

┌1947年、共産党が反攻開始→49年3月、国民政府の首都南京(ナンキン)を占領
└1949年12月、蔣介石(しょうかいせき)が(43)に逃れて(44)政府を維持

(3)中華人民共和国の成立

ⓐ1949年9月、共産党が、国民党に反対する諸勢力を(45)会議に招集
　→10月、(46)の成立を宣言
　┌首都：北京、主席：(47)／首相：(48)

31
32
33
34
35
36
37
38
39
40
41
42
43
44
45
46
47
48

└中国共産党が指導する事実上の一党独裁国家の誕生

ⓑ1950年2月、(49)**条約**の調印…中国は社会主義圏へ

ⓒ中華人民共和国の承認…社会主義国・インド・イギリスなど

⟷(50)は台湾の中華民国政府を中国の正式代表とする立場

5 朝鮮戦争と東アジア

朝鮮戦争は、東アジアの国際情勢にどのような影響を与えたのだろうか。

⑴**朝鮮**…カイロ会談(1943)では独立が約束される

ⓐ戦後、(51)を境界にソ連(北)とアメリカ合衆国(南)が占領

ⓑ分立(1948) ┌南部：(52)(韓国)…大統領：(53)
└北部：(54)(北朝鮮)…首相：(55)(72年以降主席)

⑵(56)**戦争**(1950〜53)

1950.6	北朝鮮、38度線をこえて侵攻 →北朝鮮軍が朝鮮半島南端の釜山(ふざん)にせまる
50.7	国連安保理、北朝鮮軍の行動を侵略とみなす →アメリカ軍を中心とする(57)が韓国を支援
50.10	国連軍、中国国境付近まで進軍 →中国、北朝鮮支援のために(58)を派遣
51	戦線が38度線付近で膠着
53	休戦協定が成立…南北分断の固定化

⑶**朝鮮戦争の影響**

ⓐアメリカが艦隊を台湾海峡へ派遣→中国と台湾の分断の固定化

ⓑ中国とアメリカとの対立が決定的となり、中国の社会主義化が加速
→土地改革(1950〜)で地主層を打倒し、農村の集団化や民間企業の国営化による重化学工業を推進

⑷**朝鮮戦争勃発後の日本**

ⓐアメリカ軍の朝鮮派遣→日本で(59)(のちの自衛隊)の設置(1950)

ⓑ1951年、(60)**条約**に調印…日本は独立を回復し、朝鮮・台湾・南樺太(みなみからふと)・千島を正式に放棄

※第二次世界大戦後、北方4島(歯舞(はぼまい)群島・色丹(しこたん)・国後(くなしり)・択捉(えとろふ))はソ連が占領

ⓒ1951年、(61)**条約**の締結…(60)条約と同時

┌アメリカ…事実上日本の防衛を引き受ける
├日本…アメリカ軍の駐留、軍事基地・関係施設の存続を承認
└(62)…アメリカの施政権下におかれる

※1960年、(61)条約改定時にアメリカの日本防衛義務が明文化(めいぶんか)

図 サンフランシスコ平和条約への調印

Q▶日本は、社会主義国や一部のアジア諸国の不参加・反対のなか、どのような国々と講和を結んだのだろうか。

A▶

6 東南アジアの独立

東南アジアの独立は、どのように達成されたのだろうか。

(1)**日本占領下の諸地域**…民族運動や抗日運動を基礎として戦後に独立

(2)**フィリピン**…抗日運動がもっとも活発→1946年、**フィリピン共和国**として独立

(3)**オランダ領東インド**

ⓐ1945年8月、(63)の成立を宣言…指導者:(64)

ⓑオランダの武力介入→失敗→1949年、(63)の独立が実現

(4)**フランス領インドシナ**

ⓐ日本の占領下、(65)が(66)(ベトミン)を組織

→終戦直後、(67)の独立を宣言

ⓑ(68)**戦争**(1946~54)の展開

1949	フランスはベトナム民主共和国の独立を認めず、(69)を発足 ┌国王:(70)(阮(げん)朝最後の王)、フランス連合内の一国 └フランスとともにベトナム民主共和国との交戦を継続
54.5	フランス、(71)で大敗
54.7	(72)**協定**の締結 ┌フランスはインドシナから撤退 ├(73)を暫定的な軍事境界線として南北間を分ける └2年後の南北統一選挙を予定

ⓒアメリカの動き

休戦協定の調印を拒否…東南アジアでの社会主義勢力拡大阻止のため

→1954年9月、(74)(SEATO(シアトー))を結成(イギリス・フランス・オーストラリア・ニュージーランド・フィリピン・タイ・パキスタン)

ⓓ1955年、(75)政権が南部に(76)を樹立(←アメリカの支援)

→ベトナムは南北に分断

(5)**カンボジア**…1953年、フランスから完全独立→(77)国王のもとで中立政策

(6)**ラオス**…1953年、フランスから正式に独立→左派と右派の対立から内戦へ

(7)**ビルマ**…1948年、イギリス連邦から離脱して独立

(8)**マレー半島**…1957年、マラヤ連邦の成立 ※イギリス連邦内の一国

7 南アジアの独立

南アジア諸国の独立には、どのような宗教的背景があったのだろうか。

(1)**インドでのヒンドゥー・イスラーム両教徒の対立**

ⓐ第二次世界大戦後、インドはイギリスからの独立を予定

ⓑパキスタンの分離独立を求める(78)と、統一インドの(79)らが対立

(2)**分離・独立**

1947	イギリス議会、(80)法を制定 →分離独立┌(81)…ヒンドゥー教徒主体 　　　　　└(82)…イスラーム教徒主体
48	急進的ヒンドゥー教徒がガンディーを暗殺
50	インドは憲法を発布し、共和国へ…初代首相(83)の指導 →カーストによる差別の禁止など社会の近代化をめざす

63
64
65
66
67
68
69
70
71
72
73
74
75
76
77
78
79
80
81
82
83

84

85

86

87

88

89

90

91

92

⑶(84)(セイロン)…仏教徒が多数派

1948年、イギリス連邦内の自治領として独立→72年、憲法制定で共和国へ

8 中東の動向

現代の中東問題の要因は、どこに求めることができるのだろうか。

⑴(85)**主義の高揚**

1945年、(86)発足

- 目標…アラブの独立と連帯、パレスチナにおけるユダヤ人国家の成立阻止
- エジプト・シリア・イラク・レバノン・トランスヨルダン・イエメン・サウジアラビアの7カ国が結成

⑵**パレスチナ問題**

ⓐパレスチナ…アラブ人とユダヤ人の対立激化→イギリスが(87)権を放棄

ⓑ1947年、パレスチナをアラブ人国家とユダヤ人国家に分割する国連決議

ⓒ1948年、ユダヤ人が(88)の建国を宣言←→アラブ諸国の反対

→48〜49年、(89)**戦争(第1次中東戦争)**

- 国連の調停でイスラエルは独立を確保
- イスラエルによるユダヤ人の受け入れ←→(90)の発生

ⓓ以後、アラブ諸国とイスラエルは戦争を繰り返す→**パレスチナ問題**の深刻化

⑶**イラン**

ⓐ戦後、民族運動が高揚→石油産業を独占するイギリス系企業の国有化を要求

→1951年、(91)首相が国有化を実行

ⓑ1953年、国王(92)がクーデタをおこす…イギリス・アメリカの支援

→モサッデグ失脚、イランの石油は国際石油資本の支配下へ

17章まとめ

Q▶第二次世界大戦はどのような国際関係から勃発し、戦後の世界はどのように変化しただろうか。①・②・③から考えてみよう。

①世界恐慌は国際関係にどのような影響を与えただろうか。

②第二次世界大戦はどのように展開しただろうか。

③戦後の国際秩序にはどのような特徴と課題があっただろうか。

第18章 冷戦と第三世界の台頭

㊙ 324〜338頁

1 冷戦の展開

㊙ 324〜328頁

冷戦のもとで、東西両陣営の社会はどのような変化をとげたのだろうか。

1 軍事同盟の広がりと核兵器開発

アメリカ合衆国はどのような同盟網を構築し、また核兵器開発競争はどのように進んだのだろうか。

(1)アメリカによる軍事同盟

ⓐ軍事同盟…社会主義陣営を包囲するように構築

	軍事同盟	アメリカ以外の加盟国
1948	（　1　）(OAS)	中南米諸国とともに発足
49	**北大西洋条約機構（NATO）**	原加盟国：イギリス・フランス・ベネルクス3国・イタリア・ポルトガル・カナダ・デンマーク・アイスランド・ノルウェー
51	（　2　）**条約**(ANZUS)	オーストラリア・ニュージーランド
54	（　3　）(SEATO)	イギリス・フランス・オーストラリア・ニュージーランド・フィリピン・タイ・パキスタン
55	（　4　）(中東条約機構〈METO〉)	トルコ・イラク・イギリス・パキスタン・イラン →1959年、イラク脱退で（　5　）(CENTO)と改称

ⓑ二国間条約…軍事同盟を補完

1951	（　6　）条約…アメリカが事実上日本の防衛を引き受ける
	フィリピンとの相互防衛条約
53	米韓相互防衛条約
54	米華相互防衛条約

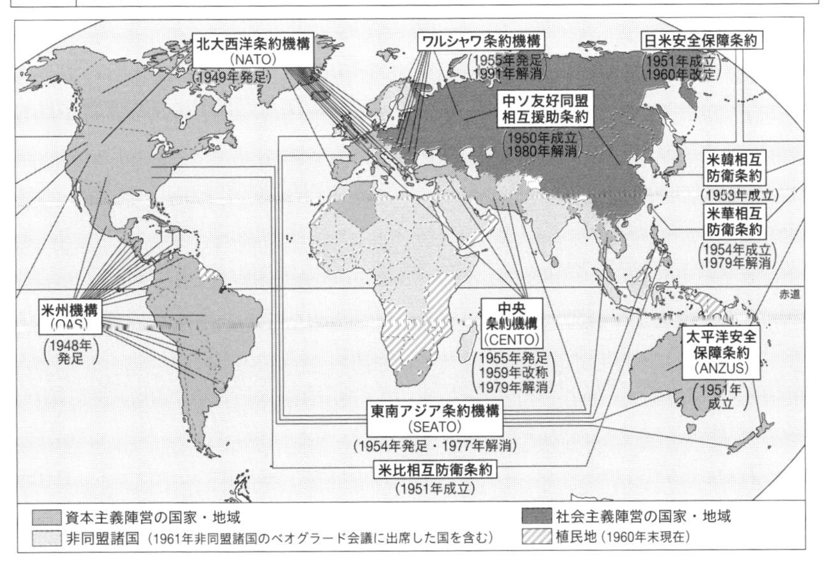

1
2
3
4
5
6

Q１▶ⓐの表にある軍事同盟とⓑの表にある二国間条約のほかに、どのような軍事同盟や二国間条約があるか、地図のなかから探してみよう。

A▶

⑵核兵器競争の激化

ⓐ核兵器開発

1949	ソ連が原子爆弾の開発に成功
52	（ 7 ）が原子爆弾を保有、アメリカが（ 8 ）の実験成功
53	ソ連が（ 8 ）を保有
60	（ 9 ）が核兵器開発に成功
64	（ 10 ）が核兵器開発に成功

ⓑ核兵器廃絶運動

背景：核戦争の脅威・「死の灰」と呼ばれた放射性降下物による犠牲者

→核兵器廃絶と平和を訴える運動の拡大

※1957年、パグウォッシュ会議…（ 11 ）、バートランド＝ラッセルらの呼びかけ

図 ビキニ環礁での水爆実験

Q２▶ビキニ環礁での水爆実験はどのような被害をもたらしただろうか。

A▶

7
8
9
10
11
12
13
14
15
16
17
18

2 戦後のアメリカ社会

冷戦の進展は、アメリカ社会にどのような影響を与えたのだろうか。

⑴反共主義の高まり

ⓐ中央情報局（CIA）の設置（1947）…国内の共産主義者などへの監視強化

ⓑ（ 12 ）法制定（1947）…労働組合の活動規制

ⓒ1950年頃、反共主義の気運がいっそう強まる（←ソ連の核兵器開発成功）

→共和党上院議員（ 13 ）による「（ 14 ）」（左翼運動・共産主義への攻撃）が始まる

⑵（ 15 ）**大統領の就任**（1953）

ⓐ朝鮮戦争休戦協定の実現、ソ連との緊張緩和、東側への軍事同盟網の構築

ⓑ核開発競争の過熱に危機感→平和利用のため、原子力発電の開発を本格化

⑶経済・社会の変化

ⓐ1950〜60年代、平時でも巨額な軍事費支出

→「（ 16 ）」の形成…軍部と軍需企業が癒着

ⓑ「（ 17 ）」（事務労働者）人口の上昇→大衆消費社会の発展

3 西欧・日本の経済復興

西欧諸国の地域統合は、どのように進展したのだろうか。

⑴1950年代以降の西欧諸国

地域統合の必要性を強く認識…アメリカ合衆国に対する独自性維持のため

⑵（ 18 ）（1950）**によるヨーロッパの再生**…フランスのシューマン外相の提案

1952	(19)(ECSC)発足→石炭・鉄鋼資源の共同利用 …フランス・西ドイツ・イタリア・ベネルクス3国
58	(20)(EEC)・(21)(EURATOM)発足 ┌(20)…相互の関税引き下げ、共通の農業政策、資本の自由移動 └(21)…原子力平和利用の共同研究
67	(22)(**EC**)…3共同体が合併→西欧統合の基礎確立

(3)**イギリス**…西欧統合の動きから距離をおく

ⓐ1960年、(23)(EFTA)を結成

ⓑヨーロッパ共同体(EC)への参加希望→1973年、加盟承認〈(24)〉

※現在のEFTA加盟国…アイスランド・スイス・ノルウェー・リヒテンシュタイン

(4)**西ドイツ**…(25)政権下で経済成長と社会政策を両立→「経済の奇跡」

(5)**フランス**

ⓐ(26)独立問題をめぐる国内対立

→1958年、(27)の政界復帰→大統領権限が強力な(28)**政**成立

ⓑド＝ゴール大統領の政策…アメリカ合衆国に対する自立をめざす

┌アルジェリア独立承認(1962)、自立的な外交政策を追求

└核兵器保有、(29)承認、(30)への軍事協力拒否

(6)**日本**…朝鮮戦争中の国連軍への物資補給(朝鮮戦争特需)で経済復興

1955	保守政党の合同により自由民主党が成立→長期政権へ
56	ソ連と国交を回復、(31)への加盟を実現
50年代後半	(32)の開始
60	日米安全保障条約改定をめぐる国内対立
65	(33)**条約**…韓国と国交正常化

国名＼期間	1900~13	1913~50	1950~73	1973~87	1987~91
西ドイツ	3.0	1.3	5.9	1.8	3.7
フランス	1.7	1.1	5.1	3.0	3.0
イギリス	1.5	1.3	3.0	1.6	1.3
イタリア	2.8	1.4	5.5	2.4	2.7
日本	2.5	1.8	9.3	3.7	4.9
アメリカ	4.0	2.8	3.7	2.5	1.9

図 先進国の平均経済成長率(%)

Q▶第二次世界大戦後では、どの年代の経済成長率の伸びが顕著だろうか。

A▶

4 ソ連の「雪どけ」

スターリン死後のソ連と東欧では、どのような変化がおこったのだろうか。

(1)**ソ連の政策転換**…「(34)」と呼ばれる

ⓐ1953年、スターリン死去→外交政策の見直しの開始

┌53年、朝鮮戦争の休戦

└55年、ユーゴスラヴィアと和解

ⓑ1956年2月、ソ連共産党第20回大会

…(35)第一書記が(36)をおこなう

┌スターリン時代の個人崇拝を批判し、旧反対派への弾圧を暴露

└自由化を表明し、西側との(37)を掲げる

コミンフォルムを解散→東欧諸国に衝撃を与える

19
20
21
22
23
24
25
26
27
28
29
30
31
32
33
34
35
36
37

史料 スターリン批判(1956年)

……スターリンは……指導や仕事を集団的におこなうことへのまったくの忍耐のなさを露わにしました……彼の活動のしかたは、説得や説明、それに人々への丁寧な仕事によるのではなく、自分の考えを押しつけ、自分の意見に無条件に服従することを求めるものでした。これに抵抗したり、自分の観点、自分の正しさを証明しようと努めたりした人たちは、指導集団から排除され、それに続く道徳的・身体的な抹殺を運命づけられたのでした。

Q▶フルシチョフはスターリンのどのような点を批判しているのだろうか。3つあげてみよう。

A▶

38
39
40
41
42
43
44
45

⑵東欧諸国の反応

ⓐポーランド

┌1956年6月、(38)で市民が生活改善・民主化を要求→軍と衝突
└(39)が経済改革で事態を収拾…ソ連の軍事介入を阻止

ⓑハンガリー

┌1956年10月、民主化とソ連圏からの離脱を求める大衆運動
│→(40)首相が支持
└ソ連、軍事介入をおこなって運動を鎮圧→(40)を処刑

⑶ソ連と西側諸国との関係改善→再び緊張関係へ

1955	(41)と国交樹立
56	(42)**宣言**…日本と国交回復 ┌平和条約締結後、ソ連は日本に歯舞群島・色丹島を引き渡す規定 └現在も平和条約は締結されず…北方領土問題は未解決
59	フルシチョフの訪米…アイゼンハワー大統領と会談
60	ソ連上空でアメリカの偵察機を撃墜→東西関係は再び緊張へ
61	東ドイツ政府による「(43)」構築…市民の西側への脱出を阻止 →東西対立の象徴

⑷フルシチョフの国内政策

ⓐ経済改革の推進、言論統制の緩和

ⓑ宇宙開発に注力…社会主義体制の優位を示す目的

1957	(44)(ICBM)の開発成功 →世界初の人工衛星(45)の打ち上げにも成功
61	世界初の有人宇宙飛行成功

2 第三世界の台頭とキューバ危機

教 328~332頁

冷戦のもとで、第三世界の台頭はどのように進んだのだろうか。

1 アジア・アフリカ諸国の非同盟運動

アジア・アフリカの新興諸国は、どのようにして自立化を追求したのだろうか。

(1)アジア・アフリカにおける第三勢力の台頭

東西対立の激化→アジア・アフリカの新興諸国は(1)として結束し、対抗

1954	アジア=アフリカ会議の開催を提唱(コロンボ) …インド・パキスタン・インドネシア・ビルマ・スリランカの首脳
	(2)首相(中国)と(3)首相(インド)の会談 →(4)を発表…領土保全と主権の尊重、不侵略、内政不干渉、平等と互恵、平和共存
55	(5)**会議**(バンドン会議)の開催(29カ国参加) …平和共存・反植民地主義などをうたう(6)を採択
61	第1回(7)**会議**の開催(ベオグラード) …平和共存・民族解放支援・植民地主義の打破をめざして共同歩調

(2)エジプト革命

ⓐ1952年、(8)を中心とする青年将校が王政を打倒→翌53年、共和国樹立
- 近代化推進のため(9)建設に着手…イギリス・アメリカより建設資金
- アメリカのイスラエル寄りの外交政策に反発→ソ連へ接近

ⓑ1956年、イギリス・アメリカは資金援助を撤回…ナセルの政策に対抗
→ナセル、(10)(英仏が経営権保持)**の国有化**を宣言
→イギリス・フランス・イスラエルが軍事行動〈(11)**戦争**(**スエズ戦争**)〉
- アメリカは同調せず、(12)も強く反発→3国撤兵
- エジプト…アラブ民族主義の指導的地位を獲得
- (11)戦争の帰結…植民地支配体制の終わりを象徴

2 アフリカ諸国の独立と南北問題

アフリカなどの新興国は、どのような困難に直面したのだろうか。

(1)独立した諸国…イギリス・フランスの国力低下が背景

1956	フランス支配下のモロッコ・チュニジアが独立
57	イギリス植民地の(13)が独立…(14)の指導 →黒人共和国として自立独立を達成
60	「(15)」…17の新興独立国が誕生
62	(16)…フランス軍・入植者と(17)(FLN)の対立→独立達成
63	(18)会議の開催(アディスアベバ) …(19)(OAU)が発足(原加盟国32カ国) →アフリカの連帯、宗主国の政治的干渉・経済的支配の克服めざす

1
2
3
4
5
6
7
8
9
10
11
12
13
14
15
16
17
18
19

a

b

c

d

e

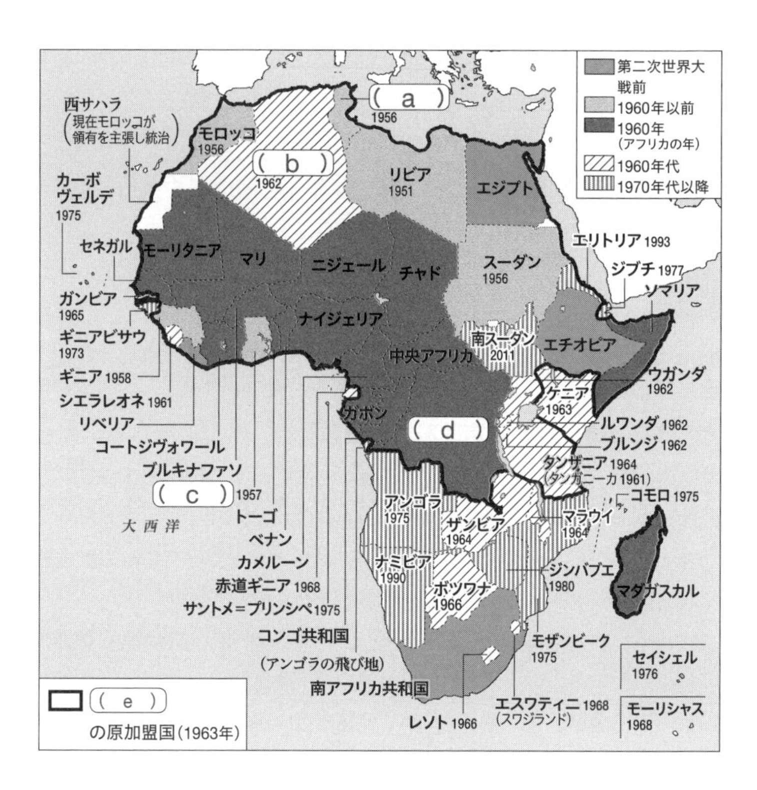

Q▶第二次世界大戦前に独立していた国はどこだろうか。

A▶

(2)アフリカに残る諸問題

ⓐポルトガルの植民地…独立できず

ⓑ(20)(1960～65)…ベルギーが鉱物資源の豊富な地域の分離独立をねらって介入
→国連軍の介入で分離独立は失敗

ⓒ南アフリカ…少数の白人支配維持のため、人種隔離・差別政策〈(21)〉

(3)アフリカの新興国の実態と課題

ⓐ実態
- (22)経済…宗主国の利益のため、輸出用農作物の栽培や原料生産にかたよった開発→経済基盤が脆弱
- 社会的インフラストラクチャー(交通網・電気・水道など)、教育・医療など社会制度の未整備
- 現地住民は行政運営・政治への参加経験をもたず

→政治・経済的不安定→内戦・クーデタの頻発、軍事独裁政権の登場
→慢性的貧困、国際機関や欧米諸国の援助に依存

ⓑ(23)…豊かな先進国と開発途上国との経済格差

ⓒ1964年、(24)会議(UNCTAD)の結成(開発途上国77カ国)
…南北の経済格差の是正をめざす→十分な成果あがらず

ⓓ強力なナショナリズム→貧困のなかで強化→第三世界全体の団結をさまたげる

3 ラテンアメリカ諸国の動向とキューバ革命

キューバ革命は、どのような背景をもっていたのだろうか。

(1)戦後のラテンアメリカ諸国

ⓐ第二次世界大戦後もアメリカの強い影響下におかれる

20

21

22

23

24

ⓑアルゼンチン…1946年、(25)大統領就任→反米的民族主義の社会改革

ⓒグアテマラ…1951年、左翼政権による土地改革

→54年、アメリカ支援の軍部クーデタで政権崩壊

(2)キューバ革命

ⓐキューバ…親米の(26)独裁政権

┌アメリカ系企業…広大な土地を所有し、砂糖栽培に特化した農業生産
└大多数の農民…貧困と土地不足に苦しむ

ⓑ(27)**革命**(1959)

┌(28)・ゲバラらがバティスタ政権を打倒→革命政権を樹立
├農地改革…アメリカ系企業から土地を接収
└ラテンアメリカ諸国の革命運動や民族運動に多大な影響

ⓒ1961年、アメリカ〈(29)政権〉はキューバと断交

→(30)政権もカストロ政権の武力転覆を計画→失敗

史料 カストロによる第2次ハバナ宣言(1962年)

> キューバの歴史はラテンアメリカの歴史でなくして、何であろう。アメリカ大陸の歴史はアジア、アフリカ、オセアニアの歴史でなくして、何であろう。これらすべての人民の歴史は全世界における帝国主義のもっとも無慈悲で残虐な搾取(さくしゅ)の歴史でなくして、何であろう。
>
> (歴史学研究会編『世界史史料11』)

Q▶カストロが批判している歴史はどのようなものであろうか。

A▶

4 キューバ危機と核不拡散体制の成立

国際社会はどのようにして、核兵器の制限に取り組むようになったのだろうか。

(1)キューバ危機

ⓐキューバ…革命後、アメリカとの関係悪化→(31)宣言でソ連に接近

ⓑ(32)(1962)

┌ソ連…キューバでの(33)建設に着手
└ケネディ政権…ソ連船の機材搬入を海上封鎖で阻止→米ソ間の緊張高まる

ⓒ核戦争の可能性→両国首脳は妥協に転じる

…アメリカのキューバ内政への不干渉とソ連のミサイル基地撤去で合意

ⓓ米ソ両国は緊張緩和へ→両国首脳間の直通通信回線〈(34)〉敷設

(2)核兵器制限への取り組み…キューバ危機が契機

1963	(35)**条約**(地下を除く核実験禁止条約)…米・英・ソ
68	(36)**条約**(NPT)…62カ国が調印 ┌核保有国の米・ソ・英・仏・中以外の新たな核保有を禁止 └5大国による寡占と引き換えに核の拡散を防止
69	(37)(SALT Ⅰ)開始…米・ソ：戦略核兵器のミサイル配備数の凍結を交渉 ┌72年、SALT Ⅱ…搭載する核弾頭の数を交渉 └79年、ソ連の(38)侵攻で交渉失敗

25

26

27

28

29

30

31

32

33

34

35

36

37

38

3 冷戦体制の動揺

㊙ 332〜338頁

1960年代以降、冷戦体制におこった動揺はどのようなものだったのだろうか。

1 ベトナム戦争とインドシナ半島

ベトナム戦争は、どのような性格をもつ戦争だったのだろうか。

(1)**冷戦期の代理戦争**

ⓐ冷戦期、米・ソは直接の武力衝突を回避

ⓑ一方、米・ソがあと押しする勢力による（　1　）**戦争**などの**代理戦争**が勃発（ぼっぱつ）

(2)（　2　）（南ベトナム）**の情勢**…（　3　）政権による独裁体制

ⓐ1960年、南ベトナム解放をめざす（　4　）の結成

→（　5　）（北ベトナム）と連携してゲリラ戦を展開

ⓑ1963年、軍のクーデタでゴ＝ディン＝ジエム政権が崩壊

→ケネディ政権による南ベトナムへの本格的な軍事援助の開始

(3)**ベトナム戦争の経過**

ⓐ北ベトナム正規軍が南ベトナムへ進入

→1965年、アメリカの（　6　）政権が**北ベトナムへの爆撃**〈（　7　）〉開始

ⓑソ連・中国が支援する北ベトナムと解放戦線によるゲリラ戦

→アメリカは約50万人の地上兵力を南ベトナムに派遣

→戦局は泥沼化

中華人民共和国
（ a ）
ハノイ
ホン川
トンキン湾
ラオス
北ベトナム
ビエンチャン
メコン川
ドンホイ
米軍による北爆開始（1965年2月）
北緯17度線
フエ
ダナン
南シナ海
ホー＝チ＝ミン＝ルート（解放民族戦線への補給路）
南ベトナム
ソンミ
クイニョン
タイ
カンボジア
（ b ）（1955〜75）
プノンペン
ビエンホア
（ c ）
（ d ）のゲリラ中心地
赤色クメールの勢力範囲
■ アメリカ軍基地

Q▶北ベトナムと南ベトナムの境界線はどこだろうか。

A▶

(4)**ベトナム戦争の和平交渉と終結**

1968	アメリカの軍事介入に対する国際・国内世論の批判 →北爆（ほくばく）停止、パリで北ベトナム側と和平交渉開始
72	日本への（　8　）**返還**が実現→広大な米軍基地は残る …背景：沖縄の米軍基地がベトナム戦争に利用されたことへの批判
73	（　9　）**協定**の実現→（　10　）大統領が米軍を南ベトナムから撤退
75	北ベトナム軍と解放戦線、（　11　）（現ホーチミン）を占領 →翌76年、南北統一…（　12　）の成立

(5)**カンボジアでの動き**

1
2
3
4
5
6
7
a
b
c
d
8
9
10
11
12

ⓐ1970年、親米右派勢力がクーデタで(　13　)元首を追放

→親米右派勢力と赤色クメール〈(　14　)が指導〉など解放勢力との内戦へ

ⓑ1975年、解放勢力が内戦に勝利→(　15　)樹立

→農業を基盤とした共産主義社会の建設を強行し、反対派を多数処刑

ⓒ1978年末、ベトナムの軍事介入→民主カンプチアを打倒し、新政権成立

→翌79年、民主カンプチアを支持する中国がベトナムへ軍事行動〈(　16　)戦争〉

→まもなく撤退

(6)**ラオスでの動き**

1960年代前半以降、右派(政権)と左派〈(　17　)〉との内戦状態

→(　17　)の勝利→1975年、ラオス人民民主共和国成立

2 アメリカ合衆国とソ連の変容

1960年代のアメリカ合衆国とソ連は、それぞれどのような変容をとげたのだろうか。

(1)**ケネディ政権と公民権運動**

ⓐ1961年、(　18　)がアメリカ大統領に就任(民主党、初のカトリック系)

→(　19　)政策を掲げ、(　20　)**運動**(黒人差別撤廃要求)に理解を示す

ⓑ1963年11月、ケネディ暗殺→ジョンソン大統領就任

(2)**ジョンソン政権と公民権運動・ベトナム反戦運動の展開**

ⓐジョンソン政権…「(　21　)」がスローガン、「貧困との闘い」を推進

→1964年、(　22　)**法**の成立…選挙権や公共施設での人種差別を禁止

ⓑ1960年代後半、ベトナム戦争の泥沼化→国内で(　23　)**運動**が高揚

→人種差別・貧困・性差別などに対する抗議運動とも連動

ⓒ1968年、公民権運動の指導者(　24　)牧師暗殺

→暴動多発、社会的な亀裂拡大

図 ベトナム反戦運動

Q▶アメリカ合衆国におけるベトナム反戦運動は、ほかのどのような抗議運動と連動したのだろうか。写真から読み取ってみよう。

A▶

(3)**ニクソン政権**

ⓐ1973年、ベトナム(パリ)和平協定…ベトナムからの撤兵を実現

ⓑ1974年、政治スキャンダル〈(　25　)事件〉で辞任

※(　25　)事件
- 1972年、ニクソン陣営がワシントンのウォーターゲート=ビルにあった民主党本部を盗聴しようとして発覚
- 74年、ニクソンは下院の弾劾決議を前に辞任

(4)**ソ連の体制変化と東欧諸国の動き**

ⓐソ連…1964年、共産党保守派によるフルシチョフ解任

→後任に(　26　)就任

ⓑ1968年、チェコスロヴァキアで民主化を求める市民運動〈「(　27　)」〉がおこる

13
14
15
16
17
18
19
20
21
22
23
24
25
26
27

28
29
30
31
32
33
34
35
36
37
38
39
40
41

┌(　28　)(チェコスロヴァキア共産党第一書記)による自由化推進
└自由化の波及を恐れたソ連が(　29　)軍を率いて軍事介入→改革阻止
→以後、東欧諸国の改革の動きは阻害され、経済も沈滞

※ルーマニア…(　30　)の指導→石油資源を後ろ盾にソ連に対して一定の自立路線

史料 チェコスロヴァキア共産党行動綱領(1968年)

> 社会主義に対する不安や、社会主義の人道的使命、その人間的な顔が失われているのではないか、という恐れが生まれてきた。……私たちは、新しい、深く民主的で、チェコスロヴァキアの条件にあった社会主義社会のモデルの建設に進みたいと考えるのである。
> (歴史学研究会編『世界史史料11』)

Q▶チェコスロヴァキア共産党がめざした方針はどのようなものだろうか。

A▶

3 ヨーロッパでの緊張緩和

ヨーロッパでの緊張緩和は、どのように進んだのだろうか。

(1)西ドイツによる東欧諸国との外交正常化…(　31　)(緊張緩和)進展

1969	戦後初の社会民主党連立政権の成立 →(　32　)首相の「(　33　)」…ソ連・東欧諸国との関係改善
70	ポーランドと国交正常化条約締結…戦後国境(　34　)線を承認 ※ポーランドがソ連に東部を割譲した代償に、第二次世界大戦以前のドイツ・ポーランド間の国境線を約200km 西に移動
72	米・英・仏・ソによるベルリンの現状維持協定締結 →(　35　)**が相互に承認**
73	東西ドイツがともに(　36　)に加盟

(2)(　37　)会議(CSCE)**の開催**(1975、ヘルシンキ)

ⓐ全ヨーロッパ(アルバニアを除く)・アメリカ合衆国・カナダの首脳が参加

ⓑ(　38　)宣言の採択…主権尊重、武力不行使、科学・人間交流の協力

※1995年、CSCE は全欧安全保障協力機構(OSCE)として常設の地域機構となる

(3)南ヨーロッパにおける軍事政権・独裁体制の崩壊

ⓐポルトガル…アンゴラなどの植民地独立運動→1974年、独裁政権崩壊

ⓑスペイン…1975年、フランコ死去→ブルボン朝の(　39　)が後継者
→民主化を進め、立憲君主制の新憲法を制定

ⓒギリシア…1967年以来、軍事政権→1975年、民主制に復帰

4 中ソ対立と文化大革命

ソ連のスターリン批判ののち、中国ではどのような変化がみられたのだろうか。

(1)毛沢東(もうたくとう)による政策

ⓐソ連でのスターリン批判(1956)→毛沢東は反発し、ソ連との競争を意識

ⓑ1958年、毛沢東による「(　40　)」運動開始…急激な社会主義建設めざす

┌(　41　)の設立…農村の組織化
├性急な大規模集団化、専門技術の軽視→農業生産急減→数千万の餓死者
└運動の失敗→劉少奇(りゅうしょうき)・鄧小平(とうしょうへい)らによる経済の立て直しへ

(2)西方(チベット・インド)**での衝突**

ⓐ1959年、(42)で反中国運動→中国政府により鎮圧される

※事件後、チベット仏教の指導者(43)はインドへ亡命し、亡命政権を樹立

ⓑチベットの反中国運動をきっかけに、国境未画定の中国とインドとの関係悪化

→1962年、軍事衝突

(3)毛沢東の外交政策

ⓐアメリカとの対決路線を採用

ⓑソ連の平和共存路線批判→1960年、ソ連は経済援助停止、技術者引き揚げ

ⓒ自力で原爆・水爆の開発に成功

ⓓ(44)…1963年、中ソ論争が公開論争へ→69年、中ソ国境で軍事衝突

(4)(45)(1966～77)の展開

ⓐ背景…毛沢東による(46)・(47)ら改革派への対抗

ⓑ(48)など全国的な大衆運動を組織し、党幹部や知識人を迫害

→劉少奇・鄧小平らを修正主義者として非難し、失脚させる

ⓒ1971年、(49)失脚→76年、周恩来(しゅうおんらい)首相と毛沢東があいついで死去

→(50)首相が、文化大革命を主導した江青(こうせい)ら「(51)」を逮捕

→77年、文化大革命の終了が宣告される

(5)文革後の政策

鄧小平中心の新指導部…計画経済から(52)経済への転換

→農業・工業・国防・科学技術の「(53)」などの(54)路線を推進

(6)1970年代の中国の外交政策

ⓐ中ソ対立の激化→国際的に孤立した中国はアメリカとの関係改善を模索

ⓑ1971年、国際連合は台湾(中華民国)にかえて北京政府の代表権を承認

ⓒ1972年、アメリカの(55)**大統領訪中**…米中間の関係正常化に合意

→日本の(56)首相も北京(ペキン)を訪問し、国交を正常化→78年、(57)**条約**

→79年、米中間の(58)化が実現

5 第三世界の開発独裁と東南・南アジアの自立化

開発独裁とは、どのような体制であったのだろうか。

(1)第三世界での(59)体制の登場

ⓐ強権的支配のもと、政治・社会運動を抑圧しながら工業化を強行する体制

ⓑ政策…低賃金の維持、外国企業誘致、輸出向け工業製品の生産など

(2)大韓民国

ⓐ(60)による反共体制→1960年、学生による民主化運動→(60)失脚

ⓑ1963年、軍人の(61)がクーデタで権力奪取、大統領就任

…日本と国交正常化、経済成長(「漢江(かんこう)の奇跡」)を実現→1979年、暗殺

ⓒ1980年、(62)**事件**…民主化運動を軍部が弾圧→軍事政権継続

(3)台湾

ⓐ1947年、(63)事件→49年、(64)がしかれる

ⓑ国民党政権の独裁が続く←→経済発展が進展

(4)インドネシア

ⓐ(65)大統領の政策…共産党とも協力しながら中国との関係を強化

ⓑ1965年、(66)**事件**を機に軍部が実権掌握→共産党弾圧、スカルノ失脚

42
43
44
45
46
47
48
49
50
51
52
53
54
55
56
57
58
59
60
61
62
63
64
65
66

67
68
69
70
71
72
73
74
75
76

→68年、(67)大統領が就任し、開発独裁体制を推進

⑸**フィリピン**…1965年、(68)大統領就任→開発独裁体制を実現

⑹**マレー半島**

ⓐ1963年、(69)の成立…マラヤ連邦・シンガポールなどが合体

→マレー系住民と中国系住民の対立は継続

ⓑ1965年、中国系住民を中心として(70)が分離

→(71)首相による開発独裁体制…経済成長

⑺**(72)(ASEAN)の結成**(1967)

ⓐ原加盟国…インドネシア・マレーシア・フィリピン・シンガポール・タイ

ⓑ当初の目的…地域協力、北ベトナムへの対抗

→大国の介入排除、東南アジア地域の自立性をめざす動きへ変化

⑻**インド**

ⓐ国民会議派の長期政権…非同盟外交・計画経済の推進

ⓑパキスタンと(73)地方の帰属をめぐって衝突

ⓒ1971年、東パキスタンの(74)としての独立を支援

⑼**ラテンアメリカ(チリ)における開発独裁政権**

ⓐ1970年、(75)を首班とする左翼連合政権が成立

ⓑ1973年、(76)を中心とする軍部のクーデタ…アメリカのCIAの支援

→アジェンデ政権打倒→以降、軍部による独裁政権継続

18章まとめ

Q▶冷戦はどのように展開し、また国際社会は冷戦にどのように対応しただろうか。①・②・③から考えてみよう。

①冷戦初期の1950~60年代に、東西両陣営はどのような動きをとっただろうか。

②第三世界と呼ばれる新興諸国はどのようにして台頭しただろうか。

③1960年代以降、冷戦体制には動揺がおこった。それはどのように進んだのだろうか。

第19章 冷戦の終結と今日の世界

㊍ 339～363頁

1 産業構造の変容

㊍ 339～343頁

オイル＝ショックの前後で、世界の社会と経済はどのようにかわったのだろうか。

1 福祉国家と公害

先進諸国の社会では、経済成長にともなってどのような変化が生じたのだろうか。

(1)西側先進諸国の福祉政策

ⓐ西側先進国…1960年代以降、国民の福祉を重視する(　1　)的政策が主流に

→経済成長を背景に、(　2　)**主義**を掲げる政党が政権を獲得

┌社会保障の拡充を通じて福利厚生を保障→民主主義の充実をめざす
└無償・低額での教育・医療・福祉サービス、公共事業による雇用の安定

ⓑ西側諸国における福祉の拡充…東側諸国との競合でも促進される

(2)公害の発生

ⓐ経済成長→**公害**という社会問題も発生させる

※1962年、(　3　)が『沈黙の春』で農薬が生物に与える否定的影響について警鐘

ⓑ河川・大気・土壌の汚染→公害病による多数の犠牲者

ⓒ森林伐採・海洋の埋め立てなどの自然破壊→住民の抗議運動

ⓓ1972年、(　4　)**会議**の開催(ストックホルム)…環境が主題の初の国際会議

2 ドル＝ショックとオイル＝ショック

1970年代初頭に、世界経済はどのような転換を迎えたのだろうか。

(1)ドル＝ショック

ⓐ1960年代以降のアメリカ…巨額の戦費や社会保障費の増加が重い負担

ⓑ1971年、アメリカの貿易収支が黒字から赤字へ転落し、国内から金が流出

→同年、(　5　)大統領がドルの金兌換(だかん)停止を発表〈(　6　)〉

…(　7　)体制の終了

ⓒ1973年、先進工業国の通貨が(　8　)**制**に移行

※(　8　)制…為替レートを市場での需要と供給に応じて自由に決める制度

→世界経済はアメリカ・西欧・日本の三極構造へ

(2)オイル＝ショック

ⓐ1973年、(　9　)**戦争**の勃発(ぼっぱつ)…エジプト・シリア vs. イスラエル

→┌(　10　)(OPEC)による原油価格の引き上げ…西側諸国への圧力
　└(　11　)(OAPEC)…イスラエル支援国に原油輸出を禁止

ⓑ**第1次**(　12　)

┌アラブ諸国の(　13　)による西側諸国での急激な物価高
└(　14　)の高揚…自国資源に対する支配権の拡大や管理・開発をめざす動き

1
2
3
4
5
6
7
8
9
10
11
12
13
14

⑶影響

ⓐ世界的な不況の発生→先進国の好景気終了

ⓑ日本を除く西欧諸国やアメリカ合衆国の経済成長減速

→1975年、(　15　)の開催…世界経済の主要問題を討議

┌参加国…フランス・アメリカ・イギリス・西ドイツ・イタリア・日本→翌年カナダも加入
└G７(Group of Seven)とも呼ばれる

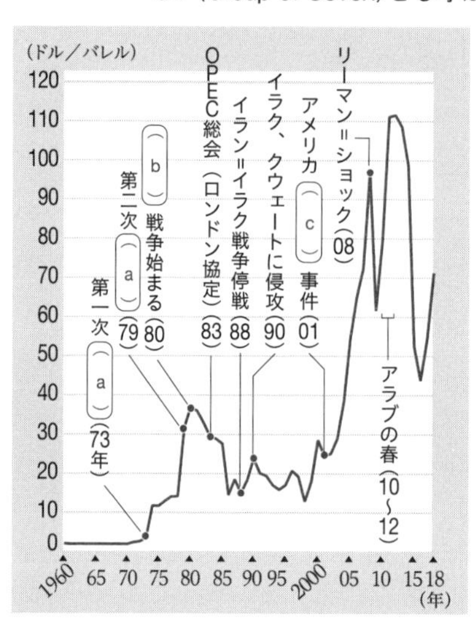

図 原油価格の推移

Q▶1970年代以降、原油価額が高騰した背景には、どのようなできごとがあっただろうか。

A▶

図 日本と主要先進国の経済成長率の推移

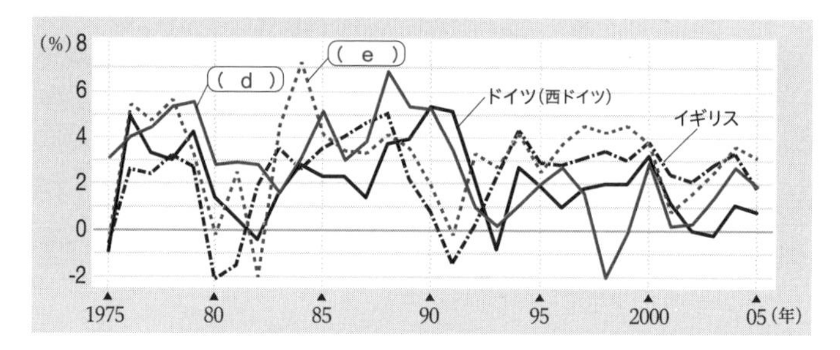

3 量から質へ

オイル＝ショック後、各国の社会と経済はどのような変化をとげたのだろうか。

⑴経済路線の見直し

ⓐオイル＝ショックの影響…生産規模重視の見直しへ

ⓑ西側先進諸国では**量から質へ**(大量生産→高度な技術)の**産業構造の転換**

┌(　16　)産業の本格的形成…コンピュータ・エレクトロニクス
└(　17　)化の追求

ⓒソ連(世界有数の産油国)への影響

┌原油輸出で外貨獲得→国民の生活水準は短期的に向上
├機材の輸入に依存→産業のハイテク化や省エネ化はおこなわれず
└旧式設備の維持→環境汚染拡大

⑵西側先進諸国の政策転換

ⓐ福祉国家的政策の見直し…社会保障費や公共事業費の大きさを批判

→「(　18　)」を求める声が強まる

15
a
b
c
d
e
16
17
18

ⓑ1970年代末～80年代、(19)**主義**的政策の推進
- 市場経済最優先、競争原理の重視
- (20)(英)・(21)(米)・コール(西独)・中曽根康弘(日)などの各政権
- 電信・鉄道・航空などの国営・公営部門の民営化の実施…経済の規制緩和

(3)ラテンアメリカ諸国の開発独裁

ⓐ累積債務の増大→オイル＝ショックにともなう金融危機で大きな打撃

ⓑ経済の悪化→都市中間層による独裁体制への批判

ⓒ1980年代、アルゼンチン・ブラジル・チリで軍事政権崩壊→民政への移行

※1982年、アルゼンチンはイギリスとの(22)戦争に敗北

(4)女性の社会進出

ⓐ1960年代後半、アメリカで女性解放運動が始まる(←公民権運動の影響)

ⓑ1970年代、世界的に女性の社会進出が進む→85年、日本で(23)法成立

4 中東の変容

1960～70年代の中東では、どのような変容が生じたのだろうか。

(1)パレスチナ

ⓐ(24)**戦争**(1967)…アラブ諸国(エジプト・シリアなど) vs. イスラエル
- 6日間でイスラエルが圧勝→シナイ半島などに占領地を拡大
- エジプトの権威失墜→アラブ民族主義の衰退

※1969年、(25)が(26)(PLO)議長に就任→パレスチナ人主体の解放運動へ

ⓑ(27)**戦争**(1973)…アラブ諸国(エジプト・シリアなど) vs. イスラエル
- アラブ諸国による石油戦略→国際的な発言力が高まる
- イスラエルは占領地を確保

ⓒ1979年、(28)**条約**の締結
- ナセルの後継者(29)…方針を転換し、アメリカ・イスラエルと和解
- エジプト、アラブ諸国ではじめてイスラエルを承認→アラブ諸国の反発

→
- 81年、(29)が暗殺される
- 82年、イスラエルはエジプトに(30)半島を返還

(2)イラン

ⓐ1960年代、国王(31)が「(32)」を推進

…女性参政権の導入、土地改革などの近代化政策

→
- 保守的な宗教界や大土地所有者の反発
- 市民の抗議行動の拡大…強権的な政治手法や対米従属を批判

ⓑ(33)**革命**(1979)
- 抗議運動激化で国王亡命→反体制派の宗教学者(34)の帰国
- (34)のもとで、イラン＝イスラーム共和国が成立

ⓒ**第2次**(35)(1979)

…イランが欧米系石油企業を追放、原油生産を国有化→原油価格の高騰

ⓓ(36)**戦争**(1980～88)

…アメリカの支援を受けたイラクの(37)が、イランを攻撃

19 ____
20 ____
21 ____
22 ____
23 ____
24 ____
25 ____
26 ____
27 ____
28 ____
29 ____
30 ____
31 ____
32 ____
33 ____
34 ____
35 ____
36 ____
37 ____

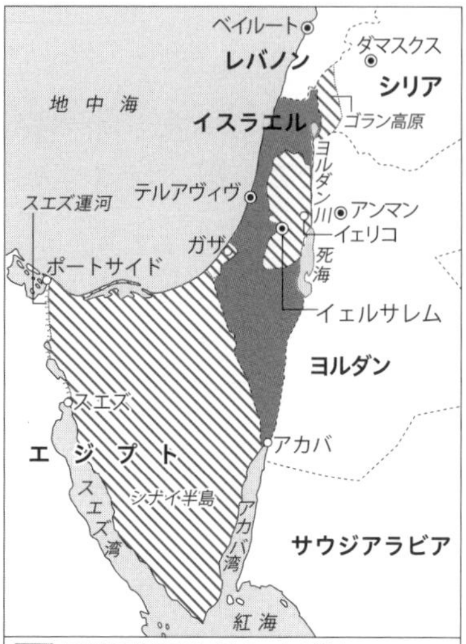

1967年6月までのイスラエルの領土
第３次中東戦争での占領地
（1982年４月、エジプトにシナイ半島を返還）

図 イラン・アメリカ大使館占拠事件

Q１▶第３次中東戦争でイスラエルが占領した場所はどこだろうか。

A▶

Q２▶ホメイニの支持者であった学生がアメリカ大使館を占領したのはなぜだろうか。

A▶

5 開発途上国の工業化

1970～80年代の開発途上国の工業化は、どのようにして進んだのだろうか。

⑴急速な工業化

ⓐ開発途上国…外国企業を誘致し、労働集約的な工業品を輸出する経済政策

ⓑ（　38　）(NIES)…韓国・台湾・香港・シンガポール・ブラジル・メキシコ

　→タイ・マレーシア・中国・ベトナムなどに動きが波及

ⓒ1970～80年代、開発途上国の多くで高い経済成長率を実現

　※（　39　）…開発途上国のなかで高い経済成長率の国々と低い経済成長率の国々との格差問題

⑵先進工業国間の競争

ⓐ先進工業国…工場の国外流出→雇用機会の減少

ⓑコンピュータなど最先端部門の研究・生産を重視

→┌1980年代、アメリカ・西欧・日本のあいだで先端技術の開発競争
　└自動車・コンピュータなどの部門で（　40　）が激化

※1985年、（　41　）…アメリカがドル安を容認

　→円高による不況で日本企業などは開発途上国へ工場移転を開始

2 冷戦の終結

教 344〜348頁

冷戦は、どのような過程をたどって終結したのだろうか。

1 デタントの終わりと「新冷戦」

1970年代後半から80年代前半に、米ソはそれぞれどのような対外政策を追求したのだろうか。

(1)アフリカ新興国への支援

オイル＝ショック後のソ連…原油高騰による財政的余裕

→アフリカの新興国へ積極的な財政・軍事支援

1974	エチオピア革命 ┌軍部のクーデタ→皇帝(1)退位 └土地改革などの社会主義政策を実施…ソ連の支援
75	ポルトガルからモザンビーク・アンゴラが独立→内戦へ ┌ソ連・キューバ…社会主義政権を支援 └アメリカ合衆国・南アフリカ共和国…反政府勢力を支援
80	(2)で黒人解放運動が政権を獲得…ソ連・中国の支援 →(3)に改称

(2)デタントの終わり

ⓐ(4)米大統領(民主党)…人権重視の外交を展開

┌1977年、(5)をパナマに返還する条約の成立

└1979年、エジプトとイスラエルの接近(エジプト＝イスラエル平和条約)を仲介

ⓑソ連のアフリカ諸国介入や反米的なイラン＝イスラーム共和国の成立

→カーターの外交路線やデタントへの批判へ

ⓒ1979年、ソ連が(6)**に軍事侵攻**→米ソ関係冷え込み…デタント終了

(3)「(7)」(「第2次冷戦」)…1970年代末〜80年代前半、米ソ間の再緊張

(8)大統領(共和党)の政策…「(9)」を掲げる

┌強硬な対ソ外交、宇宙空間での戦略防衛構想

├西欧への中距離核兵器の配備計画推進

└1983年、(10)の社会主義政権打倒のため軍事介入

2 ペレストロイカから東欧革命へ

ソ連で始まった改革は、どのようにして東欧革命をもたらしたのだろうか。

(1)1980年代前半のソ連

ⓐ技術革新の遅れ→工業成長率の落ち込み…改善を訴える声も言論統制で無視

ⓑ1982年、(11)死去→高齢の指導者による短命政権

(2)ゴルバチョフの改革

ⓐ世代交代の実現…1985年、(12)が指導者に就任　※同年、原油価格が急落

ⓑ1986年、人災によって(13)**原子力発電所**で大規模な事故発生

→ゴルバチョフは「(14)」をスローガンに社会主義体制の改革に着手

1
2
3
4
5
6
7
8
9
10
11
12
13
14

15

16

17

18

19
20

21
22
23

24
25
26
27

28
29

30

31
32
33
34
35
36

ⓒ共産党…改革に消極的

⟷ゴルバチョフは「（　15　）」を主張し、世論の力で改革を推進

- 1989年、複数候補制の選挙にもとづく人民代議員大会を開催
- 1990年、新設したソ連大統領にゴルバチョフが就任

(3)ゴルバチョフの外交

「（　16　）」を提唱…軍拡の負担を軽減するため、アメリカに対話を呼びかける

1985	米ソ首脳会談…戦略核兵器の半減などに合意
87	（　17　）**条約**に調印…米ソ間の緊張緩和
89	ソ連軍、**アフガニスタンから撤退**

(4)（　18　）革命…東欧社会主義圏の消滅

ⓐ1988年、ゴルバチョフは東欧諸国への内政不干渉を表明

ⓑポーランド

- 1980年、（　19　）を指導者とする自主管理労組「（　20　）」の組織
- 1989年、複数政党制のもとでの選挙で「（　20　）」圧勝→連立政権発足

ⓒ1989年、ハンガリー・チェコスロヴァキア・ブルガリアでも民主化運動
→共産党独裁体制の終焉

ⓓ東ドイツ…（　21　）書記長の失脚、（　22　）**の開放**

ⓔルーマニア…（　23　）の独裁体制に対する反体制運動の勝利

3 中国の動向と民主化の広がり

東西対立の緩和は、東欧以外の諸地域にどのような影響をもたらしたのだろうか。

(1)中国の動き

ⓐ1970年代後半〜80年代前半、（　24　）中心の新指導部が（　25　）化を推進

- （　26　）の解体、農業生産の請負制
- 外国資本・技術の導入による開放経済、国営企業の独立採算化

ⓑ（　27　）**事件**(1989)

- 背景：学生・知識人の不満…共産党の一党支配の持続、民主化なき経済改革
- 北京(ペキン)の天安門広場での民主化要求→政府が武力で鎮圧
- （　28　）総書記の解任→（　29　）を後任に任命

(2)モンゴル…ソ連の勢力圏→ソ連の動きと並行して改革進行

ⓐ1990年、自由選挙の実施

ⓑ1992年、社会主義体制から離脱

(3)韓国

東西対立の緩和→アメリカが権威主義体制への支援停止→西側諸国で民主化

1987	大統領の直接選挙制の導入→民主化支持を表明した（　30　）の選出
90	韓ソ国交樹立
91	北朝鮮とともに（　31　）に加盟

(4)台湾…1987年、（　32　）の解除→（　33　）総統(国民党)のもとで民主化推進

(5)南アフリカ　※1961年、イギリス連邦(コモンウェルス)から脱退して南アフリカ共和国に

ⓐ（　34　）政策の実施⟷（　35　）(ANC)の抵抗、国際連合の経済制裁

ⓑ1980年代末、（　36　）政権が政策の見直しを開始

→┌1991年、差別法の全廃
　└1994年、平等な選挙権の承認→アフリカ民族会議が過半数
　　→(　37　)が大統領に当選

4 ソ連の崩壊と冷戦の終結

なぜゴルバチョフの改革は失敗に終わったのだろうか。

(1)冷戦の終結

1989.12	(　38　)会談…ゴルバチョフと(　39　)米大統領が首脳会談 →**冷戦の終結**を宣言
90.10	(　40　)の誕生 …米・ソ・英・仏の同意を得て西ドイツが東ドイツを吸収
91	(　41　)条約(START Ⅰ)の成立 …米・ソ間で(　42　)(ICBM)など戦略核兵器の削減を規定
	コメコンとワルシャワ条約機構の解消

(2)(　43　)戦争(1991)

ⓐ1990年8月、イラク(フセイン指導)が隣国(　44　)に侵攻…米・ソが非難
　→国連安全保障理事会がイラクへの武力行使を容認

ⓑ1991年1月、アメリカ中心の(　45　)軍がイラクを攻撃→クウェートを解放

(3)ソ連の崩壊

ⓐペレストロイカの進展→過去の共産党の弾圧や資本主義の優位が語られる

ⓑバルト3国…ソ連からの離脱を要求
　→他の共和国でもナショナリズムが台頭し、自立傾向を強める

ⓒロシア共和国(ソ連内最大)…(　46　)が社会主義の放棄を訴えて支持獲得

ⓓゴルバチョフの対策…(　47　)**への移行**、社会民主主義的なソ連再生の追求
　→原材料の調達や流通に混乱→深刻な物不足

ⓔ1991年8月、共産党(　48　)によるクーデタ…連邦制維持と秩序回復が目的
　┌エリツィンを中心とした市民の抵抗で失敗
　└(　49　)**党の解散**、(　50　)の独立

ⓕ1991年12月、(　51　)(CIS)の結成→**ソ連消滅**

(4)冷戦終結の影響

ⓐ共産党独裁体制は中国などで維持

ⓑ冷戦の帰結…資本主義の勝利←→不平等や格差の問題は未解決

Q▶独立国家共同体を構成したが、のちに脱退した国はどこだろうか。

A▶

37
38
39
40
41
42
43
44
45
46
47
48
49
50
51
a
b
c
d
e

3 今日の世界

㊝ 349～357頁

冷戦終結後、世界の諸地域はどのような歩みをたどり、また、どのような課題を抱えているのだろうか。

1 旧社会主義圏の民族紛争

旧社会主義国では、どのような民族運動や民族対立が発生したのだろうか。

(1)旧ソ連とチェコスロヴァキア

ⓐ冷戦の終結→旧社会主義圏の各地で**民族運動**や**民族対立**が表面化

ⓑ旧ソ連…(　1　)の独立運動→ロシアと２次にわたる紛争

ⓒチェコスロヴァキア…1993年、チェコとスロヴァキアへ平和的に分離

(2)ユーゴスラヴィア

ⓐ(　2　)の死去→各民族のナショナリズムが台頭し、内戦が発生

ⓑ内戦の推移

1991	(　3　)・(　4　)が独立を宣言 ┌ユーゴスラヴィアの維持を望む(　5　)と衝突 ├(　3　)…内戦が継続→1995年、独立 └(　4　)…短期紛争を経て独立
92	(　6　)が独立を宣言→内戦に突入→1995年、独立
96	(　7　)系住民が多い(　8　)地方の分離運動が活発化 →セルビアによる弾圧→(　9　)軍のセルビア空爆(1999) ※セルビアの指導者(　10　)…(　7　)系住民を虐殺したとして国際戦犯裁判へ
2008	(　8　)が独立を宣言

2 東アジアの動向

冷戦終結後、東アジア諸国はどのような変化をとげたのだろうか。

(1)中国…共産党支配を堅持したまま経済の改革開放路線を推進

ⓐ1997年、イギリスが(　11　)を返還┐
ⓑ1999年、ポルトガルが(　12　)を返還┘→特別行政区として高度な自治を約束〈(　13　)制度〉

ⓒ(　14　)の死去…改革開放路線は継承→急速な経済成長を実現

ⓓチベット自治区や新疆(しんきょう)ウイグル自治区への漢族の流入増加→民族対立が激化

(2)韓国

1993	(　15　)が大統領に就任…約30年ぶりの文民出身の大統領
98	(　16　)が大統領に就任…朝鮮の南北対話をめざす(　17　)政策推進
2006	北朝鮮が核実験を実施→南北対話は中断
13	朴槿恵(パククネ)が韓国初の女性大統領に就任 →2017年、スキャンダルで罷免→文在寅(ムンジェイン)が大統領に就任…南北対話へ

(3)北朝鮮…東アジアの緊張要因、日本人拉致問題も未解決

1994	核兵器保有疑念…アメリカとの対立が激化 →2003年、朝鮮半島の非核化をめざす(　18　)の枠組みを導入

1
2
3
4
5
6
7
8
9
10
11
12
13
14
15
16
17
18

1994	(19)死去→(20)が後継者 …農工業生産低迷、深刻な食料危機(←ソ連消滅による経済支援の途絶)
2000	南北両朝鮮の首脳会談実現
03	(21)条約からの離脱を宣言
05	六カ国協議の中止を宣言→2006年、核実験を実施
11	金正日(キムジョンイル)死去→(22)が後継者

(4)台湾

ⓐ2000年、(23)(民進党)が総統に当選

ⓑ2016年、(24)(民進党)が女性として初の総統に選出→アメリカと連携

3 東南アジア・南アジアの変化

東南アジア・南アジア諸国では、政治・経済にどのような変化が生じているのだろうか。

(1)ベトナム

1986年～、「(25)」(刷新)政策…共産党一党体制下でゆるやかに市場開放
→経済状況好転

(2)カンボジア

ⓐ内戦が継続し、1978年の軍事介入以降ベトナム軍が駐留→89年に撤退

ⓑ1991年、諸勢力のあいだで和平協定が調印される

ⓒ1993年、総選挙で元国王(26)を支援する勢力が勝利→王制復活

(3)ミャンマー(ビルマ)

ⓐ1988年、民主化運動で社会主義政権(1962～)が崩壊→軍部が独裁政権を樹立

ⓑ2011年、民政が復活…指導者:(27)→経済改革や民主化に着手

ⓒ2021年、軍部のクーデタ→スー＝チーを拘束、再び軍政へ
…反対派への弾圧や少数民族(28)への抑圧が懸念される

※(28)……バングラデシュとの境界地域に居住するムスリム

(4)インドネシア

ⓐ1997年、(29)発生→98年、(30)政権崩壊→民政に移管

ⓑ2002年、インドネシアの支配下にあった(31)が独立を達成

(5)インド

ⓐ1990年代、計画経済から経済の自由化や外資の導入へ転換
→情報産業などを中心に急速な経済成長⟷大きな所得格差や宗派対立

ⓑ1990年代半ば以降、ヒンドゥー至上主義の(32)党が台頭
→国民会議派とのあいだで政権交代を繰り返す

4 アフリカ諸国の困難と経済成長

冷戦終結後のアフリカには、どのような課題と可能性があるのだろうか。

(1)**内戦の勃発(ぼっぱつ)**…人為的な国境線による民族分断や貧困・飢餓・資源配分に起因

1980年代末～	(33)内戦
1994年	(34)**内戦**…約100万人の犠牲者
2000年代初め	スーダンのダルフール紛争

1990年代前半、エチオピア・アンゴラ・モザンビークで社会主義体制が終焉

(2)**21世紀の経済成長と人口増加**

ⓐ(35)など…石油や鉄鉱石などの輸出増加

19
20
21
22
23
24
25
26
27
28
29
30
31
32
33
34
35

ⓑ2016年、アフリカの人口は12億人へ…サハラ砂漠以南での増加

ⓒ工業化の進展→都市への人口集中⟷都市インフラ整備の遅れ

ⓓ商品作物中心の農業構造…穀物などの食料自給率は低いまま

5 民族・地域紛争の動向

冷戦終結後も続く地域・民族紛争には、どのようなものがあるだろうか。

(1)イスラエルとパレスチナ

ⓐ1987年、パレスチナ人が(36)(蜂起の意味)をおこす

…イスラエル軍に対する投石・デモによる抗議行動

ⓑ1990年代初め、**パレスチナ解放機構**(PLO)の(37)議長とイスラエルの(38)首相のあいだで対話の気運が高まる

→1993年、ノルウェーの調停で(39)**協定**(**オスロ合意**)成立

…相互承認、パレスチナ人の暫定自治政府の樹立で合意

ⓒ1995年、ラビン首相暗殺→双方とも武力対決路線へ立ち戻る

(2)アフガニスタン

ⓐソ連軍撤退後、社会主義政権が崩壊→武装勢力間の内戦→国土荒廃、難民発生

ⓑ1996年、イスラーム主義勢力(40)が政権を樹立

(3)その他の地域での紛争

ⓐ(41)人…トルコ・シリア・イラク・イランに居住、各国で少数民族の地位→トルコ政府はその独立運動をきびしく取り締まる

ⓑ(42)地方…インド・パキスタン間の対立、未解決のまま

ⓒ中国とインドの国境紛争…1962年に軍事衝突

(4)紛争解決への動き

1998	イギリスで北アイルランド紛争が収束
2005	インドネシアでアチェ州との和解が成立
09	スリランカで内戦(仏教徒中心:(43)系多数派 vs. ヒンドゥー教徒中心:(44)系少数派)が終結

6 通商の自由化と地域統合の進展

経済における世界の一体化は、どのように進んでいるのだろうか。

(1)通商の自由化

ⓐ第二次世界大戦後…GATTを中心に貿易の自由化が進展

ⓑ農産物の関税、サービス部門、知的所有権に関わる通商の壁が残る

ⓒ1995年、(45)(**WTO**)が発足

…農産物・金融・知的所有権・サービス取引面での自由化推進、貿易紛争調停

(2)ヨーロッパの地域統合

ⓐEUの発足

1987	単一欧州議定書の発効…ヒトの移動や金融取引の域内自由化へ
93	(46)**条約**の発効→(47)(**EU**)が発足
2002	ヨーロッパ共通通貨(48)の全面的な使用開始
04以降	EU加盟国は東欧にも拡大

ⓑ1999年以降、(49)(NATO)に東欧諸国が加盟

36
37
38
39
40
41
42
43
44
45
46
47
48
49

図 EUのポスター

Q ▶ ポスターの中央に描かれている建築物はなんだろうか。また、「many tongues one voice」という言葉にはどのような意味があるだろうか。

A ▶

(3)北アメリカの地域統合…西欧経済の排他性を警戒

1988年、カナダとのあいだで自由貿易協定を締結

→94年、メキシコも加えて(　50　)**協定**(**NAFTA**)を発足

※2020年、NFTAにかえてアメリカ＝メキシコ＝カナダ協定(USMCA)発効

(4)アジア太平洋地域の地域協力

- 1989年、(　51　)(**APEC**)**会議**開催
- 2018年、環太平洋パートナーシップに関する包括的及び先進的な協定(CPTPP)発効

(5)アフリカの地域統合

2000年、アフリカ統一機構(OAU)の首脳会議が、紛争の平和的解決や経済統合の推進をめざして協力の強化を決定

→02年、(　52　)(**AU**)の結成

(6)先進国首脳会議

G8サミット(1997年、G7にロシアが加わる)を拡大→ G20の会合も設定

※ G20…G8とEUに新興経済国11カ国を加えて発足

※2014年、ロシアのクリミア侵攻→ロシアのG8参加資格停止

(7)グローバリゼーションの進展

ⓐ情報通信手段の技術革新→貿易や金融面などで自由な流通を促進

ⓑ多国籍企業…複数の国家に拠点をもち、各国経済に大きな影響

ⓒ経済活動の活発化→土地・原料・株式投資などで投機的な動きの発生

→
- 1997年、東アジア・東南アジアで**アジア通貨危機**発生
- 2008年、世界各地で(　53　)発生

※日本ではリーマン＝ショックと呼ばれる。

7 同時多発テロと対テロ戦争

21世紀初めに、アメリカ合衆国はどのような戦争をおこなったのだろうか。

(1)同時多発テロ事件

ⓐ背景
- 湾岸戦争後の米軍のペルシア湾岸地域駐留
- パレスチナ問題の未解決

→イスラーム急進派の反米感情の高揚

ⓑ(　54　)事件(2001.9.11)
- ニューヨークとワシントンのビルに、ハイジャックされた旅客機が突入
- 実行者：イスラーム急進派組織(　55　)

ⓒ(　56　)**戦争**(2001.10)

57

58

59

60

61

62

63

64

65

┌(57)米大統領、アフガニスタンのターリバーン政権へ軍事行動
…理由：ターリバーン政権のアル＝カーイダ保護
→ターリバーン政権を打倒
├戦後、国際連合主導の暫定政権成立→国内は安定せず
└2004年、大統領選挙を経て正式政権成立←→ターリバーンとの内戦継続
→21年、ターリバーン政権復活(←アメリカ軍の撤退)

(2)(58)**戦争**(2003.3)

ⓐアメリカ合衆国…イラクのフセイン政権を中東地域の脅威とみなす
→イギリスとともにイラクを攻撃し、フセイン政権を打倒
→イラクを米英軍中心の占領統治下へ、日本も復興支援に(59)派遣

ⓑ2004年、イラクの暫定政権に主権を移譲→宗派・民族間の対立激化

(3)「(60)」**の展開**

ⓐ2010年末〜、チュニジア・エジプト・リビアで民主化運動→独裁政権崩壊
┌チュニジア…民主化が進展
└エジプト…イスラーム主義政党による政権成立→2014年、軍事政権に交代

ⓑシリア…内戦の発生→多数の難民
※2014年、イラクとシリアに「(61)」出現→聖戦(ジハード)の主張と暴力性で世界に衝撃

8 多極化と国際協力

今日の国際関係はどのような特徴をもち、また、どのような協力を必要としているのだろうか。

(1)**多極化**

対テロ戦争以降、アメリカの財政は戦争や国際金融危機によって大幅な赤字
→その主導権にかげりが見えはじめ、世界は**多極化**へ

(2)**アメリカ合衆国**

ⓐ(62)政権(2009〜17)
┌2009年、(62)(民主党)がアメリカ初の非白人系大統領に就任
├財政支出による経済立て直し、社会保障の整備←→社会格差は残存
└グローバリゼーションのもとで賃金の安い中国などに国内産業が移転
→雇用回復のさまたげ

ⓑ(63)政権(2017〜21)
┌2017年、(63)(共和党)が大統領に就任
├中西部の白人労働者など、景気回復から取り残された層の支持を獲得
└国内産業の保護・育成、移民の受け入れ規制など、グローバリゼーションから距離をおく姿勢を強調

(3)**中国**

ⓐ2010年、GDP(国内総生産)で世界第2位の経済大国に

ⓑ2012年、(64)が総書記に就任
┌国内で自身への権力集中を実現
├アジア・ヨーロッパ・アフリカにまたがる経済圏構想を推進
└強硬的な対外政策…東シナ海・南シナ海の領土・権益紛争、中印国境紛争

ⓒ2020年、香港に対する(65)法を導入→一国二制度を形骸化

(4)ロシア

ⓐソ連解体後の1990年代、民営化や地方分権化が進行

ⓑ2000年、(66)が大統領に就任

┌国家による基幹産業・資源への管理を強化→中央集権的な行政を確立
└2000年代、原油価格の上昇に支えられて好景気を迎える
　⟷石油・(67)に依存する脆弱な経済構造

ⓒ┌2014年、プーチン政権がウクライナの(68)半島へ侵攻
　│→ロシアへの併合を一方的に宣言
　└2022年、プーチン政権がウクライナ全土へ侵攻→国際的な非難

(5)EU…西欧と東欧・南欧の経済格差が拡大

ⓐ2011年、ギリシアなど南欧諸国で財政危機が深刻化

ⓑ2015年、中東・北アフリカから移民・難民が大量に到来→社会問題へ

┌西欧諸国…EU内外からの移民増加→国内の反発
└(69)の伸張…移民排斥など排外主義的主張で世論の支持を得る

ⓒ2016年、イギリスの国民投票でEUからの離脱(ブレグジット)支持派が勝利
　→20年、離脱が実現

(6)国際的な協力

ⓐグローバリゼーション・多極化の時代
　…各国利害の調整、紛争の平和的解決の必要性

ⓑ(70)(PKO)

┌国連加盟国から派遣された国連平和維持軍(PKF)など
└紛争地域で停戦監視・兵力引き離し・選挙監視・人道支援などをおこなう

ⓒ核兵器の軍縮┌インド・パキスタン・北朝鮮など核保有国が増加
　　　　　　　└核拡散防止条約の実効性を高めるさらなる取り組みの必要性

ⓓ(71)(NGO)の活動…例：1997年、対人地雷全面禁止条約の調印に貢献

史料 国際連合とその活動

国際連合は、第二次世界大戦を阻止できなかった反省をふまえて、戦争回避に直接につながること以外にも、基本的人権にもとづく諸権利の拡大をはかり、多様な分野で国際協調を進めてきた。たとえば国連難民高等弁務官事務所(UNHCR)は、大西洋憲章に掲げられた「恐怖と欠乏からの解放」などを背景に、難民の保護・支援に取り組んでおり、日本の緒方貞子(おがたさだこ)(1927〜2019)は、冷戦終結後に地域紛争が拡大するなかでそのトップをつとめた。ユネスコによる世界遺産の登録・保存活動も、よく知られているだろう。感染症対策などに取り組む世界保健機関(WHO)は、1980年に天然痘(てんねんとう)の根絶に成功したが、2020年に拡大した新型コロナウイルスへの対策では、諸国の利害対立に苦しんだ。

Q▶国際連合は、戦争回避以外にどのような活動を展開してきたのだろうか。

A▶

66

67

68

69

70

71

4 現代文明の諸相

教 358〜363頁

20世紀において、人々の世界観や生活のありようは、どのような変化をとげたのだろうか。

1 科学技術の進歩と環境問題

20世紀以降の科学技術の革新は、人類の生活をどのようにかえたのだろうか。

(1)エネルギーと石油化学

ⓐ20世紀初め、(1)が相対性理論を提唱→量子力学の急成長

→核分裂による膨大なエネルギーの発生が実証され、(2)が開発される

ⓑ第二次世界大戦後、**原子力発電**の開発が進展

⟷深刻な原子力発電所の事故も発生

1979	アメリカ合衆国の(3)原子力発電所…放射能もれ
86	ソ連の(4)原子力発電所…メルトダウン、放射性物質の放出
2011	東京電力福島第一原子力発電所 …地震・津波の影響によるメルトダウン、放射性物質の放出

ⓒ水力・風力・太陽エネルギーによる発電を増やす努力も進展

ⓓ(5)の発達…ナイロンなどの化学繊維、プラスチックなどの人工素材

→第二次世界大戦後、世界中に普及

(2)軍事開発

ⓐ20世紀初め、(6)が**飛行機**を発明

第一次世界大戦中	軍用機に転用
第二次世界大戦中	戦略爆撃機やジェット機の開発→長距離飛行が可能
大戦後	民間の大量輸送を実現

ⓑ**宇宙開発**…ICBMや軍事衛星などの軍事開発と密接に連動

1957	ソ連、人工衛星(7)の打ち上げに成功
61	ソ連、世界初の有人宇宙飛行に成功
69	アメリカの(8)、月面着陸を実現

→その後、宇宙ステーションが建設され、宇宙船による宇宙往還が可能となる

(3)コンピュータ開発

ⓐ第二次世界大戦中、アメリカで(9)の開発開始→1946年に実現

ⓑトランジスタや集積回路(IC・LSI)などの開発進展→小型化・低価格化

→1990年代、パーソナル＝コンピュータが一般家庭に普及

ⓒ1960年代、アメリカで(10)(当初は技術者間の通信手段)の開発開始

→1990年代以降、広く普及

ⓓ(11)(**IT**)**革命**の急速な進行…携帯電話の普及も加わる

ⓔ2010年代、(12)(AI)開発が進展

1
2
3
4
5
6
7
8
9
10
11
12

図 最初期のコンピュータ

Q１▶コンピュータが開発された当初の目的はどのようなものだっただろうか。

A▶

(4)**医学・生物学**

1929	フレミング、(　13　)を発見 →抗生物質の製造が可能となり、感染症などの治療に効果を発揮
53	(　14　)の構造を解明→分子生物学が急速に発達
90	(　15　)計画の開始→2003年、解読完成
90年代末	(　16　)技術の現実化→生命倫理の問題

※ iPS 細胞(人工多能性幹細胞)の研究開発…再生医療分野で期待

(5)**人口問題**

ⓐ科学技術と医療の発達→**世界人口の急増**

…20世紀初め、約16億人→2019年、77億人以上

※2015年、国連サミットで「(　17　)(SDGs)」の取り決め

…持続可能でよりよい世界の実現を2030年までにめざす国際目標

ⓑ先進国や一部のアジア諸国…(　18　)化と少子化が顕著

→社会福祉政策の模索

(6)**環境問題**

1980年代	(　19　)**化**の危険性が指摘される
1992	「(　20　)」(環境と開発に関する国連会議)開催(リオデジャネイロ) …地球環境の保全と持続可能な開発の実現に向けた方策を討議
97	(　21　)締結 …(　22　)の排出量減少のための各国の目標値を設定
2015	パリ協定の採択…すべての国が参加する形で削減目標を設定

※酸性雨や砂漠化への対応…国際的な協力体制の構築が急務

史料 飢餓とその克服に向けた取り組み

人類は長く飢餓(きが)に苦しんできた。……飢餓は21世紀初頭までは減少傾向にあったが、2015年から増加に転じ、18年には８億人以上が飢えに苦しんでいる。それでは、こうした飢餓の要因はどこにあるのだろうか。おもなものとして気候変動や政治的な問題をあげることもできるが、近年における最大の要因は、世界経済の減速であると考えられている。植民地支配の結果として生じた、一次産品の輸出に依存する脆弱な経済構造をもつ国はとくに打撃を受けており、さらに開発途上国ばかりか先進国でも、経済格差と貧困が広がるなかで食料不安が生じている。

Q２▶近年における飢餓の要因として考えられることはなんだろうか。

A▶

13

14

15

16

17

18

19

20

21

22

23

24
25
26
27
28
29
30

31
32
33

34
35

36
37

38

39
40
41

42

2 現代思想・文化の動向

現代思想・文化において、どのような新しい潮流が登場したのだろうか。

(1)現代思想

19世紀後半以降、ヨーロッパでは理性と進歩を重視する(　23　)**主義**の影響

→一方、個人のあり方や個人と社会の関係について、新たな視点も登場

(　24　)	宗教を否定、人間存在それ自体に価値を見出す
(　25　)	(　26　)を提唱…観念よりも実践を重んじる
マルクス	経済を中心に社会を分析
(　27　)	宗教をはじめとする諸理念が社会で独自の役割を果たすと強調
(　28　)	潜在意識の探究→(　29　)**学**を確立

(2)芸術

(　30　)	ピカソらが、対象を幾何学的な形に還元して画面に再構成
ダダイズム	第一次世界大戦と連動、既存の美的感覚の解体をめざす
(　31　)	精神分析学の影響、超現実的な想像を表現
非西欧系文化の影響	アメリカの(　32　)…米南部のアフリカ系住民により発達 メキシコの(　33　)運動…アメリカの先住民文化の影響

(3)**社会主義**…ソ連が超大国となり、20世紀に大きな影響力

(4)**文化の多元化**…1970年代以降、合理主義に対する全面的な再検討

(　34　)	理性や進歩、自由や人権は相対的な価値にすぎないと主張
(　35　)	欧米諸国は「文明的」であり、アジアやアフリカは「野蛮」「未開」であるという価値観を批判
(　36　)主義	各地域の文化には独自の意義があり、対等であると主張
(　37　)	伝統的な文化に対する大衆文化

3 女性の平等化とジェンダー

両性の同権化はどのように進み、また、どのような課題を残しているのだろうか。

(1)女性参政権

ⓐ20世紀初めまで、人権を完全に行使できる市民は男性のみ

┌女性は選挙権などの権利を奪われる
└パンクハーストら女性参政権活動家(サフラジェット)の抗議活動

ⓑ(　38　)(1889年結成)…女性参政権を重要な要求に掲げる

ⓒ第一次世界大戦中の総動員体制…女性の社会進出を促進→女性参政権の導入

(2)女性解放運動

ⓐ1960〜70年代以降、欧米諸国や日本などで女性解放運動が高揚

→男尊女卑的な価値観からの転換、(　39　)理論の活発化

ⓑ1979年、国連総会で(　40　)条約を採択

ⓒ1985年、日本で(　41　)法の制定

←→国会議員・企業管理職・大学教員などに占める女性の比率は低いまま

ⓓアジア・アフリカ…貧困・差別・因習により女性が困難な立場の国も残存

(3)伝統的な価値観のゆらぎ

ⓐ21世紀、(　42　)への理解が進む

※(　42　)…身体的な性とは別に社会的につくられる規範

ⓑ(42)理解の拡大→各人の個性や多様な性を尊重する社会への模索も進む

順位	国名	スコア
1	アイスランド	0.877
2	ノルウェー	0.842
3	フィンランド	0.832
4	スウェーデン	0.820
5	ニカラグア	0.804
6	ニュージーランド	0.799
7	アイルランド	0.798
8	スペイン	0.795
9	ルワンダ	0.791
10	ドイツ	0.787

順位	国名	スコア
15	フランス	0.781
19	カナダ	0.772
21	イギリス	0.767
53	アメリカ合衆国	0.724
76	イタリア	0.707
81	ロシア	0.706
106	中国	0.676
108	韓国	0.672
121	日本	0.652

図 ジェンダー＝ギャップ指数(2020)

Q▶最上位国に位置づけられている国家はどのような国だろうか。

A▶

図 メキシコの壁画運動

Q▶シケイロスらが壁画の題材としたのは何だろうか。

A▶

19章まとめ

Q▶冷戦終結後、多極化する世界ではどのような課題があるだろうか。①・②・③から考えてみよう。

①1970年代に世界の社会と経済はどのように変化しただろうか。

②冷戦はどのような過程を経て終結しただろうか。

③冷戦終結後の世界にはどのような課題があるだろうか。

写真所蔵・提供一覧

p.20、37　東京国立博物館所蔵 Image: TNM Image
p.22、107　日本銀行金融研究所貨幣博物館
P.32　時事通信社／時事通信フォト
p.50　法隆寺／東京国立博物館所蔵 Image: TNM Image Archives Source
p.66　野町和嘉
p.90　佐藤次高
p.102　徳川美術館所蔵 Image: TAM Image Archives Source
p.107　常磐歴史資料館
p.114　宮城県図書館
p.115　神戸市立博物館
p.127　長崎県対馬歴史研究センター
p.131　WPS〔ワールド・フォト・サービス〕
p.138　佐賀県九州陶磁文化館
p.219、243、250　GettyImages
p.221　南部町祐生出会いの館
そのほかの写真はすべてユニフォトプレス提供

表紙デザイン　水戸部　功

世界史探究
詳説世界史ノート

2023年3月　初刷発行

編　者　詳説世界史ノート編集部
発行者　野澤武史
印刷所　明和印刷株式会社
製本所　有限会社　穴口製本所
発行所　株式会社　山川出版社
〒101-0047　東京都千代田区内神田1-13-13
電話　03-3293-8131(営業)　03-3293-8134(編集)
https://www.yamakawa.co.jp/

ISBN978-4-634-04121-9　NMII0102

解　答

山川出版社

世界史へのまなざし 地球環境からみる人類の歴史

1 自然環境と人類の進化 p.6〜7

1. 46　2. 気候　3. サヘラントロプス　4. 打製　5. 北京　6. ハンドアックス　7. 火　8. ネアンデルタール　9. 死者　10. 剝片　11. クロマニョン　12. 骨角器　13. ラスコー　14. 旧石器　15. 人種　16. 民族　17. 語族　18. 温暖　19. 寒冷　20. 農業　21. ポンペイ　22. 黒死病（ペスト）　23. インフルエンザ

まとめ
急激な温暖化といった気候変動や火山噴火・地震・巨大な低気圧といった自然災害、疫病（感染症）の流行など。

第1章 文明の成立と古代文明の特質

1 文明の誕生 p.8〜9

1. 1　2. 麦　3. 獲得　4. 生産　5. 磨製　6. 彩文　7. 肥料　8. 灌漑　9. 国家　10. 都市　11. 階級　12. 金属器　13. 文字

図・史料
p.8 Q1　砥石や砂で表面が磨かれ、農具に適している。
Q2　薄い粘土でつくられ、動植物の文様が赤・黒・茶などの色でほどこされている。
p.9　a. アステカ　b. インカ　c. エーゲ　d. メソポタミア　e. インダス　f. ニジェール　g. ザンベジ　h. 黄河

2 古代オリエント文明とその周辺 p.10〜16

1. ヨーロッパ　2. ラクダ　3. ナツメヤシ　4. 灌漑　5. メソポタミア　6. エジプト　7. シリア　8. 肥沃な三日月　9. オリーヴ　10. セム　11. 神権　12. 石灰岩　13. 果樹　14. 神殿　15. 文字　16. シュメール　17. 都市国家　18. ウル　19. 階級　20. アッカド　21. アムル　22. ハンムラビ　23. 復讐　24. 身分　25. ヒッタイト　26. アナトリア　27. 鉄　28. カッシート　29. ミタンニ　30. 多神　31. 楔形　32. 粘土板　33. ローリンソン　34. 六十　35. 太陰　36. 太陰太陽　37. ヘロドトス　38. ファラオ　39. ヒクソス　40. メンフィス　41. ピラミッド　42. テーベ　43. シリア　44. アメンヘテプ4世（アクエンアテン）　45. アテン　46. テル＝エル＝アマルナ　47. ラー　48. アメン　49. 死者の書　50. 神聖文字（ヒエログリフ）　51. パピルス　52. 幾何　53. ユリウス　54. ロゼッタ＝ストーン　55. シャンポリオン　56. オシリス　57. カナーン　58. 海の民　59. アラム　60. ダマスクス　61. 国際商業　62. フェニキア　63. ティルス　64. カルタゴ　65. アルファベット　66. ヘブライ　67. モーセ　68. 出エジプト　69. イスラエル　70. ユダ　71. バビロン捕囚　72. ヤハウェ　73. ユダヤ　74. メシア　75. 旧約聖書　76. 青銅　77. クレタ　78. ミケーネ　79. エヴァンズ　80. クノッソス　81. 城壁　82. ティリンス　83. シュリーマン　84. 城塞　85. トロイア（トロヤ）　86. 線文字B　87. ヴェントリス　88. アッシリア　89. ミタンニ　90. ニネヴェ　91. 駅伝　92. リディア　93. 新バビロニア（カルデア）　94. メディア　95. 金属貨幣　96. クシュ　97. メロエ　98. アクスム

図・史料
p.10　a. エーゲ　b. アナトリア　c. ナイル　d. ユーフラテス　e. ティグリス　f. ザグロス　g. パレスチナ　h. 紅海　i. ペルシア　j. 肥沃な三日月
p.12 Q1　同害復讐の原則。自由人と奴隷、父親と息子といった身分差や家族間の序列など、社会秩序を重んじたため。
Q2　2人乗りでスポークを持つ2輪の戦車は、軽量でスピードを出すことができた。
p.15 Q　文明の明るく開放的で平和な側面が推測できる。
p.16 Q　取引の度に天秤などで金属の重さをはかる必要がなくなった。

3 南アジアの古代文明 p.17〜18

1. 季節風（モンスーン）　2. 麦　3. 牛　4. ドラヴィダ　5. モエンジョ＝ダーロ　6. ハラッパー　7. 沐浴　8. インダス　9. ヒンドゥー　10. アーリヤ　11. パンジャーブ　12. 自然神　13. ヴェーダ　14. リグ＝ヴェーダ　15. ガンジス　16. 鉄　17. 稲　18. ヴァルナ　19. クシャトリヤ　20. ヴァイシャ　21. シュードラ　22. バラモン　23. ジャーティ（カースト）　24. カースト

図・史料
p.17　a. インダス　b. ガンジス　c. カイバル　d. デカン　e. モエンジョ＝ダーロ　f. ハラッパー
p.17 Q　牛や一角獣といった動物が神聖視され、象形文字が用いられていた。

4 中国の古代文明 p.19〜22

1. 稲作　2. 畑作　3. 遊牧　4. 灌漑　5. 西域　6. アワ　7. 稲　8. 仰韶　9. 彩文土器（彩陶）　10. 麦　11. 竜山　12. 黒陶　13. 四川　14. 牧畜　15. 殷　16. 殷墟　17. 夏　18. 邑　19. 青銅　20. 甲骨　21. 周　22. 徳　23. 易姓革命　24. 封建　25. 封土　26. 大夫　27. 宗法　28. 礼　29. 鎬京　30. 洛邑　31. 春秋　32. 覇者　33. 戦国　34. 斉　35. 楚　36. 燕　37. 趙　38. 秦　39. 戦国の七雄　40. 周　41. 華夷　42. 鉄　43. 牛耕　44. 木簡　45. 乾燥　46. 戸　47. 青銅　48. 諸子百家　49. 孔子　50. 孟子

51. 荀子　52. 商鞅　53. 韓非子　54. 墨子　55. 老子
56. 黄老　57. 縦横家　58. 陰陽家

図・史料

p.19　a. 遼河　b. 黄河　c. 長江　d. ゴビ
　e. モンゴル　f. チベット　g. 仰韶　h. 竜山
　i. 三星堆

p.20 Q　王朝は強大な宗教的な権威のもとに支配したため、文様は神的な力や呪術的な意味をもつと考えられる。

p.22 Q　各国が自国の交換経済を進めるために個性的な形で鋳造した。また、価値は地金の重さで決められたため、形状に関係なく流通した。

5 南北アメリカ文明　p.23〜24

1. モンゴロイド　2. インディオ(インディアン)
3. 狩猟　4. トウモロコシ　5. ジャガイモ　6. オルメカ
7. マヤ　8. 二十　9. テオティワカン　10. アステカ
11. テノチティトラン　12. チャビン　13. インカ
14. クスコ　15. 太陽　16. マチュ＝ピチュ　17. キープ
18. 鉄　19. 馬

図・史料

p.23　a. メキシコ　b. ユカタン　c. アステカ
　d. マヤ　e. アンデス　f. インカ　g. クスコ

p.24 Q1　正確な天文学の知識や測量技術が生かされている。
　Q2　「征服者」(コンキスタドール)と呼ばれたスペイン人。
　Q3　オルメカ文明の宗教遺跡。

まとめ

①農耕・牧畜の開始や農業技術の発達にともなってさらに多くの人口を養えるようになると、多数の人間を統一的に支配する仕組みとして国家や文明が成立した。
②エジプト文明・メソポタミア文明・インダス文明・中国文明、アメリカ大陸中・南部の文明などが形成された。
③多くは大河流域に形成されたという共通点をもつ。西アジアのオリエントでは治水・灌漑のための強大な王権が生まれ、南アジアには季節風を利用した農耕文明、東アジアでは多様な先史文化の交流のなかから中華文明が形成された。一方、大河に恵まれなかった地中海東岸やアメリカ大陸中・南部にも、独自の都市文明が誕生した。

第2章　中央ユーラシアと東アジア世界

1 中央ユーラシア―草原とオアシスの世界　p.25〜27

1. モンゴル　2. オアシス　3. 家畜　4. 乳　5. 鉄
6. 遊牧　7. 十進　8. 草原の道　9. スキタイ　10. 黒海
11. 月氏　12. 匈奴　13. 冒頓単于　14. 漢(前漢)
15. 後漢　16. 鮮卑　17. 十六国　18. フン　19. ゲルマン　20. 隊商　21. タリム　22. オアシスの道　23. 匈奴
24. 互恵　25. 畜産物

図・史料

p.25　a. モンゴル　b. 陰山　c. ゴビ　d. タリム
　e. 天山　f. チベット

p.26 Q1　馬具・武具などの金属器に鹿や馬といった動物意匠を用いている点が、特徴である。

p.26 Q2　定住地や田畑をもたず、家畜の遊牧のために移動する。また、文書をもたず、幼少時から羊に騎乗して弓などの軍事的素養を身に着けており、騎士としての能力が高い。価値観としては、逃げること恥とせず、中国の儒教的な羞恥心はもち合わせていない。

2 秦・漢帝国　p.28〜30

1. 蘇秦　2. 張儀　3. 始皇帝　4. 郡県　5. 度量衡　6. 焚書・坑儒　7. 長城　8. 陳勝・呉広　9. 項羽　10. 漢
11. 長安　12. 郡県　13. 封建　14. 冒頓単于　15. 呉楚七国　16. 大月氏　17. 南越　18. 楽浪　19. 郷挙里選
20・21. 塩・鉄(順不同)　22. 均輸　23. 平準　24. 王莽
25. 新　26. 赤眉　27. 劉秀　28. 洛陽　29. 宦官　30. 党錮　31. 黄巾　32. 豪族　33. 黄老　34. 董仲舒　35. 易経　36. 訓詁　37. 鄭玄　38. 司馬遷　39. 班固　40. 紀伝体　41. 天文　42. 紙　43. 詩経　44. 楚辞　45. 班超
46. 仏教　47. マルクス＝アウレリウス＝アントニヌス
48. 金印

図・史料

p.29　a. 大月氏　b. パルティア　c. 南越(国)
　d. 衛氏朝鮮　e. 張騫

p.30 Q　武帝期に塩・鉄の専売が実施された背景には、「牛耕図」にみられるように、耕作に鉄製農具が広く用いられるようになったことがある。政府は農機具の原材料である鉄を国が管理して規格を統一する必要性を主張したが、『塩鉄論』において学者側は、画一的な製品は各地域の農民の実情に合っていないと主張している。

3 中国の動乱と変容　p.31〜33

1. 魏　2. 蜀　3. 呉　4. 晋(西晋)　5. 司馬炎　6. 八王
7. 公孫氏　8. 五胡　9. 司馬睿　10. 建康　11. 五胡十六国　12. 拓跋　13. 柔然　14. 洛陽　15. 六鎮　16. 突厥
17. 北朝　18. 南朝　19. 六朝　20. 魏晋南北朝　21. 荘園　22. 九品中正　23. 貴族　24. 均田　25. 江南
26. 清談　27. 仏図澄　28. 鳩摩羅什　29. 法顕　30. 仏国記　31. 敦煌　32. 雲崗　33. 神仙　34. 寇謙之
35. 陶淵明　36. 文選　37. 顧愷之　38. 王羲之　39. 貴族　40. 高句麗　41. 新羅　42. 百済　43. 加耶(加羅)

44. 三国　45. 渡来人　46. 邪馬台国　47. ヤマト
48. 倭　49. 朝貢　50. 官位　51. 冊封

図・史料

p.31　a. 成都　b. 建業
p.32　a. 北魏　b. 西魏　c. 北斉　d. 梁　e. 陳
p.32 Q　中国式の祭壇で、北魏が遊牧的な方法で天をまつっていたことから、遊牧の伝統と中国の制度が融合されている点に特徴がある。

4 東アジア文化圏の形成　*p.34〜39*

1. 文帝　2. 突厥　3. 科挙　4. 大運河　5. 煬帝　6. 高句麗　7. 李淵　8. 長安　9. 拓跋　10. 李世民　11. 新羅　12. 羈縻　13. 都護府　14. 律令　15. 中書　16. 門下　17. 尚書　18. 六部　19. 御史台　20. 州県　21. 均田　22. 租・調・庸　23. 景教　24. 祆教　25. 広州　26. 阿倍仲麻呂　27. ソグド　28. 玄奘　29. 禅宗　30. 孔穎達　31・32. 李白・杜甫　33. 東アジア文化　34. ソンツェン＝ガンポ　35. 吐蕃　36. チベット仏教　37. 南詔　38. 新羅　39. 白村江　40. 骨品　41. 金城　42. 渤海　43. 遣唐使　44. 平城京　45. 天皇　46. 班田収授　47. 天平　48. 府兵　49. 荘園　50. 則天武后(武則天)　51. 周　52. 玄宗　53. 募兵　54. 節度使　55. 安史　56. 安禄山　57. ウイグル　58. 藩鎮　59. 両税　60. 塩　61. 黄巣　62. 朱全忠　63. 後梁　64. 開封　65. 五代十国　66. 地主　67. 呉道玄　68. 顔真卿　69. 白居易　70. 韓愈　71. 可汗　72. エフタル　73. 絹馬　74. 天神(テングリ)　75. 東突厥　76. 突厥文字　77. ウイグル　78. 安史　79. マニ　80. キルギス　81. カラハン　82. ネストリウス　83. ソグド　84. ブハラ　85. サマルカンド　86. 隊商　87. ビザンツ　88. ソグド文字　89. ムスリム

図・史料

p.35 Q　図の唐三彩ではラクダに乗った人物が西域の楽器である琵琶などを奏でており、史料からも唐代にはイランや中央アジアの衣服や食文化が広く中国社会に浸透していたことがわかる。
p.36　a. 吐蕃　b. 南詔　c. 新羅　d. ウイグル
p.36 Q　7世紀には突厥を服従させるなど広く近隣地域を支配したが、安史の乱以降の8世紀後半には領域が縮小し、ウイグル・吐蕃・唐が東アジアに並立している。
p.38　a. サマルカンド　b. ブハラ　c. タラス　d. クチャ　e. 敦煌

まとめ

①中央ユーラシアの草原地帯の遊牧民は、機動性にすぐれた軍事力を備えており、オアシス定住民と互恵的な関係を築きつつ、強大な遊牧国家を形成した。一方、農耕社会を基盤とした中国王朝は、皇帝の権威のもとで儒学にもとづいた国家体制を確立した。
②唐の第2代皇帝李世民が東突厥を制圧すると、遊牧諸民族は彼を天から権力を授かった可汗とみなすことで中国王朝の権威と支配を受容した。

第3章 南アジア世界と東南アジア世界の展開

1 仏教の成立と南アジアの統一国家　*p.40〜42*

1. マガダ　2. クシャトリヤ　3. ヴァイシャ　4. ウパニシャッド　5. 解脱　6. 梵我一如　7. ガウタマ＝シッダールタ　8. ヴァルダマーナ　9. 不殺生　10. バラモン　11. シヴァ　12. ヒンドゥー　13. アレクサンドロス　14. マウリヤ　15. チャンドラグプタ　16. パータリプトラ　17. アショーカ　18. ダルマ　19. 結集　20. クシャーン　21. カニシカ　22. ローマ　23. イラン　24. 菩薩　25. 大乗　26. 小乗　27. 上座部　28. 仏像　29. ガンダーラ　30. 竜樹(ナーガールジュナ)　31. ドラヴィダ　32. タミル　33. マラッカ　34. 香辛料　35. 綿布　36. サータヴァーハナ　37. バラモン　38. チョーラ　39. 綿布

図・史料

p.41　a. プルシャプラ　b. パータリプトラ
A. クシャーナ朝　B. グプタ朝
C. サータヴァーハナ朝
p.41 Q　膝下までの長いコートとズボンにブーツを履くという、遊牧民の服装をしている。
p.42 Q　夏には南西から、冬には北東から吹くこの季節風(モンスーン)を航海に利用して交易がおこなわれた。

2 インド古典文化とヒンドゥー教の定着　*p.43〜44*

1. チャンドラグプタ2世　2. 分権　3. 法顕　4. サンスクリット　5. ヒンドゥー　6. ヴィシュヌ　7. マヌ法典　8. マハーバーラタ　9. ラーマーヤナ　10. カーリダーサ　11. 十　12. ゼロ　13. グプタ　14. エフタル　15. ハルシャ　16. 玄奘　17. ナーランダー　18. 大唐西域記　19. 義浄　20. 南海寄帰内法伝　21. バクティ　22. ラージプート　23. パーラ　24. チョーラ　25. セイロン　26. 北宋

図・史料

p.44 Q　ガンダーラの仏像には彫りの深い顔や等間隔の衣の襞にヘレニズム文化の影響がみられるが、アジャンター石窟の壁画にはひねった姿勢など、純インド的な特色がみられる。

3 東南アジア世界の形成と展開　*p.45〜47*

1. インドシナ　2. インドネシア　3. マレー　4. 香辛料　5. 港市国家　6. マラッカ　7. 青銅　8. ドンソン　9. 鉄　10. 銅鼓　11. 扶南　12. オケオ　13. チャンパー

14. ヒンドゥー　15. サンスクリット　16. クメール
17. アンコール　18. アンコール＝ワット　19. ピュー
20. パガン　21. セイロン　22. ドヴァーラヴァティー
23. スコータイ　24. シュリーヴィジャヤ　25. 義浄
26. 三仏斉　27. シャイレンドラ　28. ボロブドゥール
29. マタラム　30. 紅河　31. 大越　32. 李　33. 陳
34. チュノム　35. チャンパー

図・史料

p.45　a. エーヤワディー(イラワディ)
　b. チャオプラヤ　c. メコン　d. マラッカ
　e. マレー　f. ジャワ　g. マルク(モルッカ)

p.47 Q1　権力の象徴として祭祀に使用されたと考えられる。
　Q2　12世紀のアンコール朝の王の墓として、クメール様式で建造された。
　Q3　最上部にある仏塔を中心に、大乗仏教の世界観を表していると考えられている。

まとめ

①マウリヤ朝以降、仏教が統治に利用されたが、のちグプタ朝のもとでヒンドゥー教が定着し、南アジアの生活・社会全般に関わる宗教となった。
②東南アジアは南アジアや中国との交流から独自の世界を形成したが、とくに4世紀末からの「インド化」と呼ばれる諸変化により南アジアの影響が強くなった。

第4章　西アジアと地中海周辺の国家形成

1 イラン諸国家の興亡とイラン文明　*p.48〜50*

1. キュロス2世　2. ユダヤ　3. ダレイオス1世
4. サトラップ　5. 王の耳　6. フェニキア　7. 王の道
8. スサ　9. ペルシア　10. ペルシア　11. アフラ＝マズダ　12. アンラ＝マンユ(アーリマン)　13. 祆教
14. ミトラ　15. セレウコス　16. バクトリア　17. アルサケス　18. 安息　19. クテシフォン　20. アルダシール1世　21. シャープール1世　22. ウァレリアヌス
23. ホスロー1世　24. エフタル　25. ニハーヴァンド
26. ヘレニズム　27. アヴェスター　28. マニ　29. アウグスティヌス　30. アルビジョワ　31. 天平

図・史料

p.48 Q　支配のおよんだ諸民族から貢納の使節団をここに集め、帝国の権威を示すため。

p.48　a. ペルセポリス　b. スサ　c. サルデス
　d. 王の道

p.49　アケメネス朝の都の1つスサやエクバタナ、アッシリアの旧都ニネヴェ、リディア王国の旧都サルデスなど、西アジアの主要都市を結び、中央集権化を進めるため。

p.50　a. エフタル　b. ニハーヴァンド
　c. クテシフォン

p.50 Q　馬にまたがった騎士が上体を後ろにひねってライオンを狩るモチーフ(パルティアン＝ショットとも呼ばれ、西アジアで愛好された)。正倉院の美術品としては「白瑠璃碗」「螺鈿紫檀五絃琵琶」などがある。

2 ギリシア人の都市国家　*p.51〜57*

1. ギリシア　2. 暗黒　3. ドーリア　4. アクロポリス
5. 集住(シノイキスモス)　6. 植民市　7. アルファベット　8. ホメロス　9. 国家　10. デルフォイ　11. オリンピア　12. ヘレネス　13. バルバロイ　14. 馬　15. 平等
16. 借財　17. 共同体(戦士共同体)　18. アクロポリス
19. アゴラ　20. クレーロス　21. アリストテレス
22. アテネ　23. 個人　24. スパルタ　25. ペリオイコイ
26. ヘイロータイ(ヘロット)　27. リュクルゴス
28. 貨幣　29. 軍国　30. 平民　31. 重装歩兵　32. ファランクス　33. ドラコン　34. ソロン　35. 財産　36. 債務奴隷　37. ペイシストラトス　38. 農民　39. クレイステネス　40. 10　41. 陶片追放(オストラキスモス)
42. ミレトス　43. マラトン　44. サラミス　45. テミストクレス　46. デロス　47. 無産市民　48. ペリクレス
49. 民会　50. 将軍　51. 民衆裁判所　52. 弾劾裁判
53. 18　54. 女性　55. 直接民主政　56. 民主主義
57. ペロポネソス　58. 貴族　59. 疫病　60. テーベ
61. フィリッポス2世　62. カイロネイア　63. コリントス　64. アレクサンドロス　65. イッソス　66. アルベラ　67. アンティゴノス　68. セレウコス　69. プトレマイオス　70. ヘレニズム　71. アレクサンドリア
72. 人間　73. オリンポス　74. ホメロス　75. ヘシオドス　76. サッフォー　77. ミレトス　78. タレス　79. ピタゴラス　80. デモクリトス　81. アイスキュロス
82. ソフォクレス　83. エウリピデス　84. アリストファネス　85. プロタゴラス　86. ソクラテス　87. プラトン　88. イデア　89. アリストテレス　90. イスラーム　91. ヘロドトス　92. トゥキディデス　93. ドーリア　94. コリント　95. フェイディアス　96. 世界市民　97. コイネー　98. エピクロス　99. ストア　100. ムセイオン　101. エウクレイデス　102. アルキメデス
103. エラトステネス　104. アリスタルコス　105. ミロ

図・史料

p.51　a. マッサリア　b. ネアポリス
　c. ビザンティオン　d. アテネ　e. カルタゴ
　f. クノッソス

p.54 Q1　無産市民がこのような軍船の漕ぎ手として活躍し、政治的な発言力を高めたから。
　Q2　民主政治において、能力が認められた者が公の地位を授けられる。また、自分こそ国家を指導する地位を与えられた政治家であると主張している。

3 ローマと地中海支配 p.58〜63

1. ラテン 2. ティベル 3. エトルリア 4. パトリキ 5. プレブス 6. コンスル 7. 元老院 8. 護民官 9. 平民会 10. 十二表法 11. リキニウス・セクスティウス 12. ホルテンシウス 13. 独裁官(ディクタトル) 14. 重装歩兵 15. 分割統治 16. ローマ市民 17. カルタゴ 18. シチリア 19. ハンニバル 20. スキピオ 21. マケドニア 22. 属州 23. 騎士 24. ラティフンディア 25. 閥族 26. 平民 27. 護民官 28. 内乱の1世紀 29. マリウス 30. スラ 31. 同盟 32. スパルタクス 33. ポンペイウス 34. カエサル 35. クラッスス 36. ガリア 37. ブルートゥス 38. アントニウス 39. オクタウィアヌス 40. アクティウム 41. クレオパトラ 42. アウグストゥス 43. プリンケプス 44. 元首 45. ローマの平和 46. 五賢帝 47. トラヤヌス 48. ハドリアヌス 49. マルクス＝アウレリウス＝アントニヌス 50. ローマ市民 51. カラカラ 52. 季節風(モンスーン) 53. 香辛料 54. マルクス＝アウレリウス＝アントニヌス 55. 軍人皇帝 56. ゲルマン 57. ササン 58. 都市 59. コロヌス 60. コロナトゥス 61. ディオクレティアヌス 62. 四帝分治 63. 皇帝 64. コンスタンティヌス 65. キリスト 66. コロヌス 67. コンスタンティノープル 68. ゲルマン 69. テオドシウス 70. 東ローマ 71. 西ローマ 72. オドアケル 73. 実用 74. ローマ 75. ラテン 76. 古典古代 77. コロッセウム 78. ガール 79. パンテオン 80. パンと見世物 81. 十二表法 82. ヘレニズム 83. 万民 84. ローマ法大全 85. ユスティニアヌス 86. ユリウス 87. プリニウス 88. プトレマイオス 89. ウェルギリウス 90. オウィディウス 91. リウィウス 92. カエサル 93. タキトゥス 94. プルタルコス 95. 対比列伝(英雄伝) 96. ストラボン 97. キケロ 98. セネカ 99. 自省録

図・史料

p.59 a. カンネー b. ブルンディシウム c. シチリア d. アッピア

p.59 Q 東地中海への遠征など軍事行動にともなう兵士や物資の輸送を迅速におこなうため。

p.62 A. ガリア B. ゲルマニア C. ダキア
a. ロンディニウム(ロンドン)
b. ウィンドボナ(ウィーン)
c. ビザンティウム(コンスタンティノープル)

4 キリスト教の成立と発展 p.64〜65

1. パリサイ 2. 隣人愛 3. 神の国 4. キリスト 5. ピラト 6. 復活 7. ペテロ 8. パウロ 9. 異邦人 10. 教会 11. 新約聖書 12. コイネー 13. 福音書 14. 使徒行伝 15. ネロ 16. ディオクレティアヌス 17. カタコンベ 18. コンスタンティヌス 19. ミラノ勅令 20. ニケーア 21. アタナシウス 22. 三位一体 23. 聖霊 24. アリウス 25. エウセビオス 26. アウグスティヌス 27. ユリアヌス 28. テオドシウス 29. 司祭 30. 五本山 31・32. コンスタンティノープル・アレクサンドリア(順不同) 33. ネストリウス 34. エフェソス 35. 景教

まとめ

①西アジアにおいては、アケメネス朝からササン朝に至るイラン人の大帝国が広大な領域を支配し、東西交易で繁栄した。一方、オリエントの影響を受け、地中海沿岸で市民共同体を基盤に生まれたギリシア人の都市文明は、ローマに継承されて地中海周辺を統合する大帝国に発展した。

②イランの美術様式は広く東西に伝えられ、ユーラシアの広範な地域に影響を与えた。一方、ギリシア文明はアレクサンドロスの遠征で西アジアにも伝えられ、その影響を受けたローマ文明はキリスト教とともにヨーロッパ文明の母体となった。

第5章 イスラーム教の成立とヨーロッパ世界の形成

1 アラブの大征服とイスラーム政権の成立 p.66〜70

1. ホスロー1世 2. ビザンツ 3. アラブ 4. 隊商 5. イスラーム 6. ムハンマド 7. クライシュ 8. 啓典の民 9. カーバ 10. アッラー 11. メディナ 12. ヒジュラ 13. ウンマ 14. アブー＝バクル 15. 正統カリフ 16. ササン 17. ビザンツ 18. キリスト 19. 軍営都市(ミスル) 20. アリー 21. ムアーウィヤ 22. ダマスクス 23. シーア 24. スンナ 25. 西ゴート 26. トゥール・ポワティエ間 27. ジズヤ 28. ハラージュ 29. マワーリー 30. アラブ 31. アッバース 32. バグダード 33. 人頭 34. 土地 35. ムスリム 36. ハールーン＝アッラシード 37. アラビア 38. 知恵の館(バイト＝アルヒクマ) 39. アラビア 40. アリストテレス 41. フワーリズミー 42. イブン＝シーナー 43. コーラン(クルアーン) 44. ハディース 45. タバリー 46. 六信五行 47. 断食 48. シャリーア 49. ウラマー 50. 儀礼 51. アラビア 52. 千夜一夜物語 53. ビザンツ 54. アラベスク 55. タラス河畔 56. シチリア 57・58. イラン＝イスラーム・トルコ＝イスラーム(順不同) 59. 後ウマイヤ 60. コルドバ 61. トゥールーン 62. サーマーン 63. ファーティマ 64. シーア 65. カリフ 66. マムルーク 67. ブワイフ 68. 大アミール

図・史料

p.67 Q ムハンマドの後継者としてイスラーム教徒の共同体(ウンマ)を指導する役割。

p.70 a. ウマイヤ b. ミナレット c. コルドバ d. カイロ

2 ヨーロッパ世界の形成 *p.71〜77*

1. ウラル 2. 西岸海洋性 3. 大陸性 4. 地中海性 5. ゲルマン 6. スラヴ 7. マジャール 8. イスラーム 9. バルト 10. ケルト 11. 民会 12. ガリア戦記 13. ゲルマニア 14. 傭兵 15. コロヌス 16. フン 17. 東ゴート 18. 西ゴート 19. 大移動 20. ブルグンド 21. ヴァンダル 22. ランゴバルド 23. フランク 24. アングロ＝サクソン 25. アッティラ 26. カタラウヌム 27. オドアケル 28. テオドリック 29. ランゴバルド 30. ウマイヤ 31. ギリシア正 32. 貨幣 33. コンスタンティノープル 34. 官僚 35. ユスティニアヌス 36. ヴァンダル 37. ローマ法大全 38. ハギア＝ソフィア 39. 絹織物 40. クローヴィス 41. メロヴィング 42. アタナシウス 43. アリウス 44. ブルグンド 45. 宮宰(マヨル＝ドムス) 46. ピレネー 47. カール＝マルテル 48. トゥール・ポワティエ間 49. カロリング 50. ローマ＝カトリック 51. コンスタンティノープル 52. グレゴリウス1世 53. 修道院 54. ペテロ 55. 教皇(法王) 56. レオン3世 57. 聖像禁止 58. 偶像 59. ピピン 60. ラヴェンナ 61. 教皇領 62. カール 63. ザクセン 64. アヴァール 65. 伯 66. 巡察使 67. カロリング＝ルネサンス 68. 小文字 69. レオ3世 70. ローマ 71. ゲルマン 72. ローマ＝カトリック 73. ギリシア正 74. イスラーム 75. 伯 76. ヴェルダン 77. メルセン 78. オットー1世 79. マジャール 80. 神聖ローマ 81. イタリア 82. シチリア 83. 叙任権 84. ユーグ＝カペー 85. イスラーム 86. スラヴ 87. マジャール 88. スカンディナヴィア 89. ヴァイキング 90. アルフレッド大王 91. クヌート(カヌート) 92. ノルマンディー公ウィリアム 93. ノルマンディー 94. 両シチリア 95. ノヴゴロド 96. リューリク 97. キエフ 98. 封建 99. 荘園 100. 商業 101. 騎士 102. 封土 103. 恩貸地 104. 従士 105. 双務的 106. 騎士 107. 領主直営 108. 三圃 109. 現物 110. 賦役 111. 貢納 112. 死亡税 113. 不輸不入

図・史料

p.71 a. ウラル b. ボスフォラス
c. カルパティア d. ドナウ e. バルカン
f. エルベ g. スカンディナヴィア
h. ピレネー i. イベリア

p.73 Q ビザンツ帝国では、ゲルマン人の大移動後もコンスタンティノープルを中心に商業の繁栄が続き、貨幣経済が衰えなかったため。

p.75 a. パリ b. アーヘン c. ラヴェンナ

まとめ

①アラブ人は西アジアから北アフリカにかけて征服活動を進め、アッバース朝のもとでイスラーム教を基盤とした社会・国家体制と文化を確立した。

②東ヨーロッパでは経済的に繁栄したビザンツ帝国のもとでギリシア化が進み、西ヨーロッパではフランク王国とローマ教皇を柱として封建社会が形成された。この2つのキリスト教世界は、1054年にギリシア正教会とローマ＝カトリック教会に分裂した。

第6章 イスラーム教の伝播と西アジアの動向

1 イスラーム教の諸地域への伝播 *p.78〜81*

1. タラス河畔 2. サーマーン 3. マムルーク 4. カラハン 5. トルキスタン 6. ガズナ 7. ゴール 8. 奴隷 9. デリー 10. デリー＝スルタン 11. ハルジー 12. 共通性 13. カースト 14. バクティ 15. ヨーガ 16. インド＝イスラーム 17. 融合 18. ペルシア 19. 黄巣 20. 朝貢 21. ジャンク 22. 三仏斉 23. 泉州 24. 元 25. 陳 26. パガン 27. マジャパヒト 28. 神秘主義(スーフィー) 29. スマトラ 30. マラッカ 31. アユタヤ 32. 鄭和 33. イスラーム 34. アチェ 35. マタラム 36. アクスム 37. ダウ 38・39. モガディシュ・マリンディ(順不同) 40. スワヒリ 41. モノモタパ 42. 大ジンバブエ 43. ガーナ 44. 塩金 45. ムラービト 46. マリ 47. ソンガイ 48. トンブクトゥ

図・史料

p.78 Q すぐれた騎馬戦士としてカリフの親衛隊にマムルーク(軍人奴隷)として供給されて存在感を増し、のちにセルジューク朝を建てるなど政治的にも台頭した。

p.79 a. ガズナ b. ゴール c. ブハラ
d. デリー

p.79 Q ガズナ朝やゴール朝が本拠地をおいた、インド北西のアフガニスタン方面から進出した。

p.80 a. ジャンク b. ダウ

p.80 Q ジャンク船の帆は伸縮できる蛇腹式である。ダウ船は大きな三角帆を特徴とする。

p.81 Q アフリカ全域においてムスリム商人が交易の重要な担い手であり、彼らの影響で交易拠点を中心に広まった。

2 西アジアの動向 *p.82〜85*

1. マムルーク 2. トゥグリル＝ベク 3. スンナ 4. スルタン 5. ニザーム＝アルムルク 6. マドラサ 7. イクター 8. 十字軍 9. ガザーリー 10. 神秘主義(スーフィズム) 11. ウマル＝ハイヤーム 12. イェルサレム 13. アイユーブ 14. 西ヨーロッパ 15. サラーフ＝アッディーン(サラディン) 16. スンナ 17. フレグ 18. イル＝ハン国(フレグ＝ウルス) 19. ガザン＝ハン 20. ラシード＝アッディーン 21. イラン＝イスラーム

22. アイユーブ　23. バイバルス　24. イクター　25. カーリミー　26. 寄進　27. 黒死病(ペスト)　28. 都市　29. イブン＝ハルドゥーン　30. 神秘主義(スーフィズム)　31. ベルベル　32. マラケシュ　33. マグリブ　34. ムラービト　35. ガーナ　36. ムワッヒド　37. 国土回復運動(レコンキスタ)　38. 後ウマイヤ　39. 毛織物　40. ナスル　41. グラナダ　42. 1492　43. オスマン　44. イブン＝ルシュド　45. イブン＝バットゥータ　46. アラビア　47. 12世紀ルネサンス　48. アルハンブラ

図・史料

p.82 Q　優秀な騎馬戦士で軍事力としてすぐれていたうえ、君主の忠実な軍隊として用いることができたため。

p.83　a. セルジューク　b. カラハン　c. ファーティマ　d. バグダード

p.83 Q1　名目的な存在となっていたアッバース朝カリフを保護し、自らを権威付けようとした。

Q2　イスラーム教徒にとってはムハンマドが昇天した地、キリスト教徒にとってはイエスが十字架にかけられた地、ユダヤ教徒にとっては神との契約にもとづいて神殿を建設した地であり、いずれにおいても聖地とされている。

p.84 Q　両軍とも弓矢を用いており、城を攻めるモンゴル軍は投石器も使っている。

p.85 Q　アラベスク文様、透かし彫りなど、繊細な表現がみてとれる。

まとめ

①十字軍やレコンキスタ、モンゴル軍、ヒンドゥー勢力との争いなど。

②東はインド、東南アジアから中国沿岸まで、西ではアフリカ東岸にまで進出し、広大なインド洋海域を結ぶ交易ネットワークを担っていた。

第7章　ヨーロッパ世界の変容と展開

1 西ヨーロッパの封建社会とその展開　p.86〜89

1. 階層制　2. 大司教　3. 司祭　4. 十分の一　5. 聖職売買　6. クリュニー　7. グレゴリウス7世　8. 聖職叙任権　9. ハインリヒ4世　10. カノッサ　11. ヴォルムス　12. インノケンティウス3世　13. 三圃　14. 開墾　15. エルベ　16. イベリア　17. アナトリア　18. ウルバヌス2世　19. クレルモン宗教　20. イェルサレム　21. サラーフ＝アッディーン(サラディン)　22. 宗教騎士団　23. インノケンティウス3世　24. ヴェネツィア　25. ラテン　26. 騎士　27. 東方(レヴァント)　28. ノルマン　29. 毛織物　30. 遠隔地　31・32. ジェノヴァ・ピサ(順不同)　33. 香辛料　34・35. ミラノ・フィレンツェ(順不同)　36. リューベック　37. ブリュージュ　38. ロンドン　39. シャンパーニュ　40. 定期　41. アウクスブルク　42. 司教座　43. 自治　44. 都市国家　45. 特許状　46. ロンバルディア　47. ハンザ　48. 封建領主　49. 商人ギルド50. ツンフト　51. 親方　52. フッガー　53. メディチ

図・史料

p.86 Q　教皇に破門されたうえ、破門解除がなければ国王を廃位するとドイツ諸侯が決議したため。

p.87　a. クレルモン　b. ヴェネツィア　c. コンスタンティノープル　d. アッコン　e. イェルサレム　f. チュニス

p.88 Q1　馬に引かせた重量有輪犂。

Q2　農業生産が増大して人口も飛躍的に増え、しだいに内外に向けて生活領域を拡大(植民・開墾)しはじめた。

p.88　a. アントウェルペン　b. リューベック　c. ロンドン　d. シャンパーニュ　e. アウクスブルク　f. ミラノ　g. フィレンツェ　h. ピサ

p.89 Q　地中海商業圏：エジプト産の小麦・砂糖、南アジア・東南アジア産の香辛料・宝石、中国産の絹織物・陶磁器など。
北ヨーロッパ商業圏：北方の海産物・木材・穀物、イングランドの羊毛など。

2 東ヨーロッパ世界の展開　p.90〜92

1. ユスティニアヌス　2. ランゴバルド　3. ブルガール　4. 軍管区(テマ)　5. 屯田兵　6. プロノイア　7. セルジューク　8. オスマン　9. ギリシア　10. モザイク　11. イコン　12. ルネサンス　13. カルパティア　14. キエフ　15. ウラディミル1世　16. バトゥ　17. モスクワ大公　18. イヴァン3世　19. ツァーリ　20. イヴァン4世　21. セルビア　22. クロアティア　23. カジミェシュ(カシミール)　24. ドイツ騎士団　25. ヤゲウォ(ヤゲロー)　26. ベーメン(ボヘミア)　27. ハンガリー

図・史料

p.90　スラヴ人。スラヴ人をビザンツ文化圏に取り込んだこと。

p.92　a. ドイツ騎士団　b. モスクワ大公国　c. リトアニア　d. ポーランド　e. キエフ　f. ハンガリー　g. 大セルビア　h. コンスタンティノープル

3 西ヨーロッパ世界の変容　p.93〜97

1. 賦役　2. 経済力　3. 黒死病(ペスト)　4. ヨーマン　5. ジャックリー　6. ワット＝タイラー　7. 火砲　8. 市場　9. 十字軍　10. アナーニ　11. ボニファティウス8

世　12. フィリップ４世　13. 教皇のバビロン捕囚
14. アヴィニョン　15. 教会大分裂(大シスマ)　16. ウィクリフ　17. フス　18. コンスタンツ　19. 征服
20. プランタジネット　21. ジョン　22. フィリップ２世　23. 大憲章(マグナ＝カルタ)　24. シモン＝ド＝モンフォール　25. イギリス議会　26. 模範　27. ジェントリ(郷紳)　28. アルビジョワ(カタリ)　29. 全国三部会　30. フランドル　31. ヴァロワ　32. エドワード３世　33. エドワード黒太子　34. シャルル７世　35. ジャンヌ＝ダルク　36. 常備　37. ランカスター　38. テューダー　39. スコットランド　40. アイルランド
41・42. カスティリャ・アラゴン(順不同)　43. イサベル　44. フェルナンド　45. グラナダ　46. 海外
47. ジョアン２世　48. 大諸侯　49. 自由都市　50. 大空位　51. シュタウフェン　52. カール４世　53. 選帝侯
54. 領邦　55. ハプスブルク　56・57. ドイツ騎士団・ブランデンブルク辺境伯(順不同)　58. 穀物　59. スイス　60. ウェストファリア　61. 両シチリア　62. ヴェネツィア　63. 教皇党　64. 皇帝党　65. デンマーク
66. カルマル

図・史料

p.93 Q1　ワット＝タイラーの乱
　Q2　反乱はいずれも鎮圧されたが、従来の社会の中心を担っていた領主層の衰退をまねいた。
p.94 Q　カタリ派など正統信仰をおびやかすとみなされた宗派や、ウィクリフやフスのように教会を批判した人々。
p.95 Q　王国の全体の協議(による承認)。
p.95　a. フランドル　b. クレシー　c. オルレアン　d. ポワティエ
p.97 Q　皇帝選挙の手続きが定まっていなかったことによる(教皇の介入や対立国王の出現など)混乱を回避するため。

4 西ヨーロッパの中世文化　*p.98〜99*

1. 破門　2. ベネディクト　3. モンテ＝カシノ　4. 祈り、働け　5. シトー　6. 托鉢　7. フランチェスコ　8. 神学
9. ラテン　10. 普遍　11. アンセルムス　12. ウィリアム＝オブ＝オッカム　13. トマス＝アクィナス　14. アリストテレス　15. ロジャー＝ベーコン　16. 組合
17. 自治　18. ギルド　19. ボローニャ　20. パリ
21. オクスフォード　22. ケンブリッジ　23. ロマネスク　24. ゴシック　25. ステンドグラス　26. ローランの歌　27. ニーベルンゲンの歌　28. アーサー王物語
29. 吟遊詩人

図・史料

p.99 Q1　修道院の「祈り、働け」のモットーは生産労働に肯定的であったうえ、とくにシトー会は農業技術の進歩も背景に、荒地を切り開いて修道院を新設したため。
　Q2　ロマネスク様式、ゴシック様式
　Q3　頭部のとがった尖頭アーチ、高くそびえる塔、広い窓(ステンドグラス)

まとめ

①あいつぐ遠征の失敗により教皇の権威はゆらぎはじめ、遠征を指揮した国王の権威は高まった。
②十字軍の輸送をきっかけに商業が盛んになり各地の都市は発達した。同じ頃農村にも貨幣経済が流入し、賦役にもとづく従来の荘園制は崩れていった。
③イスラーム圏からギリシアの古典がもたらされ、その刺激を受けて学問や文芸が発展した(12世紀ルネサンス)。

第8章 東アジア世界の展開とモンゴル帝国

1 アジア諸地域の自立化と宋　*p.101〜104*

1. 朝貢　2. キタイ(契丹)　3. 耶律阿保機　4. 燕雲十六州　5. 高麗　6. 大理　7. 大越(李朝)　8. 二重統治
9. 契丹　10. 遼　11. 大和絵　12. 国風　13. 大蔵経
14. タングート　15. 趙匡胤(太祖)　16. 太宗　17. 文治
18. 殿試　19. 中央集権　20. 国家財政　21. キタイ(契丹、遼)　22. 澶淵の盟　23. 西夏　24. 王安石　25. 青苗　26. 市易　27. 募役　28. 保甲　29・30. 新法・旧法(順不同)　31. 狩猟　32. 女真(ジュシェン)　33. 完顔阿骨打　34. 開封　35. 徽宗　36. 靖康の変　37. 臨安
38. 淮河　39. 猛安・謀克　40. 女真　41. 武臣　42. 武士　43. 江南　44・45. 草市・鎮(順不同)　46. 大運河
47. 開封　48. 佃戸　49. 民間　50. 行　51. 作
52・53・54. 絹・陶磁器・銅銭(順不同)　55. 市舶司
56. 占城稲　57. 蘇湖(江浙)　58. 水運　59. 博多
60. 日宋　61・62. 交子・会子(順不同)　63. 流通
64. 科挙　65. 形勢戸　66. 士大夫　67. 士大夫　68. 貴族　69. 庶民　70・71. 白磁・青磁(順不同)　72. 文人
73. 院体　74. 徽宗　75. 欧陽脩　76. 詞　77. 宋学
78. 四書　79. 論語　80. 編年　81. 資治通鑑　82. 朱熹(朱子)　83. 禅宗　84. 道教　85. 全真教　86. 木版
87. 羅針盤

図・史料

p.102 Q1　A. 高麗青磁、B. 仮名文字
　Q2　中国文化の基礎のうえに各地で工夫が加えられたこと。
p.103 Q　近くに産炭地がないため、燃料として木々を伐採し続けたことによる、草木の減少や燃料不足。
p.104 Q1　精神的・理知的な傾向がみてとれる。
　Q2　唐代の貴族にかわって、教養人である士大夫が文化のおもな担い手となったこと。

2 モンゴルの大帝国　p.105～109

1. キタイ(契丹、遼)　2. カラキタイ(西遼)　3. テムジン　4. クリルタイ　5. 千戸　6. 金　7. ホラズム＝シャー　8. 西夏　9. オゴデイ　10. カアン　11. カラコルム　12. バトゥ　13. キプチャク＝ハン国(ジョチ＝ウルス)　14. ワールシュタット　15. フレグ　16. イル＝ハン国(フレグ＝ウルス)　17. クビライ　18. 南宋　19. モンゴル　20. チャガタイ＝ハン国(チャガタイ＝ウルス)　21. 大都　22. 北京　23. 駅伝　24. 運河　25. 南宋　26. 杭州　27. 江南　28・29. 日本・ベトナム(順不同)　30. ムスリム　31. 銀　32. 交鈔　33. 銅銭　34. 日元　35. 色目　36. 漢　37. 南　38. 儒学　39. 授時　40. チベット仏教　41. 元曲　42. 西廂記　43. オルトク　44. 十字軍　45. プラノ＝カルピニ　46. ルブルック　47. マルコ＝ポーロ　48. 世界の記述(東方見聞録)　49. モンテ＝コルヴィノ　50. ラシード＝アッディーン　51. 景徳鎮　52. 海の道　53. パクパ　54. 疫病　55. ティムール　56. 紅巾の乱　57. 明　58. チャガタイ＝ハン国(チャガタイ＝ウルス)　59. ティムール　60. サマルカンド　61. イル＝ハン国(フレグ＝ウルス)　62. アンカラ　63. バヤジット1世　64. ウズベク　65・66. イラン＝イスラーム・トルコ＝イスラーム(順不同)　67. ウルグ＝ベク

図・史料

p.105　A. 元(大元ウルス)
　B. チャガタイ＝ハン国(チャガタイ＝ウルス)
　C. キプチャク＝ハン国(ジョチ＝ウルス)
　D. イル＝ハン国(フレグ＝ウルス)
　a. カラコルム　b. 大都
　c. ワールシュタット　d. 杭州(臨安)
　e. 泉州

p.107 Q1　利用価値が低下した銅銭が日本をはじめ東アジア各地へ輸出され、それらの地域で貨幣経済の普及を促した。
　Q2　アフリカやインドが小さく描かれている、中国や朝鮮が細かく描かれているなど。

p.108　a. サマルカンド　b. ヘラート
　c. キプチャク＝ハン国(ジョチ＝ウルス)
　d. アンカラ

まとめ

①キタイ、五代十国、宋、高麗、大理、サーマーン朝、カラハン朝
②ホラズム＝シャー朝、西夏、金、アッバース朝、南宋
③駅伝制や海運の整備によってユーラシア東西が経済的に強く結びつけられ、交易や文化交流が活発化した。政治的にも、モンゴル諸政権のゆるやかな連合という形で、かつてない規模の統合が実現された。

第9章　大交易・大交流の時代

1 アジア交易世界の興隆　p.110～115

1. ティムール　2. 明　3. オスマン　4. モンゴル　5. 倭寇　6. 李成桂　7. 紅巾　8. 朱元璋　9. 洪武帝　10. 中書　11. 里甲　12. 六諭　13. 朱子学　14. 衛所　15. 永楽帝　16. 靖難の役　17. 北京　18. 鄭和　19. 統制　20. 海禁　21. 朝貢　22. 政府　23. 中山王　24. マラッカ　25. マジャパヒト　26. 世宗　27. 訓民正音(ハングル)　28. 足利義満　29. 勘合　30. 黎　31. オイラト　32. 土木の変　33. 長城　34. 香辛料　35. ポルトガル　36. マラッカ　37. 琉球　38. 後背地　39. 軍事力　40. アルタン＝ハーン　41. 倭寇　42. 王直　43. 緩和　44. 海禁　45. 銀　46. 軍事力　47. 湖広　48. 景徳鎮　49・50. 山西・徽州(新安)(順不同)　51. 会館　52. 一条鞭法　53. 郷紳　54. 三国志演義　55. 王守仁(王陽明)　56. 陽明学　57. 本草綱目　58. 農政全書　59. 天工開物　60. ザビエル　61. マテオ＝リッチ　62. 坤輿万国全図　63. 崇禎暦書　64. 幾何原本　65. マラッカ　66. マニラ　67. 銀　68. 生糸　69. 綿布　70・71. アチェ・マタラム(順不同)　72. 香辛料　73. アユタヤ　74. タウングー　75. 米　76. 豊臣秀吉　77. 李舜臣　78. 朱印船　79. マカオ　80. 台湾　81. 鎖国　82. 毛皮　83. ヌルハチ(太祖)　84. 八旗　85. ホンタイジ　86. チャハル　87. 清　88. 張居正　89・90. 東林・非東林(順不同)　91. 李自成

図・史料

p.111　a. ティムール朝　b. オイラト　c. モンゴル
　d. 朝鮮　e. 明　f. 琉球　g. 大越(黎朝)
　h. アユタヤ朝　i. マラッカ

p.111 Q1　朝貢貿易を拡大させるため。
　Q2　訓民正音(ハングル)
　Q3　母音と子音とを組み合わせた、合理的な表音文字である点など。

p.113 Q　日本やアメリカ大陸で産出された銀が大量に中国へ流入し、民間交易が活発化した。しかし、東アジア・東南アジアでの明の権威は弱まり、朝貢体制は崩壊に向かった。

p.114 Q　「坤輿万国全図」。新しい地理知識を広めて従来の世界観をゆるがし、これをもとに多数の世界地図がつくられた。

p.115 Q　南蛮貿易やカトリックの布教。

2 ヨーロッパの海洋進出とアメリカ大陸の変容　p.116～119

1. 羅針盤　2. フランドル　3. 香辛料　4. オスマン帝国　5. 世界の記述(東方見聞録)　6. 国土回復　7. ポルトガル　8. スペイン　9. エンリケ　10. バルトロメウ＝ディアス　11. ヴァスコ＝ダ＝ガマ　12. 大航海　13. ゴア　14. 中継　15. ムスリム　16. 火器　17. マカ

オ　18. 平戸　19. カトリック改革　20. コロンブス　21. インディオ(インディアン)　22. アメリゴ＝ヴェスプッチ　23. カボット　24. カルティエ　25. カブラル　26. バルボア　27. マゼラン　28. コンキスタドール　29・30. 火器・騎兵(順不同)　31. コルテス　32. ピサロ　33. エンコミエンダ　34. ポトシ　35. アフリカ　36. プランテーション　37. カトリック　38. ガレオン　39. 国際商業　40. 商業　41. 地中海　42. 大西洋　43. 銀　44. 黒人奴隷　45. 砂糖　46. 大西洋

図・史料

p.116　a. テノチティトラン　b. クスコ
c. マゼラン　d. リスボン　e. 喜望峰
f. カリカット　g. マルク(モルッカ)

p.117 Q　香辛料などのアジア物産を入手したかったから。背景としては航海の技術・知識・発達や、火器の力で現地人を圧倒できたから。

p.118 Q　本国王室が「征服者」に対してキリスト教布教の義務と引きかえに先住民を使役したり、貢納・賦役を課す権利を認めていたから。

まとめ

①ポルトガルを通じてアジアの物産がヨーロッパへ運ばれ、スペインを通じてアメリカの銀がアジアへ運び込まれた。
②ヨーロッパ人は中南米の文明を滅ぼしたうえで、様々な動植物・病原体をもち込み、さらに自分たちが入植するとともに黒人奴隷も運び込んだ。またキリスト教を広めた。一方、中南米からヨーロッパにも様々な農作物がもち込まれ、銀や砂糖など中南米の産物がヨーロッパの産物と大規模に交易される関係も始まった。

第10章　アジアの諸帝国の繁栄

1 オスマン帝国とサファヴィー朝　p.120〜122

1. バルカン　2. オスマン　3. ティムール　4. メフメト２世　5. コンスタンティノープル　6. シパーヒー　7. ティマール　8. キリスト　9. イェニチェリ　10. ウラマー　11. マムルーク　12. サファヴィー　13. セリム１世　14. 保護　15. スレイマン１世　16. プレヴェザ　17. 徴税請負　18. アーヤーン　19. カーヌーン　20. ミッレト　21. エスナーフ　22. カピチュレーション　23. 融合　24. ドーム　25. イラン　26. 神秘　27. トルコ　28. イスマーイール１世　29. サファヴィー　30. シャー　31. チャルディラーン　32. 鉄砲　33. アッバース１世　34. 奴隷軍人　35. イスファハーン　36. 絹糸　37. 十二イマーム

図・史料

p.121　a. ウィーン　b. イスタンブル
c. プレヴェザ　d. チャルディラーン
e. イスファハーン　f. ホルムズ

p.121 Q　トルコ、キプロス、バルカン半島の国々、ウクライナ、イラク、シリア、サウジアラビア、イスラエル、エジプト、スーダン、リビア、チュニジア、アルジェリア、モロッコなど。

p.122 Q　16世紀後半以後のオスマン帝国では、スルタンに代わって大宰相が実質的に政治を主導していたため。

2 ムガル帝国の興隆　p.123〜124

1. バーブル　2. パーニーパット　3. ムガル　4. アクバル　5. マンサブダール　6. アグラ　7. ジズヤ(人頭税)　8. カビール　9. ナーナク　10. シク　11. インド＝イスラーム　12. 細密画　13. ウルドゥー　14. タージ＝マハル　15. ヴィジャヤナガル　16. アウラングゼーブ　17. 商品生産　18. 復活　19. マラーター　20. シク

図・史料

p.123 Q　中段左には車輪付きの大砲が並べられている。

p.124　a. アグラ　b. ボンベイ　c. カルカッタ
d. マドラス　e. ポンディシェリ

3 清代の中国と隣接諸地域　p.125〜128

1. 女真(ジュシェン)　2. 火器　3. 呉三桂　4. 北京　5. 三藩　6. 鄭成功　7. 台湾　8. 紫禁城　9. 康熙　10. 雍正　11. 乾隆　12. 三藩　13. 海禁　14. ネルチンスク　15. ジュンガル　16. チベット　17. 新疆　18. 理藩院　19. ダライ＝ラマ　20. ベグ　21. チベット仏教　22. 属国　23. 国家意識　24. 両班　25. 豊臣秀吉　26. 小中華　27. 儒教　28. 島津　29. 両属　30. 鎖国　31. 長崎　32. 対馬　33. 琉球　34. 松前　35. 朱子学　36. 国学　37. オランダ　38. 生糸　39. オランダ　40. ラタナコーシン(チャクリ)　41. 阮　42. 冊封　43. 自立　44. 華人(華僑)　45. 会館　46・47. 康熙字典・四庫全書(順不同)　48. 文字の獄　49. 禁書　50. 辮髪　51. 科挙　52. 軍機処　53. 緑営　54. 八旗　55. 海禁　56. 銀　57. 華人(華僑)　58. 広州　59. 行商　60・61. トウモロコシ・サツマイモ(順不同)　62. 簡略　63. 地丁銀　64. 顧炎武　65. 考証学　66. 紅楼夢　67. 技術者　68. アダム＝シャール　69. カスティリオーネ　70. 円明園　71. イエズス　72. 典礼問題　73. 禁止　74. シノワズリ

図・史料

p.125 Q　文武両道かつ、多民族国家の君主として満洲人・漢人双方から尊敬されていることや、実務能力の高さを評価している。

p.127 Q　華やかな行列を見物した日本人は、これらの使節が将軍に対する外国の敬意の表現とみなしたので、幕府の権威の強化につながった。

まとめ

①西アジアのオスマン帝国、南アジアのムガル帝国、東アジアの清朝。

②オスマン帝国の支配層はイスラーム教徒で、領土拡大にともなってアフリカやヨーロッパを含む文化的にも宗教的にも多様な人々を支配した。ムガル帝国の支配層もイスラーム教徒で、その支配下には多くのヒンドゥー教徒やその他の宗教の信者も含まれた。清朝の支配層は満洲人で、モンゴル人や漢人など文化的にも宗教的にも多様な人々を支配した。

第11章 近世ヨーロッパ世界の動向

1 ルネサンス　p.129～131

1. 人間　2. 自然　3. レオナルド＝ダ＝ヴィンチ　4. 万能人　5. フィレンツェ　6. メディチ　7. 人文　8. 現世　9. キリスト教　10. ビザンツ　11. ペトラルカ　12. 修道院　13. 古代　14. 地球球体　15. コペルニクス　16. ルネサンス　17. 遠近　18. ジョット　19. ブルネレスキ　20. ブラマンテ　21. ボッティチェリ　22. レオナルド＝ダ＝ヴィンチ　23. ミケランジェロ　24. ファン＝アイク　25. ブリューゲル　26. 軍事　27. グーテンベルク　28. ダンテ　29. ボッカチオ　30. エラスムス　31. ラブレー　32. セルバンテス　33. チョーサー　34. ユートピア　35. シェークスピア

図・史料

p.130 Q　古代の学者が多く描き込まれており、ギリシア・ローマ文化の探究というルネサンスの特徴が反映されている。

p.131 Q1　古代ギリシア・ローマの神話がテーマであり、ギリシア・ローマ文化の探究というルネサンスの特徴が反映されている。

Q2　アルファベットは漢字より活字をつくりやすかったから。

2 宗教改革　p.132～134

1. 信仰心　2. 改革　3. 贖宥状　4. 善行　5. 九十五カ条の論題　6. カトリック教会　7. 信仰　8. 万人司祭　9. カール5世　10. 新約聖書　11. ドイツ農民　12. 宗教　13. アウクスブルク　14. 諸侯　15. 領邦教会　16. プロテスタント　17. ツヴィングリ　18. カルヴァン　19. ジュネーヴ　20. 長老　21. 予定　22. 勤勉　23. 商工業者　24. ネーデルラント　25. ヘンリ8世　26. 首長　27. イギリス国教　28. 修道院　29. エリザベス1世　30. 統一　31. ピューリタン　32. カトリック　33. トリエント　34. 贖宥状　35. バロック　36. イエズス　37・38. イグナティウス＝ロヨラ・ザビエル(順不同)　39・40. 布教・教育(順不同)　41. 信仰心　42. 迫害　43. 魔女狩り

図・史料

p.133 Q　教皇による教会修築費のための贖宥状販売。教皇側は激しく反発してルターに反撃し、一方でルターを支持する者も出たため教皇の権威に傷がついた。

p.133　a. プロテスタント　b. ルター　c. カルヴァン　d. ドイツ農民　e. ジュネーヴ　f. トリエント

p.134 Q1　バロック様式

Q2　イエズス会の設立に携わり、のちにインドや日本でカトリックを布教した。

3 主権国家体制の成立　p.135～137

1. オスマン　2. フランス国王　3. 神聖ローマ皇帝　4. マキァヴェリ　5. 権力　6. カルロス1世　7. 自立　8. 神聖ローマ帝国　9. 対等　10. 主権国家　11. 絶対王政　12. 特権　13. 議会　14. 首都　15. 宮廷　16. 常備　17. 官僚　18. 覇権　19. スペイン　20. オランダ　21. フランス　22. イギリス　23. フェリペ2世　24. ポルトガル　25. 太陽の沈まぬ　26. レパント　27. イエズス　28. 移動　29. カルヴァン　30. カトリック　31. ベルギー　32. オランダ　33. エリザベス1世　34. 無敵艦隊(アルマダ)　35. 東インド会社　36. ユグノー　37. アンリ4世　38. ブルボン　39. ナントの王令　40. 国家　41. 領邦　42. ベーメン(ボヘミア)　43. スウェーデン　44. フランス　45. 軍事　46. ウェストファリア　47・48. オランダ・スイス(順不同)　49. カルヴァン　50. 外交　51. 神聖ローマ　52. 主権国家

図・史料

p.135 Q　ハプスブルク家の結婚政策が奏効し、相続によって多くの領土を得ることができたから。

p.137　a. スウェーデン　b. プロイセン　c. ブランデンブルク　d. アムステルダム　e. ベーメン(ボヘミア)　f. ナント　g. スイス

p.137 Q　4つ(スイス、オランダ、ジェノヴァ、ヴェネツィア)

4 オランダ・イギリス・フランスの台頭　p.138～142

1. 毛織物　2. 穀物　3. 中継　4. アムステルダム　5. ブルジョワ(市民)　6. 寛大　7. 東インド会社　8. ポルトガル　9. アンボイナ　10. バタヴィア　11. 日本　12. ニューアムステルダム　13. 自由　14. イギリス＝オランダ(英蘭)　15. (オラニエ公)ウィレム3世　16. 名誉　17. 同君連合　18・19. 海軍力・貿易(順不同)　20. スコットランド　21. ステュアート　22. 議会

23. チャールズ1世　24. 王権神授　25. 権利の請願　26. ピューリタン　27. クロムウェル　28. ホッブズ　29. 権力　30. 重商　31. 航海　32. イギリス＝オランダ(英蘭)　33. 王政復古　34. チャールズ2世　35. イギリス国教　36. 人身保護　37. ジェームズ2世　38. ルイ14世　39. カトリック　40. 名誉　41. ウィレム3世　42. 寛容　43. 権利の章典　44. 議会　45. ロック　46. 社会契約　47. 抵抗　48. グレートブリテン　49. ハノーヴァー　50. 議院内閣　51. ウォルポール　52. ルイ13世　53. リシュリュー　54. ユグノー　55. 全国三部会　56. 三十年　57. ルイ14世　58. マザラン　59. フロンド　60. 王権神授　61. 官僚　62. ヴェルサイユ　63. ユグノー　64. コルベール　65. 東インド会社　66. カナダ　67. スペイン　68. スペイン継承　69. ユトレヒト　70. ハプスブルク　71. ブルボン　72. イギリス　73. ジブラルタル　74. 黒人奴隷　75. 七年　76. フレンチ＝インディアン　77. パリ　78. ベンガル　79. 三角

図・史料

p.138 Q　オランダが日本から大量の銀などを手に入れた一方、ほかのヨーロッパ諸国は日本と直接交易ができなかった。そのためオランダにとって経済的繁栄を支える重要な取引であった。

p.139 Q　経済的繁栄によって都市化が進み、都市のブルジョア(市民)も成長していたから。

p.140 Q　法律の執行停止、課税、平時の常備軍募集における議会の同意や、議会選挙の自由、議会における討論・発言の自由など。

p.141 Q　半世紀以上にわたる親政のあいだに貴族への統制と官僚制を強化し、中央集権化を進めて絶対王政をきわめた状態。

p.142　a. 武器　b. 黒人奴隷　c. 砂糖

p.142 Q　カリブ海・北米大陸南部の砂糖やタバコのプランテーション。

5 北欧・東欧の動向　*p.143〜145*

1. 同君連合　2. 植民地　3. リトアニア　4. 選挙王　5. カトリック　6. ポーランド分割　7. デンマーク　8. 三十年　9. 製鉄　10. ロシア　11. キプチャク＝ハン国(ジョチ＝ウルス)　12. イヴァン4世　13. ツァーリズム　14. ロマノフ　15. コサック　16. ピョートル1世　17. バルト　18. 北方　19. ペテルブルク　20. ネルチンスク　21. エカチェリーナ2世　22. プガチョフ　23. クリミア　24・25. プロイセン・オーストリア　26. ドイツ騎士団　27. ブランデンブルク選帝侯　28. フリードリヒ＝ヴィルヘルム　29. ユンカー　30. 農奴　31. ユグノー　32. 王国　33. ハプスブルク　34. オスマン　35. カルロヴィッツ　36. ベーメン(ボヘミア)　37. ハンガリー　38. オーストリア継承　39. マリア＝テレジア　40. フリードリヒ2世(大王)　41. シュレジエン　42. フランス　43. 七年　44. イギリス　45. ポーランド分割　46. 啓蒙専制　47. 初等教育　48. 宗教的寛容　49. フリードリヒ2世(大王)　50. ロココ　51. ベルリン　52. ヨーゼフ2世　53. ウィーン　54. エカチェリーナ2世　54. 富国強兵　55. 身分

図・史料

p.143　a. ペテルブルク　b. スウェーデン
　c. プロイセン　d. ポーランド
　e. シュレジエン　f. オーストリア

p.143 Q　飛び地だったブランデンブルクと東プロイセンを地続きにできた。

p.144 Q　西欧化の一環として、伝統文化のシンボルであったひげを剃らせたかった。

6 科学革命と啓蒙思想　*p.146〜147*

1. 錬金　2. 天文　3. 自然　4. ニュートン　5. 実験　6. 法則　7. 検証　8. アカデミー　9. ガリレイ　10. ケプラー　11. ハーヴェー　12. ラヴォワジェ　13. ジェンナー　14. デカルト　15. 理性　16. 古典　17. ロック　18. 経験　19. カント　20. 統合　21. 自然　22. ホッブズ　23. 国際　24. グロティウス　25. 進歩　26. 現代人　27. 啓蒙　28. 世論　29. 富　30. アダム＝スミス　31. 古典派経済学　32. ヴォルテール　33. 宗教的寛容　34. 自由　35. モンテスキュー　36. ルソー　37. ディドロ　38. 百科全書　39. 世論　40. デフォー　41. スウィフト　42. ブルジョワ(市民)　43. 知識人　44. 暴動　45. 労働争議

p.148

まとめ

①15世紀後半からの海洋進出によって、アジアやアフリカ、アメリカといったより遠くの地域と交易で結ばれるようになり、経済圏の広さも経済規模も拡大した。
②宗教改革によってカトリックに対抗するプロテスタント諸派という勢力が生まれキリスト教世界が分裂し、ローマ教会が人々に与える影響は限定的になった。
③イタリア戦争などの戦争を経て、各国において王権が伸張し、対等な主権国家によって構成される国際体制(主権国家体制)が出現した。

第12章　産業革命と環大西洋革命

1 産業革命　*p.149〜151*

1. 商業　2. 農場領主　3. 価格　4. 17世紀の危機　5. ブルジョワ(市民)　6. 農業　7. 毛織物　8. 三角　9. 七年　10. 科学　11. 蒸気　12. 石炭　13. 製造　14. 化石エネルギー　15. マンチェスター　16. 資本　17. 資本家　18. 競争　19. 時間　20. 家庭　21. 市場　22. 原料

23. 世界の工場　24. 東インド会社　25. 綿花　26. アヘン　27. 茶　28. 自由　29. 日本

図・史料

p.149 Q　インド由来の上衣や日本もしくは中国産の茶器などから、異国の産品が手に入れられるようになった様子がうかがえる。

p.150　a. グラスゴー　b. リヴァプール　c. マンチェスター　d. バーミンガム

p.150 Q　囲い込みが多かったのはイギリス中部・東部。炭鉱と鉄の産地は中部と北部に多い。

p.151 Q1　人力、水力　　Q2　綿布、紡績

2 アメリカ合衆国の独立と発展　*p.152〜153*

1. フレンチ＝インディアン　2. イギリス　3. スペイン　4. 移民　5. プランテーション　6. 綿花　7. 重商主義　8. 議会　9. 印紙　10. 代表なくして課税なし　11. 茶　12. ボストン茶会　13. 大陸　14. ワシントン　15. コモン＝センス　16. ジェファソン　17. フランス　18. 武装中立　19. ラ＝ファイエット　20. コシューシコ　21. パリ　22. 抵抗　23. 平等　24. 革命　25. 合衆国憲法　26. 大統領　27. 三権分立　28. ワシントン　29. 連邦派　30. 大西洋　31. 黒人奴隷　32. 先住民

3 フランス革命とナポレオンの支配　*p.154〜157*

1. 特権　2. 均質　3. 聖職者　4. 貴族　5. ブルジョワ　6. 旧体制　7. テュルゴ　8. ネッケル　9. 全国三部会　10. 第三身分とは何か　11. 国民議会　12. バスティーユ　13. 封建的特権　14. 領主裁判　15. 十分の一　16. 有償　17. 人権宣言　18. 国民　19. ギルド　20. 度量衡　21. メートル　22. カトリック教会　23. 身分　24. 地域　25. 国民国家　26. 立法議会　27. ヴァレンヌ逃亡　28. 義勇兵　29. 8月10日　30. 国民公会　31. 共和政　32. 徴兵　33. 対仏大同盟　34. 恐怖政治　35. ロベスピエール　36. 革命暦　37. 理性崇拝　38. テルミドールの反動　39. 総裁政府　40. エジプト　41. ナポレオン＝ボナパルト　42. 統領　43. 政教協約　44. アミアンの和約　45. 民法典(ナポレオン法典)　46. 第一帝政　47. 国民投票　48. トラファルガー　49. ライン　50・51. シュタイン・ハルデンベルク(順不同)　52. 大陸封鎖　53. ロシア　54. ナショナリズム　55. 解放(諸国民)　56. 復古王政　57. ウィーン　58. ワーテルロー

図・史料

p.154 Q　特権身分である第一・第二身分が、第三身分の負担のうえに成り立っているという状況。

p.155 Q　人間は自由や平等、所有権、幸福の追求といった権利を生まれながらにしてもっており、そうした権利を守るために政府がつくられるという関係(社会契約)。

p.157 Q　ナポレオンが、皇后ジョゼフィーヌに冠を授けている。ローマ教皇はナポレオンの背後にいる。

4 中南米諸国の独立　*p.158〜159*

1. 環大西洋　2. ラ＝ファイエット　3. ハイチ　4. サン＝ドマング　5. プランテーション　6. 奴隷　7. トゥサン＝ルヴェルチュール　8. ハイチ　9. クリオーリョ　10. 重商　11. ポルトガル　12. イギリス　13. 奴隷　14. ブラジル　15. アルゼンチン　16. チリ　17. ボリバル　18. 大コロンビア　19. 奴隷　20. メキシコ　21. イギリス　22. 自由　23. モンロー　24. 相互不干渉

図・史料

p.159　a. メキシコ　b. ハイチ　c. コロンビア　d. ブラジル　e. ボリビア　f. チリ　g. アルゼンチン

p.160

まとめ

①イギリス国内での人気や大西洋三角貿易における主要な産品として綿織物の需要が高まったことなどが、産業革命の背景としてあげられる。また、イギリスは世界経済の再編成を開始し、「世界の工場」として「世界の一体化」を推し進めた。

②アメリカ独立革命の成果がフランス革命に影響を与えた。これらの革命の精神の影響や、フランス革命とナポレオン戦争の混乱によって、中南米において独立運動が展開された。

③近世の「世界の一体化」の一環として大西洋世界が成立し、18世紀半ば以降、この地域において経済的には産業革命、政治的には環大西洋革命が展開した。

第13章　イギリスの優位と欧米国民国家の形成

1 ウィーン体制とヨーロッパの政治・社会の変動　*p.161〜165*

1. メッテルニヒ　2. 正統　3. ウィーン議定書　4. ポーランド　5. 永世中立　6. ドイツ連邦　7. ケープ　8. 神聖　9. アレクサンドル1世　10. 四国　11. 列強　12. 覇権　13. 保守　14. 自由　15. ナショナリズム　16. ブルシェンシャフト　17. カルボナリ　18. デカブリスト(十二月党員)　19. ギリシア独立　20. イギリス　21. 七月　22. ブルボン　23. シャルル10世　24. ルイ＝フィリップ　25. ベルギー　26. ドイツ関税　27. プロイセン　28. 自由　29. アイルランド　30. カトリック　31. オコネル　32. 奴隷　33. 奴隷貿易　34. 選挙法改正　35. ブルジョワ　36. 腐敗選挙区　37. チャーティスト　38. インド　39. 中国　40. 穀物法　41. 航海法　42. ストライキ　43. 社会　44. オーウェン　45. 協同組合　46. 工場　47. サン＝シモン　48. ルイ＝ブラン　49. プルードン　50. 無政府　51. マルクス　52. 共産党宣言　53. 資本論　54. マルクス　55. 制限　56. 二月　57. 第

二共和政　58. ルイ＝ブラン　59. ルイ＝ナポレオン　60. ナポレオン3世　61. 第二帝政　62. 三月　63. メッテルニヒ　64. フランクフルト国民　65. ナショナリズム　66. 諸国民の春　67. 西欧(西ヨーロッパ)　68. 東欧(東ヨーロッパ)　69. コシュート　70. 新絶対

図・史料

p.161　a. オーストリア　b. ロシア　c. プロイセン　d. オランダ

p.164 Q1　銀行家など一部の富裕層に富が集中している状況。

Q2　政府や富裕市民層の責任を問う革命的気運や、制限選挙に反発する中小市民層や一般民衆のあいだに選挙権拡大運動が広がっている状況。

2 列強体制の動揺とヨーロッパの再編成　*p.166〜171*

1. 南下　2. ギリシア正教徒　3・4. イギリス・フランス(順不同)　5. セヴァストーポリ　6. パリ　7. 大反乱　8. 統一　9. アレクサンドル2世　10. 農奴解放　11. 農村共同体(ミール)　12. ナロードニキ　13. インテリゲンツィア　14. 地下鉄　15. 交通　16. 電信　17. ポンド　18. グリニッジ天文台　19. 万国博覧会　20. パクス＝ブリタニカ　21. ヴィクトリア　22. グラッドストン　23. ディズレーリ　24. 都市　25. 農村　26. 上院(貴族院)　27. 自由　28. 大飢饉(ジャガイモ飢饉)　29. アメリカ合衆国　30. アイルランド自治法　31. イギリス　32. 自由　33. レセップス　34. インドシナ　35. ドイツ＝フランス(独仏、プロイセン＝フランス)　36. パリ＝コミューン　37. ティエール　38. フランス革命　39. マッツィーニ　40. オーストリア　41. ヴィットーリオ＝エマヌエーレ2世　42. カヴール　43. ナポレオン3世　44. ロンバルディア　45・46. サヴォイア・ニース(順不同)　47. ガリバルディ　48. ヴェネツィア　49. ローマ教皇領　50. 未回収のイタリア　51. ヴァチカン　52. 小ドイツ　53. 大ドイツ　54. ビスマルク　55. 産業革命　56. 鉄血　57・58. シュレスヴィヒ・ホルシュタイン(順不同)　59. プロイセン＝オーストリア(普墺)　60. 北ドイツ連邦　61. 自由　62. マジャール　63. オーストリア＝ハンガリー　64. ナポレオン3世　65・66. アルザス・ロレーヌ(順不同)　67. ヴィルヘルム1世　68. ヴェルサイユ　69. 男性普通選挙　70. 文化闘争　71. カトリック　72. 社会主義者鎮圧　73. 社会保険　74. 社会民主　75. ビスマルク　76. 三帝　77. 三国　78. 再保障　79. ロシア＝トルコ　80. サン＝ステファノ　81. ベルリン　82. ブルガリア　83. セルビア　84. キプロス　85. ボスニア・ヘルツェゴヴィナ　86. チュニジア　87. スウェーデン　88. フィンランド　89. ノルウェー　90. ウィーン　91. デンマーク　92. 第1インターナショナル　93. 国際赤十字　94. 国際オリンピック　95. クーベルタン

図・史料

p.168　a. シュレスヴィヒ　b. ホルシュタイン　c. アルザス　d. ロレーヌ　e. バイエルン　f. 南チロル　g. ヴェネツィア　h. ローマ教皇領　i. 両シチリア

p.170　a. ボスニア・ヘルツェゴヴィナ　b. セルビア　c. モンテネグロ　d. ブルガリア

3 アメリカ合衆国の発展　*p.172〜174*

1. ルイジアナ　2. フロリダ　3. アメリカ＝イギリス(米英)　4. 産業　5. ジャクソン　6. 保留地　7. 西漸　8. 明白なる運命　9. テキサス　10. アメリカ＝メキシコ　11. カリフォルニア　12. ゴールドラッシュ　13. ペリー　14. アラスカ　15. プランテーション　16. ミズーリ　17. アンクル＝トムの小屋　18・19. カンザス・ネブラスカ(順不同)　20. 共和　21. 民主　22. リンカン　23. アメリカ連合国(南部連合)　24. ホームステッド　25. 奴隷解放　26. ゲティスバーグ　27. リッチモンド　28. 産業　29. 廃止　30. 小作農　31. クー＝クラックス＝クラン(KKK)　32. 人種　33. 大陸横断　34. フロンティアの消滅　35・36. イギリス・ドイツ(順不同)　37. 移民　38. ニューヨーク　39. アメリカ労働総同盟(AFL)　40. 社会

図・史料

p.172　a. ミズーリ　b. ネブラスカ　c. テキサス　d. カリフォルニア　e. ゲティスバーグ　f. リッチモンド　g. 大陸横断

4 19世紀欧米文化の展開と市民文化の繁栄　*p.175〜178*

1. 市民　2. 国民　3. 国民国家　4. 通信　5. 教育　6. 帝国　7・8. 文明途上・未開(順不同)　9. ロマン　10. 合理　11. 写実　12. 自然　13. 印象派　14. ランケ　15. ドラクロワ　16. クールベ　17. ミレー　18. モネ　19. セザンヌ　20. ゴッホ　21. ベートーヴェン　22. チャイコフスキー　23. ヴィクトル＝ユゴー　24. スタンダール　25. バルザック　26. ゾラ　27. ドストエフスキー　28. イプセン　29. 弁証法　30. 史的唯物　31. 功利　32. 古典派経済学　33. リスト　34. 進化　35. キリスト　36. コッホ　37. 極地　38. 近代　39. ヘルムホルツ　40. ファラデー　41. キュリー　42. ダーウィン　43. パストゥール　44. モース(モールス)　45. エディソン　46. ベル　47. マルコーニ　48. ノーベル　49. ライト兄弟　50. リヴィングストン　51. スタンリー　52. アムンゼン　53. ヘディン　54. オスマン　55. ロンドン　56. 博物館　57. 新聞　58. デパート

図・史料

p.176 Q1　A. ロマン主義、B. 写実主義、C. 印象派

Q2　Aでは伝統的な服装とみられる人物が描

かれている一方、Bでは労働者とみられる人物が描かれている点。Aの背景が幻想的なのに対し、Bでは写実的に描かれている点など。

まとめ

①ウィーン体制下においてもナショナリズムの運動はおさまらなかった。また、自由主義的改革の動きでは、大陸のヨーロッパ諸国では憲法と議会の確立がめざされ、産業革命が進んだイギリスでは個人の自由が重視された。1848年革命において、これらの動きは最高潮に達し、ウィーン体制は消滅した。
②イギリスは国力を充実させ、議会政党政治を展開しながら、選挙権の拡大を進めていった。フランスでは第三共和政のもとで、フランス革命を原点とする国民統合が進んだ。イタリアとドイツは、政府主導により新たな国民国家を成立させた。アメリカは大量の移民のもと、世界最大の工業国に成長していった。
③地域や民族に固有な言語・歴史文化に根差したロマン主義の潮流は、国民国家の統合を推進していった。また、近代科学や技術革新、都市の整備は、人々の生活を経済的にも文化的にも豊かなものにし、近代市民社会を形成していった。

第14章 アジア諸地域の動揺

1 西アジア地域の変容 *p.179〜181*

1. ワッハーブ 2. サウード 3. クリミア＝ハン 4. ナポレオン 5. ムハンマド＝アリー 6. 綿花 7. マムルーク 8. アラビア 9. フランス 10. ギリシア 11. エジプト＝トルコ 12. シリア 13. ロンドン 14. 東方問題 15. ロシア 16・17. ボスフォラス・ダーダネルス(順不同) 18. カピチュレーション 19. スエズ 20. イギリス 21. タンジマート 22. イェニチェリ 23. オスマン 24. オスマン帝国憲法(ミドハト憲法) 25. ミドハト＝パシャ 26. アブデュル＝ハミト2世 27. ロシア＝トルコ 28. バルカン 29. ガージャール 30. トルコマンチャーイ 31. 関税自主 32. バーブ 33. 石油 34. グレートゲーム 35. アフガン 36. インド

図・史料

p.181 Q1 属する宗教・宗派にかかわらず、オスマン帝国の国籍を有するすべての人々。
Q2 宗教においては、イスラーム教を国教としつつも、ほかの宗教の自由や共同体における従来通りの特権の行使が認められている。言語については、トルコ語を第一とする考え方が示されている。

p.181 a.ギリシア b.チュニジア c.ワッハーブ d.ガージャール e.トルコマンチャーイ

2 南アジア・東南アジアの植民地化 *p.182〜184*

1. ジャワ 2. カルカッタ 3. ポンディシェリ 4. アウラングゼーブ 5. カーナティック 6. プラッシー 7. パリ 8. 徴税 9. マイソール 10. マラーター 11. シク 12. 藩王国 13. 地税 14. ザミンダーリー 15. ライヤットワーリー 16. 綿花 17. アヘン 18. 自由貿易 19. インド 20. 茶 21. 中国 22. シパーヒー 23. 藩王国 24. 東インド会社 25. ヴィクトリア 26. インド 27. 分割統治 28. アンボイナ 29. マタラム 30. オランダ東インド会社 31. ジャワ 32. 強制栽培 33. シンガポール 34. マラッカ 35. 海峡 36. マレー連合州 37. ゴム 38. 南インド 39. コンバウン 40. ビルマ 41. カトリック 42. マニラ 43. 黎 44. 西山の乱 45. 阮 46. 阮福暎 47. 清 48. フエ(ユエ) 49. 清仏 50. 天津 51. フランス領インドシナ 52. ラタナコーシン(チャクリ) 53. ラーマ4世 54. 米 55. チュラロンコン(ラーマ5世) 56. イギリス

3 東アジアの激動 *p.185〜188*

1. 内陸 2. 白蓮教徒 3. 銀 4. 綿花 5. アヘン 6. 三角 7. アヘン 8. 林則徐 9. マカートニー 10. 南京 11. 上海 12. 広州 13. 香港島 14. 行商 15. 不平等 16. 虎門寨追加 17. 関税自主 18. 片務的最恵国 19. 望厦 20. 黄埔 21. アロー号 22. 天津 23. 北京 24. キリスト教布教 25. 九竜 26. 総理各国事務衙門(総理衙門) 27. アイグン 28. 北京 29. ウラジヴォストーク 30. ウズベク 31. イリ 32. 捻軍 33. 洪秀全 34. 上帝会 35. 清朝 36. 南京 37. 八旗 38. 曽国藩 39. 李鴻章 40. 郷勇 41. 常勝軍 42. 西太后 43. 同治中興 44. 洋務運動 45. 李鴻章 46. 中体西用 47. 日米和親 48. 日米修好通商 49. 大院君 50. 江華島 51. 日朝修好条規 52. 自由 53. アヘン 54. 生糸 55. 租界 56. 上海 57. 汽船 58. 電信 59. 綿糸 60. 米 61. 華人(華僑) 62. 明治維新 63. 戊辰 64. 西南 65. 大日本帝国 66. 議会 67. 樺太・千島交換 68. 台湾出兵 69. 琉球 70. 朝貢 71. ベトナム 72. 朝鮮 73. 清仏 74. 金玉均 75. 閔氏 76. 壬午軍乱 77. 甲申政変 78. 東学 79. 日清 80. 下関 81. 朝鮮 82. 台湾 83. 遼東 84. 三国干渉 85. ロシア 86. 台湾総督府

まとめ

①オスマン帝国は、列強と結んだ不平等な通商条約や、クリミア戦争による莫大な戦費以来の借款によって、列強への経済的従属を強めていった。こうした危機に対し、西欧化改革を進め、オスマン帝国憲法の発布によって立憲制と議会政治をめざした。
②植民地化はまずイギリス東インド会社が進め、一部を藩王国として間接統治し、それ以外を直接支配した。19世紀後半には、旧支配層やシパーヒー、その

ほか植民地支配へ反発する人々によって、大反乱が発生した。鎮圧後にはインド帝国が成立したが、植民地統治のなかでインド人エリートが、民族運動を展開した。

③清朝は、アヘン戦争敗北後、洋務運動によって西洋化・近代化を進めていった。また、外交面においては、総理各国事務衙門をおいた一方で、朝貢国に対する影響力強化をはかり、フランスや日本と対立した。

第15章 帝国主義とアジアの民族運動

1 第2次産業革命と帝国主義 p.189〜192

1. 第2次産業 2・3. 石油・電気(順不同) 4. 巨大企業 5. 教育 6. 移民 7. アメリカ合衆国 8. 資源供給 9. 輸出市場 10. 軍事力 11. 帝国 12. 価値観 13. 国民統合 14. イギリス 15. ロシア 16. 再配分(再分割) 17. アメリカ合衆国 18. 第一次世界大戦 19. ベル＝エポック 20. マス＝メディア 21. 自由貿易 22. 自治 23. カナダ 24. 南アフリカ 25. ディズレーリ 26. スエズ運河会社 27. 南アフリカ(南ア、ブール) 28. ジョゼフ＝チェンバレン 29. フェビアン協会 30. 労働 31. 国民保険 32. 議会 33. アイルランド自治 34. シン＝フェイン 35. ビスマルク 36. 露仏 37. 英仏 38. ブーランジェ 39. ドレフュス 40. 政教分離 41. フランス社会 42. ヴィルヘルム2世 43. 再保障 44. 世界政策 45. パン＝ゲルマン 46. 社会主義者鎮圧 47. 社会民主 48. マルクス 49. ベルンシュタイン 50. 修正 51. フランス 52. シベリア 53. ロシア社会民主労働 54. ボリシェヴィキ 55. メンシェヴィキ 56. エスエル(社会主義者・革命家党) 57. 立憲民主 58. 1905年 59. 血の日曜日 60. ソヴィエト 61. ニコライ2世 62. 国会(ドゥーマ) 63. ウィッテ 64. ストルイピン 65. 農村共同体(ミール) 66. 革新 67. マッキンリー 68. アメリカ＝スペイン(米西) 69. フィリピン 70. プラット 71. 経済 72. 門戸開放 73. セオドア＝ローズヴェルト 74. パナマ 75. カリブ海 76. ドル外交 77. ウィルソン 78. 反トラスト 79. 宣教師外交 80. パナマ 81. 第1インターナショナル 82. マルクス 83. 第2インターナショナル 84. 8時間労働

図・史料

p.190 Q1 (風刺画の左上に示されている)Civilization(文明化)。

Q2 欧米人は、野蛮・無知など悪徳とされた障害を乗り越え、アジア・アフリカなどの現地人を文明化へと到達させるものとして描かれているが、その負担の重さも風刺されている。

2 列強の世界分割と列強体制の二分化 p.193〜195

1. ベルリン＝コンゴ 2. ビスマルク 3. ウラービー 4. マフディー 5. ローズ 6. トランスヴァール 7. オレンジ 8・9・10. カイロ・ケープタウン・カルカッタ(順不同) 11. 縦断 12. ファショダ 13. 英仏 14. モロッコ 15. アドワ 16. イタリア＝トルコ 17. リビア(トリポリ・キレナイカ) 18. リベリア共和国 19. 人為 20. プランテーション 21. 民族 22. オーストラリア 23. アボリジニー 24. ニュージーランド 25. マオリ 26. ミクロネシア 27. グアム 28. ハワイ 29. 大土地所有者 30. カトリック 31. 農産物 32. イギリス 33. パン＝アメリカ 34. 奴隷 35. 移民 36. 農産物 37. アメリカ＝メキシコ 38. ナポレオン3世 39. ディアス 40・41. サパタ・ビリャ(順不同) 42・43. 外国資本・教会財産(順不同) 44. 再保障 45. 露仏 46. ビスマルク 47・48・49. バグダード・ベルリン・ビザンティウム(イスタンブル)(順不同) 50. 光栄ある孤立 51. 日英 52. 英仏 53. バルカン 54. 英露 55. 三国 56. 未回収のイタリア 57. オーストリア 58. 三国 59・60. ドイツ・イギリス(順不同)

3 アジア諸国の変革と民族運動 p.196〜201

1. 変法 2. 康有為 3. 梁啓超 4. 戊戌の変法 5. 光緒帝 6. 戊戌の政変 7. 西太后 8. 東清 9. 膠州湾 10・11. 旅順・大連(順不同) 12. 威海衛 13. 九竜 14. 広州湾 15. ジョン＝ヘイ 16・17. 門戸開放・機会均等(順不同) 18. 中国分割 19. 中国 20. 教案 21. 義和団 22. 8カ国連合 23. 北京議定書 24. 大韓帝国 25. 南アフリカ(南ア、ブール) 26. 日英 27. 日露 28. 旅順 29. 日本海 30. 1905年 31. ポーツマス 32. セオドア＝ローズヴェルト 33. 韓国 34. 遼東半島 35. 東清 36. 樺太(サハリン) 37. 南満洲鉄道株式会社 38. 日露 39. 日韓 40. (韓国)統監府 41. 伊藤博文 42. 安重根 43. 万国平和 44. 武装抗日闘争(義兵闘争) 45. 併合 46. 朝鮮総督府 47. 生糸 48. 綿花 49. 綿糸 50. 金本位 51. 大豆 52. 光緒新政 53. 科挙 54. 袁世凱 55. 国会開設 56. 憲法大綱 57. 孫文 58. 中国同盟 59. 三民 60. 民族 61. 民権 62. 民生 63. 国有 64. 四川 65. 辛亥 66. 武昌 67. 臨時大総統 68. 中華民国 69. 袁世凱 70. 宣統帝(溥儀) 71. 国民 72. 第二革命 73. 皇帝 74. 第三革命 75. 外モンゴル 76. ソヴィエト 77. モンゴル人民共和国 78. ダライ＝ラマ13世 79. 鉄道 80. プランテーション 81. 本国費 82. 綿工業 83. インド国民会議 84. ベンガル分割 85. ティラク 86. カルカッタ 87・88. スワデーシ(国産品愛用)・スワラージ(自治獲得)(順不同) 89. 国民会議派 90. 全インド＝ムスリム 91. カルカッタ 92. デリー 93. 強制栽培 94. 倫理 95. オランダ 96. イスラーム

同盟(サレカット=イスラム) 97.ホセ=リサール 98.フィリピン 99.アギナルド 100.フィリピン共和国 101.フィリピン=アメリカ 102.ファン=ボイ=チャウ 103.維新会 104.ドンズー(東遊) 105.ベトナム光復会 106.アフガーニー 107.パン=イスラーム 108.ウラービー 109.マフディー 110.ムハンマド=アフマド 111.ゴードン 112.タバコ=ボイコット 113.立憲 114.ロシア 115.青年トルコ 116.アブデュルハミト2世 117.トルコ民族

図・史料

p.197 Q1 中国人の愛国心が弱いこと。

Q2 国家と天下の区別を知らないこと、国家と朝廷の区別を知らないこと、国家と国民の関係を知らないこと、など。

まとめ

①帝国主義とは、資源供給地や輸出市場として、各列強がアジア・アフリカに進出して植民地や従属地域に組み込み、勢力圏を打ちたてた動きである。植民地・従属地域の支配は、資源・労働力の収奪だけでなく、地域の伝統文化を排除するなど暴力的な性格のものであった。

②ドイツがロシアとの再保障条約の更新を見送り、植民地の再配分を要求して海外進出に乗り出すと、ロシアはフランスと露仏同盟を結んでビスマルク体制は崩壊した。さらに、ドイツがイギリスの覇権への挑戦を強めると、フランス・ロシアはイギリスに接近し、列強体制はイギリスとドイツを中心とする2つの陣営に分裂した。

③清朝では、立憲制・議会制をめざす改革が進められたが、孫文が三民主義を掲げ、その後の辛亥革命によって中華民国が成立した。インドでは、インド人エリートで構成される国民会議派が植民地支配に対抗した。東南アジアや西アジアにおいても、知識人を中心に植民地支配に対抗する民族運動が広まっていった。

第16章 第一次世界大戦と世界の変容

1 第一次世界大戦とロシア革命 *p.202〜205*

1.青年トルコ 2.ボスニア・ヘルツェゴヴィナ 3.ブルガリア 4.パン=ゲルマン 5.パン=スラヴ 6.バルカン同盟 7.第1次バルカン 8.第2次バルカン 9.ブルガリア 10.ヨーロッパの火薬庫 11.サライェヴォ 12.セルビア 13.オーストリア 14.ロシア 15.ベルギー 16.マルヌ 17.塹壕 18.タンネンベルク 19.未回収のイタリア 20.フィウメ 21.サイクス・ピコ 22.バルフォア 23.パレスチナ問題 24.総力戦 25.計画 26.新兵器 27.挙国一致 28.第2インターナショナル 29.中立 30.無制限潜水艦作戦 31.ウィルソン 32.十四カ条 33.ブレスト=リトフスク 34.キール軍港 35.ドイツ 36.ヴィルヘルム2世 37.参政 38.ペトログラード 39.ニコライ2世 40.ロマノフ 41.臨時政府 42.メンシェヴィキ 43.ソヴィエト 44.二重権力 45.レーニン 46.四月テーゼ 47.ケレンスキー 48.トロツキー 49.平和に関する布告 50.土地に関する布告 51.モスクワ 52.共産 53.戦時共産 54.チェカ 55.コミンテルン 56.新経済政策(ネップ) 57.対ソ干渉 58.チェコスロヴァキア 59.赤軍

図・史料

p.202 a.ボスニア・ヘルツェゴヴィナ b.モンテネグロ c.セルビア d.ブルガリア e.ギリシア f.オスマン

p.202 Q ルーマニア、セルビア、モンテネグロ

p.203 Q ①ロシア ②イギリス ③イタリア ④ドイツ ⑤オーストリア

p.204 Q おもに敵国の商船を攻撃する目的で使用し、イギリスの客船ルシタニア号が襲撃される事件(1915年)がおこった。この事件はアメリカ参戦(1917年)の要因となった。

p.205 Q 秘密外交

2 ヴェルサイユ体制下の欧米諸国 *p.206〜211*

1.パリ講和 2.十四カ条 3.ヴェルサイユ 4.賠償金 5.植民地 6.徴兵 7・8.アルザス・ロレーヌ(順不同) 9.ラインラント 10.サン=ジェルマン 11.トリアノン 12.ヌイイ 13.セーヴル 14.民族自決 15.イブン=サウード 16.委任統治 17.イギリス 18.フランス 19.日本 20.国際連盟 21.ジュネーヴ 22.常任理事 23.アメリカ合衆国 24.ドイツ 25.ソヴィエト=ロシア 26.経済制裁 27.全会一致 28.ワシントン 29.海軍軍備制限 30.主力艦 31.九カ国 32.中国 33.四カ国 34.太平洋 35.日英 36.第4回 37.マクドナルド 38.ウェストミンスター憲章 39.イギリス連邦(コモンウェルス) 40.アイルランド自由国 41.アルスター 42.エール 43.ルール工業 44.ブリアン 45.ドイツ共産 46.ローザ=ルクセンブルク 47.エーベルト 48.ヴァイマル憲法 49.ヴァイマル共和国 50.シュトレーゼマン 51.レンテンマルク 52.アメリカ資本 53.ドーズ 54.ヤング 55.ローザンヌ 56.ロカルノ 57.国際連盟 58.不戦 59.ケロッグ 60.ムッソリーニ 61.ローマ進軍 62.ファシズム 63.フィウメ 64.アルバニア 65.ラテラノ 66.ヴァチカン市国 67.権威 68.ピウスツキ 69.セルブ=クロアート=スロヴェーン 70.ユーゴスラヴィア 71.ソヴィエト社会主義共和国連邦(ソ連邦、ソ連) 72.スターリン 73.トロツキー 74.ラパロ 75.第1次五カ年計画 76.コルホーズ 77.ソフホーズ 78.債権国 79.孤立 80.参政 81.共和 82.大衆社会 83.フォード 84・85.ラジ

オ・映画(順不同) 86.禁酒 87.クー＝クラックス＝クラン(KKK) 88.移民

図・史料

p.206 a.ポーランド b.チェコスロヴァキア c.ハンガリー d.ラインラント e.ポーランド回廊 f.ザール

p.206 Q 15年間の国際連盟の管理ののち、住民投票によって帰属を決定することとされた。

p.208 Q ドイツがイギリス・フランスなどに賠償金として支払い、イギリス・フランスなどは戦債としてアメリカに支払った。

p.210 Q 〈人物〉スターリン
〈目的〉新経済政策にかえて社会主義建設をめざすこと。

p.211 Q 細分化した生産工程を流れ作業でつなぐ方式にしたことで、大量生産が可能になったため。

3 アジア・アフリカ地域の民族運動 *p.212〜217*

1.生糸 2.マスメディア 3.政党内閣 4.普通選挙 5.治安維持 6.新文化 7.新青年 8.陳独秀 9.文学 10.胡適 11.魯迅 12.李大釗 13.膠州湾 14.二十一カ条の要求 15.袁世凱 16.シベリア出兵 17.三・一独立 18.文化政治 19.大韓民国臨時政府 20.五・四 21.ヴェルサイユ 22.常任理事 23.ワシントン 24.九カ国 25.カラハン 26.孫文 27.陳独秀 28.第1次国共合作 29.連ソ・容共・扶助工農 30.五・三〇 31.上海 32.広州 33.北伐 34.蔣介石 35.上海クーデタ 36.南京 37.山東出兵 38.張作霖 39.張学良 40.紅軍 41.中華ソヴィエト共和国臨時政府 42.瑞金 43.1919年インド統治 44.ローラット 45.アムリットサール 46.ガンディー 47.非協力 48.サイモン 49.ネルー 50.プールナ＝スワラージ 51.塩の行進 52.円卓会議 53.1935年インド統治 54.ジンナー 55.インドネシア国民 56.スカルノ 57.ホー＝チ＝ミン 58.インドシナ共産 59.タキン 60.独立準備政府 61.立憲 62.ムスタファ＝ケマル 63.アンカラ 64.スルタン 65.ローザンヌ 66.治外法権 67.関税自主 68.カリフ 69.文字改革 70.太陽暦 71.女性参政 72.パフレヴィー 73.レザー＝ハーン 74.イラン 75.石油 76.アフガン 77.イブン＝サウード 78.ワッハーブ 79.サウジアラビア王国 80.エジプト王国 81.スエズ 82.イギリス 83.フランス 84.フセイン・マクマホン 85.バルフォア 86.パレスチナ問題 87.アフリカ民族会議 88.パン＝アフリカ

図・史料

p.215 Q 生活必需品である塩への課税を植民地支配の象徴ととらえたため。

p.216 Q ローマ字を採用することで、トルコ語の母音をすべて表記できるようにするため。この結果、識字率の向上と初等教育の浸透につながった。

p.217 Q 「アラブ人の独立を認め、それを支援する用意がある」の部分と、「パレスチナにおいてユダヤ人のための民族的郷土を設立することを好ましいと考えており」の部分。この結果、パレスチナ地方をめぐるユダヤ人とアラブ人の対立であるパレスチナ問題がおこった。

まとめ

①イギリス・フランス・ロシアとドイツ・オーストリアという2つの陣営が対立していた。また、パン＝ゲルマン主義とパン＝スラヴ主義の対立がみられた。
②1920年代の国際秩序の柱として、ヴェルサイユ体制・ワシントン体制が成立した。一方、イタリアではファシズム体制、東欧諸国では権威主義体制が形成された。
③東アジアでは朝鮮の三・一独立運動や中国の五・四運動、南アジアではガンディーらの非協力運動、東南アジアではスカルノやホー＝チ＝ミンらの活動、西アジアではトルコ革命やパレスチナでのアラブ・ユダヤ両民族の対立、アフリカではパン＝アフリカ会議による西欧植民地主義への抗議がおこった。

第17章 第二次世界大戦と新しい国際秩序の形成

1 世界恐慌とヴェルサイユ体制の破壊 *p.218〜223*

1.ウォール街 2.投機ブーム 3.世界恐慌 4.フーヴァー 5.フーヴァー＝モラトリアム 6.フランクリン＝ローズヴェルト 7.ニューディール 8.金本位 9.農業調整 10.全国産業振興 11.テネシー川流域開発公社 12.ワグナー 13.産業別組合会議 14.失業保険 15.挙国一致 16.オタワ連邦 17.スターリング＝ブロック 18.ブロック経済 19.フラン＝ブロック 20.善隣外交 21.キューバ 22.プラット条項 23.ナチ 24.ヒトラー 25.ユダヤ 26.ヒンデンブルク 27.国会議事堂放火 28.全権委任 29.一党独裁 30.総統(フューラー) 31.ゲシュタポ 32.親衛隊 33.強制収容所 34.トーマス＝マン 35.アインシュタイン 36.四カ年計画 37.アウトバーン 38.計画 39.スターリン憲法 40.金融恐慌 41.満洲事変 42.柳条湖 43.リットン調査団 44.上海事変 45.溥儀 46.満洲国 47.国際連盟脱退 48.関税自主権 49.通貨 50.八・一 51.長征 52.毛沢東 53.冀東防共自治政府 54.西安 55.張学良 56.盧溝橋 57.日中 58.第2次国共合作 59.武漢 60.重慶 61.東亜新秩序 62.南京 63.汪兆銘 64.自由 65.国際連盟 66.ザール 67.徴兵 68.再軍備

69. 海軍　70. エチオピア　71. 経済制裁　72. ソ連　73. 国際連盟　74. 仏ソ相互援助　75. ロカルノ　76. ラインラント　77. 人民戦線　78. ブルム　79. フランコ　80. 国際義勇　81. ヘミングウェー　82. マルロー　83. オーウェル　84. 三国防共　85. 国際連盟　86. 三国枢軸

図・史料

p.218 Q　日本、イギリス

p.219 Q　ラジオ放送を用いて、直接国民に語りかけた。

p.220 Q　c・共産党　a. ナチ党　b. 社会民主党

p.221 Q　漢族・満洲族・朝鮮族・蒙古族・日本民族
洋服姿の人：日本

p.222 Q　日本との(全面)戦争である中日戦争。

p.223 Q　フランコに対抗した勢力の旗。

2 第二次世界大戦　*p.224～227*

1. オーストリア　2. ズデーテン　3. ネヴィル＝チェンバレン　4. 宥和　5. ミュンヘン　6. チェコスロヴァキア　7. ダンツィヒ　8. ポーランド回廊　9. 独ソ不可侵　10. ポーランド　11. フィンランド　12. 国際連盟　13. ベッサラビア　14. バルト3国　15・16. デンマーク・ノルウェー(順不同)　17. チャーチル　18・19. オランダ・ベルギー(順不同)　20. 第三共和　21. ペタン　22. ヴィシー　23. ド＝ゴール　24. 自由フランス　25. レジスタンス　26・27. ユーゴスラヴィア・ギリシア(順不同)　28. 独ソ戦　29. 武器貸与　30. アウシュヴィッツ　31. インドシナ北部　32. 日独伊三国　33. 日ソ中立　34. インドシナ南部　35. ABCD包囲陣　36. 日米交渉　37. マレー　38. パールハーバー(真珠湾)　39. 太平洋　40. 大東亜共栄圏　41. 創氏改名　42. ミッドウェー　43. 枢軸国　44. 連合国　45. スターリングラード　46. コミンテルン　47. シチリア　48. バドリオ　49. ノルマンディー　50. アイゼンハワー　51. パリ　52. ベルリン　53. 大西洋憲章　54. 蔣介石　55. カイロ　56. テヘラン　57. スターリン　58. ヤルタ　59. 対日参戦　60. トルーマン　61. アトリー　62. ポツダム　63. サイパン　64. 沖縄　65. 広島　66. 長崎　67. 民主　68. 社会　69. 植民地　70. 核戦争

図・史料

p.224　a. アルザス　b. ロレーヌ　c. ラインラント
d. ズデーテン

p.224 Q　バルト海へ出ることが可能になった。

p.226　a. ノルマンディー　b. ヴィシー
c. アウシュヴィッツ
d. スターリングラード　e. ヤルタ

p.227　a. 南京　b. シンガポール　c. レイテ
d. サイパン　e. ミッドウェー
f. パールハーバー(真珠湾)

3 新しい国際秩序の形成　*p.229～234*

1. ダンバートン＝オークス　2. サンフランシスコ　3. 国際連合　4. ニューヨーク　5. 総会　6. 安全保障理事会(安保理)　7. 拒否　8. 軍事　9. ユネスコ　10. 国際労働機関　11. 世界保健機関　12. ブレトン＝ウッズ　13. 国際通貨基金　14. 国際復興開発銀行　15. 関税と貿易に関する一般協定　16. 金・ドル本位　17. 固定相場　18. ニュルンベルク　19. パリ講和　20. 極東国際軍事裁判所　21. 日本国憲法　22. アトリー　23. ゆりかごから墓場まで　24. アイルランド　25. 第四共和　26. トルーマン＝ドクトリン　27. 封じ込め　28. マーシャル＝プラン　29. コミンフォルム　30. 人民民主　31. チェコスロヴァキア　32. ティトー　33. コミンフォルム　34. 西ヨーロッパ連合(ブリュッセル)　35. 北大西洋条約機構　36. コメコン　37. ワルシャワ条約機構　38. ベルリン封鎖　39. 通貨改革　40. ドイツ連邦共和国　41. アデナウアー　42. ドイツ民主共和国　43. 台湾　44. 中華民国　45. 人民政治協商　46. 中華人民共和国　47. 毛沢東　48. 周恩来　49. 中ソ友好同盟相互援助　50. アメリカ合衆国　51. 北緯38度線　52. 大韓民国　53. 李承晩　54. 朝鮮民主主義人民共和国　55. 金日成　56. 朝鮮　57. 国連軍　58. 人民義勇軍　59. 警察予備隊　60. サンフランシスコ平和　61. 日米安全保障　62. 沖縄　63. インドネシア共和国　64. スカルノ　65. ホー＝チ＝ミン　66. ベトナム独立同盟会　67. ベトナム民主共和国　68. インドシナ　69. ベトナム国　70. バオダイ　71. ディエンビエンフー　72. ジュネーヴ休戦　73. 北緯17度線　74. 東南アジア条約機構　75. ゴ＝ディン＝ジエム　76. ベトナム共和国　77. シハヌーク　78. ジンナー　79. ガンディー　80. インド独立　81. インド連邦　82. パキスタン　83. ネルー　84. スリランカ　85. アラブ民族　86. アラブ連盟　87. 委任統治　88. イスラエル　89. パレスチナ　90. パレスチナ難民　91. モサッデグ　92. パフレヴィー2世

図・史料

p.230 Q　ソ連がバルト海からアドリア海まで「鉄のカーテン」をおろしている。

p.232 Q　西側の48カ国

まとめ

①世界恐慌により各国政府は自国の問題を最優先としたため、国際協調の気運は後退した。また、ブロック間の対立が高まるとともに、ドイツ・イタリア・日本は拡張主義へと向かった。

②イギリスとフランスはドイツに対する宥和政策を採用したが、ドイツ軍がポーランドに侵攻し、第二次世界大戦が勃発した。独ソ戦の開始やアメリカ合衆国の参戦を経て、イタリア・ドイツ・日本はあいついで無条件降伏した。

③第二次世界大戦後、国際連盟の反省から国際連合が

発足し、ブロック経済の反省から貿易の自由化がめざされた。一方、アメリカ合衆国を中心とする西側諸国とソ連を中心とする東側諸国が対立し、「冷戦」が始まった。

第18章 冷戦と第三世界の台頭

1 冷戦の展開 *p.235〜238*

1. 米州機構 2. 太平洋安全保障 3. 東南アジア条約機構 4. バグダード条約機構 5. 中央条約機構 6. 日米安全保障 7. イギリス 8. 水素爆弾(水爆) 9. フランス 10. 中華人民共和国 11. アインシュタイン 12. タフト・ハートレー 13. マッカーシー 14. 赤狩り 15. アイゼンハワー 16. 軍産複合体 17. ホワイトカラー 18. シューマン＝プラン 19. ヨーロッパ石炭鉄鋼共同体 20. ヨーロッパ経済共同体 21. ヨーロッパ原子力共同体 22. ヨーロッパ共同体 23. ヨーロッパ自由貿易連合 24. 拡大EC 25. アデナウアー 26. アルジェリア 27. ド＝ゴール 28. 第五共和 29. 中華人民共和国 30. 北大西洋条約機構(NATO) 31. 国際連合 32. 高度経済成長 33. 日韓基本 34. 雪どけ 35. フルシチョフ 36. スターリン批判 37. 平和共存 38. ポズナニ 39. ゴムウカ 40. ナジ 41. 西ドイツ 42. 日ソ共同 43. ベルリンの壁 44. 大陸間弾道ミサイル 45. スプートニク1号

図・史料

p.236 Q1 ワルシャワ条約機構、中ソ友好同盟相互援助条約

Q2 ビキニ環礁近隣の島民や、近海でマグロ漁をしていた日本の第五福竜丸などが被爆した。

p.237 Q 1950〜73年

p.238 Q ①自分の考えを押しつけ、自分の意見に無条件に服従することを求めた点。
②抵抗したり自分の観点や正しさを証明しようと努めたりした人たちを指導集団から排除した点。
③反対派の人々に道徳的・身体的な抹殺を運命づけた点。

2 第三世界の台頭とキューバ危機 *p.239〜241*

1. 第三勢力 2. 周恩来 3. ネルー 4. 平和五原則 5. アジア＝アフリカ 6. 平和十原則 7. 非同盟諸国首脳 8. ナセル 9. アスワン＝ハイダム 10. スエズ運河 11. 第2次中東 12. 国際世論 13. ガーナ 14. エンクルマ(ンクルマ) 15. アフリカの年 16. アルジェリア 17. 民族解放戦線 18. アフリカ諸国首脳 19. アフリカ統一機構 20. コンゴ動乱 21. アパルトヘイト 22. モノカルチャー 23. 南北問題 24. 国連貿易開発 25. ペロン 26. バティスタ 27. キューバ 28. カストロ 29. アイゼンハワー 30. ケネディ 31. 社会主義 32. キューバ危機 33. ミサイル基地 34. ホットライン 35. 部分的核実験禁止 36. 核拡散防止 37. 第1次戦略兵器制限交渉 38. アフガニスタン

図・史料

p.240 a. チュニジア b. アルジェリア c. ガーナ d. コンゴ民主共和国 e. アフリカ統一機構

p.240 Q エジプト、エチオピア、南アフリカ、リベリア

p.241 Q 貧困や低開発をもたらした帝国主義による搾取の歴史。

3 冷戦体制の動揺 *p.242〜246*

1. ベトナム 2. ベトナム共和国 3. ゴ＝ディン＝ジエム 4. 南ベトナム解放民族戦線 5. ベトナム民主共和国 6. ジョンソン 7. 北爆 8. 沖縄 9. ベトナム(パリ)和平 10. ニクソン 11. サイゴン 12. ベトナム社会主義共和国 13. シハヌーク 14. ポル＝ポト 15. 民主カンプチア(民主カンボジア) 16. 中越 17. ラオス愛国戦線 18. ケネディ 19. ニューフロンティア 20. 公民権 21. 偉大な社会 22. 公民権 23. ベトナム反戦 24. キング 25. ウォーターゲート 26. ブレジネフ 27. プラハの春 28. ドプチェク 29. ワルシャワ条約機構 30. チャウシェスク 31. デタント 32. ブラント 33. 東方外交 34. オーデル＝ナイセ 35. 東西両ドイツ 36. 国際連合 37. 全欧安全保障協力 38. ヘルシンキ 39. フアン＝カルロス1世 40. 大躍進 41. 人民公社 42. チベット 43. ダライ＝ラマ14世 44. 中ソ対立 45. プロレタリア文化大革命 46・47. 劉少奇・鄧小平(順不同) 48. 紅衛兵 49. 林彪 50. 華国鋒 51. 四人組 52. 市場 53. 四つの現代化 54. 改革開放 55. ニクソン 56. 田中角栄 57. 日中平和友好 58. 国交正常 59. 開発独裁 60. 李承晩 61. 朴正熙 62. 光州 63. 二・二八 64. 戒厳令 65. スカルノ 66. 九・三〇 67. スハルト 68. マルコス 69. マレーシア 70. シンガポール 71. リー＝クアンユー 72. 東南アジア諸国連合 73. カシミール 74. バングラデシュ 75. アジェンデ 76. ピノチェト

図・史料

p.242 a. ベトナム民主共和国 b. ベトナム共和国 c. サイゴン(現ホーチミン) d. 南ベトナム解放民族戦線

p.242 Q 北緯17度線

p.243 Q 人種差別への抗議運動

p.244 Q 民主的で、チェコスロヴァキアの条件にあった社会主義社会。

まとめ

①アメリカ合衆国は社会主義陣営に対する軍事同盟を

構築し、西ヨーロッパでは地域統合の基礎がつくられた。一方ソ連は、フルシチョフが平和共存を掲げて西側諸国との関係改善を模索した。
②アジア・アフリカ会議や非同盟諸国首脳会議を通して、第三勢力として連携することで台頭した。また、キューバでは革命がおこり、その後ソ連に接近すると、米ソ間の緊張が高まるキューバ危機につながった。
③東南アジアでは米・ソの代理戦争であるベトナム戦争がおこったが、戦局は泥沼化し、アメリカ国内ではベトナム反戦運動が高揚した。ソ連は「プラハの春」などの自由化の動きを弾圧したが、以後改革の動きや経済は停滞した。そのため米ソは、ヨーロッパで進んでいた緊張緩和(デタント)の動きに歩調をあわせた。また、フルシチョフによるスターリン批判後には、中ソ対立がおこった。

第19章 冷戦の終結と今日の世界

1 産業構造の変化 p.247〜250

1. 福祉国家 2. 社会民主 3. レイチェル＝カーソン 4. 国連人間環境 5. ニクソン 6. ドル＝ショック 7. ブレトン＝ウッズ 8. 変動相場 9. 第4次中東 10. 石油輸出国機構 11. アラブ石油輸出国機構 12. 石油危機(オイル＝ショック) 13. 石油戦略 14. 資源ナショナリズム 15. 先進国首脳会議(サミット) 16. ハイテクノロジー 17. 省エネルギー 18. 小さな政府 19. 新自由 20. サッチャー 21. レーガン 22. フォークランド 23. 男女雇用機会均等 24. 第3次中東 25. アラファト 26. パレスチナ解放機構 27. 第4次中東 28. エジプト＝イスラエル平和 29. サダト 30. シナイ 31. パフレヴィー2世 32. 白色革命 33. イラン＝イスラーム 34. ホメイニ 35. 石油危機(オイル＝ショック) 36. イラン＝イラク 37. サダム＝フセイン 38. 新興工業経済地域 39. 南南問題 40. 貿易摩擦 41. プラザ合意

図・史料

p.248 a. 石油危機(オイル＝ショック) b. イラン＝イラク c. 同時多発テロ d. 日本 e. アメリカ合衆国

p.248 Q 2度の石油危機、イラクによるクウェート侵攻、同時多発テロ事件、「アラブの春」など。

p.250 Q1 シナイ半島、ゴラン高原、ヨルダン川西岸、ガザ地区

p.250 Q2 アメリカに亡命したパフレヴィー2世の身柄引き渡しをイランが求めたところ、アメリカに拒否されたため。

2 冷戦の終結 p.251〜253

1. ハイレ＝セラシエ 2. ローデシア 3. ジンバブエ 4. カーター 5. パナマ運河 6. アフガニスタン 7. 新冷戦 8. レーガン 9. 強いアメリカ 10. グレナダ 11. ブレジネフ 12. ゴルバチョフ 13. チョルノービリ(チェルノブイリ) 14. ペレストロイカ(建て直し) 15. グラスノスチ(情報公開) 16. 新思考外交 17. 中距離核戦力(INF)全廃 18. 東欧 19. ワレサ 20. 連帯 21. ホネカー 22. ベルリンの壁 23. チャウシェスク 24. 鄧小平 25. 社会主義市場経済 26. 人民公社 27. 天安門 28. 趙紫陽 29. 江沢民 30. 盧泰愚 31. 国際連合 32. 戒厳令 33. 李登輝 34. アパルトヘイト 35. アフリカ民族会議 36. デクラーク 37. マンデラ 38. マルタ 39. ブッシュ(父) 40. 統一ドイツ 41. 第1次戦略兵器削減 42. 大陸間弾道ミサイル 43. 湾岸 44. クウェート 45. 多国籍 46. エリツィン 47. 市場経済 48. 保守派 49. ソ連共産 50. バルト3国 51. 独立国家共同体

図・史料

p.253 a. ウクライナ b. ジョージア(グルジア) c. アゼルバイジャン d. カザフスタン e. ウズベキスタン

p.253 Q ジョージア(グルジア)

3 今日の世界 p.254〜259

1. チェチェン 2. ティトー 3. クロアティア 4. スロヴェニア 5. セルビア 6. ボスニア＝ヘルツェゴヴィナ 7. アルバニア 8. コソヴォ 9. 北大西洋条約機構(NATO) 10. ミロシェヴィッチ 11. 香港 12. マカオ 13. 一国二 14. 鄧小平 15. 金泳三 16. 金大中 17. 太陽 18. 六カ国協議 19. 金日成 20. 金正日 21. 核拡散防止 22. 金正恩 23. 陳水扁 24. 蔡英文 25. ドイモイ 26. シハヌーク 27. アウン＝サン＝スー＝チー 28. ロヒンギャ 29. アジア通貨危機 30. スハルト 31. 東ティモール 32. インド人民 33. ソマリア 34. ルワンダ 35. ナイジェリア 36. インティファーダ 37. アラファト 38. ラビン 39. パレスチナ暫定自治 40. ターリバーン 41. クルド 42. カシミール 43. シンハラ 44. タミル 45. 世界貿易機関 46. マーストリヒト 47. ヨーロッパ連合 48. ユーロ 49. 北大西洋条約機構 50. 北米自由貿易 51. アジア太平洋経済協力 52. アフリカ連合 53. 国際金融危機 54. 同時多発テロ 55. アル＝カーイダ 56. 対テロ 57. ブッシュ(子) 58. イラク 59. 自衛隊 60. アラブの春 61. IS(イスラム国) 62. オバマ 63. トランプ 64. 習近平 65. 国家安全維持 66. プーチン 67. 天然ガス 68. クリミア 69. ポピュリズム 70. 平和維持活動 71. 非政府組織

図・史料

p.257 Q　たがいの言葉が通じない状態や混乱を象徴する「バベルの塔」。言葉には「EUには多様な言語や民族が含まれているが、一致していこう」という理念がこめられている。

p.259 Q　基本的人権にもとづく諸権利の拡大、難民の保護・支援、世界遺産の登録・保存活動、感染症対策など。

4 現代文明の諸相　*p.260〜263*

1. アインシュタイン　2. 原子爆弾(原爆)　3. スリーマイル島　4. チョルノービリ(チェルノブイリ)　5. 石油化学　6. ライト兄弟　7. スプートニク1号　8. アポロ11号　9. コンピュータ　10. インターネット　11. 情報技術　12. 人工知能　13. ペニシリン　14. DNA
15. ヒトゲノム　16. クローン　17. 持続可能な開発目標　18. 高齢　19. 地球温暖　20. 地球サミット　21. 京都議定書　22. 二酸化炭素　23. 合理　24. ニーチェ
25. デューイ　26. プラグマティズム　27. ヴェーバー
28. フロイト　29. 精神分析　30. 立体派　31. シュルレアリスム　32. ジャズ　33. 壁画　34. ポスト＝モダニズム　35. ポスト＝コロニアリズム　36. 文化多元
37. ポップ＝カルチャー　38. 第2インターナショナル
39. フェミニズム　40. 女性差別撤廃　41. 男女雇用機会均等　42. ジェンダー

図・史料

p.261 Q1　大砲の弾道計算、天気予測、原子核の計算
　　　Q2　世界経済の減速、経済格差、貧困、気候変動や政治的な問題など。

p.263 Q1　北欧諸国
　　　Q2　インディオやメスティーソの生活。

まとめ

①ドル＝ショックによるブレトン＝ウッズ体制の終焉やオイル＝ショックによる先進国の経済成長減速を経て、西側先進諸国では量から質への産業構造の転換が始まった。また、福祉国家的な政策が見直された。一方、開発途上国では、先進国に対する工業品輸出によって高い経済成長率が実現した。
②1970年代末から80年代前半の「新冷戦」で米ソ関係は再び緊張したが、ソ連のゴルバチョフが「新思考外交」をとなえたことで緊張緩和が進み、1989年のマルタ会談で冷戦終結が宣言された。しかし、91年には改革の失敗によってソ連が消滅した。
③パレスチナ問題・クルド人問題・カシミール問題などの民族対立や紛争が頻発し、対テロ戦争やイラク戦争などもおこされた。世界が多極化へと向かうなか、平和的に紛争を解決するための国際協力が必要とされている。

表紙デザイン　水戸部　功

世界史探究
詳説世界史ノート　解答

2023年3月　初刷発行

編　者　詳説世界史ノート編集部
発行者　野澤武史
印刷所　明和印刷株式会社
製本所　有限会社　穴口製本所
発行所　株式会社　山川出版社
〒101-0047　東京都千代田区内神田1-13-13
電話　03-3293-8131(営業)　03-3293-8134(編集)
https://www.yamakawa.co.jp/

ISBN978-4-634-04121-9　NMII0102